序

　　疫袭吉长，家家孤岛，困居小斋，春风难度。寂寞来了，思考也来了。于今殊喜唐人钱起"可怜幽竹山窗下，不改清阴待我归"之句，恰权师嘱序，遂以此二句为书弁之旨。

　　"幽竹"之贵，在于"不改清阴"，语文教学之贵，正在于斯。

　　右军言"世殊事异"，不过是一个"改"字。时代在改，时局在改，语文教学理念、内容、形式都在改，然语文的文化之根断不可改。继《孙立权语文教育札记》之后，权师又一力作《孙立权语文教学实录》即将付梓面世，该书以文化立基、拨杂存真、重实践、接地气，是权师经年教学实践的浓缩之作，同仁授备匆遽之间，不妨翻阅此书，与作者心灵交游，庶几可寻得一地语文教学的"幽竹"和一抹"不改"的文化的"清阴"。

　　全书缀玉联珠二十篇，为权师历次公开课精华，自上世纪九十年代讫于如今，时间跨度逾二十载，贯通初、高中两个学段，必修为主，选修为辅，兼及作文、语用专题。每课前"按"后"评"，赏思俱存，体用双全，不惟体例新颖，亦可动态逗露权师所历各教学阶段之语文教学思想。本书另附《立权师趣话》《孙立权语文教学答问》，前者摭取权师教学、生活中小事记，于细微间博清趣，开怀处见广大，使人忍俊之际，足显见微之效；后者积日常朋友、同仁、学生之问而就长编，形诸主客之问答，接乎《论语》之辩难，使读者可在文艺、文献、语法等诸多领域中感受到权师高超的教学智慧，更兼字外之功！

　　"教学实录"不止为"授课实录"，更为"教学思想与教学方法之实录"。我们莫不惊诧东师附中学子可以在"再读刺秦"的课堂上与权师高端互动，却不能忽视权师在课堂上设立的"场"。正是在电影作品与文史作品的参较中，学生们才能够跳出课本之宥，在更广阔的视域中进行更高层次的审美；正是在"要离""专诸"这些"场"的比照中，学生们才能打破常规藩篱，在不同的维度间真正读懂荆轲的悲剧价值。"经"不可漫读，字不能虚过，"息"字一解，"顿觉全牛骨隙宽"；"茝"草一揽，深知罪从高洁来。一段《离骚经》，一句"长太息"，若脱离文字、考据、民俗之根，便失了"解经"之本。《江雪》的精微，在于微渺中的崇高，在于禅意画境内的不屈，那股郁勃之气早已穿透古今。权师能够将一首幼、小、初、高皆耳熟能详的唐诗推向如此高度，皆在于其能在"目中无人"式备课中用心感悟作者的遭际和诗作的内蕴；在于其能在诸多外文版本中让学生自由感受中国文字的魅力，这难道不是在探寻文化之源吗？这难道不是在学生心中适时种下民族文化自信之根吗？

上述之例，不尽枚举，抛砖之语，难切肯綮！

窗外灯火阑珊，人影幽幽绰绰，疫乱之下，他们似皆在寻一方"不改清阴"的"幽竹"，藉此避乱安心，他们的"幽竹"在心头，语文人的"幽竹"在心头，也在案头……

壬寅春　弟子杨威

于云水馆

孙立权语文教学实录

中国教育专家领航系列丛书

SUN LIQUAN
YUWEN JIAOXUE SHILU

孙立权／著

世界图书出版公司

图书在版编目（CIP）数据

语文教学实录 / 孙立权著 . –– 北京 : 世界图书出
版公司 , 2021.11
　　ISBN 978-7-5192-9063-4

　　Ⅰ . ①语⋯ Ⅱ . ①孙⋯ Ⅲ . ①语文课—教学研究—中
小学 Ⅳ . ① G633.302

中国版本图书馆 CIP 数据核字 (2021) 第 220540 号

书　　　　名	语文教学实录
（汉语拼音）	YUWEN JIAOXUE SHILU
著　　　者	孙立权
总 策 划	吴　迪
责 任 编 辑	王林萍
装 帧 设 计	周秀丽
出 版 发 行	世界图书出版公司长春有限公司
地　　　址	吉林省长春市春城大街 789 号
邮　　　编	130062
电　　　话	0431-86805551（发行）　0431-86805562（编辑）
网　　　址	http：//www.wpcdb.com.cn
邮　　　箱	DBSJ@163.com
经　　　销	各地新华书店
印　　　刷	长春市伟艺印务有限公司
开　　　本	787 mm × 1092 mm　1/16
印　　　张	26
字　　　数	452 千字
印　　　数	1-2 000
版　　　次	2021 年 11 月第 1 版　　2021 年 11 月第 1 次印刷
国 际 书 号	ISBN 978-7-5192-9063-4
定　　　价	68.00 元

目　录

1.离　骚

（第二课时）

编者按：本节课是立权师为吉林省中学骨干教师提高培训班的近百位学员上的观摩课，其时为 2013 年 12 月 5 日，授课班级是东师附中高一 15 班。此为第二课时，第一课时的授课内容是介绍屈原及《离骚》，并且读课文，正音。本实录的整理者是长春五中语文教师顾苑佳、沈阳东北育才学校语文教师孙嘉恒。2019 年 11 月 29 日，在沈阳二中举办的东北高中语文教育联盟首届年会上，立权师重上此课。

师： 我们开始上课。请同学们看屏幕。（屏幕显示：余光中说：蓝墨水的上游是＿＿＿＿。）请大家做一个填空练习。（稍停）张曦若，你准备填什么？

生： 我填"汨罗江"。

师： 蓝墨水的上游是汨罗江。你和余光中写得一样，了不得。你为什么这样填？说一说。

生： 以前读过。

师： 以前读过，有印象，很好。如果说"蓝墨水的上游是屈原"，好吗？

生： 不好，因为上游得是水啊，不能是一个人。

师： 好。"蓝墨水的上游是汨罗江"，就非常恰当。那你解释一下，这句话是什么意思？

（生沉默）

师： 这有何难？"蓝墨水的上游是汨罗江"，是什么意思？余光中在说什么意思？

生： 屈原是中国第一位伟大的诗人。

师： "蓝墨水"在这里代表什么？

生： 文学。

师： 文学，中国文学，蓝墨水写出来的文学作品。余光中说，你要寻找中国文学的源头，你要到哪里去找？

生： 到屈原那里去找。

师： 到屈原那里去找，因为他是中国第一位伟大的诗人。请坐，很好。那么，今天我们就做一次文学的远游，正式学习屈原的代表作《离骚》。（板书题目、作者）。请同学们把课文打开。上节课我们已经简单介绍了作者屈原和《离骚》，已经读了课文并且正音，今天我们就正式开讲《离骚》。《离骚》不好讲，大学者闻一多曾经讲过《离骚》，他每次讲半天，每星期讲一次，讲一年多，还没有讲完。看来，《离骚》很不好讲。我没有闻一多那么大的学问，也不可能讲一年多，而且课文是节选，几节课就要把它讲完。讲《离骚》和讲别的课文，我不想用一样的方法。《离骚》，古人是把它看作经的，（在题目"离骚"旁板书"经"）离骚经，和《诗经》一样，被人们看作经典。那今天，我们就用读经讲经的方法来讲《离骚》，逐字逐句，细细阐发。好，下面我们看第一自然段。常远，你来读一下。

（生朗读课文）

师： 坐，读得很好。我们看第一段的前两句：长太息以掩涕兮，哀民生之多艰。大家结合注释，看这两句。（稍停）你有什么疑问吗？有问题可以提出来。说吧。

生：我问一下，"长太息以掩涕兮"中的"以"表示什么意思？

师：你看"以"前面是一个动作——"太息"，"以"后面呢？

生：也是一个动作——"掩涕"。

师：那么中间放一个"以"，你能判断它的用法不？

生：连词，相当于"而"

师：很好。谁还有问题？

生："掩涕"是解释成他把眼泪抹去，还是他遮饰住，不让别人看到他流泪？

师：你一下说出两个意思。掩涕，一种意见是擦眼泪，流眼泪了就擦，另一种意思是掩面而涕（师做掩面动作），为什么要掩面呢？

生：就是不让别人看到。

师：你哭的时候，也不愿意让人看到。很好，那这两种意见，是不是都能讲得通啊？

生：是。

师：那就都可以，不过我倾向于掩面而涕。屈原是个贵族，他哭，不应轻易让人看到，所以掩面而涕比较好。还有问题吗？（稍停）请大家注意这句话里的"长太息"的"息"，大家看这是什么字？

（师板书甲骨文 ）

生：……

师：这个字的小篆这样写。（板书 ）是哪个字？

生：自。

师："自"原本代表什么意思呢？知道吗？你看它像什么东西？（略停）你看鼻子的鼻，上面是什么字？

生：是"自"。"自"可能原本表示鼻子的意思。

师：很对，自，原本就表示鼻子。我们介绍自己的时候，常用手指自己的鼻子。比如说，我是谁？我是孙立权。（师指着自己的鼻子说）所以后来"自"就表示自己了。好了，"息"的上面是鼻子，下面是什么？（师在小篆"自"下板书小篆 ）

生：心。

师：心脏的象形，（手指板书，开玩笑说）这是心房心室，两心房两心室，看来古人对心脏的结构很清楚。（生笑）那么，什么叫"息"啊？一口气从鼻子里进去，然后流到心肺里去，这个动作叫什么？

生：呼吸。

师：是呼，还是吸？

生：吸。

师：那气从心肺流出，再经鼻子出来，这个动作叫什么？

生：呼。

师：合起来就叫——

生：呼吸。

师："息"的本意就是呼吸。比如说有个成语，叫"仰人鼻息"，（板书）什么意思？

生：仰仗人家鼻子呼吸。

师：是的，靠人家鼻子呼吸，看人家脸色行事。这里的"息"作动词，是呼吸的意思。那如果当名词呢，胡婕好？

生：就是呼出的气息。

师：对了。比如说"一息尚存"，就是一口气还在。这个"息"是名词。那么呼吸是会停止的，所以就引申为停止。比如说，生命不息，战斗不止。比如说，作息。比如说，息影，一个明星息影了，什么意思？

生：不演了。

师：在影坛上的工作停止了。那么，如果这个"息"不是暂停，是永远地停止了，那就是——

生：安息。

师：安息。如果你到朝阳沟殡仪馆去过，会发现殡仪馆旁边有"息园"，永远的安息之处。好了，回到诗句，屈原说的，不是一般的息，是太息。（师在"息"字前板书"太"）咱们在《雨巷》里学过，哪一句？

生：太息般的眼光。

师："太息"是什么意思？

生：叹息。

师：是一般的叹息吗？前边有个"太"呀？

生：极其叹息。

师：这不是中国话，（生笑）请说中国话。曹洋来说。

生：深深地叹息。

师：对了，深深地叹息，长长地叹息。那么问题来了，太息已经是长长地叹息了，可屈原在前面又加了一个"长"——长太息，我长长地长长地叹息，我深深地深深地叹息。有同学说，这不是病句吗？从现代汉语角度看，一般认为是病句，啰嗦，重复。但是古人就这么说话。为了什么？

生：可能是表示强调。

师：很对。其实现代人有时也这么说话。比如，免费赠送。赠送不就是免费的吗？要钱的能叫"赠送"吗？那咋还说"免费赠送"呢？再比如，大声喧哗。小声能叫"喧哗"吗？喧哗一定是大声的，但前面却加上"大声"，表示强调。长太息以掩涕兮，这里的"涕"，无论取名词眼泪义，还是动词流泪义，皆可，但绝不要理解为鼻涕。不是屈原长叹一声，淌出一把大鼻涕，然后还用手擦，（生笑）不是这个意思，一定要注意。当然，眼泪和鼻涕不是没有关系，大家知道，人的七窍是通的，淌眼泪的时候，很容易就流鼻涕，俗话说一把鼻涕一把泪嘛。所以，涕，除了眼泪的意思，后来也有了鼻涕的意思。但最初一定不是鼻涕，是眼泪。咱们刚学完《氓》，里边有"不见复关，泣涕涟涟"。女孩儿登上墙头，望着心上人，心上人不来，不来就哭吧——泣涕涟涟，不是擤大鼻涕吧！是哭，眼泪像水一样流淌出来。那么，哭，屈原怎么哭？古人的哭有三个层次。第一个层次是有声没泪，大喊大叫，有声，但是没有眼泪，那叫啥呀？

生：号。

师：对，那叫"号"，（师板书"号"）老百姓叫"干打雷不下雨"，干号。我小的时候，邻居有人死了，花钱雇了一个"哭十八场"的，我仔细观察过她，那是号。是在那哭，但是没眼泪。替别人哭，假伤心。屈原不能干号，屈原是贵族啊，他指定不这么哭。号，不是高级层次。高级层次，那就得怎么的？

生：有泪没有声。

师：你一下说到最高层次了，缺少过渡。方才说的是有声没泪，接着就应该是什么？

生：有泪有声。

师：好，有泪还得有声。那是什么？那就是"哭"。（师在"号"字后板书"哭"）那么哭的最高层次是什么呢？

生：有泪无声。

师：那叫什么？

生：泣。

师：（师在"哭"字后板书"泣"）你们很厉害啊，很好。泣，就是有眼泪流下来，但是没声，默默流泪。好了，哭有这三个层次，那么，你揣测一下，屈原怎么哭？（生讨论）

生：屈原应该是泣。屈原不是小孩，而是高贵的贵族，他哭，应是默默地流泪。

师：说得好。大音希声，最大的声音就是没有声音，此时无声胜有声。当然，哭可能还有更高的境界——无声也无泪。

生：无声也无泪，那还叫"哭"吗？

师：那也叫"哭"，眼泪流在哪里了？

生：心里。

师：眼泪流在心里了，那可能是更高的层次了。我有个同学，写过两句诗：儿子的眼泪流在脸上，母亲的眼泪流在心里。大概那是更高级的。屈原的哭我想应该是泣。那么，长太息以掩涕兮，这句写了屈原痛苦的两个表现，哪两个表现？冯天宇，你说一说。

生：太息和掩涕。

师：啊，太息和掩涕。那他为什么这么痛苦呢？

生：哀民生之多艰。

师：看书下注释③，教材说，"民生"是老百姓的生活。你同意吗，冯天宇？

生：同意。

师：那就是说，屈原在那长叹流泪，是为了百姓的生活。对吧？你同意，但我不太同意。请看注释，它还有另一种理解——人生。如果把民生理解为人生，那屈原这么痛苦，是什么原因呢？是哀伤自己人生的多艰。哪种理解好呢？曹洋，你怎么看？

生：我觉得这两种都可以啊！

师：是，都可以，我承认。

生：没有觉得哪种好，哪种不好。

师：为什么呢？

生：如果理解为人生，就能和下文接上。哎呀，我这一辈子啊，这么坎坷。如果理解为民生，可以体现出他作为一个政治家，关心楚国人民，胸怀天下啊！

师：好，你能够自圆其说。但我说一说我的意见。我倾向于"民生"是指人生，就是自己的人生。我的理由是，越是伟大的作品，越不总把人民挂在嘴边；越是唱高调的作品，才越说人民。屈原的作品是伟大的，他绝不总说人民，他说他自己的人生。整首《离骚》写的都是他遭遇忧患后自己的思想感情。你同意吗？

生：嗯。

师：越是伟大的作品，越是从自己心灵中流淌出来的，那才能感动别人。当你总说人民的时候，你感动不了别人，你连自己都感动不了。

好，这是前两句。接着看，屈原的人生为什么遭遇这么多忧患呢？什么原因呢？看下两句：余虽好修姱以靰羁兮，謇朝谇而夕替。结合注释看。（过了一会儿）屈原说，我虽然喜好美德，严格约束自己，非常检点，但结果怎样呢？我早上给领导提了个意见，晚上就怎么的了？晚上就被贬黜了。大家看，他是因为贪污吗？是因为受贿吗？是因为不作为吗？不是，那是因为什么被贬黜啊？

生：给领导提意见。

师：给领导提意见，是给领导提好意见，还是不好的意见呢？

生：好意见。

师：屈原认为，我给领导提的意见，非常的好。屈原认为，我这是第二种忠诚。第一种忠诚是什么？领导说办什么事，马上去办，不折不扣地去办，全心全意地拥护领导，这是一种忠诚，第一种忠诚。屈原说，我这是第二种忠诚，第二种忠诚是什么意思？

生：给领导提意见。

师：对，发现领导做得不对，我要劝谏，要阻止。这第二种忠诚，不是哪个领导都能接受的。是不是啊？唐太宗不容易啊！能接受第二种忠诚，魏征给他提那么多意见，他能采纳，或者说，能忍着，很不容易的。那么，屈原说，我是因为第二种忠诚而被贬黜，而且是早上提意见，晚上就被贬黜。注意，这里的"朝夕"，能不能机械地理解为十二小时，就是一天呢？绝对不能。只能理解为什么？

生：时间短，很快。

师：对的。韩愈有首诗，我以前给大家介绍过：一封朝奏九重天——

生：夕贬潮州路八千。

师：我早上给领导写个意见书，晚上就被贬到八千里外的潮州去了。可能吗？实际是一个多月以后才走的。所以，朝夕，大家理解为时间短就可以了。好，前四句合起来，大家来读一下，自己读，开始。（生自由散读）

师：好，看下两句。屈原接着说，我是为什么被贬黜的呢？——既替余以蕙纕兮，又申之以揽茝。看注释。（过了一会儿）"既替余以蕙纕"是倒装句，发现了吗？你说一下，张子琪。

生：应是"既以蕙纕替余"。

师：很好，句中的"以"是因为的意思。蕙，就是一种香薰草（也有人认为是一种兰），纕，可以理解为衣带，或一种佩饰。屈原说，因为我以蕙草编成的衣带为饰，所以被贬黜。接着又说，不止这个原因，"又申之以揽茝"。什么是茝？也是一种极香的花。大家看图片。（PPT 上出现茝的图片）好看吧，茝，非常香的一种植物，又叫白芷。"岸芷汀兰"里的"芷"就应该是白芷。屈原说，我是因为采集白芷而被加上罪名。在屈原看来，我被贬谪被流放不是我自己的原因，如果非得说是我的原因，是因为我怎么的？（停顿，等着学生思考）是因为我品德高洁，那也就是高洁有罪。当众人皆浊你独清的时候，浊就没罪了，而谁有罪了？

生：清。

师：清就有罪了，清成为异端了，成为另类了。举世皆浊我独清，众人皆醉我独醒，谁有毛病？

生：我。

师：不，本来是谁有毛病？

生：众人。

师：对，本来是众人有毛病，但是当他们都醉的时候，就你清醒的时候，那你就有毛病了。大家体会一下，屈原说得非常好。这是他在官场打拼这么多年的深深的感悟啊，人生感悟。因为我高洁有罪，因为我佩带香草，因为我采集白芷做佩饰，我有罪。有的同学读到这里会不会产生这样的想法，说这屈原又编织香草为带，又采集白芷做佩饰，屈原怎么有点女性化呢？是屈原的审美取向有点问题吗？怎么理解？谁来谈一谈？（等待学生的思考和反应）陈子非，你能谈一谈吗？

生：周人尚嗅，他们当时用香草来做装饰或者在衣物上佩带香草都是一种风俗的体现吧。

师：对，这一点说得很好，我以前讲的东西你用上了。周人尚嗅，嗅就是香味，周朝人是喜欢香味的，所以他们普遍都佩带这些东西，这确是一种理解，还可以怎么理解？

生：还有就是，我觉得屈原既然是一个贵族，那他在这些方面应该都是挺讲究的。

师：嗯，你注意，你方才是坐实了去理解，现在试着从虚的方面去理解。这里的香草啊，白芷啊，你不要理解为实的东西，你把它理解成虚的东西，它们就可以象征着什么呢？

生：按照《陋室铭》"惟吾德馨"里说的，香气可以理解为高尚的品格，那么这里，屈原是在用它们象征自己的高尚品格、高洁人格。

师：很好，请坐。屈原就是反复地说，我是高贵的，我的品格是高洁的，因为这个我被贬黜，因为这个，我有罪了，但是屈原后悔了吗？看下两句：亦余心之所善兮，虽九死其犹未悔。注意这个"亦"字，句首语气助词，不用翻译，这是我们以前没有遇到的用法。屈原说，只要是我心里认为好的，我喜爱的，我认为是善的，那么虽九死我也不后悔。九死，屈原还能死九次吗？什么意思？

生：为了强调，强调多。

师：对。一二三四五六七八九，九是数中最大的，数之极也。因此就用九来表示多，比如，三教九流啊，九死一生啊，九就是表示多。好，那么大家看，屈原说，我绝不改变，我也绝不后悔。只要是我认准对的东西，好的东西，我绝不后悔。哎呀，屈原真是高贵啊！大家注意，我们常说，当改变不了世界的时候，我们要尝试着改变自己，是不是？这是现代商业社会人们的选择。你想一下，当你改变不了世界的时候，你尝试着改变一下自己吧；当你改变不了领导的时候，你尝试着改变一下自己吧；当你改变不了父母的时候，你尝试着改变一下自己吧。商业社会就要这样选择，它出于实用的目的，但屈原不这样，屈原高贵就高贵在：我改变不了世界，但我绝不改变我自己！真高贵啊！有人天生就是贱种，所以他见到别人就胁肩谄笑，一脸媚态。有人天生就高贵，你让他装他装不出来。屈原天生就高贵，"帝高阳之苗裔兮"，我是古帝高阳氏——三皇五帝中颛顼——的后代，我的血管里流淌着贵族的血，我还了得吗？我屈原能和你们同流合污吗？屈原是这个意思，所以屈原说我不后悔。同学们，这就引出一个话题，大家回去可以写一篇练笔，当我改变不了世界的时候我改不改变自己？这个问题是没有标准答案的，大家回去思考一下，值得写一篇练笔。

这样看来，屈原的悲剧是什么悲剧啊？单单是社会政治悲剧吗？

生：不，还是性格悲剧。

师：性格的悲剧。大家注意，性格决定命运，你的一生的命运将由你的性格决定。所以说修炼一个好的性格吧，还是有用的。好，我们接着讲，我们看屈原对楚王是什么态度——怨灵修之浩荡兮，终不察夫民心。看注释，灵修是谁？

生：楚怀王。

师：他为什么称怀王为灵修啊？灵是什么？灵就是巫。（板书：靈）这是"灵"的繁体字，下边就是"巫"。大家注意，那个时代的楚国是巫风盛行，最高领导经常带着下面的人祭祀鬼神。所以谁是巫之首领啊？

生：楚王。

师：楚王就是最大的巫，所以管他叫灵修，灵就是巫，就是神，那么修呢？咱们说修长的腿，修长的眉毛，茂林修竹，修是什么意思？

生：长。

师：对，修就是长，就是高，就是大。啥叫灵修啊？就是又高又大又美的巫，就是巫师之首，就是君王。大家接着看，屈原对楚王有怨言了，他怨楚王什么？看注释，浩荡是荒唐的意思。今天，浩荡不是这个意思啊，今天它什么意思？你们看这里面几点水？

生：三点水。

师：三点水？会不会数数？

生：六点水。

师：六点水。两个字六点水，那么大家注意，浩荡原来是指水势浩大，后来形容规模大，比如浩浩荡荡。但是在屈原这里，浩荡是什么意思？荒唐，糊涂。荒唐糊涂和水大还有关系啊？（开玩笑说）也有关系，这两个字六点水，楚王脑袋里灌水了，灌进去的水太多，那还不把脑袋憋坏喽？（生笑）所以他一定荒唐糊涂。屈原怨楚王荒唐，终不察夫民心。曹洋，方才讲"哀民生之多艰"时，你把"民生"理解为百姓的生活吧？而我理解为人生。那么现在看，终不察夫民心，这个"民心"是谁的心？

生：屈原的心。

师：屈原不是说楚王不理解老百姓的心，所以这里的"民心"理解为人心，就是我屈原的心，是不是更好？屈原说，楚王，其实你不懂我的心。你浩荡了，脑袋灌水了。（有同学提问）

生：我有个问题，就是课文没选的部分里有一句是"指九天以为正兮，夫唯灵修之故也"，那里的"灵修"不能是指神仙啊。

师：谁说灵修是神仙了？我说的灵修是指谁？是指楚王啊。

生：那"夫唯灵修之故也"，也是指的楚王吗？

师：对啊，你说的那两句，意思是：我指着苍天起誓，让老天作证，我如此忠诚只是为了楚王的缘故啊。理解了吧？那么接着看，这个楚王不理解屈原，那么小人就进谗言。大家看：众女嫉余之蛾眉兮，谣诼谓余以善淫。看注释，这句写得最好。古人啊，在讲君臣关系的时候，常常用什么来比呢？用男女来比（板书：君臣 男女），这里谁是男？谁是女？

生：君是男，臣是女。

师：既然臣是女，那么那些同事、那些同僚就成为——

生：众女。

师：大家看，屈原很有意思，他写他和这些同事们较量竞争，他说这是一帮女子在争风吃醋。他和楚王的关系，他说是男女关系。屈原说我太美了，我一出来马上就把所有男人的眼球给吸引了，就把楚王拿下了。（生笑）然后呢？那些得不到关注的女子就要嫉妒了。那当然了，你屈原得宠了，我们就要失宠了。大家看，他用众女来喻同僚，这个比喻好啊。这个比喻之所以能够存在，一方面表示屈原对政治官场很熟，另一方面，他对婚姻爱情得有深刻的体验，要不然能打出这比方吗？众女嫉余之蛾眉兮，注意，蛾眉可不是峨眉山那个"峨眉"。蛾眉什么样？蛾眉肯定是美眉啦。蛾，有人说是指蚕蛾，蚕的成虫。古人多养蚕，对蚕很熟悉。看屏幕。（PPT 显示蚕蛾图片）

蚕蛾的触须细长而弯，用来指美人的眉毛，正合适。也有人说，这里的蛾是指蚕蛹。看屏幕。（PPT 显示蚕蛹图片）

生：哦，天。（感慨）

师：蛾眉就是像蚕蛹一样的眉毛，中间粗，两边秃，古人认为这样的眉毛好看。大家闭上眼睛想一想，这美吗？

生：不美啊。（议论）

师：眼睛上面是虫子，（生笑）这美吗？今天来看，当然不美了，但当时可能就认为美。这说明什么？

生：审美观念也是随着时代变迁而发生改变的。

师：很好，美主要是人的主观感受，所以审美的标准会随着时代的变迁而变。那个时候细腰的好，以后可能腰粗还好呢。你看你们每天都坐在教室里，你们发现没？你们现在绝大多数人上面颈椎病，下面大屁股。这是应试教育造成的，说不定将来你们审美观念会发生变化，很可能以为粗腰大屁股的就是美女。（生大笑）

师：众女嫉余之蛾眉兮，谣诼谓余以善淫。这些人就开始造谣，诬陷我。说我什么？说我淫荡。这个"淫"大家注意，什么偏旁？三点水。本意是指雨不停地下，后来就引申为过分，不停地下不就涝了嘛，就过分了，就引申为不检点、淫荡。屈原说，因为我美丽，我的同事们嫉妒我，就诬陷我，说我淫荡。

看来这是因为什么有罪啊？——美丽有罪。我前边说过，因为什么有罪了？高洁有罪。现在呢？美丽有罪。屈原因为美丽而有罪。美丽有罪吗？红颜就是祸水吗？这又值得大家思考。好了，讲到这，一共出现了几种人物，我画几个简笔画，大家猜一猜是谁。（师画简笔画）

师：（手指第一个简笔画 ）这个是谁?

生：屈原。

师：站在那里，双手举过头顶，（师做动作）我烦闷啊，烦闷啊，楚王你咋不理解我呢！（生大笑）

师：（手指第二个简笔画 ）你看这个是谁啊？（略停）这个一定是楚王，脑袋进水了，变形了，这胳膊、腿都不一样长，四肢不健全，表示他智商有问题。（生笑）

师：（手指第三个简笔画 ）这个又是谁呢？

生：众女。

师：诗里叫"众女"，实际指什么人?

生：屈原同僚里那些奸邪小人。

师：哎，你看，胁肩谄笑，一脸奴才相，天生贱种。（生笑）好了，以上十二句，实际上就是在说，我屈原和楚王和奸小的这种三角关系。（生笑）（师画线连接几个人物）实际上整篇《离骚》都在讲这个三角关系，我屈原怎么忠心地对你楚王，而你楚王又怎么昏庸地对我，那些奸小怎么谄媚你，而你又怎么听信奸小之言的，我屈原和那些奸小关系怎样。好了，今天我们用读经讲经的方法，把前面十二句讲完了，请大家把讲过的这部分读一遍。（生读）

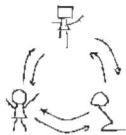

师：下面的内容更精彩，欲知后事如何，且听下回分解。下课。

附 **东北师大附中语文组杨威撰写的听课记**

"死去活来"讲《离骚》
——孙立权老师观摩课《离骚》听课记

摘要：解经之谛，在于谙熟批导之法，沉潜古人文化语境，以古人心去训解古人意，又在古意中抠得今见，这便是孙立权老师所倡导的"死去活来"

读经法。作为中国文化的渊薮，"离骚经"难解亦难教。教者可意会，但若让学生真正"会意"，则往往不免大费周章。孙立权老师以"死去活来"法带领学生完成文化溯源，在热烈的氛围中使其真正触碰到了三闾大夫的内心，以致课上课下"高洁有罪"的余音久久回荡。

关键词："死去活来"；《离骚》；讲经

我曾有幸听到国家"万人计划"教学名师、东北师大附中语文特级教师孙立权执教的公开课《离骚》。屈原的抒情长诗《离骚》是经典中的经典，无论语言还是内容都离学生的生活较远，对学生来说，接受起来有难度，所以很少有老师上《离骚》的公开课。听课之前，我就想，孙立权老师将怎样驾驭这篇课文呢？

上课伊始，孙老师先给学生出了一个填空题："蓝墨水的上游是____。"这种导课方式对于激发学生发散思维很有效，使学生能够在极短的时间内对所学课文产生直观联系。很快，一名同学就给出了"汨罗江"这样的答案，既在形质上符合了"源头"的特点，又十分贴切地点出了"《楚辞》为中国文学的发端"这一深邃命题。显然，精彩的导入拉近了学生与文本的距离。

一阵琅琅的读书声后，孙老师开始了正文讲解。他首先阐明《离骚》难学难懂，所以采用"讲经"（即逐字逐句讲解）的方式授课。这种授课方式虽长于细谨却易失于呆板，但孙老师的讲解让同学们打消了这种顾虑。比如，当讲解"长太息以掩涕兮"一句时，孙老师在"息"字上做足了文章。他首先在黑板上写出了"息"字的小篆字形并进行字源解读，从本义"呼吸"到引申义"休息"和"叹息"。其间，孙老师旁征博引、举一反三、一气呵成、毫不凝滞，自然过渡到"太息"和"长太息"的讲解，后者的"长"和"太"是否啰嗦？有何用意？孙老师认为这样的词语连用恰恰起到了强调的作用，并用现代汉语的"免费赠送"和"大声喧哗"为例，深入浅出地把这一古汉语难点阐释清楚，博得学生阵阵会心的笑声。

另外，"掩涕"一词一般会被译作"掩面而哭"或"揩眼泪"，这样解释当然可以，但孙老师却对其进行了更深层次的解读。他提到了"哭"的三种境界，即"号""哭"和"泣"，以此让同学们体会屈原"掩涕"的程度和境界，同学们普遍选择了"泣"，因这个字更加能够表现屈原的贵族形象。

《离骚》课文中出现了诸多离我们现实生活较远的事物，比如"蕙""茝"和"蛾眉"，若仅浮泛地说它们是香草和美人，又说这些恰是诗人品德高洁的象征，恐怕会让同学们的认识只停留在概念的范畴上而不明就里。讲到这部分，孙老师通过幻灯片将"蕙""茝"和"蛾眉"的图片展示给学生。这样的直观教学给同学们留下了很深刻的印象。"蕙"和"茝"美而不艳、雅而不群的形象的确可以恰如其分地诠释屈原的高洁品质，但以"蚕蛾"的形象来指代美女是否合适？同学们进行了深入思考进而得出了古今审美标准有差异的结论。

在授课过程中，孙老师极善于用浅显易懂的道理阐述令人难懂的"经义"。比如，既然"蕙"和"茝"都是高洁之物，是作者高洁品质的象征，那作者采集高洁之物，保持高洁的品行有什么罪过？诗人为什么会因此招致楚王的罢黜呢？针对这些同学们集中关心且百思不解的问题，孙老师启发式地反问："当众人皆浊我独清，众人皆醉我独醒的时候，谁就会有问题？"同学们恍然大悟。再如，讲解屈原"九死不悔"的美政追求时，孙老师提到了现代商业社会的做法："当你改变不了社会时，尝试去改变你自己吧；当你改变不了领导时，尝试去改变你自己吧；当你改变不了家长时，尝试去改变你自己吧……"他接着说："屈原不是这样，他只要认为是对的，便九死不悔，我改变不了世界，我也决不改变自己。这是真正的高洁，高贵……所以屈原的悲剧实则是性格悲剧。"经这番解读，屈原高山仰止的形象愈加鲜明，这种浅显易懂的阐发方式不仅让在座同学十分受用，也给听课教师留下了深刻的印象。

幽默诙谐是孙老师的一贯风格。比如在讲到"浩荡"时，虽然该词与"荒唐"属音转，但孙老师并没有生涩硬解，他结合"浩荡"二字都有水字旁的特点，幽默地说由于楚王脑子灌水了，而且灌得太多，所以才糊涂荒唐，贬黜屈原。还有，屈原在文中以夫妻关系比喻君臣关系，而其余谗臣就是文中的"众女"，解释三者关系时，孙老师说："我屈原太美了，我一出来马上把男人的眼球就吸引过来了。"语言浅近，妙趣横生。最精彩的部分在于最后的人物关系图，孙老师把屈原画成了双臂向天之状，意谓楚王对自己不理解，自己烦闷不已；把楚王画成头为方形且四肢长短不齐之状，意谓楚王的荒唐可笑之态；把"众女"画成头为椭圆，身体前倾之状，意谓其谄媚之貌。一阵会心的笑声之后，同学们对于第一自然段的人物关系把握得更为深刻了。

这堂课体现了孙老师教学古诗文的一贯主张：死去活来。就是说，阅读鉴赏古人的文章，须先"死去"，然后再"活来"。"死去"，就是说要进入古人的生活、情感、审美世界，进入古人的文化语境，做一番知识考古、生活考古、情感考古。"死去"之后还要"活来"。"活来"就是说以现代人的眼光重新审视，不是去"考古"，而是来翻新。[1]

总之，孙老师的这堂课亦庄亦谐，雅俗并重；落笔于大要，博趣于细谨；"经义"脚注虽延载于课本，其意韵阐发却无不毕见于师音。这节经典的《离骚》公开课，自然赢得了在场学生和听课同仁的一致好评。

---

[1] 详见孙立权.孙立权语文教育札记[M].北京：世界图书出版公司，2018：87.

2. 锦　瑟

编者按：本节课是立权师为长春市部分学校语文老师执教的公开课，时在 2011 年 3 月 22 日，授课班级是东师附中 2010 级 2 班，实录整理者为立权师所带东北师大文学院 2010 级研究生。

（学生课前演讲，讲大学专业的选择，结论是选自己感兴趣的专业）

师：专业的选择，以兴趣为主，我同意。我记得我以前有个学生，选的是考古系，这么多年就她一个人选了考古系，她选了一个纯正的贵族的专业。去年有一个学生选了哲学系，又是一个贵族的专业，因为选的人非常之少。能学自己喜欢的，以后一辈子从事的也是自己喜欢的，人生的幸福指数比较高，很好。当然，你还应该考虑什么呢？马克思在中学毕业时写的《青年在选择职业时的考虑》里怎么说来着？你看没看，赵洪彬？

生：马克思说："如果我们选择了最能为人类福利而劳动的职业，那么，重担就不能把我们压倒，因为这是为大家而献身；那时我们所感到的就不是可怜的、有限的、自私的乐趣，我们的幸福将属于千百万人，我们的事业将默默地、但是永恒发挥作用地存在下去，面对我们的骨灰，高尚的人们将洒下热泪。"（鼓掌）

师：马克思在选择职业的时候考虑的是这个职业是不是对全人类有贡献，所以后来他成为无产阶级的伟大导师。同学们以兴趣为导向是对的，但不应成为"精致的利己主义者"。

（开始讲正课）

师：唐代诗人有"三李"，张乐凡，你知道是哪三李吗？

生：我认为可能是李白、李贺和李商隐。

师：很好，请坐。这三个诗人，被称为唐代的"三李"。那么，张乐凡，你知道"小李杜"是谁吗？

生： 李商隐和杜牧。

师： 很好。因为李白和杜甫生活在盛唐、中唐时代，所以是"大李杜"；而李商隐和杜牧生活在晚唐时代，所以叫"小李杜"。张乐凡，你知道"玉溪生"是谁吗？（板书：玉溪生）

生： 不知道。

师： 你猜一下。

生： 李商隐。

师： 请坐，很对嘛。（生笑）李商隐，号玉溪生。这个"溪"和咱们班刘雨溪的"溪"是一个字。原来写异体字，作"玉谿生"，（板书：谿）今天一般写成三点水旁儿的。因为李商隐是个道士，他在玉阳山学道，玉阳山有一条溪水叫玉溪，所以他给自己起号叫"玉溪生"。张乐凡，你知道"樊南生"是谁吗？（板书：樊南生）

生： 不知道。

师： 你再猜。（生笑）

生： 李商隐。

师： 对了嘛，李商隐又号"樊南生"，因为他家在长安樊川以南，所以又叫"樊南生"。李商隐的字是"义山"，（板书：义山）这个名和字起得太好了。这都是有文化的人起的名。大家琢磨琢磨，他的名和字什么关系？（略停）商朝有两个很有名的人，一个叫伯夷（板书），一个叫——

生： 叔齐。

师： 对了。不是今天的女演员舒淇。（板书：叔齐）。哥哥叫伯夷，弟弟叫叔齐。这两个人在商朝灭亡以后，他们隐居到首阳山。李商隐名叫商隐，什么意思？就是伯夷、叔齐这哥俩在商朝灭亡后，又不准备归顺周，所以隐居在一座山里，采薇度日，最后饿死了。姜太公非常佩服这两个人，称之为"义士"，那么首阳山就是"义山"。李商隐，字义山，他的名和字是这样来的。今天我们就学习李商隐的一首诗《锦瑟》。杨双元，你来读一下。

（生读）

师： 大家知道"瑟"是什么东西吗？

生： 古代的一种弦乐器。

师： 很好。像琴，但又不是琴。中国古代的琴，也叫瑶琴，一般是七根弦，所以叫七弦琴。琵琶是四根弦，筝是十三根弦。而"瑟"这种乐器，古时候人们认为它有五十根弦。谁最善于弹瑟呢？——素女。素女是谁呢？是传说中的一个仙女，她最善弹瑟，同时精通房中术。这个女子，了不得。她一弹瑟，别人一听，就悲痛欲绝，都要死。有一次天帝让她弹，弹得太悲了，周围的人马上就要死了，天帝一看不行，让她停，但是她不停，天帝急了，上去就把瑟给弄坏了，一下子破成两个，变成每个二十五弦。后来的瑟一般都是二十五弦。今天我们的出土文物里有瑟，也是以二十五弦的为多。

大家读没读过廉颇蔺相如的故事啊？跟这个瑟有关啊。赵王和秦王在渑池相会的时候，怎么回事了？我怎么忘了呢？吴刚毅，你能讲一讲吗？

生： 我记不清了。

师： 你也忘了。我忘了是因为年龄大了，你不该忘。夏天，你讲。

生： ……

师： 也不知道。挺有意思啊。我在小学时就知道。小学有一篇课文叫《将相和》。在渑池相会的时候啊，秦王提出来，听说赵王善于鼓瑟，弹一曲呗。赵王就弹了一曲。弹完之后秦国的史官马上在史书上记载，某年某月某日，赵王为秦王鼓瑟。蔺相如一看，这不是欺负人吗？他就拿着一个缶——这就不是一个弦乐器了，它是打击乐器。2008 年奥运会上多少人击缶？当然那个缶做得大。蔺相如拿着缶走到秦王面前说，听说秦王善击缶，您也应该击一下。秦王不干。蔺相如说，你看我现在离你五步之内，你要是不击，我的一腔热血就溅在你身上。啥意思啊？

（生议论）

师： 就是你要是不击，我就一缶打死你，咱俩同归于尽。（老师笑）秦王很无奈地敲了一下，蔺相如马上让史官记下来，某年某月某日，秦王为赵王击缶。这故事不知道吗？

生： 知道。

师： 哎，赵王鼓的就是这个瑟嘛。那李商隐见到的这个瑟，叫锦瑟。前面加上"锦"这个修饰语了，这是一把什么样的瑟？

生： 那一定是一把非常精美的瑟。

师：对了。不是民间的非常土的那种瑟，是锦瑟。这个瑟确实太美了，因为它迷惑了我们一千多年。大家看幻灯片，清代诗人王士禛怎么说的？大家看。他说：一篇锦瑟解人难。什么意思啊，吴刚毅？

生：就是李商隐写的这个《锦瑟》，说出了人的心声。

师：不对。项思羽，你说。

生：可能是说李商隐这篇《锦瑟》……

师：解人，就是能理解能读懂这首诗的人。

生：让人很难理解。

师：哎，这句诗的意思是说《锦瑟》这首诗理解起来十分困难，让人费尽心思也捉摸不透。清初文坛领袖王士禛可能也读不太懂，所以他说"一篇锦瑟解人难"。它诞生一千多年了，至今我们还不确知《锦瑟》这首诗到底写的是什么。有人说李商隐到他的老师令狐楚家看见了一个小婢女，名叫锦瑟，或者说这个小婢女非常善于弹瑟，李商隐看上她了，但是种种原因没能在一起，后来李商隐写诗回忆这件事。还有人说锦瑟是李商隐的妻子生前喜欢的乐器，他妻子死后他看到这个乐器，触物伤怀，想起了他死去的妻子，就写这首诗悼念亡妻。还有的说，这就是一首咏物诗，就是单纯咏这个乐器瑟。还有人说，这首诗是李商隐所有的诗的序，（板书：序）大学者钱钟书就这样认为。因为你翻开《李义山诗集》，李商隐自己编的诗集，《锦瑟》这首诗放在第一篇，所以钱钟书说它相当于李商隐所有的诗的序，它是一首序诗。说法很多，它简直就是一首古代的朦胧诗。今天我们就在朦胧中感受一下。大家自由读一遍。

（生读）

大家看一下注释。我有问题了：这首诗是李商隐早年之作还是晚年之作，为什么？谁来谈谈？

生：我觉得是晚年之作。因为首联的下句是"一弦一柱思华年"，就是他怀念以前的青春年华，但是已经逝去了，已经没有了。

师：啊，由"思华年"看出来的，这肯定不是早年之作，因为华年就是青春年华，好。你着眼于全诗再看，还有一处也说明它绝不是早年之作。

生：此情可待成追忆。

师："此情可待成追忆"，已经是追忆那似水华年了，显然不是早年之作。

好，这点能够确定了。它再朦胧，这点可以确定了吧？好了，那么，既然是晚年之作，锦瑟这个乐器和李商隐之间有什么必然的联系呢？方才说的那几种联系，好像是有联系，那么这个乐器和李商隐本人有什么直接的联系吗？看尾联，另外请你看一下书下注释中李商隐的生卒年，看一看他活了多大岁数。

生： 老师，注释中没有啊？没说李商隐的生卒年啊？

师： 是吗？这个语文书有问题啊！（生笑）它没有，只好我告诉大家了，他活了 47 岁。锦瑟无端五十弦，一弦一柱思华年，思考锦瑟和李商隐有什么相似之处。说吧，刘悦泽。

生： 我认为李商隐写《锦瑟》是为了自己逝去的年华。因为锦瑟的弦数五十弦和他的年龄是相仿的，他"一弦一柱思华年"，也是在思念自己逝去的时光。

师： 很好。大家注意，二者是有相似性的，是不是？瑟约等于作者。相传古瑟有五十根弦，而李商隐此时年近五旬，注意，这是相似点。所以他看到瑟的每一根弦，他都认为这是自己生命的每一个历程，他数着每一根弦，实际上就是在数着自己生命的每一个过往，是不是啊？锦瑟的这五十根弦它是无缘无故地就五十根弦，是无心的，但是看瑟的这个作者可有意。他一看这五十根弦，就象征着我的人生了。另外锦瑟能弹奏出哀伤的乐曲，而李商隐本人能写出悲伤的诗篇。好，二者的相似性找到了。

那么同学们，这只是一首单纯的咏物诗吗？当我们看出二者的相似性，我们就知道肯定不是单纯的咏物诗，对不对？那么这里的瑟它只起个什么作用呢？比如说你随便翻影集，翻到一张老照片，哎呀，跟这个照片有关的事情你想起来了，你写了一篇文章。那你说这个照片起什么作用呢？

生： （学生的话听不清）

师： 语言没组织好。心知肚明口不能言，哑人也，（生笑）请坐。杨德晗，你说。

生： ……

师： 请坐，第二哑人也。（生笑）

生： 我认为这个瑟是回忆的一个载体，一个引子。

师： 啊，一个由头，一个触发，是触物伤怀的那个"物"，是托物言志的那个"物"。这里的瑟只是他的一个寄托，他要托这个言志。同学们，这是一首托物言志的诗。这个"志"千万不要理解成志向，那就极其狭隘了。这里的"志"是什么意思啊？

生：思想感情。

师：哎，作者要托这个瑟言他自己的思想感情。为什么能够托呢？因为这个瑟和作者有关系。就是它五十弦和作者年近五十相似，它能弹奏乐曲而诗人能写出诗章，二者具有相似性。好，请坐。

锦瑟无端五十弦，锦瑟本属无心但作者有意，我的生命就是一个瑟，你的每一根弦都有我过往的生命和情感。所以，下面我要回忆我的人生了。那么同学们，首联的末尾，教材上使用的标点是句号，你看看还可以使用什么样的标点呢，夏天？

生：可以使用冒号。前面的是总领全文，后面的是具体解释。

师：因为冒号的作用是提示下文。你的感觉很好，咱俩英雄所见略同，请坐。锦瑟无端五十弦，一弦一柱思华年。那么思些什么呢？后面用冒号来提示，所以这个首联起的作用是——

生：总领全诗。

师：好，大家接着思考。他所思的内容，是到这首诗的哪一句呢，赵丹扬？

生：应该是"庄生晓梦迷蝴蝶，望帝春心托杜鹃"。

师：啊，你认为他思的是这两句。请坐。张弛，你同意吗？

生：我认为还有下面两句。

师：就是他思的内容还有"沧海月明珠有泪，蓝田日暖玉生烟"，对吧？好，大家同意吗？

生：同意。

师：赵丹扬同意吗？（生点头）同意了。他所思的内容是这四句。接着再看尾联。尾联起什么作用啊，任延博？

生：尾联表达了作者对逝去的……

师：没问你表达了什么感情，是问你有什么作用。

生：是对自己逝去的年华的一种概括。

师：对呀，这不是总收全诗吗？首联总领，这两句总收。这首诗的结构图是这样的。

（板书：—→ —→ ：│ │ │ │ 　 —→ —→
　　　　 ①　 ②　 ③④⑤⑥　 ⑦　 ⑧ ）

①②两句总领，③④⑤⑥四句是所思的内容，最后⑦⑧两句总收。下面大家不看书，看着黑板顺一下全诗，开始。

（生很容易顺下来了）

师： 是不是很好？下面我们就集中看中间他所思的内容，难就难在这几句。看颔联，给大家一点时间，看注释，自学。（生自学）

师： 注释里有个"蘧（qú）蘧然"，"蘧蘧"是惊觉的意思，就是睡着睡着觉醒了，惊觉了。"蘧蘧然"就是惊觉的样子。庄生晓梦迷蝴蝶，"迷蝴蝶"是美的还是不美的？

生： 美的。

师： 那它当然就可以代表——

生： 过去的美好。

师： 是不是？接着看，这个梦虽然很美，但是这个梦是什么梦呢？看原诗。

生： 晓梦。

师： 什么叫"晓梦"？

生： 白日梦。

（生笑）

师： 不太对。晓者，天欲亮而未亮，拂晓的时候啊。是不是啊？天将破晓时做的梦，那你说晓梦的下场是什么？

生： 一醒就没了啊。

师： 你要刚睡着时做梦，还能延续十几个小时，（生笑）啊，说多了，还能延续几个小时。天将晓的时候做的梦，这个梦做完了马上就成为——泡影。所以这句话写得很有意思。李商隐说，我曾经痴迷那美丽的梦想，但那梦想是破晓前的梦，在我的生命中很快成为泡影。

接着看"望帝春心托杜鹃"，什么叫"春心"？

生： 伤春之心。

师： 这种理解有点儿浅。有个词叫"春心荡漾"，春心是什么心？是爱情之心，是怀春之心。他说我有非常美好的爱情之心，结果这爱情之心怎么的了？

生：托杜鹃了。

师：成空了。这两句说，曾经痴迷那美丽的梦想，但那梦想是破晓前的梦，很快成为泡影。曾经怀有爱情之心，但是托杜鹃了，成空了。好，接着自学颈联。（生自学）

师：好了，有个成语叫"沧海——"

生：桑田。

师：跟"沧海月明珠有泪"有关的，沧海——

生：一粟。

师：不是。

生：沧海一声笑。

（生笑）

师：那是成语吗？还"滔滔两岸潮"呗。有个成语叫——沧海遗珠。这个成语表达什么意思啊？

生：被人遗落在大海的珍珠，比喻被埋没的人才。

师：请坐。李商隐在这里说自己是月明之夜大海中一颗遗珠，因此还悲伤地落下晶莹的泪花。他给自己一生的遭遇打了一个比方，像什么？

生：沧海遗珠。

师：所以这句实际上在写什么？

生：怀才不遇，写自己怀才不遇的悲伤。

师：这句真悲啊，这句真美啊。大家闭上眼睛想一想，沧海，月明，珠泪，多么好的意象。用最美好的意象去表达——

生：最悲伤的情感。

师：这就是千古名句。好，那下一句呢？蓝田日暖玉生烟，"良玉生烟"的特点是可望不可即。这里李商隐已经把自己美好的愿望比喻成了蓝田山上的美玉生烟了，可望不可即。好了，一弦一柱思华年，思的华年，他用这四句全给交代了。这里边可能有爱情，有政治遭遇，有自己一生的美好愿望，但这些我们可以用一个字概括，什么？

生：空。

师：甚好，年华成空，抱负成空。写到这，可以总收了。此情可待成追忆，"可待"是什么意思啊？

生：……

师："可待"是表反问的，就是"岂待"，也就是"不待"，不等到。语言中有一种反训现象，（板书：反训）就是在具体语言环境中因为语速（出语急切）、语气（陈述还是疑问）等原因而需要从反义角度来解释的现象。比如："可堪回首，佛狸祠下，一片神鸦社鼓。""可堪"要理解为——

生：不堪，岂堪。

师：很好。再比如："柔情似水，佳期如梦，忍顾鹊桥归路。""忍顾"要理解为——

生：不顾。不对，应该是不忍顾，怎忍顾的意思。

师：这才对。秦韬玉《贫女》诗"敢将十指夸针巧，不把双眉斗画长"中的"敢将"，鲁迅的诗"忍看朋辈成新鬼，怒向刀丛觅小诗"中的"忍看"，都要反训。好了，李商隐这两句是说，上面说的这些触动我心弦的事情是等到今天成为回忆的时候才感到迷惘忧伤吗？不是，李商隐做出了回答，是当时就已经这样迷惘忧伤了。哎，这两句就这样总收了全诗。

一首古代的朦胧诗，十五六岁的高中生如果能理解到这个程度，可以了。下面带着这种理解，自己再读一遍，开始。

（生自由读）

师：西方现代派有所谓"扑克牌小说"（板书），听说过吗？

生：没有。

师：有人能猜出来"扑克牌小说"是什么意思吗？你们的智商一定能猜出来。谁试着谈一下？夏天？

生：就是把小说每一页取下来，按不同的组合，都能组合成不同的小说。

师：你说得很对。这就叫扑克牌小说。就是把这个小说像洗扑克牌一样洗了，然后第一张可能变成第二张了，第三张可能变成第五十四张了，但是你按照洗完的顺序读，仍然是一篇作品。李商隐这首诗，我以为是一首"扑克牌诗"。全诗五十六个字，把它打乱，颠倒重组，可以重组出很多作品。我请大家欣赏一下，我国当代著名作家王蒙是怎样把它洗牌重组的。大家看一下。首

先变成七言诗。（幻灯片显示）

锦瑟蝴蝶已惘然，无端珠玉成华弦。

庄生追忆春心泪，望帝迷托晓梦烟。

日有一弦生一柱，当时沧海五十年。

月明可待蓝田暖，只是此情思杜鹃。

（生赞赏）

师：绝对五十六个字，一字不多，一字不少。接着，他又把它变成了一首词：

杜鹃明月蝴蝶，成无端惘然追忆。

日暖蓝田晓梦，春心迷，沧海生烟玉。

托此情，思锦瑟，可待庄生望帝。

当时一弦一柱，五十弦，只是有珠泪，华年已。

（生惊叹）

师：接着他又把它变成了一副对联：

上联：此情无端 只是晓梦庄生望帝 月明日暖 生成玉烟珠泪 思一弦一柱已

下联：春心惘然 追忆当时蝴蝶锦瑟 沧海蓝田 可待有五十弦 托华年杜鹃迷

（生兴奋不已）

生：这都是一个人改编的吗？

师：是啊，是王蒙，当代著名作家。有意思吧？是不是想试试了？给大家留个作业，你也洗洗牌，改编一下这首诗。

附　学生比较成功的改写

（一）

一蝴蝶，

一杜鹃，

五十锦瑟弦无端。

庄生梦，

望帝心，

晓托沧海桑田。

日生暖玉，

月有明珠，

泪是烟。

此弦柱，

只当思，

春迷华年。

情可待，

成追忆，

时已惘然。

（二）

望帝无端托杜鹃

庄生晓梦蝴蝶

锦瑟五十弦

一弦一柱

思华年

当时

已

待

迷情

玉追烟

蓝天日暖

有春泪成珠

可知月明沧海

忆此生心只惘然。

（三）追忆似水年华

玉柱当晓明，

锦瑟只弦弦。
忆十五华年，
可有沧海桑田？

追庄生蝴蝶，
思望帝杜鹃，
一是迷梦一成烟。
月托珠泪生，
日待春心暖。
无端此时情惘然。

3. 马　嵬

编者按：本节课是立权师为东师附中青年教师执教的公开课，时在 2011 年 3 月 23 日，授课班级为东师附中高二 2 班，实录整理者为立权师所带东北师大文学院 2010 级研究生。

师：今天我们学习李商隐的另一首诗。中国有文化的人，看到"马嵬"这个词，决不会无动于衷，他一定有特殊的感觉。因为马嵬是一个伤心之地，是一个香消玉殒的伤心地。而这个"香"和"玉"又不是一般的香和玉，是中国"四大美人"之一。你们知道，四大美人都是谁吗？

生：西施、王昭君、貂蝉、杨贵妃。

师：对了。马嵬，中国四大美女之一的杨贵妃香消玉殒之地，这个地方承载着一个凄美的爱情悲剧，一个凄凉的政治悲剧。历代写马嵬的诗不少，你像清代诗人袁枚就说："石壕村里夫妻别，泪比长生殿上多。"（板书诗句）袁枚什么态度啊？大家学过杜甫的《石壕吏》吧？石壕村里夫妻的分别，袁枚认为流下的泪比长生殿上的还多。长生殿上是谁的泪呀？是唐玄宗李隆基和爱妃杨玉环的泪呀，对不对？袁枚认为普通老百姓的乱世分别，流下的泪比君王、妃子的泪还多。你看，这意见就不一样了。下面我们看李商隐是怎样咏马嵬的吧。何书翰，你来读一下。

（生读）

师：请坐。有一个字读错了，居易龙，你发现了吗？

生：应该是第一句的，"海外徒闻更（gèng）九州"。

师：对了，请坐。这里的"更"，得读第四声，意思是还，还有。"更九州"，是说中国九州之外还有九州。颔联，空闻虎旅传宵柝，"柝"学过没有？"朔气传金柝"的"柝"就是这个意思，军队中打更报时用的东西。下面给大家一点时间自学这首诗，一会儿答疑。

（生自学）

师：好了，这首诗的韵脚都是什么，崔子文？

生：这首诗的韵脚是 ou。

师：零分。我是问这首诗的韵脚。

生：州、休、筹、牛、愁。

师：哎，几个韵脚？

生：五个。

师：都是平声还是仄声？

生：平声。

师：律诗一定要押平声韵，一定要在双数句末尾押韵，首句押不押呢？

生：可押可不押。

师：哎，韵脚是诗句末尾押韵的字。所以这首诗的韵脚是州、休、筹、牛、愁，五个韵脚。这首诗押的韵是——

生：ou。

师：ou 韵。那么第二句"他生未卜此生休"的"休"不是 iu 韵吗？"当时七夕笑牵牛"的"牛"不也是 iu 吗？你怎么说押的是 ou 韵呢？

生：我觉得它挺像的。

师：你注意，这个 iu 完整的写法是 iou，为了减省，才写成 iu，所以你说这首诗押 ou 韵是正确的，因为 iou 不也属于 ou 吗？你们小时候学拼音时学过韵母，这叫韵头（指 i），这叫韵腹（指 o）（生笑），这叫韵尾（指 u），是吧？你看 iou 和 ou，韵母的主要部分一样，所以是一个韵。下面注意一下这首诗押韵的情况，齐读一下。

（生读）

师：下面开始答疑。谁有问题？

生：如何四纪为天子，不及卢家有莫愁，这两句怎么理解？

师：李商隐说，怎么你唐玄宗做了四十多年的天子，你连个爱妃都保不住，你咋搞的？人家平头百姓卢家的莫愁女都有美好的婚姻，你咋搞的？

生：为啥中国古代对杨贵妃这么感兴趣？杨贵妃的事迹本来不是很光彩。

一开始他是唐玄宗的儿媳妇。

师：他是唐玄宗的儿子寿王的妃子。

生：寿王本来是她一个很喜爱的妃子（口误，生笑），后来被唐玄宗抢去了，但为啥被抢之后大家还对她这么感兴趣呢？王昭君长得多好看啊，为啥写她的东西那么少？

（生笑）

师：谁说的？写王昭君的文字一点也不比杨贵妃的少，"四大美女"中就是写貂蝉的文字最少。

生：为啥呀？

师：因为貂蝉的事迹不可考，那几个人的事迹都还可考，尤其是杨贵妃的，还是比较清楚的。唐玄宗色令智昏，抢了他儿子的妃子。对于这样一个生活阅历很丰富的，又是四大美女之一，又是香消玉殒的这样一个女子，你说中国文人能不感兴趣吗？（生笑）当然要感兴趣。好，还有问题吗？

生：我想问一下，第四句"无复鸡人报晓筹"的那个"复"是什么意思？

师：你想想，翻译这句时，"无复"之后要加一个动词，什么动词？

生：有

师："无复有鸡人报晓筹"，"复"是什么意思？

生：再。

师：哎，对了。诗的语言是高度凝练的，翻译的时候有必要加一点东西，加上之后就容易理解了。不再有鸡人报晓筹，就是说当年在皇宫里那样幽静的生活没有了。"鸡人"就是皇宫里负责报时的人，他们也打扮成公鸡的样子，负责报时，所以叫鸡人。安史之乱发生了，唐玄宗逃亡四川，离开了当年有鸡人报晓筹的皇宫，现在他驻扎在军营中只能听到什么？

生：宵柝。

师：哎，虎旅传宵柝，只能听见柝声。还有问题吗？有三个同学提问了，很好。（过了一会儿）没人提问了，那我问个问题。《二国演义》里写周瑜死了，诸葛亮去吊孝，那个祭文里有这样一句话：命终三纪，名垂青史。杨双源，学了《马嵬》，现在你能说说"命终三纪"是什么意思吗？

生：就是他活了三十六年。

师：好。岁星（木星）绕太阳一周是 12 年，叫一纪。三纪就是 36 年。唐玄宗做了四十多年皇帝，所以李商隐说"四纪为天子"，做了四十多年天子，你咋做的？你咋搞的？哎，实际上这里李商隐对待唐玄宗的态度你就读出来了，什么态度？

生：讽刺。

师：哎，是讽刺，是批判，是不满的。

生：老师，要是没有杨玉环，唐玄宗也就不会重用杨国忠。没有杨国忠，也就没有安史之乱的爆发。那为什么大家这么同情这个杨玉环，而不同情唐玄宗呢？

师：你的意思是说红颜祸水？

生：是那么回事。当然也不能完全这样……

师：你认为大唐盛世被杨贵妃给搞乱了。周幽王的天下被褒姒给搞乱了，商纣王的天下被妲己女给搞乱了。

生：唐玄宗上台的时候是他父皇让给他的，而且他面临重大的问题，太平公主要夺权，唐玄宗通过政治手段把太平公主给灭了。然后……

师：你要说啥？（生笑）说主题。

生：然后才有了开元盛世。开元盛世之后的某个时间有了杨贵妃，之后唐玄宗任用李林甫和杨国忠，包括安史之乱的主角安禄山，他曾经认杨贵妃为干妈。本来安禄山都五十来岁了，杨贵妃才三十左右岁，他认她做干妈。我想这肯定是和杨贵妃、唐玄宗有很大关系。为什么大家还这么同情杨贵妃？

师：请坐。我现在要说，你提了一个很好的问题。你认为红颜祸水，女色误国。这是中国旧时代很主流的一种意见。我不知道 90 后的同学们是如何看的？谁来谈一谈？就是说大唐天下是被一个叫杨贵妃的女子给搞乱的，给弄败亡的，你这么看吗？你来说。

生：老师，我认为这种观点是非常极端的，是不正确的。首先，一个巴掌拍不响，我认为治理天下的是这个皇上，而不是这个妃子。就算妃子能误导皇上，但是皇上必须听了才能去做。既然他听了，那说明这个皇上他的判断力、意志力都很薄弱，他对国家大事的不负责任和对美女的一种宠幸才导致他国家的灭亡，归根结底要归到这个皇帝身上，而这个女人是无辜的，我是这样认为的。

师：她即使有责任，也不能让她负主要的责任。

生：对，主要的责任在男人身上。

师：在男权社会里，男人失败了，干不成事了，最后把责任推到女人身上，这哪是爷们儿的做法啊？

（生笑）

生：我认为这是一种很懦弱很不负责任的行为。

师：这是中国旧时代男人完蛋的表现。

（生笑）

生：老师，新时代男人已经站起来了。

（生大笑）

生：（说女人祸水的那个男生）我刚才没有说杨贵妃她有什么太大的错，我的意思是说正是有了杨贵妃，唐玄宗开始神魂颠倒。神魂颠倒当然是男人的错，但是我们为什么要同情杨贵妃？

师：好。为什么要同情她？因为她值得同情。你看，我给你准备点儿材料。看（屏幕显示，师读）："中国的男人，本来大半都可以做圣贤，可惜全被女人毁掉了。商是妲己闹亡的；周是褒姒弄坏的；秦……虽然史无明文，我们也假定它因为女人，大约未必十分错；而董卓可是的确给貂蝉害死了。"注意，这是鲁迅在《阿Q正传》里说的一段反话。接着再看（屏幕显示，师读）："关于杨妃，禄山之乱以后的文人，就都撒着大谎，玄宗逍遥事外，倒说是许多坏事情都由她……就是妲己、褒姒也还不是一样的事？女人的替自己和男人伏罪，真是太长远了。"这是鲁迅先生的杂文集《花边文学》里一篇叫《女人未必多说谎》中的文字。什么事都让女人负责，替男人服罪，这个传统，鲁迅说太久远了，自古以来就有。那么鲁迅对它什么态度呢？接着看，鲁迅说（屏幕显示，师读）："我一向不相信昭君出塞会安汉，木兰从军就可以保隋；也不信妲己亡殷，西施沼吴，"——什么叫"沼吴"？

生：灭吴。

师：哎，就是使吴国成为污池。——"杨妃乱唐的那些古老话。我以为在男权社会里，女人是决不会有这种大力量的。兴亡的责任都应该男的负。但向来的男性的作者，大抵将败亡的大罪，推在女性身上，这真是一钱不值的没

33

有出息的男人。"

这是鲁迅先生在《且介亭杂文》里说的，我完全赞同。鲁迅先生认为这是男人在推脱责任。红颜祸水，这是男权社会的偏见。大家接受不？

生：（还是那个学生）老师，我想解释一下。首先，我没认为是红颜祸水，但是我想说的是在男权社会中，既然杨贵妃、安禄山和杨国忠能围绕在唐玄宗身边，肯定是唐代内部制度有问题。要不然武则天也不会当上皇帝。她执政50来年，她从31岁当皇后就已经开始执政了……也就是她那个……就是还是整个唐代内部制度有问题。那为什么这首诗还是一味地去怪唐玄宗呢？

师：就应该他负责。一国出现了问题，一国领导人负主责；一个班出了问题，班主任、班长负主责；语文试卷没及时收取，语文课代表负主责。（生笑）是不是啊？

生：嗯。

师：请坐。所以我认为，批评唐玄宗是对的，认为杨贵妃误国，这个观念就比较陈旧了。

好了，下面看这首诗的内容和题目，大家知道这首诗是哪类题材的诗吗，尹艺升？

生：我认为这首诗是怀古诗。

师：可以的。你看标题，马嵬，这是一处历史遗迹，是不是啊？所以叫——

生：咏史诗。

师：对，咏史诗。（板书：咏史诗）中国古代有大量的咏史诗。大家想一想，咏史诗在选择历史事件的时候，是选择耳熟能详的，还是选择鲜为人知的呢？

生：好像都可以。

师：是这样吗？你想想，历史小说和咏史诗都写历史，它们选择历史的时候有没有不同？

生：咏史诗一般都比较短小，所以一定得选耳熟能详的，否则你就得把这个鲜为人知的历史说出来，那就写成小说了。历史小说篇幅较长，可以写大家耳熟能详的历史，也可以写鲜为人知的历史。

师：好。小说可以长篇大论地写，而咏史诗字数有限，就几十个字，你选择咏的对象就要是大家熟知的，不用交代来龙去脉的。你看人家杜甫《咏怀古迹》选的是昭君村，多有名啊，对不对？人家李商隐选的是马嵬，多有名啊。所以咏史诗选择历史事件时，要选择大家耳熟能详的。但接着问题就来了。既然是大家熟知的，你还要咏它，你就得做到——

生：有新的见解。

师：好。比如说杜牧的《赤壁》，我找个同学背一下，刘浩，你来背。

生：折戟沉沙铁未销，自将磨洗认前朝。东风不与周郎便，铜雀春深锁二乔。

师：赤壁之战，大家都熟知吧。那么杜牧的这首《赤壁》，它表达了什么新见解呢？

生：应该是表达了作者自己怀才不遇的愤慨。

师：你解释一下。

生：他说赤壁大战之所以能取胜是靠东风，是靠自然的力量。言外之意是什么啊？我杜牧是很有军事才能的，如果有人用我，我会比周郎厉害。

师：表现了杜牧的一种自许。大家看，这个见解是新的，是与众不同的，是别人不敢言说的。

好，那么再看李商隐的这首《马嵬》，这个历史事件也是大家熟知的，那么他给我们什么新的启示呢？或者说他在史事中生发出了什么议论和观点，让我们觉得有价值呢？这也关涉到这首诗的诗眼，诗眼在哪里？

生：尾联"如何四纪为天子，不及卢家有莫愁"。

师：哎，这首诗所表达的见解和观点在这一联里。谁能谈一谈？好，赵洪彬。

生：我觉得诗人是通过讽刺唐玄宗来提醒人们，要常怀忧患之心，不能安于享乐，更不能幸灾乐祸。

师：啊，那就远了。这首诗有价值的地方在于它讽刺批判了唐玄宗，它没有把唐朝走向衰落败亡的责任推给——

生：女人。

师：我们前边不是说了吗？没有出息的男人自己把事办砸了，把责任推给女性。李商隐没有这样，他直接说你做了四十几年皇帝，结果一个爱姬的生命你都保护不了，走到马嵬六军哗变，你为了自保，献出了杨贵妃的生命。她已经死得很冤了，结果死后还让她承担责任，岂有此理！你唐玄宗重用奸相李林甫、杨国忠，你又宠幸安禄山。历史上，唐玄宗宠幸安禄山的时候杨贵妃还没封为贵妃呢，此事和杨贵妃毫无关系，那都是稗官野史的演绎。历史上杨贵妃根本就没有参与朝政，所以唐朝走向败亡的责任怎么能让一个杨贵妃来承担呢？应该是你唐玄宗来承担。是你重用奸臣，是你宠幸小人，最后酿出事端。大家看，咏史诗贵在能够生发出新的议论和见识，给人以启发。你看杜牧的《赤壁》，人家杜牧告诉我们，你周郎建立伟业靠的是自然之力，如果给我施展军事才华的机会，我会比你周郎做得还好。杜牧是非常自负的，他确实熟读兵书战策，很有军事才能。——这就是咏史诗。

好了，讽刺唐玄宗，批判唐玄宗，这个意思能不能在诗里直说出来呢？

生：不能。

师：为什么？

生：唐朝的诗人批评唐朝的皇帝，应该有所忌讳，不便直说。

师：有道理。还有什么原因？

生：因为是诗，直说出来就没有艺术性了。

师：对的。不能直说，你得艺术地说。那么这首诗从整体上看，采用了什么艺术手法？卢禹彤，你发现了吗？

（生沉默）

师：没有发现。请坐，再思考。朴思蓉，你说。

生：我觉得应该是对比吧。

师：（板书：对比）对比，非常准确。下面大家就找一找有哪些对比。孙可玫，你说。

生：前面说"他生未卜此生休"。

师：这是什么和什么对比？

生：此生和他生。

师：（板书：此生和他生）他生未卜此生休，就是你和杨贵妃现世的爱情是完结了，爱姬已经不在，此生已经休了，至于"他生"还难以预料。虽然你们曾经在七月七日长生殿上，夜半无人之时私语发誓，发什么誓？

生：在天愿作比翼鸟，在地愿为连理枝。

师：虽然你们发誓了，但是"他生"的事情未卜，可以肯定的是这一生你们俩拉倒了。（生笑）这是对比。你接着说。

生：颔联的那两句。只听到随唐玄宗赴蜀的禁卫军在巡逻，但是没有人去报晓。

师：鸡人报晓，那是什么时候的生活？

生：宫廷里的。

师：现在呢？只能在军营里听到柝声。那么这是不是现在和从前？（板书：现在和从前）现在是什么样？

生：在军营里住着。

师：现在属于羁旅之中。而原来呢？原来是有鸡人报晓筹。现在和过去的生活的对比。

生：然后是颈联的"此日"和"当时"。

师：现在是什么样？

生：军队发生了哗变。

师：哎，六军哗变，要求处死杨贵妃，唐玄宗让杨贵妃自缢，这是现在。过去呢？

生：过去是能和杨贵妃天天在一起，还嘲笑织女和牛郎每年相遇一次。

师：你看，这还是过去和现在的对比。接着再说。

生：然后是天子与百姓的对比。

师：（板书：天子和百姓）啊，天子，你唐玄宗，你怎样啊？

生：枉为了几十年皇帝，连爱妃的命都保不住，还不如普通百姓人家夫妻美满。

师：大家看，这首诗，处处都在使用对比。对比是一种艺术表现手法，艺术创作手法，当然也是一种修辞方法。当着眼于全篇的时候，那就是一种艺术表现手法。全诗从"此生""他生"，"现在""过去"，"天子""平民"这些方面进行了对比。在对比中表达了李商隐对于唐玄宗的讽刺和批判。同学们，这就是艺术地说。所谓艺术地说，就是用艺术手法去说，不要直说，这才成为诗。如果直说，那就是大白话了，就可能是宣传鼓动了，就不是艺术了。带着这样的理解，请大家自由读这首诗。

（生读）

4. 氓

（总计三课时）

编者按：《氓》是立权师为东师文学院 2010 级部分硕士研究生执教的公开课，总计三课时，时在 2010 年 11 月 29 日、11 月 30 日，授课班级为东师附中高一 9 班。本实录整理者为立权师所带东北师大文学院 2010 级部分研究生。

师：古典的中国是一个泱泱诗国，你把"泱泱"写在黑板上。

（生到黑板前写"泱泱"）

师：泱泱，本来形容水大，后来词义引申了，形容气魄宏大，比如"泱泱大国"。古典的中国绝对是一个泱泱诗国，古典的时代绝对是一个诗的时代。仅唐朝有记载的诗人就两千多个，大概世界上任何一个国度也没有中国诗人多。古典的时代，我们的先民可以说是充满诗意地、风流地生活在这片土地上。今天，我们就进行一次文学的远游，探寻一下吾国诗歌之源头。我国诗歌的源头在哪里呢？在《诗经》《楚辞》那里，这是我国诗歌的两大源头，任何一个想在中国文学乃至中国文化这个历史长河里漂流览胜的人，都得去探这个源，都得从《诗经》《楚辞》出发，否则你就会迷失方向。

师：下面我请大家回答屏幕上关于《诗经》的常识问题。

（屏幕显示：《诗经》最初叫什么名字？）

师：谁可以回答？举手说，站起来就说，别在底下窃窃私语，别成为无名的众声喧哗者，那不好。

生：《诗经》最初叫《诗》，也叫《诗三百》。

师：好。《论语》里说，"诗三百，一言以蔽之，曰：'思无邪'。"有一次孔子的儿子孔鲤从庭院走过，孔子正在那站着呢，就说你站住，"学诗乎？"就是问，你学《诗经》了吗？孔鲤说没学呢。孔子说，"不学诗，无以言。"不学诗你就说不好话，学去吧。孔鲤就去学了。从《论语》里我们知道《诗经》原来称为《诗》或者《诗三百》。到了汉代，认为它不仅仅是普通的文学作品了，已经成为儒家的经典了，所以叫《诗经》了。一个东西一旦被称为"经"，大家注意，那就是"垂教万世，永不磨灭"了。

（屏幕显示："六经""五经"各包括那几本书？）

师：和《诗经》并列的有那么几本书，有"六经"，有"五经"，谁知道"六经"？知道"五经"也行，谁知道？

生：五经指《诗》《书》《礼》《易》《春秋》。

师：诗书礼，易春秋，这样记很好，六个字。这是"五经"。"六经"呢，在这"五经"基础上再加一个《乐经》，可惜后来失传了，剩下五经。这些都要记下啊，这叫文化常识，它构成了一个中国人的文化的底子嘛。对这些问题大家能够准确地回答，如数家珍地讲，尤其将来给老外讲，你要非常清楚。

（屏幕显示：我国最早的诗歌总集是什么？它收录了几世纪到几世纪五百年间的诗歌多少篇？）

师：谁知道？（学生议论：是《诗经》，305篇。但学生对具体的时间拿不准。）拿不准的同学必须记住，公元前11世纪到公元前6世纪。你学过历史，公元前11世纪，那叫西周初年，公元前6世纪呢？那叫春秋中叶。啥叫"中叶"？就是中期。《诗经》是中国最早的诗歌总集，它收录了公元前11世纪到公元前6世纪正好五百年间的诗歌，共多少篇？305篇。

[屏幕显示：《诗经》"六义"（也叫"六诗"）指什么而言？]

师：知道哪"六义"吗？风、雅、颂、赋、比、兴，"兴"在这里读四声。

"风雅颂"是《诗经》的组成部分，"风雅颂"三部分是按照什么标准分类的？

生：可能是不同的来源。

师：差不多，这三部分大体是按照音乐的不同来分的，因为这305首诗实际上是305首歌的歌词，都是配乐歌唱的，都是当时传唱的，都是当时的流行歌曲，有的是上层社会的流行歌曲，有的是下层社会的流行歌曲。那么，"风"是什么？

生：民歌。

师：对了，就是土风民谣，《诗经》一共收录了当时十五个诸侯国的国风 160 篇，这就叫"十五国风"。那么"雅"呢？

生："雅"是饮酒作乐时的音乐。

师：大体上差不多，文一点说，是朝会宴飨之歌，就是国君和大臣们开会饮宴的音乐。你把"朝会宴飨"写黑板上。

（生上台写"朝会宴享"）

师：有一个字写得不对，谁来改？（生将"享"改为"飨"）"飨"是安排好酒宴请别人吃，所以创作了作品给读者看，常说——以飨读者。

师：实际上"雅"就是"正"，诸葛亮《出师表》里说"察纳雅言"，"雅言"就是"方正的话"，"雅"就是"正"。在当时有地位的人看来，"雅"里面的音乐才是严肃音乐，才是能登大雅之堂的音乐，是上层社会流行的。实际上这些音乐流布在周朝的王畿地区。

（让生上台写"王畿"）

师：王畿地区，京畿地区，就是首都周围，雅乐是流行在周王朝的王畿地区的，在宫廷的贵族里面使用的歌曲。"雅"分大雅、小雅，共 105 篇。那么"颂"呢？

生："颂"是祭祀时的音乐。

师：宗庙祭祀之歌。"颂"是歌功颂德的。你说在宗庙里祭祀祖先的时候是不是得对祖先歌功颂德啊，所以叫"颂"。《诗经》305 篇，"风"160，"雅"105，还剩多少？40，"颂"有 40 篇，加在一起正好 305 篇。"颂"诗成就最低。鲁迅先生讲，拍马的文学风气从颂诗就开始了。最有价值的是国风，风又叫"国风"，因为是十五个诸侯国的土风民谣，所以又叫"国风"，是《诗经》的精华。其次是"雅"，最没文学价值的是"颂"。

"赋、比、兴"是《诗经》的艺术表现手法。什么叫"赋"？你看《氓》这首诗的开头，"氓之蚩蚩，抱布贸丝。匪来贸丝，来即我谋。"结合注释来看一下这四句，（暂停了一会儿）这就叫"赋"。"赋"就是铺叙铺陈，就是要叙写什么事就直接把它写下来。你看这四句是说，有个小子叫氓，好像挺老实，抱着布来买丝。哪是来买丝啊？是要和我搞对象，要和我谈婚论嫁。这就是铺叙，就是"赋"。那什么叫"比"啊？这很简单了，就是打比方，就相当于我们今天的比喻，这不用讲了。什么叫"兴"呢？注意，作为一种艺术手法要读四声，什么意思啊？《关雎》开篇就用的是"兴"，什么叫"兴"？宋代的朱熹说，"兴"就是先言它物以引起所咏之词，先说别的事物、景物，引出所要说的人物、事物，就叫"兴"。你比如"关关雎鸠，在河之洲。窈窕淑女，君子好逑"，它主要想说什么？窈窕淑女，君子好逑。但是这个主要事情先不说，先说"关关雎鸠，在河之洲"，用这个来引出"窈窕淑女，君子好逑"，这种写法叫作"兴"。古诗里用得太多了，而且"兴"当中常常含着"比"，你发现没？比如说"关关雎鸠，在河之洲"，看到沙洲中雌雄雎鸠鸟在鸣叫，然后就写"窈窕淑女，君子好逑"，二者是不也有相似性？不也含着"比"吗？所以"兴"有的时候也含着"比"，所以合起来叫"比兴"。比兴手法民歌里最多了。"油灯不拨不亮，真理不辩不明"，什么手法？比兴。"镜子越擦越亮，脑筋越动越灵"，这都是比兴。（师唱）"西边的太阳就要落山了，鬼子的末日就要来到"，什么手法？比兴。我主要想说的是"鬼子的末日就要来到"，但我不先说，我先说"西边的太阳就要落山了"，然后引出"鬼子的末日就要来到"，你看是不是"兴"的手法？其中也含着"比"对不对？因为"太阳就要落山了"，用这个可以比"鬼子的末日就要来到"。好，下一个问题。（屏幕显示：《诗经》句式以几言为主？艺术形式上的突出特点是什么？）这很简单，因为你们初中学过《关雎》《蒹葭》，很显然是"以四言为主"。大家注意，后来中国的古典诗词以几言为主啊？五言和七言。中国后来的古典诗词都以五言、七言为主，但是童年时代的《诗经》以四言为主。有人统计过，《诗经》一共7284句，其中6724句是四言的，占92%还多，所以我们可以肯定地说，《诗经》是以四言为主。好，看第二问：在艺术形式上的突出特点是什么？你回想一下学过的《关雎》和《蒹葭》吧，那已经非常清楚地体现了这个特点。比如《蒹葭》，你观察每段的词语和句子，发现什么特点了？我记得讲戴望舒的《雨巷》时讲过这个特点，用四个字说，是——

生：重章叠句。

师：也可以叫"重章叠唱"，这个"章"是什么意思呢？

生：段落。

师：歌词的一段就叫一章，你比如说《蒹葭》几章？三章。每一段中的每一句叫"句"。《诗经》里的绝大多数诗，每首的章与章相似，有许多句子是重复的，因为它是歌词，歌词都有这个特点。为什么要"重章叠唱"呢？增强一种回环往复的音乐感，也能够深化感情，能够取得一唱三叹之妙。好，接着看。（屏幕显示：汉代传授《诗经》的共有哪几家？今天我们见到的《诗经》是哪家传下来的？）《诗经》经过了一场浩劫，在秦代，秦始皇焚书坑儒，把《诗经》也焚了，就是说人们能见到的写出来的《诗经》都被烧毁了，这是我国文化的一场浩劫。万幸的是，《诗经》里的这些诗跟现在的流行歌曲一样，很多人会唱，只要人没被杀光，它就会传下来。传到汉代，就专门有人传授《诗经》，当时传授《诗经》最有名的有四家，"齐鲁韩毛"。齐人辕固生、鲁人申培、燕人韩婴，还有二毛（鲁人毛亨、赵人毛苌），"齐鲁韩毛"四家，但是齐鲁韩三家的后来都失传了，今天我们还能见到一点零零散散的，比如现在有《韩诗外传》，只有老毛家的《诗经》一直流传不衰，今天我们见到的《诗经》就是毛诗。接着看题。（屏幕显示：哪两部诗集被称为先秦时代诗歌的"双璧"？）知道"先秦"什么意思不？先秦又叫"三代"，夏商周，先秦就是秦代之前，那就是夏商周。先秦时期有两部诗集被称为"诗歌的双璧"，一部当然是《诗经》，另一部是——

生：《楚辞》。

师：好。"辞"别写错。看最后一个问题。（屏幕显示：《诗经》时代的东西方诗歌有哪些可以作为代表？）《诗经》时代不光是中国有诗，西方国家也有。在《诗经》时代，东西方都有很伟大的诗歌作品，我给大家列举一下，作为文学常识普及一下，同时说明我们是有胸怀的，不是说只知道中国有诗，虽然说中国的诗最多最好，但世界别的国家也有好诗。（师边在黑板上画世界地图轮廓，边讲）大家看，古巴比伦，就是今天的伊拉克，公元前19世纪就有被称为人类最早的史诗《吉尔伽美什》。古埃及，公元前16世纪有诗集《亡灵书》。古印度，公元前16世纪，有四部《吠陀》诗集，公元前4世纪，有史诗《摩诃婆罗多》，公元前3世纪，有史诗《罗摩衍那》，这两部史诗很有名。古希伯来，相当于今天的巴勒斯坦和以色列，公元前12世纪就出现了《旧约》，《圣经》的《旧约》，好多都是诗歌，比如《雅歌》，也叫《所罗门之歌》，也叫《歌中之歌》。古希腊，公元前11世纪出现了《荷马史诗》，这和《诗经》

早期的诗处在一个时代。古中国，公元前 11 世纪出现了《诗经》里早期的诗，公元前 4 世纪出现了《楚辞》。大家看，这就是诗经时代，东西方世界的诗歌，这些诗都非常伟大。

下面我们学习《诗经·卫风》中的《氓》。大家注意，这个"氓"是多音字，在这里读 méng。什么叫"氓"呢？大家看字形，他本来是"民"，是个干农活的，但是呢，没有地可种了，他就干什么去了？"亡"，他就流浪、流亡去了。如果他在流亡的途中逐渐地变坏了，比如说抢劫啊，偷盗啊，调戏妇女啊，他就成为"流氓（máng）"（生笑），如果他没成为流氓，那他就是一个流浪汉，就叫"氓（méng）"。这首诗的男主人公就是一个流浪汉，也不知道他叫什么名字，因为他是一个流浪汉，就管他叫"氓"。所以这个字的两个音，意思上是有联系的，由"氓 méng"流动变坏，就成为"流氓 máng"。这首诗里的这个氓，是不是一个流氓呢？是不是变坏了呢？学完后就知道了。好，先看第一章，你来读一下。（生读第一章）

师： 大家注意，"氓之蚩蚩"，这个"蚩"字非常容易写错，（板书"蚩"）看见没？它下面是个"虫子"的"虫"，中间一竖不是连通下来的。"将子无怒"，"将"读 qiāng，以后我们要学李白的《将进酒》，就是这个字，也读 qiāng，意思是"请"，将进酒，就是请喝酒的意思，这里"将子无怒"，就是请你不要生气。好，接着读第二章。

（生读第二章）

师： "载笑载言"，载，四声 zài，又、且的意思，我们今天说"载歌载舞"，就是这个用法。将来在陶渊明的《归去来兮辞》中有"载笑载奔"也是这个意思。"以我贿迁"，贿，你读成赂了。贿与赂，要分清。接着读第三章，你来读一下。

（生读第三章）

师：（纠正学生读音错误之后）我就是检查你是不是已经预习了，你读得错误太多，说明你还没有预习。注意，"于"是通假字，同"吁"，"说"也是通假字，同"脱"。下一章，你来读一下。

（生读第四章）

师： 请坐。他预习了，读得都对。注意，"其黄而陨"的"陨"是坠落、掉下的意思，它和《记念刘和珍君》中的"殒身不恤"的"殒"不同，那是死去的意思。"渐车帷裳"的"渐"，读 jiān，浸湿的意思。读 jiān 时，还有流入的意思，如"西学东渐"，还有沾染的意思，如"熏陶渐染"。"士贰其行"的"行"不要读 háng，因为意思是品行。下一章，你来读。

（生读第五章）

师：很好，也预习了。注意，"言既遂矣"的"言"，看书下注释，在这里千万不要当成"说"的意思。《诗经》里的"言"常常是个语助词，没有实在意义。成语"言归于好"里的"言"就是语助词。"静言思之"的"言"，仍然是助词。"静言思之"就是"静思之"的意思。最后一章，你读。

（生读第六章）

师：好。注意"隰"的读音与写法，你们把它放大了写在书的旁边。下面大家在似懂非懂的状态下，自己感受一下这首诗，自己出声读一遍。

（生自读全诗）

师：好，你知道这首诗是以谁的口吻在叙说吗？

生：女子。

师：很好，是以那个氓的妻子的口吻在说。但是写这首诗的时候，她已经……你读出来了吗？她已经怎么的啦？

生：后悔了。

师：是后悔了，还不是一般的后悔呢。第四章"士贰其行"什么意思？

生：男子品行上犯错误了，有外遇了。

师：第五章"三岁为妇"，当你的妻子三年，言外之意是什么？

生：现在不当你妻子了，或者现在不想当你妻子了。

师：最后一章"亦已焉哉"什么意思？

生：也就算了吧。

师：用咱东北话说，就是：拉倒吧，别扯了。这样看来，写这首诗的时候，她已经被抛弃了。所以这是一首"弃妇诗"。（板书：弃妇诗）她也算中国古代无名氏女诗人，她被抛弃了，写了这样一首诗。好，下面我们看第一章，结合书下注释，自学。

（生自学）

师：第一章谁有问题？

生：我有两个问题。第一个问题是书下注释说"匪"通"非"，既然是通假字，为什么老师把"匪"读成三声呢？

师：咱们语文书是按通假字处理的，当然要读二声。而《现代汉语词典》认为"匪"读三声时就有"非"的意思，你比如今天我们还在用的成语"受益匪浅""匪夷所思"，都读三声，意思是"非"。我是按《现代汉语词典》来处理的，你读"非"也可以。

生：第二个问题是，第一段写"氓之蚩蚩"，然后就"送子涉淇"，然后就"秋以为期"，是不是有点快呢？

师：啊，你是说直接就谈婚论嫁了，谈情说爱的内容都给省了。是啊，诗嘛，用具象高度概括生活，人家就是选取与表达思想感情有关的重点写，其余的就略去。诗的特点是有跳跃性。

生：我觉得"蚩蚩"的两个解释，第二个不妥。第二个解释说"蚩蚩"是"笑嘻嘻的样子"，我觉得如果解释成"笑嘻嘻的样子"的话，这个女子就不会同意嫁给这个男子。

师：啊，你认为解释为"忠厚老实的样子"才具有欺骗性。如果这个小子笑嘻嘻地来了，这女的认为不严肃，是不是？你说的也有些道理。当然，忠厚老实的样子是装出来的，这是你看下文才知道的。他笑嘻嘻地来了，也能讲通。谈情说爱，谈婚论嫁，应该笑嘻嘻的，总不能哭丧着脸吧。好，谁还有问题？

生："子无良媒"，我想知道当时男女交往一定要有媒人吗？

师：不是交往，是谈婚论嫁，得有媒人来提亲啊，这就叫"父母之命，媒妁之言"。你知道这个女子是什么意思吗？她要明媒正娶。你知道这个小子是什么意思吗？他想非法同居。这个小子不想大操大办，想简简单单得了，但这个女子不干，因为这个女子是个良家女子。

生："秋以为期"是一个特殊句式吗？

师：是，你说是什么句式？

生：我觉得是"以秋为期"。

师：很好，那这是什么特殊句式？

生：倒装。

师：倒装中的哪一种？

（生不解）

师：看来语法还没学好。"以"的意思是"把"，什么词？

生：助词。

师：不对。现代汉语里的"把"一般是介词，"把门打开"，"你把东西拿出来"，这里的"把"都是介词，"把"字句里的"把"都是介词。所以"以"是介词，介词要和它后边的词构成介词短语，"秋以为期"里的介词短语是——

生：以秋。

师：对了。"秋"是介词"以"的宾语，现在前置到"以"之前了，这种倒装句叫介宾前置，可以笼统地称为宾语前置。实际上初中就学过，比如《曹刿论战》里的"何以战"，正常语序是——

生：以何战。

师：这里谁是介词、谁是介词宾语啊？

生："以"是介词，"何"是介词宾语。

师：所以"何以"是介宾前置的倒装句。

生：为什么非要把秋天作为婚期呢？

师：这更能说明这是一个好孩子，是一个良家女子。中国古人结婚常常选择在秋天，因为秋天是收获的季节，结婚了就意味着要收获了。

生："来即我谋"的"即"书下注释为"就"，可这也解释不通啊？"匪来贸丝，来即我谋"，不是来换丝的，就是来和我商量婚事的。前后两句连不上啊？

师：书下注释没错，但没有说明白。这里的"即""就"都可理解为动词，"接近"之意，也可以理解为介词，"与、和"之意。我以前给大家讲过，（板书"即"的甲骨文字形）左边一个装着饭的容器，右边一个人坐在那里张着大嘴对着饭，准备吃饭了。所以"即"有"接近、靠近"之意。成语"不即不离""若即若离"中的"即"，都取此意。如果吃完了，把头掉过来（板书"既"的甲骨文），这是什么字啊？就是"既"，"已经"之意。"即"和"既"，这两个字意思正相反。

"氓之蚩蚩，抱布贸丝。"氓这小子装作老实忠厚的样子，抱着布来和我换丝。上古时代啊，人们愿意以有换无，以自己所有的换自己所需要的、所没有的。我家里有布，但我缺少丝，好，以布来换丝，这就是最初的交换，货币还不太流通，用实物来换实物，各取所需。当然，这里的"布"，也有人认为是货币。那么从"抱布贸丝"来看，这个小子应该是个流浪的小商贩。标题是"氓"，流亡的人。他就是个流浪汉，流浪的时候做小商贩了，他最后抛弃这个女子，和他见利忘义的商人本性有关。

"匪来贸丝，来即我谋。"不是来换丝，是来和我商量婚事来了。用《醉翁亭记》里的话叫——

生：醉翁之意不在酒。

师：在乎这个女子也。这个女子说啊，你太着急了，还不行。"送子涉淇"，把这个氓送过了淇水。看来女子是在淇水这边，女子是有固定的居所，这个男子是在淇水那边流浪，行商，到处做小买卖。这个"涉"字挺有意思，大家看，（板书"涉"的古文字字形）这边是一条水，上边是一只脚，下边是另一只脚。什么叫"涉"？就是跨过一条水，一只脚在这边，一只脚在那边，正是"涉"的意思，"跋山涉水"。如果把这两只脚一上一下放到一块儿，就是"步"，"脚步"。你看，汉字就是这样有意思。来到了顿丘，然后这个女子跟他讲，不是我故意拖延婚期，是你没有好媒人来提亲，这不行，我家父母家教很严的——可能说这样的话吧。这样一说，你看这小子什么特点暴露出来了？

生：暴躁，脾气不好。

师：对了。"将子无怒"，当这个女子说完，他怒了。你看，这小子的本性露出苗头了，可惜女子没看出来。恋爱时的女人智商低。"将子无怒，秋以为期。"还劝他别生气，约定秋天成婚。好，下面看第二章，你来读一下。

（生读）

师："载"要读第四声。已经正过音了，不应该读错。现在自学第二章。

（生自学）

师：好，谁有问题？

生：老师，"不见复关"的"复关"，书下注释说是指一个人，这个人是谁呀？怎么又出来个人呢？（生笑）

师："乘彼垝垣，以望复关。"注解你没看吗？"复关"指的是卫国的一个地方。你得先看注解⑨，然后再看注解⑩啊。"复关"就是氓待的地方，下一句"不见复关"就使用了一种修辞方法，知道吗？

生：借代。

师：对的，用那个男子所待的地方，代指那个男子。

生："言"在诗中多是助词，无意义，那"载笑载言"的"言"也是这样吗？

师：那能对吗？和"笑"相对，那边是"笑"，这边是"言"，合起来就是"说说笑笑"。还有个词语叫"载歌载舞"，就是一边歌一边舞，和"载笑载言"结构一样。

这章里有几个字给大家解释一下。"乘彼垝垣"，登上那毁坏的墙垣，这个"乘"字是"登"之意。在金文里，"乘"是这么写的（板书金文"乘"），下面是一棵树，上面是一个人，骑在树上，这就叫"乘"，意思就是攀到树上面去，这是本意。为什么要攀到树上面去呢？可能因为下边发水了，来野兽了。发洪水、来野兽的时候，人们没有办法，只能到树上面去生活、栖息，于是产生了"乘"字。大家注意，这个字很有意思，透露了很多文化信息的，人趴在树上去躲避野兽和洪水，这就叫"巢居"。上古时代，人们有的时候住在山洞里，有的时候把房子建在树上，谓之"巢居"，"乘"字正好是巢居生活的写照。女子登上墙头，去干什么呢？"以望复关"，原来是去望着自己爱的男人所在的方向，盼着他来。"不见复关，泣涕涟涟。"望不见他就哭得不行。"既见复关，载笑载言。"他来了，见着他了，就笑语声声。很显然，这是什么表现？

生：这是堕入情网的表现。（生笑）

师："尔卜尔筮"的"卜"，现在已经和"占"合起来叫"占卜"了，就是预测吉凶祸福。什么是"卜"呢？古人在龟甲（乌龟壳）上涂上墨，然后在下面用火烤，让这个龟甲出现裂痕，大家看"卜"的字形，就是龟甲上出现的裂痕的形状，东一道西一道的，同时，龟甲在烧裂的时候发出的声音就是"卜"。这字造得非常好，既象形又象声。古人认为根据不同的裂纹就能推测吉凶祸福，这就叫"卜"。那什么叫"占"呢，大家看"占"字上边是什么字啊？

生：就是"卜"。

师：对了。当龟甲上烧出裂纹的时候，不是什么人都能看明白的，你得去问专业人士，得有专业人士给你解释。所以"占"是由"卜"和"口"会合起来构成的会意字。"卜"和"占"两个字合起来就构成一个词"占卜"。"卜"是一种预测的方式，同时还有另外一种预测方式，就是"尔卜尔筮"的"筮"。这个怎么做呢？比较讲究的是用蓍草。白居易有诗"不用钻龟与祝蓍"，"钻龟"就是"卜"，"祝蓍"就是"筮"。人们用蓍草来卜卦，但这种草不常见，后来就用竹棍来代替。所以"筮"字里边有竹字头，"筮"下面是一个巫，就是算卦的人。一个巫者，手里拿着竹棍，在那摆卦。一般是用50根竹棍，往那一放，从中间拿出一根，在左手中指和无名指中间一夹，这一根就代表太极，这就是太极，然后把剩下49根随便分成两堆，这就是"两仪"——天地阴阳，然后再分成四堆，就是春夏秋冬，之后再分……最后经十八变，算出一卦。挺复杂，需要数学知识。这就是"筮"，与"卜"合起来叫"卜筮"。今天人们结婚或干什么，一般也选个日子，那个时候当然更是这样，结婚这样的大事，当然得找人来掐算掐算了。"尔卜尔筮，体无咎言。"这个女子说，你不找人算了吗，卦上也没说有什么不吉利的，看来不错。"以尔车来，以我贿迁。"你就驾着车来吧，我们家陪送了不少财物啊。这小子太合适了，自己穷光蛋，啥也没有，不但娶了一个娇妻，还拉了一车陪嫁。

这是第二章，由首章的谈论婚期到最后确定了婚期。接着看第三章，你来读。

（生读）

师：自学第三章。

（生自学）

师：第三章谁有问题？

生："桑之未落"的"之"是用在主谓之间吗？

师：是。"桑之未落"这个主谓结构的独立性被取消，充当了"其叶沃若"的时间状语。"桑之未落，其叶沃若"，表面上在说桑树没有叶落的时候，还在生长的时候，它的叶子是那样鲜艳润泽，这是字面上的意思，你说它用来比喻什么？

生：比喻爱情中的甜美。

师：啊，也说得通。如果用来比喻这个女子呢？

生：比喻她处在风华正茂之时。

师：对的。那么"桑之未落，其叶沃若"，是《诗经》中常用的什么写法啊？

生：比兴。

师：很好。既是比喻，也用桑引出下边的"女"与"士"，所以也是"兴"，先言他物以引起所咏之词嘛。

生："于嗟鸠兮，无食桑葚"，到底说的什么意思？

师：古代民间传说认为，斑鸠鸟如果吃桑葚吃多了就会醉，像喝酒醉了一样，就会醉而伤其性，就会不清醒。这是用比的手法在告诫什么？

生："于嗟女兮，无与士耽"，告诫女子不要沉溺在爱情里。

师：好，那么女子为什么不要沉溺在爱情里呢？

生："士之耽兮，犹可说也。女之耽兮，不可说也。"因为男子沉溺在爱情里还能脱身，女子就不能脱身了。（此时，一女生一脸不解地问："为什么男子沉溺在爱情里就能脱身，而女子就不能脱身？为啥啊？"众生笑）

生：等你以后遇到就懂了。（众生又笑）

生：痴情女子薄情汉。（生笑）女子一般痴情，忠贞，爱一个人就不容易改变，而男子一般薄情，花心，容易移情别恋。

生：因为在古代，女子只能为情而生，她除了男人、家庭，别无所托，所以一旦堕入情网就不能自拔；而男子，除了爱情，还有朋友，还有求学、仕途什么的，所以就容易从爱情中脱身。

师：非常好。这是旧时代男权专制社会的冤业。男子除了爱情，尚有许多更重要的事情可做，如交友、漫游、为学、仕进，而对经济、人身都不独立的女子来说，爱情、家庭就是生命的全部。这就造成了"痴情女子负心汉"的常态。这个问题，钱钟书先生在《管锥编》中有精彩解说，大家看一下。

（屏幕显示：夫情之所钟，古之"士"则登山临水，恣其汗漫，争利求名，得以排遣；乱思移爱，事尚匪艰。古之"女"闺房窈窕，不能游目骋怀，薪米丛脞，未足忘情摄志；心乎爱矣，独是深念，思塞产而勿释，魂屏营若有亡，理丝愈纷，解带反结，"耽不可说"，殆亦此之谓欤？明人院本《投梭记》第二十出："常言道：'男子痴，一时迷；女子痴，没药医。'"古罗马诗人名篇中女语男曰："吾与子两情之炽相等，然吾为妇人，则终逊汝丈夫一等，盖女柔弱，身心不如男之强有力也。"斯达尔夫人言，爱情于男只是生涯中一段插话，而于女则是生命之全书。拜伦为诗数陈之。）

师：英国诗人拜伦曾说——

（屏幕显示：

爱情对男子不过是身外之物，对女人却是整个生命；男人可以

献身宫廷，军营，教堂，海船，市场，

有剑和袍，财富和光荣不断更替；

骄傲，声名，雄图，充满了他的心，

更有谁能永远占有他的记忆？

男人门路很多，但女人只有一法：

那就是爱了再爱，然后再受惩罚。）

师：请大家注意这一章的比兴，开头是比兴，接着又用比喻。有的同学可能会问：她怎么用桑树作比喻呢？比喻一般不是用身边的事物作比吗？她怎么用桑树、桑葚来作比呢？离我们太远了！是，离我们很远，但是离这个女子近，因为她主要的工作就是采桑、养蚕之类的，所以她写诗的时候自然就用身边熟悉的事物作比，她熟悉身边的桑树，她熟悉身边的斑鸠鸟，她熟悉桑葚，所以她以此来比兴。接着自学下一章，先读后学。

（生自学第四章）

师：这一章谁有问题？说吧。

生："淇水汤汤，渐车帷裳"，这两句怎么理解呢？

师：我认为这是回忆当年她嫁过来的时候车过淇水的情景：当年我嫁过来的时候啊，正赶上淇水很大，车过淇水时，那水打湿了我的车帏。那意思就是说，本来我是希望我的生活能够幸福得像涨起来的淇水一样，无边无际，我本来是这样想的，但没想到你变心了，"女也不爽，士贰其行"，这就连起来了。关于淇水，待会儿我还要讲。

看这一章第一句"桑之落矣，其黄而陨"和上一章写法一样不？什么写法？——比兴。来比兴什么？用桑树叶落枯黄来比喻自己容颜衰老。看来是嫁过来多年了。在女子的辛勤操劳下，全家的经济情况有了好转，估计是温饱解决了，但是这个男子在温饱解决之后，有经济条件了，可以停妻再娶了，他就变心了。

以前有的同学说，这一段读着也不押韵啊。老师你以前说《诗经》里绝大多数，百分之九十几的诗，都是押韵的，只有极个别的不押韵。难道这一章就是不押韵的吗？

生：原来应该是押韵的，语音发展到今天，变化了，所以读起来不押韵了。

师：对的，就是有些古代的音发展到今天变化很大。你看我给你读一下，它就是押韵的。

（示范朗读，韵脚模拟古音读）

非常押韵非常好听吧？按古音读，那个"德"略等于"di"，就和"士也罔极"押韵了。包括第一章，大家看，"来即我谋（mi 二声）"，"至于顿丘（qi 一声）"，"子无良媒（mi 二声）"，你要这么读就完全押韵。但是除了研究音韵的人，许多人已经不会这么读了，而且没有必要，我们就按照今天普通话语音来读。当然，我没研究过方言，氓这个小子是河南人。你看书下注释，卫国相当于今天的河南，可能用河南话读就押韵了。这一章写女子和他过了多年，辛勤操持家务，容颜衰老之后，这个女子无情地变心了，啊，口误，这个男子变心了。

（生笑）

师：好，自学下一章。

（生自学第五章）

师：请大家注意，"三岁为妇，靡室劳矣"中的"靡"，实际上是表示双重否定的，"室劳"就是家里的辛苦活，"靡室劳矣"就是家里的辛苦活没有不干的。"夙兴夜寐，靡有朝矣"，早起晚睡，没有一天不是这样的。注意啊，这是双重否定，一定要这样理解，否则意思就相反了。这个男子在自己一切都得到满足之后，"言既遂矣，至于暴矣"，他不但是对他的结发之妻不好了，而且还开始使用家庭暴力了，开始虐待了，打骂自己的妻子了，你看这小子是什么东西啊。然后"兄弟不知，咥其笑矣"，这女子说我娘家的哥哥、弟弟不了解我，还讥笑我，以为我被休回娘家。也可能是当初家里人不太同意：我们都告诉你这小子靠不住，你非要嫁，把我们一车财产都拉走了吧，你看现在怎么样？挨打受罪，活该！最后女子说，我静下来想一想，我只能自己伤心。脚上泡自己走的。下面自学最后一章。（生自学第六章）

师："及尔偕老"，意思是：和你相爱到永远，和你一起爱到天荒地老，和你一起慢慢变老，是这个意思吧？这句话很可能是这个男子对这个女子说的，信誓旦旦地说的，但是现在这个女子说"老使我怨"，如果和你过一辈子，那是我莫大的痛苦。"淇则有岸，隰则有泮"，孙老师是这样理解的，和书下注释不同：淇水再宽也有岸，沼泽地再大也有个边，但是和你生活的痛苦无边无岸。注意，这就表明这个女子觉醒了。然后回忆当初"总角之宴，言笑晏晏"，看来这个氓和这个女子原来住在一个地区，原来青梅竹马，后来这个小子到外边流浪去了，之后又回来找这个女的，大概是这么个关系吧。现在回忆当年，"言笑晏晏"，说说笑笑多好啊。"信誓旦旦，不思其反"，当年你信誓旦旦地对我说要相爱到永远，结果，你变心了。你变心了，不念旧情，那好，"亦已焉哉"，这句什么意思呢？用今天话说就是，那就拉倒吧。（生笑）我最喜欢这句话，这标志着生活让她觉醒了，无情的生活，无情的现实，终于让她觉醒了。

下面大家通读全诗，思考两个问题。第一个问题：这首诗三次写到"淇水"，把写淇水的句子找到，然后思考每次写淇水都表达了什么思想感情。第二个问题：抒情女主人公的形象自始至终有没有变化？如果有，请加以说明。（学生读全诗并分组讨论）

师：谁来谈第一个问题？

生：第一次写淇水是第一章的"送子涉淇，至于顿丘"，第二次写淇水是第四章的"淇水汤汤，渐车帷裳"，第三次写淇水是最后一章的"淇则有岸，隰则有泮"。第一次写是在表现初恋时送氓过淇水，边谈边送，依依不舍的感情。第二次写是表现女子的悲痛，她被抛弃后乘车经淇水回娘家，汤汤的淇水就如同悲伤的眼泪。第三次写是为了表现女子的"怨"，淇水再宽，毕竟有岸，但是我对你的"怨"是诉不完的。

师：谈得不错。第二次写淇水大概也可以看成女子的回忆，回忆当年出嫁时车过淇水的情景，那汤汤的淇水代表着对幸福生活的憧憬。下面请大家谈一下第二个问题。

生：女子的形象有变化。起初她是一个天真无邪的良家的痴情少女。她那么的爱着氓，"不见复关，泣涕涟涟"，她在氓生气时耐心地劝说，让他找媒人说媒，明媒正娶，并约定婚期。婚后她变成一个辛勤劳作、任劳任怨的妻子。"三岁食贫"，生活很苦，但她"三岁为妇，靡室劳矣。夙兴夜寐，靡有朝矣"，起早贪黑地操持家务，还要忍受氓的家庭暴力："言既遂矣，至于暴矣。"最后，她变成一个觉醒了的决绝的弃妇。她认识到氓的丑恶本质，她开始表达她的怨愤："及尔偕老，老使我怨。""反是不思，亦已焉哉"，那就拉倒吧，表明她觉醒了，决绝地与负心人一刀两断。

师：说得很好。大家注意，两千多年前的一首篇幅不长的诗，却塑造了一个性格发生变化的女子形象，展现了她的人生"三部曲"：从纯洁多情的少女，到忍辱负重的妻子，最后到坚强刚毅的弃妇，这是十分难得的。

下面，孙老师给全班女生提一个问题：两三千年前一个女人的不幸遭遇给今天90后女生以什么启示？只允许女生答，不允许男生答。

（生笑，思考）

生：就情感方面来说，我觉得女生要用自己的理智去思考，不要冲动或者是偏激。诗中的女子在面对爱情时缺乏理智，这才导致了后来的不幸。

师：概括一下你的话的意思，就是：要让感情的潮水始终沿着理性的河谷奔流。

生：我觉得90后女生应该把主要的精力放在学习上。

师：这是你从两三千年前的故事中得到的启示吗？难道是她因为不好好学习，早恋了，所以尝到了苦果？（生笑）好像不能这样理解。

生：我觉得女生不应该过于依赖自己的丈夫。要有自己的事业，不能只做相夫教子的事情。

师：说得好，要自立自强，要有自己的事业，尤其是像鲁迅先生说的，要有自己独立的经济来源，不要做人身依附品，不要做男权制度下爱情的牺牲品。诗中的这个女主人公就是男权制度下爱情的牺牲品。

生：我觉得我们女孩在感情生活中必须要有眼光，有判断力，能识人。诗中的女子就因为婚前不能识人而酿成苦果。

师：有眼光才能不吃亏。

生：我觉得对我们的情感应该有更准确的态度，我觉得这个女子虽然在他们两个成婚前已经要求明媒正娶，但是她没有想到在她嫁给了这个男子之后应该做什么，自己会做什么，应该得到什么，她想要得到什么。所以我觉得她在成婚前没有对自己的未来做一个谨慎的考虑，所以我觉得对于我们自己的感情应该把握得更准确一点儿，想一想到底想得到什么或者是自己应该付出什么。

师：请坐。用一句诗来给你概括，对 90 后的女孩，孙老师送你们一句诗——

（一男生喊"爱情是毒药"）

师：嗯？"爱情是毒药"？ 90 后的男生这么看待爱情吗！

（生笑）

师："爱惜芳心莫轻吐。"知道是谁说的吗？金代著名的诗人元好问。他写还没有开放的海棠花，说它因为自视甚高，因为很爱惜自己，不轻易地开放给别人看。我概括得准确吗？还可以，是不是？就是要用语文的话去说，去概括，也就是说，90 后女孩从一个两三千年前的一个女人的故事当中得到这样的启示：要学会自尊自重，不要轻易地吐芳心，懂吗？还有要说的吗？（有男生举手）男同学想说也不能说，不让你说，你只能在心里默默地畅想。

生：我觉得，如果男人靠不住，可以适当发展一下女同性恋。

（教室里沸腾了）

师：啊，你的看法很新奇，很大胆。我虽然不完全赞同，但我捍卫你发言的权利。

（生又笑）

师：下面我们看看宋代学者、著名大儒朱熹在《诗经集传》里是怎样评价这个抒情女主人公的。

（PPT 展示：此淫妇为人所弃，而自叙其事以道其悔恨之意也。夫既与之谋而不遂往，又责所无以难其事，再为之约以坚其志，此其计亦狡矣。以御蚩蚩之氓，宜其有余，而不免于见弃。盖一失其身，人所贱恶，始虽以欲而迷，后必有时而悟，是以无往而不困耳。士君子立身一败，而万事瓦裂者，何以异此。可不戒哉！——宋·朱熹）

师：他说这个女子是"淫妇"，"此其计亦狡矣"。对于朱夫子的话你怎么看？

生：我认为按当时宋代社会的礼法，朱熹的话可能是正确的，但现在来看是完全不正确的。因为宋朝是男尊女卑特别严重的一个时期。那个时候女子的地位是十分低下的，所以在他看来这个错不是这个男的的，而是这个女的的。

现在来看是不正确的。从第一段可以看出男子是主动的,女子也不是自己想的,而是遵从父母的,要有"媒妁之言",所以不应该把责任都推到这个女子身上。

师:请坐,你接着说。

生:我觉得朱熹这个看法有正确的一面,也有不正确的一面。首先我的一个想法是,《氓》可能是这个弃妇写的,既然是个弃妇写的,可能就有主观上的因素。可能我们看到的这首《氓》所述的事情不一定完全是事实。但如果我们以《氓》这个脚本为准的话,那么朱熹说她要求有媒人和约定婚期是一个计谋,这就说不过去了。我们知道无论古代还是现代,明媒正娶都是正经人家的要求。即使在宋代,理学很昌盛的时候,也要明媒正娶,父母之命,媒妁之言,而且是社会所要求的。所以不能说是这个女子用计谋来驾驭这个男子,反倒很可能是这个女子冲破重重阻力执意要跟这个男子。说朱熹的话也有正确的一面,是因为,我觉得这个女子也是有错误的,一件事情的发生有内因有外因。对于这个女子来说,她既没有坚定地要求这个男子明媒正娶,也没有坚定地要求他有什么表现,而且她也没有十分坚定地跟他走。这样的一个中间状态给了人一种有计谋的第一印象,而且宋朝社会提倡"存天理,灭人欲",朱熹有这种看法也不足为过。并且朱熹是把这个女子作为其阐明自己理学思想的工具。当时是男权社会,朱熹不可能拿这个男的作为反例,只能以女性为反例,进而借女性来表达自己想要表达的主张。

师:啊,好像挺辩证。你接着说。

生:我倒不一定说这个女主人公一定是个"淫妇",但我觉得这个女主人公一定有问题。首先,如果说这个女主人公是出身良好家庭的话,那她在和这个氓成亲前,必定要考察这个氓的家庭背景,经济条件。这个氓如果连一个媒人都没有,而且当这个女子和他商量婚期的时候他还发怒,这个女子应该会发现这个氓本身是个流氓,是个没有固定资产的人。那她为什么还要去成亲呢?

师:这个就是今天 90 后女孩应该得到的启示,恋爱时不要昏头。

生:另一点,这个氓是"抱布贸丝"来的,也就是以拿布换丝这个假象来的,那就是一个商人来找她,那么她为什么突然间就陷入情网了呢,突然间就"不见复关,泣涕涟涟。既见复关,载笑载言"?他中间什么都没说,她怎么突然间就变得对这个男子非常痴情了呢?这个过程并没有完全交代。

师：都交代了，那就不是写诗了，那就是写小说、讲故事了。诗是跳跃性很大的，高度概括社会生活的。

生：反正我觉得有很多重要的事没有交代，那么后面的就有了借口，就像说的"于嗟女兮，无与士耽。士之耽兮，犹可说也。女之耽兮，不可说也"，其实是掩盖被抛弃的借口。所以我觉得这个女子无论怎么说肯定是有问题的，具体的倒没办法猜测，只能是一种说法。

师：看来你这个男生愿意挑女生的错。（生笑）你来说。

生：我对朱熹的话有两句评价，第一句：以今之道德观之，氓可憎，女可怜，朱熹是混蛋。第二句：以古之观念视之，氓可谅，女可悲，朱熹见识短。对"氓可憎，女可怜"，没有必要解释了，因为在讲课的时候我们都是按照这个来的，是这个男子的错。第二句话，我认为氓是可以谅解的，因为在当时那个社会是一夫一妻多妾制，如果说那个氓后来还纳妾的话，那是符合当时社会的观念的，那么这个女子就不应该产生怀恨之心。说"女可悲"是这个女子最后还是被抛弃了，这个结局是值得我们同情的。之所以说"朱熹见识短"，是说朱熹把这个责任完完全全推到了女方的身上，我认为这是有问题的，因为任何的一个矛盾，双方都是负有一定责任的，不能把责任完全推到一方身上。

师：我最欣赏你说的"朱熹是混蛋"。我个人认为朱熹这段话就是大放厥词，通俗点儿说就是大放臭屁，他居然从这首诗中读出这个抒情女主人公是个"淫妇"，这就看出朱熹得有多淫，对这样一个对爱情有美好追求的，勤劳善良的，经受了生活苦难折磨的，最后被抛弃的女子，他居然说是"淫妇"，亏得他说出口。而且据说朱熹本人生活作风就很不好，他居然还这么说，虽然他是一代大儒，但在这个问题上说得完全是有失水准。大家注意，几千年来，中国男人没有出息的一点是什么呢？当不如意的事情出现的时候，就到女人身上找原因。这是中国男子最没出息的地方。最传统的例子就是什么"红颜祸水"呀，什么"女人误国"呀，你看那历朝历代许多皇帝亡国了，都有一个红颜祸水在后面跟着。那完全是中国男人没出息的表现，希望90后男孩有出息，不要凡事都到女人身上找原因。（女生鼓掌）《氓》就学到这里了，下课。

5.愚溪诗序

编者按：这节课是立权师 2006 年 12 月 8 日在东北师大附中第 24 届教学百花奖活动中执教的公开课。授课班级是东师附中高二 5 班。13 年后的 2019 年 4 月 26 日，在全国十城市教研协作体首届语文教育高峰论坛上，立权师重上此课。本实录整理者为福建厦门集美中学语文教师黄清华。

（立权师 2006 年上课时）　　　　（立权师 2019 年上课时）

师：中国文学，从战国的"屈原放逐，乃赋离骚"开始，诞生了一类重要的作品，比如说韩愈在被贬官潮州的途中写下的"一封朝奏九重天"——

生（齐）：夕贬潮州路八千。

师：比如据说是刘禹锡在贬官和州时写下的"谈笑有鸿儒"——

生（齐）：往来无白丁。

师：比如说白居易被贬江州写下的"同是天涯沦落人"——

生（齐）：相逢何必曾相识。

师：比如说范仲淹被贬官邓州时写下的"居庙堂之高则忧其民"——

生（齐）：处江湖之远则忧其君。

师：你再比如欧阳修贬官滁州时写下的"苍颜白发，颓然乎其间者"——

生（齐）：太守醉也。

师：再比如苏东坡被贬官黄州时写下的，我们初高中熟知的"何夜无月？何处无竹柏？——"

生（齐）：但少闲人如吾两人者耳。

师：还有《念奴娇·赤壁怀古》《赤壁赋》等，这些作品，我们给它们起一个名字，叫什么呢？（师板书：贬谪文学）叫贬谪文学。它是中国文学重要的组成部分，中国古典文学如果缺少了贬谪文学，它将黯然失色。今天我们就学习这样一篇贬谪作品——愚溪诗序。(师板书：愚溪诗序)请大家看这个标题，我们在初中时代学过柳宗元的作品，是什么？

生（齐）：《小石潭记》。

师：我们知道，那是柳宗元被贬官永州时写的。那么这个标题里面的"愚溪"，它就在永州，永州的一条水，柳宗元曾经安家在这条水边。那么再看一下这个标题——愚溪诗序，这篇文章的体裁是——

生（齐）：序。

师：我们在初高中六年所学的序大概有三种：比如说，初中时代，我们学过的——

生（齐）：送东阳马生序。

师：这类序，是在与人赠别的时候写的，所以我们给它取个名字，叫——

生（齐）：赠序。

师：（师板书：赠序）赠序。还有一类序，比如写在诗词文章的前面，写在一本书的前面，这样的序，我们给它取个名字，叫——

生（齐）：书序。

师：（师板书：书序）那么同学们，这篇文章（手指板书）是一篇什么文章呢？

生（齐）：书序。

师：看来是在愚溪这个地方写的诗，为这个诗写的序，所以它属于什么呢？书序。同学们知道中国文化史上最有名的书序吗？高一的时候就学过的，（生小声：兰亭集序）公元353年的那个春天，在浙江绍兴的兰亭，40多个文化名人，汇聚在那里，曲水流觞，写下 37 首诗，这就是《兰亭诗集》，大家公推谁啊？大书法家王羲之，为这个诗集作序，王羲之铺开蚕茧纸，拿起鼠须笔，借着酒力和神力，挥毫落纸如云烟，写下了什么？

生（齐）：《兰亭集序》。

师：《兰亭诗集》的序，所以同学们，《兰亭集序》属于什么序？

生（齐）：书序。

师：它是中国文化史上最有名的书序。那么第三类序，我们高三的时候要学习。比如说，洪州都督阎公在滕王阁大宴宾客，青年诗人王勃参加了这次宴会，写下了著名的《滕王阁序》，《滕王阁序》是为了宴集，为了人们在一起（师板书：宴集）宴会雅集的时候写的序，我们给它取个名字，叫宴集序。我们六年所见的序大概分这样三种。那么今天我们学习一篇书序，书序中的诗序。

师：这位女同学，你推荐一下，你们班男生哪个读得比较好？你推荐一下。

生 1：王小龙同学。

师：王小龙同学读一下第一自然段。（生朗读第一自然段）请坐。读得很准确。大家注意"不可以不更"的"更"，小篆是这样写的，（师板书：

"更"的篆书

）有人认为上面是一个报时工具，下面是一只手拿着木槌，合起来表示手持木槌敲击报时，也就是打更。而打更意味着时间的改变，于是有了改变、更改的意思。

师：这位男同学，你推荐一位女同学读第二段。（男生不好意思）随便，不要有任何顾虑。（生：崔竹）崔竹同学？好，麦克传给她，读第二段。（生读第二自然段）

师：咸以愚 / 辱焉，停顿读得很准。

师：那么这段文字在语言上给你的突出感觉是什么？你说一说。

生 2：用了许多的愚字。

师：那你数一数，他用愚字给几处景致命了名？

生 2：一共八处。

师：具体说一说。

生 2：有愚溪、愚丘、愚泉、愚沟、愚池、愚堂、愚亭、愚岛。

师：请坐，这就是八愚，为什么这么多"愚"？我们往下读就知道了。下面看第三自然段。你再推荐一位男同学。（一生说：孙伟）。孙伟，你来读。

师：请坐，有两处读得有问题，你说说，发现了吗？

生3：幽邃浅狭，不是"深狭"。第二处我没有听出来。

师：后面的同学，你听出来了吗？

生4：不可以溉灌，他读成了"不可以灌溉"。

师：很好。有一个音他读得很准：夫水，智者乐（yào）也。它出自于《论语》"智者乐水，仁者乐山"，这里应该读 yào，当"喜好"讲。青年歌手电视大奖赛，余秋雨在点评的时候，读成"智者乐（lè）水"，结果引来一片奚落之声。当然，将来可能统读 lè。那么，这段文字，他写的是愚溪没有什么实用价值，用原文的话说，就是"无以利世"，而它无以利世有三方面的表现，大家看，哪三个方面？你说说吧。

生5：第一方面是"其流甚下，不可以溉灌"，第二方面是"峻急多坻石，大舟不可入也"，第三方面是"幽邃浅狭，蛟龙不屑，不能兴云雨，无以利世"。

师：我问你无以利世三方面的表现，第三方面你还把"无以利世"答出来？

生5：那第三方面就到"不能兴云雨"。

师：请坐。那接着问题就来了，这块儿标点的使用是不是有问题？发现了没有？如果改，你认为应该怎样改？你说说吧。

夫水，智者乐也⑬。今是溪独见辱于愚，何哉？盖其流甚下，不可以溉灌。又峻急多坻石⑮，大舟不可入也。幽邃⑯浅狭，蛟龙

① 选自《全唐文》卷五百七十八（上海古籍出版社 1990 年版）。愚溪，永州（现在湖南曾作有《八愚诗》，本文是《八愚诗》的序，诗已亡佚。　② 〔灌水〕潇水的支流，源

不屑①，不能兴云雨，无以利世，而适②类于予，然则虽辱而愚之，可也。

宁武子"邦无道则愚"③，智而为愚者也；颜子"终日不违如愚"④，睿⑤而为愚者也。皆不得为真愚。今予遭有道而违于理，悖⑥于事，故凡为愚者，莫我若也⑦。夫然，则天下莫能争是溪，予得专而名焉。

（人教版教材中"无以利世"前为逗号）

生6：我觉得每个方面之间应该用分号隔开。

师：教材用的是句号，用句号不行吗？每个单独成一句。

生6：句号也可以。

师：当然，你说用分号，也可以，问题不在这里。

生6："无以利世"之前应该用句号。

师："无以利世"的前面用句号，大家同意不？

生（齐）：同意。

师：而教材用的是逗号，教材有问题。（生6举手）那你接着说。

生6：或者用冒号。"无以利世"表示对上边三方面的总括。

师：说得很好。总之不能用逗号。教材有问题。读到这里，老师有疑问，就查了一下中华书局出版的《柳宗元集》，一共四册，在第二册里就有《愚溪诗序》。（师从讲台上拿起《柳宗元集》第二册给学生展示）

中华书局版还是很权威的。我们看看它的《愚溪诗序》这几句是怎样标点的，和我们的判断是不是一样。（师把中华书局版的《愚溪诗序》投影给学生看）

（中华书局版"无以利世"前为句号）

这是竖排版的书，大家看一下。看"不可以溉灌"，后边用的什么标点？

（生：分号）"大舟不可入也"，后边什么标点？（生：分号）和刚才那个同学说的一样。关键看"不能兴云雨"，后面用的什么标点？

生（齐）：句号。

师：看来，中华书局的和我们的判断一致，我们的教材有点儿问题，我建议同学们把"不能兴云雨"后面改为句号。不要小看标点，这一改动，文意可就不一样了。好，最后两段我给同学们读一下。

（师朗读最后两个自然段）

师：同学们，八愚诗从何而来？哪八愚？——对了，就是第二段作者命名的八处景致。很可惜的是，《八愚诗》已经亡佚，失传了，我们今天见不到了，我们只能见到这篇诗序，这也是不幸中的万幸。好了，下面请同学们出声地自由地散读一遍，以你自己的方式读，老师不提任何要求。

（生散读）

师：同学们，在这篇文章里，作者描写的对象是什么？

生（齐）：愚溪。

师：愚溪就在柳宗元被贬的永州。他先被贬到永州，后来被贬到更远的柳州，最后死在了柳州的贬所，终年47岁，前后被贬长达十几年。下面请大家想一想，被贬到永州，居住在愚溪边上，那么这里的愚溪和作者柳宗元是什么关系？（师在课题"愚溪"下方板书：作者）同学们，这个问题是一个核心问题，牵一发而动全身。这个问题解决了，解读这篇课文就会像庖丁解牛一样，迎刃而解，如土委地。（略微停顿）这个问题好像很难。不要紧，大家思考另外的小问题。本文所写的愚溪，它虽然无以利世，没有什么实用价值，但愚溪之景美不美呢？（生：美）美，从哪里看出来的？第几段写它美？你读一下。

生7：在最后一段："溪虽莫利于世，而善鉴万类，清莹秀澈，锵鸣金石，能使愚者喜笑眷慕，乐而不能去也。"这里的愚溪，它不仅风景美丽，而且作者说它漱涤万物，也可以陶冶观者的情操。

师：可以使人赏心悦目，这是一处。还有一处也交代了愚溪是美的，谁发现了？在第几段？谁读一下？

生：嘉木异石错置，皆山水之奇者，以予故，咸以愚辱焉。

师："以予故"这两句还要读吗？

生8：不用。

师："嘉木异石错置，皆山水之奇者。"愚溪美不美？很美，有它自己的价值，但是愚溪这景致，它处在哪里？是在北京吗？是在长春这样的省会城市吗？它在哪里？在永州。永州在唐代是个什么样的地方？

生（齐）：偏远，荒凉。

师：诶，是蛮荒之地。唐代对贬官是很苛刻的，被贬的官员能够贬到一个很富裕的地方吗？永州在湖南的西南部，当时是非常荒僻的。愚溪这样的美景被抛弃在那样的荒蛮之地。应该被抛弃在那里吗？应该默默无闻吗？

生（齐）：不应该。

师：那么，同学们，柳宗元美不美呢？愚溪美不美，说完了；柳宗元本人美不美呢？（屏幕显示柳宗元像）

生（齐）：美。

师：不是说他容貌美不美，柳宗元是大诗人，大散文家，大思想家、哲学家。他很有才华，很有抱负啊，不是刚刚参加了一个"永贞革新"吗？失败了，被贬到永州来了。同学们，这样的人应该被贬到这里来吗？应该被抛弃到这里来吗？

生（齐）：不应该。

师：那么同学们，愚溪和作者柳宗元是什么关系呢？讨论一下。（生讨论）谁谈一谈？

生9：我觉得柳宗元，他是以愚溪自比，也是以愚溪自慰，二者有一些同病相怜的意味。作者柳宗元非常有才华，愚溪也是景致非常美丽，但他们同样被抛弃在很偏远的地方，同样没有机会展示自己非常绚丽的一面。所以他们有些同病相怜之感。

师：他们同是天涯沦落者。愚溪是沦落的土地，柳宗元是沦落之人。说得非常好，找到了同病相怜之感。那么作品里类似的这种关系，我们以前接触过，谁想到了？我们接触过。很好，你说说吧。

生10：在白居易的《琵琶行》中，白居易是非常深切地感到他和琵琶女命运的相同之处，所以产生了一种同是天涯沦落人的感慨。

师：哦，白居易和琵琶女，琵琶女是弃妇，而白居易是逐臣，被放逐的臣子，二者相似。很好，还有，我们以前还学过类似的这种关系。

生2：我们以前学过柳宗元的《小石潭记》，其实和这个是非常类似的，小石潭也是被抛弃在一个人迹罕至的地方。

师：小石潭美不美？

生2：美。

师：很美。

生2：然后，柳宗元当时也是被贬官。

师：就是被贬官永州，就是这里。《小石潭记》是"永州八记"之一嘛。很好，还有。

生5：还有刘禹锡的《陋室铭》，和这篇文章一样，把这个物冠一个名字。这篇是愚，那篇是陋，但是作者通过描写陋室的美景，还有室内的人，室内的景，最后得出一个结论：陋室不陋。

师：那这里的愚溪也就——

生5：愚溪不愚。

师：啊，很好。你再想一想，比如我们学过的现当代的散文里也有类似的关系，我们高一就学过嘛。好，那个男同学。

生11：学过史铁生的《地坛》。

师：叫什么？

生11：《我与地坛》。他们的相似之处是，史铁生是残疾，而地坛也是一个荒芜的园子，所以说史铁生同样可以在地坛里找到一种寂寞或者是一种悲凉的感觉。

师：但里面也孕育着什么东西，是不是？（生点头）很好，同学们，史铁生和地坛，柳宗元和愚溪，包括柳宗元和"永州八记"里的西山、钴鉧潭、钴鉧潭西小丘、小石潭、袁家渴、石渠、石涧、小石城，等等，柳宗元和这些景物的关系，史铁生和地坛的关系，都是这种关系。你思路再打开一些，柳宗元他写山水游记，他写被抛弃的土地和自然，那么他在人物传记里面写的是什么人？我们学过柳宗元一篇传记文学，寓言体的传记文学，什么？

生（齐）：《种树郭橐驼传》。

师：好，你到前边来写一下这个名字，郭橐驼，你会写吗？（生摇头）谁会写？

（生12板书"郭橐驼"）

师：我们学过柳宗元的寓言体的传记文学《种树郭橐驼传》。郭橐驼虽然是罗锅，被抛弃在乡野，但是他很有内美啊，他是园艺大师，他种树能顺天致性。柳宗元还有一篇《童区寄传》，写一个打柴放牧的小孩儿名叫区寄，被两个人贩子绑架了，区寄凭借自己的智慧和勇敢，最后把两个人贩子都杀了。同学们，柳宗元笔下的山水是被抛弃的山水，他笔下的人物是被抛弃的人物，那么，我们有理由这么说，他写被抛弃的山水就是在写被抛弃的人，他写被抛弃的人就是在写被抛弃的他自己。好了，愚溪和作者这种关系，我们用个数学符号，（师在"愚溪"和"作者"中间板书：⌣）这叫什么关系？

生（齐）：相似。

师：如果我们用一个术语，用一个文艺理论上的术语，同学们可能不知道，这个词叫"同构"。（师在⌣左边板书"同"，在⌣右边板书"构"）愚溪和作者柳宗元是异质而同构的关系，就是说，二者虽然不是同一事物，但在结构上有一致性，相似性，就构成了同构关系。以后我们高三要学习司马迁的《屈原列传》，那是《史记》中最具有抒情性悲情性的文字。同学们，作者司马迁和屈原是什么关系？

生（齐）：同构。（笑）

师：就是这样，司马迁从屈原的身上读出了他自己，所以他饱含了那样悲愤的感情来写屈原。所以司马迁和屈原，史铁生和地坛，柳宗元和愚溪，柳宗元和郭橐驼，和区寄，同学们，这些人或者物之间的关系，我们给它起个名字叫同构。同学们，学到这里，我们才可以说，《愚溪诗序》你大体上读懂了，你可以和柳宗元对话了。方才有同学说，最后一段，他写愚溪很美，实际上他是在写愚溪是很有价值的："善鉴万类，清莹秀澈，锵鸣金石。"那么他写愚溪本身的价值，这不就等于（手指板书），肯定他自己的价值吗？他对自己价值的肯定不就相当于对什么的否定？

生（齐）：朝廷、世俗。

师：同学们注意这种逻辑关系，他对愚溪价值的肯定就是对自我价值的肯定，对自我价值的肯定不就是对现存的社会价值和道德标准的否定吗？是不是这样？所以这篇文章，我们表面上看写得很美，实际上如何？你说说。

生13：虽然作者表面上是用一种非常轻松淡定的语气来说，但实际上饱含了作者对这种黑白颠倒的社会的一种愤恨和不平，所以说是非常凄凉的。

师：大家注意，在这美丽的文字背后，是凄凉，是悲情，是悲愤，是悲剧精神。这就是为什么方才上课开始老师说贬谪文学是中国文学的重要组成部分，如果没有它的存在，中国古典文学将黯然失色。贬谪文学，它有一种伟大的悲剧精神。你想一想，那样一个有才华的人，皇帝御笔一批，就把他从车如流水马如龙的长安发配到四千里外的这样一个天然的大监狱来了，对吧？而且唐代对贬官很苛刻的，柳宗元被贬为永州司马，有职无权，是被上级监视的。柳宗元到这里来，刚开始都没有住的地方，住在一个破庙里，水土不服，得了浑身的病，老母亲就死在这里。你想一想，在这样一个蛮荒之地，信息闭塞，没有人能够交流，连语言都不通，柳宗元老家是山西，在长安长大，应该说陕西话或山西话，而湖南是湘方言，语言不通。那么同学们，他不能和人交流，还不能和山水自然交流吗？对不对？物不平则鸣啊，人不平就要鸣，就要表达，对不对？他在和山水自然交谈，他在和被遗弃的山水自然交谈，这文字后边的悲情，我们能够看到。那么这样的作品，当之无愧是伟大的作品。带着这样的理解，我们再把这篇文章读一下。（生读全文）

师：日本有个著名的学者叫厨川白村（板书：厨川白村），著名的文艺理论家，他有一本书叫《苦闷的象征》（板书：苦闷的象征），是鲁迅先生翻译过来的。他在这本书里说，文学艺术是怎么诞生的？人的生命力受到压抑而产生的苦闷，是文艺作品诞生的根源。我再说一遍，人的生命力受到压抑而产生的苦闷，是文艺作品诞生的根源，而在进行创作的时候，他势必要用象征的手法。在我们中国文化语境里，原来没有象征的说法，我国古代把它叫什么呢？

生（齐）：托物言志。

师：很好，也就是寄托（板书：寄托）。散文作品一个基本创作方法是，主体情感不要直接表达，要把主体（板书：主体）的情感寄托到一个物或其他的人身上去，主体感情投射到外在的物或者人身上去。这就是王国维说的，以我观物，让物怎么的？（生：皆着我之色彩）把主体的感受投射到客体（板书：客体）上去，寻找一个寄托。这个寄托可能是个物，山水自然，也可能是一个人，司马迁就寄托到屈原那里去了。同学们，今天老师教给大家一个散文创作尤其是抒情散文创作的方法：不能直说，必须要有所托。要把主体的情感投射到和主体本身有同构关系的那个客体上。同学们，伟大的作品就此诞生了。（生笑）以后写散文你可以尝试这种方法。好吧，同学们，今天的课就上到这里，下课！

附1　立权师《愚溪诗序》备课札记

我曾把备课分为"教学性备课"与"非教学性备课"两个过程。先是"非教学性备课"，即"目中无人"地备。这时要抛开一切教学因素（如教师、学生、课标、教法等），而以一个普通鉴赏者和研究者的身份阅读课文，研读课文，圈点批注，查阅资料。这是准备"一桶水"的过程，没有这个过程，教师就不能在备课中得到丰厚的积累和灵性的启迪。然后是"教学性备课"，即"目中有人"地备。直到这个时候，才根据学生实际情况考虑教什么，怎么教。这是从"一桶水"中取出"一杯水"的过程。现在语文教学中的实际情况是：许多教师一开始就进行教学性备课，缺少非教学性备课的铺垫，结果是教师桶里水太少，所以也就桶里有多少，就给学生倒多少。长此以往，将导致语文教师和语文教学的平庸化。我把"非教学性备课"看作提升语文教师专业素养的重要手段，语文教师专业化发展的重要途径。我始终认为，语文专业素养好的老师，教得再差也差不到哪里去，语文专业素养差的老师，教得再好也好不到哪里去。

我备《愚溪诗序》一课时即是按照先"非教学性备课"后"教学性备课"这样的过程进行的。我本着"知人论世"的观点，首先阅读了张俊纶的《柳宗元传》，了解了课文作者柳宗元的坎坷一生以及他在散文、诗歌、政治、哲学等方面的成就。然后，重点阅读了武汉大学尚永亮先生写的《贬谪文化与贬谪文学——以中唐元和五大诗人之贬及其创作为中心》一书，深刻理解了柳宗元在《愚溪诗序》一文中流露的思想感情。最后，我仔细阅读了中华书局版的《柳宗元集》中柳宗元被贬永州时写的"永州八记"等诗文。这样的"非教学性备课"之后，我开始认真研读课文、教参，从而确定教学重点为理解愚溪与柳宗元异质而同构之关系，教学难点为感受柳宗元及其文章的悲剧精神。直到这时，我才开始撰写教学简案。

如此备课，有何作用？答曰：使教学深刻。

阅读《贬谪文化与贬谪文学——以中唐元和五大诗人之贬及其创作为中心》一书，启发我以演绎法从"贬谪文学"导入教学，从屈原、韩愈、范仲淹、苏轼等人的一系列贬谪作品引出课文《愚溪诗序》。课这样开端，站位比较高。因为阅读了一系列柳宗元被贬永州的诗文，发现了柳宗元和他笔下的许多景物之关系的共性，于是设计了"愚溪与作者是什么关系"的重要议题，用异质同构理论解决了教学重点，进而衍生出对抒情文学创作范式——寄托的探讨。

通过阅读中华书局版《柳宗元集》中的《愚溪诗序》，发现课文一处标点不妥（"不能兴云雨"后边，中华书局版是句号，而课文是逗号），于是设计了关于此处标点的课堂讨论，用"互文性解读"理论实现了对教材的超越。我们平时往往仰视教材，通过标点问题的探讨，师生可以平视教材了。

我平时积累的文字学知识，以前看过的日本学者厨川白村写的《苦闷的象征》一书中的有关理论，都在本节课上得以施展。我越发认识到，读书才能教书，多读书才能教好书。

附2　山东师大文学院曹明海先生的点评

唤醒学生的语用智慧和生命心魂
——评孙立权老师公开课《愚溪诗序》之教学美质

语文课堂是学语文、用语文的活动场域。唤醒学生的语用智慧，从语言文字构成的文本中体验语言运用的文化意蕴和它饱含的文化精神，使学生得到语用智慧的陶冶和心灵的涵养，是语文课堂点燃学生生命之灯的精要所在。本

人有机会听过东北师大附中孙立权老师的两次课，每次课都使我在这样的课堂现场动情动容，让我不禁自语："精彩，好课"，"这才是真正的语文课"。他这样的课，以文本为本，以语用为要，教师着眼于"语用"实实在在教语文，学生着力于"语用"扎扎实实学语文，别显一种特有的教学美质。应该说，立权老师凭着语言文学的深厚功底，自在驾驭着课堂的教学场域，昭示出一颗"教学大心"，展现的是语文的大气灵动和"我即语文"特有的教学风度，他深层地触摸和追求着本真语文的教学完美和语用真义。就《愚溪诗序》来说，整个课堂营构的教学场，真切而充满语文情味，学生浸润在文本语用的领悟中理解课文，透视和把握文本，尽情享受语文。在跃动着富有意趣、灵性和生命气息的文本文字符号中涵养学生的语文情感，唤醒学生的生命心魂。

首先，《愚溪诗序》这堂课，敞开了教学的"对话场"。开讲时从"贬谪文学"的解释切入，对"愚溪诗序"的体裁特点进行了例析，包括"赠序""书序"等，使学生精确掌握了古文体知识。随即解读文本中有关语词，如愚溪、愚丘、愚泉、愚亭等"八愚"，以及"智者乐水""无以利世"等词句的解析。然后通过学生的"散读"，对文本进行"愚溪不愚"的比较审美解读，揭示了文本的"同构"特质和作者写愚溪的价值意义。教学思路是一条主线贯通，教学节奏明快，富有韵律感。很显然，这堂课的整个教学活动，营构而成的是一个富有生趣和意味的语文享受"对话场"。在这个"对话场"中，学生以浓郁的好奇心和求知欲探究着丰富阔大的文本意义世界。如通过贬谪文学"愚溪诗序"解释的对话，"赠序、书序（诗序）"等古文体裁的对话，诗题"愚溪"与有关的愚丘、愚池、愚沟、愚岛等"八愚"的对话，特别是"无以利世"一句标点的运用与查证教材错误的对话，对愚溪之景的美致鉴赏、同是"天涯沦落人"感慨的对话，还有与《小石潭记》《陋室铭》《我的地坛》等文章多层面比较分析的对话等等，显然都是"对话场"的精彩构成。这个对话场是"寻求理解和自我理解"的交流过程，学生获得了有关语言和文学的语用知识，既深入理解了文本意义，也建构了自我世界，赋予课堂对话以生气与活力。应该说，这个课堂的"对话场"，是教的主体与学的主体两个生命的相遇，是认知的交流、理解的沟通、思维的碰撞、审美的融汇。所以，这堂课"对话场"的教学特别生动、扎实而富有活力。尤其在对话过程中，教师、学生、文本都是平等的主体。一个"文本"就是一个自足的世界，就是一个有血有肉的生命。当老师和学生都用关注的眼光透视"文本"，因而文本的生命和自我的生命便在这种关注透视中生发出思维的碰撞、智慧的火花，使文本理解与自我建构得以重新生成。因此，《愚溪诗序》这堂课的"对话场"，或是借助教学话语本身的显性对话，或是"不立文字"的隐性对话，都是立权老师以自身特有的教学功力和对文本独到的解读把握营构的教学匠心，更是让学生在课堂对话场中确认自我理解、确证自我建构的教学创意。

其次，《愚溪诗序》这堂课，以"语言"为教学切入点。立权老师着眼于学生的"语言建构与运用"，刻意唤醒语用思维的敏感，让学生去启开语用心智，在语言生命之河上泛舟轻游，用"语言"引发学生的语用理思。《愚溪诗序》这个文本是文质兼美的佳作，词句精美，内涵丰厚，读来如含英咀华，学生品味深潜浸润其中，能感受和触摸到愚溪静美的景境形态及其内在涵蕴。"溪虽莫利于世，而善鉴万类，清莹秀澈，锵鸣金石，能使愚者喜笑眷慕，乐而不能去也。"学生在课堂上品赏读透这段文字，眼前不禁一亮：这里的"愚溪"，不仅视感风景美丽，而且它漱涤万物，陶冶观者的情操。同时，孙老师接连引导学生体悟文本的描述语言，感受愚溪景致的美和文本语言的美，使学生"赏心悦目"，把握其美的底蕴。随即又由景及人，以愚溪自比，用愚溪自慰，让学生在语言中品评二者"同病相怜"的意味。愚溪是沦落的土地，柳宗元是沦落之人，学生在文本语言中品味到了同病相怜之感。在此基础上，立权老师还延展开去，进行不同文本形象语言描述的比较审美分析——白居易的《琵琶行》、刘禹锡的《陋室铭》等，揭示了文本"主体间性"形成的"同构"问题。特别是这些文本语言的描述，"或许作者表面上是用一种非常轻松淡定的语气来说的，但实际上饱含着对现实社会的一种愤恨和不平情绪，而且有的情感基调是非常凄凉的"。对此，立权老师还特别强调说明，"在这美丽的文字背后，是凄凉，是悲情，是悲愤，是悲剧精神。这就是为什么方才上课开始老师说贬谪文学是中国文学的重要组成部分。如果没有它的存在，中国古典文学将黯然失色。……这文字底下的悲情，我们能够看到。那么这样的作品，当之无愧是伟大的作品。"并随即要求学生带着这样的理解，再细读品味全篇。

应该说，《愚溪诗序》这堂课的教学，深层摸触了作者对"愚溪"语言描述的真义，揭示了语言文字运用的奥秘。学生在语言品味中不禁心旌神摇：美丽的愚溪景境的召唤，让人感受到愚溪之美的丰厚意涵。而愚溪的景境中暗藏的是生命的潜流，跳动的脉搏，负载着作者的情感、生命、意志，阅读愚溪之景就是阅读人和生命。经过文本语言营构的"愚溪"世界所包孕的各色景物——愚溪的天、愚溪的水、愚溪的景境……所有这一切和人一样，共同生存于同一块土地，接受同一片天地的笼罩抚慰，经历着荣辱枯衰的生命轨迹。透过语言描述的愚溪景物形象表征，使学生能够洞悉隐于文字背后的深层意蕴，恰如黑格尔所说"意蕴总是比直接显现的形象更为深远的一种东西"。[①]这种"深远的意蕴"给予我们明确的启迪：语言是生活世界和生命形态的呈现，语言是存在的家园，语文课堂必须要把"语言建构与运用"作为教学的基本点和出发点，因为它是语文课堂的根与本。这就是孙立权老师的《愚溪诗序》这堂课给我们的教学启示。

再次，《愚溪诗序》这堂课，善于拨动教学的吁情性。立权老师也很善于用语言的情感性来启迪学生的心智。记得教育家陶行知说过：教育是心心相印的活动，唯独从心里发出来的，才能打到心的深处。课堂教学文本的字里行间饱蘸着作者的情感，凝聚着他们的心血和生命；"观文者披文以入情"，学生在课堂上阅读文本，也具有这种丰富的情感体验，在"披文入情"的课堂阅读活动中，教师与学生以情动情，以情吁情，以情激情，文本的情感拨动了学生的心弦，使他们得到美的情感享受。文本中负载着情感的因素，表现了人的情感的本质。显然，《愚溪诗序》中反映的作者的生命经历，描述的有关悲欢离合的场景，虽然彰显的是个人的"一己悲欢"，但常常以呈现人的共同相通的情感为旨归。如立权老师在课堂上例举的白居易当聆听了琵琶女的弹奏后，哀愁着她的哀愁，痛惜着她的不幸，深怀着自己的坎坷，两人相似的生活遭遇，不由引发白居易无限的感慨："同是天涯沦落人！"这份情感并非独属于白居易与琵琶女，更属于课堂上作为读者的学生。学生在课堂阅读时，文本语言饱含的情感引起他们心灵的共振、情愫的共鸣。人在遭遇不幸、历经磨难时，难免会悲怆不已、泪下沾襟，作者及其文本中的人物郁结在心中的"块垒"，随着语词的流动宣泄出来。立权老师的教学也就带动着课堂阅读的学生涤荡了纷繁的情感，拂去了心中的杂念。这一切情感都是人的本身散发出的人性之光，它照亮了人们的心灵，折射出生命的光辉。如同哈里希岛上那暖人心灵的灯光，为在命运之海中挣扎的人们指引前行的道路。学生在语文课堂情感的震撼中能加深领会作者纯粹的人格、深邃的思想和情操，从中获得情感的濡染、精神的提升与灵魂的净化。这显然也是立权老师课堂教学营构的特有境界。

此外，《愚溪诗序》这堂课，也启开了学生的理解智慧。立权老师在课堂上为学生创设思想自由驰骋的空间，以一颗理解和宽容心对待学生。只要学生的理解与阐释合情合理，立权老师就要给予"发声"，促使学生全身心地投入文本解读，让学生的心灵空间与文本空间相融相合。唯其如此，在这个课堂上，学生懵懂的心灵都能被唤醒，创造的心智也能被开启。教师一个宽容的眼神，一个善意的追问，一个亲切的发声，对课堂上的学生来说，就是一种领悟的启迪，一种思维的智慧，一种自我理解与意义建构。有的学生读着柳宗元描写的愚溪"嘉木异石错置，皆山水之奇者"，生发出了自己独到的理解，深感到愚溪景致的美别有价值，即它被抛置这么偏远的蛮荒之地，就像有才华、有抱负的人也贬到这里被抛弃一样感慨。有的学生也富有创意地理解：以前学过《小石潭记》，其实和这个是非常类似的，小石潭也是被抛弃在一个人迹罕至的地方。有的学生还有独自的创见：刘禹锡的《陋室铭》，他和这篇文章一样，把这个物冠一个名字。这篇是"愚"，那篇是"陋"。但是作者通过描写陋室的美景，还有室内的人，室内的景，最后得出一个结论："陋室不陋"。而这篇的愚溪，也就是"愚溪不愚"。显然，这些都是思维的碰撞、理解的叩问、智慧的火花。学生这样的理解与阐发更富有解读的个性美质。这正如夏丏尊先生所说的："在语感锐敏的人心里，'赤'不但解作红色，'夜'不但解作昼的反面吧。'田园'不但解作种菜的地方，'春雨'不但解作春天的雨吧。见到'新绿'二字，就会感到希望焕然的造化之工、少年的气概等等说不尽的情感。见了'落叶'二字，就会感到无常、寂寞等说不尽的诗味吧。真的生活在此，真的文学也在此。"②在这样的语文课堂上，学生的理解创造力就如同一株久旱逢甘霖的禾苗，得到了滋润和呵护，进而茁壮成长。无疑，这也是《愚溪诗序》这堂课教学的一个精彩点。

【注释】
① [德] 黑格尔：《美学》第 1 卷，商务印书馆 1979 年版，第 167 页。
②《夏丏尊文集》，浙江文艺出版社 1983 年版，第 117 页。

附3 孙立权语文名师工作室四位成员撰写的听评课文章

牵一发而动全局

——孙立权老师《愚溪诗序》听课记

陈开宇（吉林省吉林毓文中学）

"同学们，这个问题是一个核心问题，牵一发而动全身。这个问题解决了，解读这篇课文就会像庖丁解牛一样，一切问题迎刃而解，如土委地了。"这段话是孙立权老师在讲《愚溪诗序》这篇课文时说的，给我留下了极其深刻的印象。牵一发而动全身，牵一发而动全局。在高中语文阅读教学中，设置优质问题是至关重要的。

在《愚溪诗序》这节课上，孙老师首先带领学生疏通文义，感知文章内容。之后在进行深入探究文本意蕴时，孙老师向学生们提出了一个问题："文本的描述对象是愚溪，那么愚溪和作者柳宗元是什么关系呢？"这个问题让所有的学生沉浸在文本之中，找寻答案。通过这个主问题的设置，学生的思维动起来了。有效问题的提出，激发了学生解读文本、探究深意的兴趣，使学生的思考有继续前行的动力和方向。

这个问题是有难度的，所以孙老师并没有急于让学生给出答案，而是让学生们再读文本，对文本进行整体观照。这样一来，学生们带着这个问题，把之前片段化的阅读重新整合，有了全局意识。从宏观上梳理文脉，探究作者的深意。

与此同时，孙老师又在"主问题"的基础上，提出了"子问题"。"子问题"是对主问题的分解。这样，步步引导，让学生们的思考不盲目、不偏斜。"子问题"有三个：第一个是"愚溪的景色美不美"，第二个是"如此美景地处哪里"，第三个是"柳宗元美吗——当然不是指外在容貌美不美"，三个"子问题"对"主问题"是一个很好的辅助。

孙老师在学生们即将陷入迷茫困顿的深渊时，及时地抛出了牵引的绳索。一节课上，老师设置的问题不是要将学生难倒来显示自己的渊博，而是要让学生通过对问题的思考打开文本解读之门。孙老师设置的这三个"子问题"很简单，学生们很快找到了答案。当学生们对《愚溪诗序》进行了有层次的解读之后，"愚溪和柳宗元的关系"这个问题的答案就变得明朗了。

循循善诱的孙老师，巧妙地设置了一系列的问题，将学生们的思考引领到了作者柳宗元的情感高度。学生得出答案："愚溪"是美的，"嘉木异石错置"，"清莹秀澈，锵鸣金石"，"皆山水之奇者"，而美丽的景色在蛮荒之地永州。这个时候，孙老师追问学生："这样的美景被遗落在那里，它应该处在偏远的永州吗？"学生们若有所思。孙老师指出："这样的美景不应该处在蛮荒之地，应该绽放它的光彩，被世人所知。"当美丽的愚溪不应该处在永州这个问题解决了之后，孙老师和学生继续探讨作者柳宗元：他是有"内美"的，是唐代伟大的思想家、哲学家，柳宗元很有抱负。这时，孙老师适时地提出问题："如此这般的柳宗元应该被贬到永州吗？"问题提到这，学生们已经得到了"主问题"的答案：愚溪和柳宗元的关系是异质同构。学生领悟到了《愚溪诗序》中柳宗元寄托在愚溪上的悲愤、悲情和悲剧精神。

同时，孙老师借助探讨"愚溪和柳宗元关系"这个问题，也交代了散文或是抒情文学创作的基本模式：寄托（象征）——作者将自己的情感寄托在外物上。一个问题的探讨，不仅揣摩了《愚溪诗序》文意，而且还掌握了"象征"这种表现手法。从体会情感到分析表现手法，可以说是一箭双雕。

睿智的执教者，让课堂不是刀俎，让学生不是鱼肉。成功的教学，如"浴乎沂，风乎舞雩，咏而归"。孙老师在课堂上设置了牵一发而动全局的优质问题，这是对文本进行了深入思考之后梳理出的解读路径。在这节课上，孙老师一个成功的优质问题的设置，一系列有内在逻辑的有效问题的提出，不露痕迹地使学生对《愚溪诗序》的探究层层深入。

我看到了一节"动"起来的课。在这跃动欢快的四十分钟里，不仅仅有师生互动共研的热闹，更有在老师的引导下学生思维的张力和思考的深度。

孙立权老师做到了不刻意地牵引、不生硬地拖拽，用问题带动思考，用思考推动解读，学生对文本的探究和领悟水到渠成。我想这大概就是阅读教学最高的境界吧！

赏一场语言的舞蹈
——听孙立权老师《愚溪诗序》有感

周芳芳（东北师大附中）

　　语文教学是用语言立人的教学，孙立权老师在其《孙立权语文教育札记》中提出"语文老师的教学语言除了准确、规范、深刻以外，还应该富有美感、幽默感"的观点，以及"语文老师的教学语言适当时需舞蹈起来"，足见其对教学语言的重视。今日，听孙立权老师执教的《愚溪诗序》一课，便似置身一场语言的舞蹈。现把自己的感受略陈一二，与诸君共赏此舞之美。

　　这一场语言的舞蹈，首先呈现出真情洋溢的感性之美。任何可以称之为经典的艺术，都必然是情感真实而充沛的艺术，教学语言艺术更应如此。这节课上，无论师者的讲授或是师生对话，总能让人感受到流动着的真挚情感。如课堂导入阶段，孙老师历数"贬谪文学"的代表作家及代表作，连续使用了六个并列的短句，组成排比句。语调舒缓，循循善诱，流露出对贬谪文学作家遭遇的同情和对其文学成就的赞赏；而又点到为止，言有尽而意无穷。再比如在推敲课文标点符号的使用时，孙老师总结道："不要小看标点！一个标点的改动，文意就可能变化了。大家平时对教材不要迷信，应该平视教材，它是人编的，也可能有问题。"语言平实，语气恳切，让人深感告诫谆谆。在点评学生发言时，这种真挚的情感又表现为一种真挚的欣赏的态度。如一位学生分析她心目中体现"异质同构"关系的四篇课文，孙老师作小结点评，言辞间是充分的肯定；点评学生对《我与地坛》的分析时，孙老师更是直接使用了学生的作答语言，更显赏识与鼓励。

　　不仅如此，这种感性之美更体现在自如发挥的深厚的语言文化功底。如在介绍"书序"时，孙老师用优美生动的语言向学生描绘了公元353年那个文人雅集的春天，描绘了王羲之如何挥毫落纸如云烟，令人心生神往。而在补充柳宗元的贬谪经历时，孙老师又深情感叹："柳宗元被贬到永州，被贬了十年，十年啊同学们！后来又被贬到更远的柳州去了，就死在柳州了，年仅四十七岁。"有情不自禁的咏叹，也有难以释怀的哽咽，共同凸显了"悲愤、悲情、悲剧精神"之悲。听者便浸润在这自然而真挚的语言中，熏陶于这真情洋溢的感性之美。

　　这场语言的舞蹈，还演绎了精准规范而又深入引领的理性之美。孙老师的教学语言彰显简约、大气的东北派语文特点，无论潇洒的长句还是精悍的短句，都建立在此特点之上。上文提到的对《兰亭集序》创作过程的介绍之所以令人心驰神往，恰是源于在准确规范基础上生动形象的描绘。不仅如此，孙老师还十分注意对学生语言规范的指导。如学生分析《囚绿记》中异质同构关系时，语言随意、啰嗦，孙老师马上帮助其概括出常春藤"不屈服于寂寞，追求光明"的特点，以示范来带动学生关注语言的精准规范。

　　除去语言的精准规范，本节课中，孙老师在教学语言上凸显了对问题分析过程中逻辑关系的重视。如分析"愚溪和作者是什么关系"这一核心问题时，孙老师首先设计了"愚溪的景致美不美"和"柳宗元美不美"这两个小问题，语言层面，两个"美不美"的形象设问为学生理解核心问题提供了准确的切入角度，提供了逻辑上的引导。再比如，在探讨作者创作初衷时，孙老师引导学生道："他写被抛弃的山水和自然，实际上就是在写被抛弃的人；写被抛弃的人，就是在写被抛弃的他自己；写被抛弃的他自己，就是对自己价值的肯定；对自己价值的肯定，就意味着对什么的否定？"这段教学语言不仅巧妙地运用了顶针的修辞，更向学生直观展示了作家创作心理的内在逻辑：山水自然——人类——自我——自我价值。不仅梳理出文章的创作初衷，更有助于学生掌握赏析这一类文章的方法，为下面介绍托物言志的创作手法作了铺垫。语言是思维的外壳，语言的理性之美更能体现言者的思维品质，唯有细细揣摩，方可见背后的别有洞天。

　　高山仰止，景行行止。品味大师的教学语言，更是在品味大师的思考与实践。教学语言固然不可有统一之模式，但"感性之美与理性之美共生"的真挚鲜活的语言，理应为优秀教学语言的应有之意。赏这一场语言的舞蹈，让我们带着美的感受，追随前行。

与学生深度对话，与生命深度共鸣
——评孙立权老师观摩课《愚溪诗序》

杨治宇（东北师大附中）

孙立权老师执教的《愚溪诗序》，整堂课凝练厚重，浑然一体，令听者既觉酣畅淋漓，又有意犹未尽之感。

一堂语文课，在短短 40 分钟的时间内不仅让学生学有所得，而且让现场听课的教师倍感受益，内心获得共鸣，这无疑是课堂的魅力使然，而这课堂的魅力则来自于孙立权老师一直以来对"深度语文课堂"的追求。

孙立权老师曾谈及他心目中好语文课的三条标准：目中有人、讲求深度、富有美感。这堂《愚溪诗序》在"讲求深度"上特征鲜明。

一、"异质同构"理论的有力支撑

孙老师在带领学生解决各段的疑难知识点后提出本课的主问题，即愚溪和作者柳宗元之间的关系。为了让学生回答此问题不至盲目，孙老师进一步引导：愚溪景致美不美？作者柳宗元美不美？学生在这两个子问题的启发下很快得出结论：作者就是愚溪，愚溪就是作者。作者写愚溪这样被抛弃的水，实际上就是在写自己。孙老师随之引用文艺理论中的术语"异质同构"进行总结，而这一重要结论更是导引出抒情文学创作的基本模式——托物言志。孙老师认为，掌握了这种创作方法，伟大的作品就有可能诞生。

"异质同构"理论在课堂上的引入，是孙老师深度语文课堂的体现之一。它具有一定的知识难度，但却是语文学习从表象到本质的归结，是阅读过程中从感性到理性的升华。为了解决概念难度，孙老师在阐述该理论的过程中，还带领学生一起列举了大量"异质同构"的作品，在白居易与琵琶女、司马迁与屈原、小石潭与柳宗元、常春藤与陆蠡的关系中进行了深入浅出的解析。

二、"贬谪文学"传统的宏大视野

孙老师讲《愚溪诗序》，却以韩愈的《左迁至蓝关示侄孙湘》引入，继而列举刘禹锡被贬和州之《陋室铭》，欧阳修被贬滁州之《醉翁亭记》，范仲淹被贬邓州之《岳阳楼记》，苏轼被贬黄州之《赤壁赋》等名篇，引入中国古典文学中"贬谪文学"的传统。将同属于贬谪文学的《愚溪诗序》置于这样一个宏阔的背景下阅读，学生不仅能够体会到作者遭遇贬谪的悲愤不平，孤独寂寞，更能在这些篇章的比照中发现个体对于生命的执着，对于理想的追求。而一个民族的精神往往就会在国家危急存亡之时或个人理想严重遭受挫折之时愈见高扬，前者表现出大仁，后者表现出大雅。孙老师正是借助这种"大雅"的宏大视野，给学生传道授业。这样的课堂，学生就不仅局限于一文之所得，还能进一步体会中国文化中那种兼济天下、忧乐关乎百姓的高尚情怀。

三、"知人论世"方法的感性生发

在这堂课的结尾，孙老师介绍了柳宗元写此文时的遭际：被贬永州十年，山西人到湖南，饮食不习惯，得了一身病，又听不懂当地方言，无法与人沟通。他总结说："柳宗元不能与人沟通，就转而与自然万物沟通。我们应该看到这清雅、美丽文字的背后是痛苦。《愚溪诗序》的价值就在于这美景背后的悲剧精神！"随后，孙老师又推荐学生回去阅读"永州八记"，并盛赞柳宗元的这些作品乃世间最伟大的散文作品。

讲读课文之后再对作者"知人论世"，已经有"画龙点睛"的奇效。更为难能可贵的是，孙老师没有循规蹈矩地介绍作者，而是用饱含情感的语言把对柳宗元及其作品的理解和认识播撒在课堂上。

将客观理性的史实加以感性生发，是孙老师深度语文课堂的体现之三。孙老师的课堂，常常与作者、作品中的人物同悲同喜、歌哭与共。孙老师曾言："教语文如同搞创作，是需要感情的。没有感情的语文课断然不是最好的语文课。"而我也觉得，没有感情的语文课也断然不可能是真正有深度的语文课。语文课常常是语文老师人生的反映，蕴含了语文老师的生命与精神，语文老师对课堂内容的感性生发，更直观更具感染力，对学生在思想认识和审美判断上有极大的启迪作用。"把语文课教得有温度，并把温度传染给学生。"孙老师如是说。

观摩了孙立权老师的这堂《愚溪诗序》，我深深体会到，"深度教学"的课堂应该是生命的、活性的、多元的，老师的认知高度就像学生认知水平的天花板一样，老师的认知高度，决定了学生认知可能达到的高度。孙老师的"深度语文"指向的不仅仅是一节课，而是他教学的整个系统，其内容博大精深，其精神惊心动魄，体现为一种细节上异彩纷呈、全局看雄浑阔大的崇高美。

聚焦核心素养，呈现精品课堂
——孙立权老师《愚溪诗序》听课随笔

王春梅（吉林省长春汽车区六中）

新版高中语文课程标准凝练了"语言建构与运用""思维发展与提升""审美鉴赏与创造""文化传承与理解"四方面的学科核心素养。在语文教学中培养提升学生的核心素养，是高中语文教学改革的方向和任务。

2019年4月26日，我有幸参加了在东北师范大学附属中学举办的全国十城市教研协作体"首届语文教学高峰论坛暨核心素养教学研讨会"，聆听了多位语文特级教师的现场授课，其中，东北师大附中特级教师孙立权老师所授的《愚溪诗序》，聚焦培育学生的"语文核心素养"，不仅探究了如何促进高中文言文的有效教学，而且也为广大教师在文言文教学中落实"语文核心素养"提供了借鉴，呈现出了新课标下精品课堂的内涵。

我从四个角度，梳理了聆听孙老师这节课的感受与收获。

一、聚焦"语言建构与运用"，在整体感知中提升语感、积累知识

孙老师在"整体感知"教学环节中，设计了"指读、自由读、教师范读、自由散读"多种诵读方式。在反复诵读中，帮助学生读准古字音，提升文言语感。如：在指读第一段后，孙老师让学生们注意"不可以不更也"句中"更"字的读音。板书篆书"更"的写法，引导学生理解篆书"更"的基本义是改变，文中的"更"用的正是此义。

又如：在学生自由读第三段后，孙老师让学生们注意"夫水，智者乐也"中"乐"的读音为 yào。同时，拓展《论语》"智者乐水，仁者乐山"，并以作家余秋雨读错"智者乐水"为例，指出积累并准确运用语言的重要性。

孙老师重视诵读吟咏，在反复诵读中，使学生能读准字音，能精准断句，提升了文言语感，帮助学生建立"字不离句，句不离篇"的意识，在学习与积累中，夯实"语言建构与运用"这一根基。同时，通过多次有感情的诵读，形成语言感受力与语言运用力。

二、聚焦"思维发展与提升"，在文本理解中培养文言阅读能力

在集中研讨环节，孙老师设计了"核心问题"，也是理解作者写作目的与情感的"主任务"："柳宗元的描述对象是愚溪，那么愚溪和作者柳宗元是什么关系？"这个问题有一定难度，但是它牵一发而动全身，这个问题解决了，对文章内容情感的理解也就迎刃而解。

孙老师采用"搭桥法"，设置了"铺垫性问题"，包括：愚溪虽然在世人眼中"无以利世"，但愚溪美不美？愚溪的景致很美，但这景致处在哪里？柳宗元美不美？这三个铺垫性问题层层递进，在引导学生思考中，提升了思维逻辑性。

在孙老师的问题启发下，学生逐步回答出，二者在命运上具有相似性，一是沦落的土地，一是沦落的人，并说出了"异质而同构"这一文艺理论的术语，学生的知识面与思维活跃性被激发，这时孙老师及时引导学生思考"我们学过的哪些作品也写了这种异质同构关系？"这一问题，从而，以新知带旧知，再次激发学生的思维灵活性与深刻性。

学生的回答十分精彩，他们准确归纳并分析了《小石潭记》中柳宗元和小石潭，《琵琶行》中白居易和琵琶女，《我与地坛》中史铁生和地坛，《囚绿记》中陆蠡与常春藤，《石灰吟》中于谦和石灰的关系。孙老师补充了《屈原列传》中司马迁和屈原的关系，并做了小结。就此，《愚溪诗序》这个核心问题得到了解决，学生在比较、归纳和概括中发展了逻辑思维。

三、聚焦"审美鉴赏与创造"，从文章写法上提高文言鉴赏素养

孙老师在指读第二段后，设置问题：你对这段文字遣词造句上的突出感觉是什么？这一段用"愚"命名了几处景观？孙老师指出，柳宗元反复使用"愚"字的写法，本身既是语言艺术的体现，也是承载着情感的精妙写法，引导学生"审其美"并"学其妙"。学生通过对课文写法评价鉴赏，逐步发现语言文字表达的效果及美感，获得审美体验，形成正确的审美意识。

四、聚焦"文化传承与理解"，通过语言作品增强文化感受能力

孙老师设计的导入环节以"韩愈在被贬官潮州途中写下的诗句，有同学读过吗？"切入，让学生列举出中国文学从战国时"屈原放逐，乃赋离骚"开始诞生的"贬谪文学"的代表作家与诗文名句。学生思维活跃，列举出韩愈、

刘禹锡、白居易、范仲淹、欧阳修、苏东坡这些代表作家及其被贬时写下的著名诗文。孙老师总结，贬谪文学是中国文学重要的组成部分，中国古典文学如果失去了贬谪文学将黯然失色。

孙老师在与学生互动中使学生对贬谪文学有了更清晰的认识，增强了学生的文化感受能力，拓展了学生的文学文化视野，有着对文化传承的积极意义。

《愚溪诗序》整节课，孙老师聚焦"核心素养"，以核心问题引导学生自主思考，学生各抒己见，思维活跃，教师点拨恰到好处，展现了深厚的教学功底，带给了学生一个不断产生思维碰撞火花的精品语文课堂，也给了像我这样聆听授课的学习者一个很好的启发！

6.《人间词话》十则

（第一课时）

编者按：本课是立权师在首届东北地区知名高中语文教育论坛上执教的公开课。课文出自人教版高中语文选修教材《中国文化经典研读》，授课班级为东师附中 2010 级 2 班，授课时间为 2010 年 9 月 14 日，本实录整理者为东北师大文学院 2009 级研究生黄清华、张婷、李晓云、于恒。

师： 网络上评选十大国学家，有一位学者以遥遥领先的票数名居榜首，这位学者就是近代的王国维。（板书：王国维）作为一个在多个领域有建树的学者，我们知道他是古文字学家，他是历史学家，他是诗人，是词人，他也是文艺理论家，他还是翻译家，当然他更是国学家。今天我们学习作为一个文艺理论家的王国维的代表性著作《人间词话》。（板书：人间词话）大家把课文打开。我国古代把对诗的评论叫诗话，对曲的评论叫曲话，对词的评论叫词话。王国维的词话为什么叫"人间词话"呢？因为王国维先生有个号，就叫人间，所以他写的词就叫《人间词》，他写的词话就叫《人间词话》。下面我们就学习《〈人间词话〉十则》。请大家自读课文。（生自读）我们先学习第一则，你来给大家读一下。

（生读：词以境界为最上。有境界，则自成高格，自有名句。五代、北宋之词所以独绝者在此。）

师：在这一则里，王国维提出了一个概念——境界。（板书：境界）境界，简单地理解，就是作品中的世界。那么作品中的世界和我们现实生活中的世界有什么不一样呢？大家看图片。（屏幕上展示梅花的图片）这是风雪中的梅花，这是客观现实世界中的梅花，它就是这个样子，显然这不叫境界，这是客观存在的世界，而我们说境界是作品中存在的世界，那么作品中的梅花什么样？比如说，大家看，（屏幕上展示《卜算子·咏梅》词：风雨送春归，飞雪迎春到。已是悬崖百丈冰，犹有花枝俏。俏也不争春，只把春来报。待到山花烂漫时，她在丛中笑）知道是谁写的吗？（多数生答：毛泽东）你来读一下吧。（生读）

师：大家看，这是客观现实世界中的梅花（手指屏幕上的梅花图片），这是作品中的梅花（手指《卜算子·咏梅》词），大家想一想，这两种梅花有什么不同？（停顿片刻，有生举手）你来说说吧。

生：我认为图画中的梅花，只是梅花本身而已。而诗词中的梅花，是加以美化了，进行了一些艺术的加工，使其有了一些更加深沉的含义。

师：你认为作品中的梅花有了更加深沉的含义。那么你可以说一说吗？

生：我自己的理解，这首梅花词应该是毛主席在新中国建立之后写的，所以说这个……（生停顿了）

师：我可以提示一下，这个作品写在上个世纪五十年代末六十年代初的"三年困难时期"。其时，有严重的自然灾害，再加上中苏关系破裂，在这个大背景下毛泽东写了这首词。

生：当时的社会环境就像是词中的"悬崖百丈冰"，他把国家比成了梅花，然后希望在度过这些灾难之后，中国能够在世界上强盛起来。

师：这个作品中的梅花，它的身上，寄托着作者要表达的思想感情，傲霜斗雪的梅花，可能就是以毛泽东为代表的那一代人的一种精神的象征，那种不屈不挠的精神的象征。所以，大家看，作品中的世界和现实中的世界是不一样的，作品中的世界，它是主客观的融合，它是物和我的合一，它是情理的兼容，它是情景的交融，所以"境界"，我们可以理解为平常所说的意境。（师板书：意境）大家看"意境"这两个字，有"意"又有"境"，合起来才叫"意境"，富含着情思意趣的境界，那才叫"意境"。当然，有的作品以"意"取胜，有的作品以"境"取胜。大家看一下。

（屏幕显示：湖光秋月两相和，潭面无风镜未磨。遥望洞庭山水翠，白银盘里一青螺。——刘禹锡《望洞庭》）

我们从"意境"这两个字来看，你读完就能感受到，这首诗偏重于什么？它以什么来取胜？（生说"境"）很明显，它以"境"来取胜。那你再来看这个作品——（大屏幕显示：若言琴上有琴声，放在匣中何不鸣？若言声在指头上，何不于君指上听？——苏轼《琴诗》）

大家从"意"与"境"来看，这首诗以什么取胜？（生说"意"）很显然，以"意"取胜。当然这个"意"，它既可以是"情意"，还可以是"意理"，所以以"意"来取胜的诗，有的会以"理"取胜（师板书：理），而有的诗会以"情"来取胜（师板书：情）。大家看苏轼这首诗，很显然，以什么取胜？（生说"理"）以"理"取胜，那么讲了一个什么"理"？大家思考一下。

生：我认为这首诗讲的是弹琴时的手指和琴弦的关系，它们两个单独时，没有一个能发出声音，只有当两者相互配合，才能弹出动听的音乐。这就告诉我们，很多事情就像琴弦和手指一样，必须相互配合，相互协调，如果奉行单边主义的话，只能失败。

师：说得很好。光有琴不行，琴是客观的；光有手指也不行，手指代表主观。要想弹奏出美妙的音乐，必须得琴和手指配合得当，主客观好好融合，才能弹奏出美妙的音乐，光有妙指，不会有妙音，光有妙琴也不会有妙音。很显然，这首诗以"意"取胜，在"意"里面又以"理"取胜。以"情"取胜的诗太多了，比如说大家熟悉的李白的《将进酒》，（师动情地朗诵：人生得意须尽欢，莫使金樽空对月。天生我材必有用，千金散尽还复来。）你一读，马上被它磅礴的情感吸引住了，它以"情"取胜。

大家看一下，如果"意"和"境"完美地融合在一起，那就叫"意与境浑"

（师板书：浑），就是浑然天成的"浑"。大家看这首李白的《忆秦娥》。（屏幕显示：箫声咽，秦娥梦断秦楼月。秦楼月，年年柳色，灞陵伤别。 乐游原上清秋节，咸阳古道音尘绝。音尘绝，西风残照，汉家陵阙。——李白《忆秦娥》）

这首被称为"百代词曲之祖"的《忆秦娥》，大家看，从"意境"这两个字来看，有没有"境"呢？很显然，有。有没有"意"呢？也有。那就是"意"和"境"的浑然天成，"意与境浑"。这就是王国维所说的"境界"。那么我们看看王国维的主张吧。看第一则，全体同学读一下。（生齐读）

师：好。那么，王国维主张必须有境界，也就是有意境，才是好的作品。我们以上通过具体实例，把核心概念"境界"也就是我们所理解的"意境"，进行了探讨。那么"境界"里边一定要包含着作者主观的情感。所以王国维是这样说的，请大家看第五则。你来给读一遍吧。（生读：境非独谓景物也。喜怒哀乐，亦人心中之一境界。故能写真景物、真感情者，谓之有境界。否则谓之无境界。）

师：请坐！大家请看，王国维对境界的要求是，境界里边必须包含着作者主观的情感。没有主观的情感就没有境界。我们齐读一下这一则。（生齐读第五则）

师：王国维对境界的要求是要有感情。这种感情的前面加了一个修饰词，什么样的修饰词？真。他要求一定要真。（板书：真）所以大家接着看第九则。你来读一下。（生读：大家之作，其言情也必沁人心脾，其写景也必豁人耳目。其辞脱口而出，无矫揉妆束之态。以其所见者真，所知者深也。诗词皆然。持此以衡古今之作者，可无大误矣。）

师：同学们，她在读的时候有一处停顿有问题，谁听出来了？有人听出来了吗？（有生举手）你说说。

生："其言情也"这里有问题。应该这样停顿，（生范读）大家之作，其言情也／必沁人心脾，其写景也／必豁人耳目。

师（问先前读错的女生）：你认为你们两个谁读得对？

生：我感觉他读得对。

师：为什么？你自己说一说。

生：因为"其言情也"的"也"结束了之后，（学生话一转）不是有"者也"那样的句式吗？有"也"之后就代表前面是属于"其言情"这个。

师：我问你一个问题。这里的"也"和我们今天的"也"是一个意思吗？

生：不是。

师：那这里的"也"是什么意思呢？（生默然）

师：你看，一定要这样读，方才他读得很好，一定要这样读：大家之作，其言情也／必沁人心脾。不能在"也"前停顿，要在"也"后有一个轻微的停顿。为什么？

生：因为我觉得"其言情也"是一个词。

师：你说什么是一个词？

生：言情也。

师："言情也"是一个词？这就是初中时语法没学好，所以上了高中对什么是词、什么是短语还不懂。"其言情也"能是一个词吗？

生："其言情也"我感觉就是"大家之作言情"。

师：我问的问题是：为什么在"也"后边停顿？你也认为他说得对。你能来解释吗？（生默然）那么我们听听他是怎么解释的。

生：我觉得"也"后面这个"沁人心脾"应该是具体说明前面这个"其言情"的。"其言情也"到"也"结束，后面应该是说明前面的。

师：你理解得对。但是这个"也"的用法大家要注意，它是句中一个起舒缓语气的虚词，读到它时要略微停顿。它不是今天"我也去，你也去"中"也"的意思。我们今天这个"也"的意思在古汉语里用什么说？

生：亦。

师：对，用"亦"说，有成语"人云亦云"，就是这个意思。而课文里的"也"是句中一个起舒缓语气的词。所以它后面要略微地停顿。你请坐吧！你（指读错的女生）把这则再读一遍。

（生再读第九则）

师：很好。这次读得很好！上一则，王国维说境界必须要"真"。而这一则里他提出了"真"的标准，是什么？大家浏览这一则，看看"真"的标准是什么，或者说"真"的要求是什么。谁来说一下？最后这位男同学你来说。

生：我认为"真"是从心底而发出的，而不是单纯为了写"真"而矫揉造作。"真"应该是写景的时候可以使人感到豁然开朗，说话的时候应该是从心底发出的，而不是单纯为了写词而写词那样的真。

师：嗯。就是说"其辞脱口而出，无矫揉妆束之态"。这是王国维对"真"的要求，"真"就要做到这个标准。请坐。那么大家看一个作品，用王国维的理论来衡量一下，它真还是不真。

汶川大地震发生以后，有一个地方的作协副主席，叫王兆山，写了一首词，曰《江城子·废墟下的自述》。"废墟下的自述"，看来是以死难者的口吻写的，大家看这首词。（屏幕显示《江城子·废墟下的自述》一词，师读：天灾难避死何诉，主席唤，总理呼，党疼国爱，声声入废墟。十三亿人共一哭，纵做鬼，也幸福。 银鹰战车救雏犊，左军叔，右警姑，民族大爱，亲历死也足。只盼坟前有屏幕，看奥运，同欢呼。）

（生笑）

师：同学们都笑了，你们为什么笑？你们私下议论议论。用王国维的真的要求来看一看，来评一评这首词。

（生讨论）

师：好！方才小组交流，表达自己的观点，有一种过瘾的感觉。那么现在把你的观点说出来和更多的人分享也很过瘾。用王国维"真"的标准来看一看，它真不真？为什么？那个男同学，你说吧。

生：首先我发表自己的看法，我不是很喜欢这首词。

师：啊，你不太喜欢这首词。

生：从情感的角度来说，我宁愿相信，它是一首表达真实情感的词。

师：哦，你"宁愿相信"它表达的感情真。

生：我宁愿相信它表达的爱国爱党的感情是真的；但是我有一种感觉，作者好像在歌功颂德。

师：啊，读出歌功颂德的感觉了。

生：人在生死关头想到的应该不是"主席唤，总理呼，党疼国爱"。这首词的关注点是党和国，是上层对下层的关爱。我觉得写"废墟下的自述"的时候，更多关注的应该是一些人与人之间的真情，而不是上级对下级的关爱，所以我从这里面读出了一点歌功颂德的谄媚之味。

师：他又用了一个词——谄媚，歌功颂德的谄媚之味。

生：但是我还是宁愿相信这种爱国的情感是真挚的，我也十分希望它是真挚的，尽管读起来不是很真。

师：这就是咱们东师附中的同学，多么善良，多么宽容！好，谁还有补充？（找学生）你说说。

生：我也认为这首词没有做到"真"的要求。因为我感觉他抒发情感不是从自己出发的，所以说没有做到脱口而出。我和刚才那位同学的想法差不多，就是说，废墟下的人，他们在生死关头可能不会想这些东西，而是会想自己家人之类的，所以说他把这种爱国的情感强加给"废墟下的人"，就没有做到"真"，相反，我感觉到它非常滑稽。

师：把这种感情强加给废墟下的灵魂，说得多好啊！还有补充吗？这边这位男同学，你说说吧。

生：我也不是很喜欢这首词。因为词的副标题已经说了，是"废墟下的自述"，他应该表达的是废墟下人们的情感。

师：停一下，这是副标题吗？"废墟下的自述"是什么？

生：题目。

师：题目，对吧？而"江城子"是——

生：词牌。

师：词牌。我们刚刚讲过《沁园春·长沙》。

生：他既然说的是"废墟下的自述"，那应该表达的是死难者的心愿。但是他从一开始就赞扬党和国家的爱。他这么写是没错的，但和题目不相呼应的话就不对了。而且他说什么"纵做鬼也幸福"，还有"盼奥运，同欢呼"，我觉得一个面临灾难，即将要死的人，他怎么能感到幸福、怎么还会想到要看奥运呢？这根本就不符合情理，所以说他的本意可能是好的，但是并不符合废墟下人们的感情，就是不符合那个题目。

师：请坐。咱班有没有同学认为这首词写得可好了？艺术水平很高，感情非常真，有没有这样认为的？（短暂停顿）很好啊，我很佩服你们的鉴赏力，因为我和你们的意见是一致的。这首词，其辞不是脱口而出，而是言不由衷、装腔作势，为了歌功颂德，也就是为了"歌德"而缺德。注意，我们写东西，不能为了"歌德"而缺德。大家想一想，废墟下的那些死难者，他们有什么幸福可言呢？"纵做鬼，也幸福"，这是人话吗？除了花下鬼，别的鬼可能都不幸福。（生笑）这首词完全不顾死难者颤抖的灵魂，完全不顾生者无尽的悲哀，在那里唱赞歌。所以，用王国维"真"的标准一看，那就是一首非常假的、非常做作的词。这个作协主席叫王兆山，我看他"找扁"。（生笑）现在大家看另一个作品。一年多以前我有一个很好的学生，我的语文课代表，因为煤气中毒，抢救无效死亡。我写了一首小诗——（屏幕显示：清溪未照影，断流化天河。最是伤心处，诗酒暗消磨。——孙立权）

开头一句"清溪未照影"，我用了比喻、象征，就是说这个孩子像一条清澈的小溪一样，还没有来得及让岸边的柳树、岸边的行人在里边照影，他就"断流化天河"了，他就枯竭了。在我的想象中，他化入了天上的银河。这两句是以景来起，而且用了比喻、象征。后两句"最是伤心处，诗酒暗消磨"，以情来作结。我个人认为我这首诗比他的（指王兆山那首）写得好。他是我的课代表，我们相处了两年多，很有感情，所以符合王国维所说的这种标准——"真"。

接着大家再看。（屏幕显示，师读：生年不满百，常怀千岁忧。昼短苦夜长，何不秉烛游？——《古诗十九首》）

好像在告诉人们要及时行乐。你说这首诗好不好呢？用王国维的标准来看，好不好呢？（找学生）你说说。

生：我觉得这首诗它是好的，因为它表达了作者心中真实的想法，正所谓脱口而出，我觉得达到了"真"的境界。

师：脱口而出，一点矫揉造作的意思也没有，感情很真，所以王国维也认为这首诗很好。接着看。（屏幕显示，师读：昔为倡家女，今为荡子妇。荡子行不归，空床独难守。——《古诗十九首》）

她说从前我是一个歌妓，现在我是一个浪荡子的媳妇。浪荡子总在外边不回来，我独守空床，我快守不住了。（生笑）这首诗好不好呢？大家思考一下。（找学生）你说说吧。

生：我觉得这首诗虽然表达出的意思好像很粗俗，而且在我们今人看来好像也不是很健康，但是说的至少是一个女子自己真心所想的事，表达出自己内心真实的情感，没有修饰，没有"化妆"。所以我认为这首诗也是很好的。

师：请坐。我完全同意你的主张。（掌声）虽然从内容上看，写得这样淫鄙。（副板书：淫鄙）但是，其辞脱口而出，无矫揉造作之态。好作品的前提条件是"真"。当然，反过来，凡是真的就一定是好作品吗？我再请大家看一首诗，这是神魔小说《封神演义》里边的，刚开始的时候，写商纣王上女娲宫去降香。"女娲"大家都知道，是吧？中华民族的一个始祖神，抟土造人，炼石补天，泽及万民。纣王去女娲宫降香，去朝拜女娲。他看见女娲这个塑像非常美，他就在女娲宫的墙上题了一首诗，当然这是小说里写的了。我们看看这首诗。（屏幕显示，师读：凤鸾宝帐景非常，尽是泥金巧样装。曲曲远山飞翠色，翩翩舞袖映霞裳。梨花带雨争娇艳，芍药笼烟骋媚妆。但得妖娆能举动，取回长乐侍君王。）

请大家看最后两句，他说如果女娲是活的，要能动就好了，我把她弄回长乐宫去，"取回长乐"永远陪伴我。同学们，你说商纣王这首诗表达的感情真不真呢？

众生：真。

师：肯定真，绝对真。那么这个作品是不是好作品？是不是王国维所说的有境界的作品？大家思考一下。谁有意见要表达？举起你智慧的手。（找学生）这位女同学——咱班男同学多，女同学少，女生发言都是很可贵的。

生：我觉得这首诗写得不好。

师：不是有境界的。

生：它虽然真，但是没有境界。因为王国维在这一则中还说了"其言情也必沁人心脾"。他这首诗虽然说感情是很真的，但是他的言情并不是沁人心脾的。他只是表达了他的一种很自私的、很不健康的感情，又没有有高度、有深度的思想。再者说，王国维说好作品"其写景也必豁人耳目"，而纣王这首诗所写之景平庸无奇，四平八稳，没有境界。因此，我说它不是一首好诗。

师：好，这个同学是从意和境两个角度来说阐述的。大家同意他的见解吗？（生点头）大家看（教师走到屏幕前并指着诗的尾联），尾联表达的感情肯定真，但是这个作品毫无境界，俗不可耐。他把一个泽及万民的女神给亵渎了。人格的低下，也就决定了他的作品文格的低下。

接下来我们探讨一下：王国维先生主张"真"，那么，是不是和客观世界一模一样，就叫"真"呢？我们看一个图片。（屏幕显示）左边是一幅摄影

作品，拍的是草地上两只嬉戏的鸽子，客观世界中客观存在的实物——鸽子。再看右边，这是一幅很有名的画，大家见过没有？有哪位同学见过，请举手。（短暂停顿）有没有人知道这幅画是谁创作的？（没有学生举手）显然，画上画的也是鸽子的造型，而且这个造型很像我们今天的和平鸽。这幅画就是被称为"和平鸽之父"的西班牙绘画大师毕加索的作品。现在我想问你，客观世界中的鸽子和毕加索笔下的鸽子，哪一个更"真"？（学生思考）

师：完全可以表达你真实的想法，不用有任何的顾忌。我们的课堂是解放区的天，明朗的天。（生笑）

师：这个女同学，你说说。

生：我认为毕加索画的那个鸽子更真一些。因为他画出了鸽子翱翔的状态，代表一种自由的感觉，比照片中的鸽子更有意境。

师：这个客观的鸽子是真（教师走近"草地上的鸽子"这幅图片并指着图片），非常真。但是这是一种科学之真，物理之真，对吧？你们是理科实验班的，我说的对吧？（教师走近并指着毕加索所画的和平鸽）我们说这个也真，虽然你感觉好像和真实的鸽子有点儿距离，但是又像鸽子。我们说它真，为什么真呢？

生：情感真。

师：是这样的。你看这只鸽子，你没发觉它有什么特点吗？你看他画的

这些地方（教师指着图片上鸽子翅膀的位置），看出来没有？

（学生观察思考）（此时有学生小声嘀咕）

师：你说说？不要窃窃私语，说吧。

生：我觉得毕加索这个鸽子它比摄影作品里的雄健，而且它的翅膀上挂满了很多东西，似乎是武器。

（生笑）

师：啊，你认为这鸽子身上带着武器！

生：对。

师：面对同一个作品，不同的人可能有不同的理解。我说一下这幅画的创作背景。它是第二次世界大战期间创作的。当时法西斯德国入侵法国，而毕加索正在法国。他的一个邻居有一天拿着一只鸽子——已经死了的、浑身血迹斑斑的鸽子，来找毕加索，说："你给它画张画吧。"原来，德国法西斯刚刚把这个邻居的儿子杀死，又把他儿子养的鸽子都杀死了。毕加索一听，带着悲愤的感情创作了这幅画。大家看，鸽子浑身上下，这是什么？

生：血。

师：血迹斑斑。许多羽毛不全了，一只翅膀损伤了。啊，这是一只滴血的鸽子。所以人们看完以后非常受震撼。后来就以他这只鸽子为原型创作了和平鸽。所以，王国维所说的这个"真"（教师指着黑板上的"真"这个字），它不是说客观物理世界的那个科学之真，它是一种真感情。方才，通过举那么多正反的例子，我们也看出来了，这个"真"（教师再一次指着黑板上的"真"字）不是科学之真，而是艺术之真。而艺术之真的前提，我们看商纣王那首诗，我们都说它没有境界，而艺术之真的前提是（短暂停顿）——人格之真。人格的低下决定了他文格的低下。所以，（指着"真"字）艺术之真不是科学之真，艺术之真的前提是——人格之真，用一个字说，就是"善"。（板书：善）同学们，（教师指着"真"和"善"）艺术之真的前提是善。你作品要想求真吗？前提得是善的。人们从人性角度出发，对于不善的作品不会认为是艺术之真。那么，创作出真正的艺术作品，它就是美的。（板书：美）而美的前提是什么？是真和善。下面同学们看一下王国维在《文学小言》中说的一段话，很有名的一段话，我非常欣赏。你来给大家读一下。

生：（屏幕显示）三代以下之诗人，无过于屈子、渊明、子美、子瞻者。此四子者苟无文学之天才，其人格亦自足千古。故无高尚伟大之人格，而有高尚伟大之文学者，殆未之有也。

师：请坐！读得很好啊！"三代"是哪三代？

生：夏商周三代。

师：对了。三代以下的诗人在王国维看来，最伟大的有四个：屈子（屈原）、渊明（陶渊明）、子美（杜甫）、子瞻（苏轼）。他认为这四个诗人最伟大，他说这四个人即使没有文学上的天才，他们的人格也自足千古。所以王国维的结论是，没有高尚伟大的人格而有高尚伟大的文学者，殆未之有也——"殆"是什么意思？这是一个副词，大概的意思——大概从来也没有。

师：今天咱们讲了王国维的三则词话，通过这三则词话我们知道了"境界"就是"意境"，有的以"意"胜，有的以"境"胜。有境界的作品必须"真"。这个"真"不单单是指客观世界之真，或者说在艺术作品里不是指这个"真"，而是指真感情、真境界。而艺术之真的前提是"善"。你要想创作出美的作品，你要以真和善为前提。下面，我们把这三则词话合起来读一下。"词以境界为最上"，预备——齐。

（生齐读三则词话）

师：同学们，先做一个伟大高尚的人，然后再去写伟大高尚的作品。这一点非常重要。今天的课就上到这里，下课！同学们再见。

生：老师再见！

（观众掌声）

7. 鸿门宴

（第三课时）

编者按：《鸿门宴》这节课是 2013 年 10 月 14 日立权师为新一届吉林省骨干教师培训班学员执教的观摩课，授课班级是东师附中高一 21 班。

在本堂观摩课上，立权师主要是围绕着此前学生在自学必修一教材第二单元课文《鸿门宴》的第三段后提出的疑难问题以师生对话的形式进行探究和讲解。

首先，立权师从语言层面的教学入手，对段落中学生普遍存在的字词困惑进行启发和延伸。例如，对于本段中"因击沛公于座""即日因留沛公与饮"等句中"因"一字的理解，立权师以"词不离句，句不离篇"的提示，先请 5 名男同学分角色朗读第三段，力求使学生通过语感来理解词义。此外，他还在屏幕上呈现了"因人之力而敝之""不如因善遇之""因材施教""因噎废食""因以为号焉""因宾客至蔺相如门谢罪"等语句来启发学生对"因"一字多重语义的理解。再者，立权师又引导学生通过"今者有小人之言""所以遣将守关者""楚左尹项伯者""谁为大王为此计者""举所佩玉玦以示之者三"等句进一步明确"者"字的不同含义。

其次，立权师分门别类地宣读了学生在自学课文第3段时整理出的问题小卷，并有针对性地从文化层面进行启发式教学，给听课教师留下了深刻的印象。例如，有15名同学对文段中的"籍何以至此"的"籍"存在疑问。一方面，立权师提示学生这一问题通过本课的书下注释第一条完全可以解决，也即"籍"是项羽的名；另一方面，立权师进一步追问学生，将本句改为"羽何以至此"是否合适。接下来，立权师围绕这一个字深入探讨了古人称谓中反映出的谦敬问题。首先，立权师在屏幕上为学生呈现了名著《三国演义》中"青梅煮酒论英雄"一回中的片段，提示学生思考曹操口中的"玄德久历四方"和刘备口中的"备肉眼安识英雄"在称呼刘备上的差异原因何在，从而提示学生"自称称名，他称称字"这一道理。其次，立权师又给学生播放了胡玫导演、周润发主演的电影《孔子》的片段，通过该片中孔子直呼弟子子路为"子路"而非"仲由"的错误，以及学生学习过的《论语》中的"由，诲女知之乎"一句，深入体会中国古代姓氏文化的丰富内涵。再如，立权师就10名以上同学感到困惑的"文中为什么交代项羽等人在宴席中所处座位的方向"这一问题对学生进行了启发。立权师在屏幕上呈现了现代作家鲁迅的散文诗《秋夜》的首段——"在我的后园，可以看见墙外有两株树，一株是枣树，还有一株也是枣树"，提示学生鲁迅先生是试图用冗长的句子来表达沉闷、单调的感觉。他进而借助板书提示学生这一疑问背后隐藏的玄机，既有古代文化的内涵，也会进一步推动学生对项羽等人的性格特点的理解。立权师告诉学生不要小看这一番看似冗赘的文字，只有做到了当繁则繁，不厌其繁，当简则简，惜墨如金，才真正堪称经典之作。再如，立权师就学生提出的"项羽为什么告诉刘邦是曹无伤密告"这一问题启发学生就此分析刘、项之间的性格差异，从项羽的口无遮拦、胸无城府来感受其性格悲剧的必然性。

最后，立权师以系列图片的形式为学生展示了"玦""璧""斗"等课文中涉及的玉器，从玉文化入手进一步启发学生范增举止的内涵所在。立权师这堂课启发学生开阔眼界，细读文本，从而体会经典的魅力所在，使学生受益匪浅，也赢得了听课的省内专家、同仁的一致好评。

本实录整理者是内蒙古第一机械制造有限公司第二中学语文教师薛荣。

（上课铃响，全体学生起立，鞠躬问好，准备上课）

师： 大家知道世界传记之王是谁？（学生小声讨论）原来，在欧洲，人们一直认为传记之王是普鲁塔克（板书人名）。他是希腊人，生活在公元一至二世纪，因为他写了一部著名的人物传记——《希腊罗马名人传》，所以，他被称为世界传记之王。但是今天，我们要把这个说法修正一下，谁是真正的世界传记之王？大家想想是谁？（学生议论纷纷，有的学生说出司马迁）对，当然是司马迁，因为司马迁生活在公元前二至一世纪，普鲁塔克生活在公元后一至二世纪，他们俩相差了一百多年，普鲁塔克的《希腊罗马名人传》只有五十篇，而司马迁的《史记》，知道多少篇吗？

生1： 一百三十多篇（犹豫），一百三十篇。

师： 对，《史记》中仅人物传记就一百多篇，所以，世界传记之王应该是司马迁。说是普鲁塔克，那是欧洲人的观点，那是欧洲中心主义的体现。今天，我们以世界的眼光来看，真正的传记之王是中国的司马迁。那么，今天我们就继续学习司马迁最伟大的著作，皇皇五十二万六千五百字的《史记》当中最精彩的片段——《鸿门宴》，请大家打开课本。（板书标题）我们前天学完了一、二两个自然段，就是把"鸿门宴前"的内容学完了，今天我们继续学习第三自然段——"鸿门宴上"。这一段，同学们自学之后，所有不懂的问题都以纸条的形式反馈给我了。（翻看纸条）今天早上，我详细地看了一下，做了一个分类。现在我开始回答大家的问题。第一类问题，我可以把它概括为"字词问题"（屏幕上呈现）。大家有提到"因"的用法，因为这段里"因"出现了两次，第二段里也曾出现过，所以，好多同学提到了它的用法。好，现在我们来具体看一下"因"的用法，我给大家八个例句，包括了"因"的一些主要用法，谁能为大家解释一下？（屏幕上呈现：1.因击沛公于坐 2.因人之力而敝之 3.不

如因善遇之 4.即日因留沛公与饮 5.因材施教 6.因噎废食 7.宅边有五柳树，因以为号焉 8.因宾客至相如门谢罪）

生2：第一个可以解释为"趁机"。

师：对，"趁机在座位上击杀沛公"，"因"有"借机""趁机"的意思，很好。

生2：第二个可以解释为"依靠"。

师："依靠"，"依靠别人的力量"，"因"是"依靠"。比如有个成语叫——

生（集体）："因人成事。"

师：对，"因人成事"，也就是"依靠别人的力量做成事情"。这儿的"因"就是"依靠"的意思。

生2：第三个和第四个应该都翻译成"趁机"。

师：先看第三个，"不如趁机好好对待他们"，同学们同意吗？（学生表示同意）对，还是"借此""趁机"的意思，"不如借此好好对待他"。再看第四个，同学说这个也是"趁此"，"即日"就是"当日"，"当日趁机留下沛公和他饮酒"，回到课文中来，看上下句，（生看）词不离句，句不离篇。

生2：第四个应该翻译成"于是"。

师："于是"？好，现在我们把第三自然段读一下，这段文字适合分角色朗读。（按角色分配朗读任务，读的过程中，师纠正生的错误）现在，我们再回到这个问题来，看这个"因"，刚才我们的同学把它翻译成"于是"，"当日于是留下沛公和他饮酒"，是不是符合上下文的语境？可以翻译成"于是"或者"就"，译成"就"更好一些，"当日就留下沛公和他饮酒"。好，接着解释下一个。

生2：第五个可以理解为"依据"。

师：对，"依据""根据""按照"，很好。

生2：第六个是"因为"。

师：对，"因为噎着了就停止吃饭了"，这儿是"因为"的意思。

生2：第七个可以解释为"就""于是"。

师："宅边有五棵柳树，于是就用这五棵柳树做自己的号"，翻译成"于是""就"很好，这是我们初中学过的。第八个句子大家注意一下，我们还没有讲到《廉颇蔺相如列传》，但这个句子大家可以先看一下，这是廉颇"负荆请罪"的时候，出现了这样一个句子。那这里的"因"是什么意思？

生2：第八个也可以翻译成"于是"。

师："廉颇于是宾客至相如门谢罪"？这是通顺的句子吗？显然，翻译成"于是"是不对的。

生2：翻译成"就"。

师："就"？"廉颇就宾客吗"？这是什么话？好，大家思考一下，廉颇是自己去的吗？看看这个"因"到底是什么意思？

（学生小声讨论，有学生举手）

生3："凭借……的身份"。

师："凭借……的身份"，"廉颇凭借宾客的身份"，廉颇是宾客？是他自己去的吗？是别人引荐他去的。

生3："依靠"。

师："依靠"？意思接近了，还不太准确。他是怎么到相如门谢罪的呢？他凭借宾客？还是他通过宾客，也就是在宾客的引荐下去的？因为他不好直接去见蔺相如，是不是？他需要一个人引荐、介绍他去。所以，这个"因"翻译成什么比较好？

生3："通过……人引荐"。

师：就翻译成"通过……"就可以。好，这是一些同学提出的"因"的用法。还有几个同学提出这段中"者"的用法，那么，我们再看一下。（屏幕呈现：1.今者有小人言 2.昔者吾舅死于虎 3.所以遣将守关者 4.楚左尹项伯者，项羽季父也。 5.谁为大王为此计者？ 6.来者不善 7.举所佩玉玦以示之者三）有同学在纸条中问"今者有小人言"中的"者"是什么意思，以前没有见过这个，这儿咱们说一下，大家看"今"是个表什么概念的词？

生（集体）：时间。

师：表时间，那么，"者"就有这样一个用法，它作为助词附着在时间词的后边，它没有实在的意义。同样的例子，大家再看"昔者吾舅死于虎"，"昔者"什么意思？

生（集体）：从前。

师："从前"，"从前我舅被虎吃了"，那么，"昔者"就是"从前"。所以，大家看，"昔""今"都是表时间概念的词，那么，"者"就附着在这些时间词的后边。我们再来看第三个，这个句子我们以前接触过。

生4：这应该是判断句，"者"是表判断的。

师："所以遣将守关者"，说这个"者"表判断，也不能说不对，但有些特殊。（生思考、讨论）我遣将守关的原因是什么？这个句子的下半句应该要说些什么？（生再思考、讨论）我"遣将守关"的原因是什么？"备他盗之出入与非常也"，那么，这个"者"表示什么？这个"所以"又表示什么？讲《荆轲刺秦王》的时候，我是怎么讲的？谁有新的见解？

生5："者"表示"……的原因"。

师："者"表"原因"，那"所以"呢？

生6："之所以"。

师：也表"原因"。"所以……者，"这是古代汉语里固定的结构，联合在一起表"原因"，"所以""者"各自都能表"原因"，他们联在一起也还是"……的原因"的意思。当然，这种解释原因的句子，简称释因句，有人把它划入判断句。接着看下一个句子。

生6：第四个"者"是一个助词。

师：对，是助词（也有人认为是代词），那它的具体作用是什么？

生6：表判断。

师：不是太准确。"……者，……也"，构成判断句，其中"者"用在前半句里，表示提顿，后边的"也"才表示判断。谁来说一下第五句中"者"的用法？

生7：还是表原因。

师：表原因吗？（学生小声讨论）。"谁给大王出这个计策的原因"？这是个通顺的句子吗？（学生再讨论）。哪位同学有不同的看法？

生8：应该是"……的人"。

师：那句子翻译过来是"谁是大王出这个计策的人？"这成话吗？

生8：（思考）应该是句尾语气词。

师：句尾语气词，也就是"谁给大王出的这个主意……"句尾语气词翻译成什么？

生：（集体）"呢"。

师：对，它是个句尾语气词，翻译成"呢"。好，继续下一个句子。

生7：可以译成"……的人"。

师：此句中的"者"表示"……的人"，"来"和"者"构成了"者"字结构，相当于现代汉语的"的"字短语，咱们讲语法时已经讲过"的"字短语了吧？好，再看最后一个句子，这个句子好多同学都提出来了，"范增举起佩戴的玉玦，向项羽示意者三"，当然，"三"这里一般不理解为三次，而是表示——

生（集体）：多次。

师：对，多次，那这个"者"什么用法？你们看看这句中的"者"和上一句中的有没有一致的地方？上一句是"来的人"，那这个呢？（学生小声讨论）。

生7：这里的"者"应该是次数的意思。

师：直接就当次数讲吗？

生7：……的次数。

师：……的次数，好，这个还可以，或者，我们再概括一下，译成"……的情形"。"拿起所配玉玦，向项王示意的情形多次"。好，这是字词的问题。下面看第二类问题。（翻看纸条）我们班有十五个同学居然提出这样一个问题："第三行中'籍'是什么意思？"这十几个同学居然不知道第三行"籍何以至此"中的"籍"是什么意思！（学生小声议论）请大家看二十二页的注解①，（学生翻看，议论）原来，让大家学习第三自然段，就只学第三自然段，把前边的一、二段都忘了，谁提的这个问题？现在请回答一下"籍"是什么意思？

生9："籍"是项羽的自称。

师：对，看注解，项羽，名籍，字羽。"籍何以至此？"这句是项羽自己说的话，所以，"籍"就是项羽。这个问题很好回答，只要认真学习，都可以回答。凡是在纸条中提出这个问题的同学，没有兼顾前文，看来学习不够认真，在此提出批评。这里，我追问一个问题，老师将你们提出的这个问题改一下，如果项羽说"羽何以至此"，可以吗？项羽不是名"籍"字"羽"吗？那他自己说"羽何以至此"行不行？（生讨论）。实际上这是一个谦敬的问题，大家思考一下，可以替换吗？（生再讨论）。这是一个表敬还是表谦的问题，在别人面前称呼自己的时候，是说名还是说字？现在，通过项羽这句话我们可以判断，说名，还是说字？

生（集体）：说名。

师：很对，那为什么要这样自称呢？自称"羽"就不行？为什么？（学生讨论）。

生9：别人称他为"羽"，自己叫自己"籍"。

师：对，那么为什么要这样？（生沉默，过了一会儿）。这是中国古代在称呼上的一个"谦敬问题"，就是中国的古人在起名的时候，有名，有字，名一般是一出生就起的，而字一般是举行成人礼时（男子二十岁，女子十五岁）由德高望重的人给起的，所以名是卑称，字表尊重。所以，自己称呼自己的时候得叫什么？你得谦虚，那么得叫什么？

生（集体）：名。

师：得叫名，而别人称呼你的时候，为表尊重，那得称呼你的"字"。现在，请大家看《三国演义》"青梅煮酒论英雄"里的一段文字。（屏幕呈现：操曰："使君知龙之变化否？"玄德曰："未知其详。"操曰："龙能大能小，能升能隐；大则兴云吐雾，小则隐介藏形；升则飞腾于宇宙之间，隐则潜伏于波涛之内。方今春深，龙乘时变化，犹人得志而纵横四海。龙之为物，可比世之英雄。玄德久历四方，必知当世英雄。请试指言之。"玄德曰："备肉眼安识英雄？"）（师读）大家注意：曹操怎么称呼刘备的？

生（集体）：玄德。

师：而刘备怎么称呼自己的？

生（集体）：备。

师：当然，直呼其名也不是不可以，但一般是长辈对晚辈、老师对学生。你爹对你应直呼其名，我对你们可以直呼其名。但是，有一些人，没有注意这个问题，犯了错误。比如说，有个电影叫《孔子》，周润发主演的，我们看一下这里的一个小片段。（播放电影《孔子》片段）

（电影《孔子》剧照）

注意：周润发扮演的孔子在称呼子路的时候，三次都叫他什么？

生（集体）： 子路。

师： 你们初中时学过《论语》，知道子路叫什么名吗？

生10： 子路应该叫"仲由"。

师： 很对，仲由，他姓仲，名由，字子路。大家注意：老师是长辈，学生是晚辈，老师叫学生名字的时候，你们认为应该叫名，还是应该叫字？

生10： 我觉得叫名。

师： 对，老师是长辈，他叫学生名字的时候，一般应该直呼其名。那么"子路"既然是仲由的字，显然，这个电影犯什么错误了，周润发扮演的孔子管他的学生仲由叫"子路"，好像子路和他平辈，或者比他辈分还高。那么，应该叫什么？

生10： 由。

师： 应该叫"由"，有《论语》为证，你们学过，哪句？

生（集体）： "由，诲女知之乎！知之为知之，不知为不知，是知也。"

师： 很好，初中学的，孔子直呼子路的名字，叫"由"，这才对。这个电影出了错误。好，这是我借着"籍"这个问题给大家延伸出来的古代称名称字的问题。还有十几个同学，我认为提出了很好的问题，（翻看纸条，读问题）——"为什么强调项羽等人朝什么方向坐？"这个问题提得很好，还有同学问，"为何交代所坐的位置？""详细介绍每个人座位的朝向有什么作用呢？""本段特意提到，酒宴上，项王、项伯等人坐下时朝向的方位，这其中有什么讲究？""本段中出现了很多方位词，有人向东坐，有人向西坐等等，在古代有什么说道吗？"

下边这个同学的问题更进了一步，他问，"东向坐，北向坐，南向坐，西向坐，有特殊的地位分别吗？"注意：他进一步思考了，他认为可能有地位上的分别，"方向左右，在古代是否有特殊规定？"有没有？（学生表示肯定）。既然有这么多同学提到类似的问题，那么今天孙老师给大家讲一下，这是中国古代"方位文化"的问题。（屏幕呈现：方位文化问题）中国古代，人们在室内坐着的时候，东、南、西、北这四个方向，哪个方向是最尊贵的呢？请看课文，就看第三段。（生看课文）就课文里的这段话（屏幕呈现：项王即日因留沛公与饮。项王、项伯东向坐；亚父南向坐，——亚父者，范增也；沛公北向坐；张良西向侍。范增数目项王……），现在，你能不能判断，谁坐在了最尊贵的位置上？

生（集体）：项王。

师：你们的判断是正确的，那你们看项王坐在哪边？（有同学说"东"）"项王、项伯东向坐"，"东向坐"到底是坐在哪边？

生（集体）：西。

师：很好，"东向坐"是向着东边坐，本身坐在西边。现在大家注意（师板书"东南西北"四个方位词），在古代的室内，哪个方位最尊贵呢？是西，"坐西向东"是最尊贵的座位，项王、项伯坐在了尊位。接着看，范增坐在哪边？

生（集体）：北边。

师：对，北边，"北"是第二尊位。继续看，沛公坐在哪边？

生（集体）：南边。

师：他向着北边，因此坐在南边，"南"是第三尊位，而跟着刘邦来的张良，坐在哪边？

生（集体）：东边。

师：他对着西边，所以坐在了东边，东边是最卑贱的位置，这就是中国古代室内座位的尊卑问题。（此时呈现如下板书：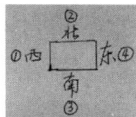）那么知道了这个，大家想一想，主人请客，一般应让客人坐在尊位吧？而项羽是怎样安排座位的？他自己做哪儿了，让客人做哪儿了？

生：他自己坐在尊位，让客人坐在卑位。

师：好，现在完全可以解决大家之前提出的那一系列问题了，太史公不厌其烦地写每个人坐在哪儿，有什么作用吗？为什么要这样写？同学们思考一下。（学生思考）。谁来解释一下？

生11：体现了项羽的傲慢无礼和他希望称王的决心。

师：项王现在就是王，你回答的前半部分很正确，这是为了体现项羽性格中的傲慢无礼、目空一切，他眼中的刘邦根本不算什么，"旦日击破沛公军"。项羽认为，想消灭刘邦就可以消灭。这也就是太史公文章写法的高妙之处，本来应该让客人坐在尊位，结果，他自己和他的叔叔坐在了第一尊位，让亚父坐在了第二尊位，让客人坐在"贱"的位置上。我们从中可以看出项羽的性格是傲慢无礼的，根本不把刘邦放在眼里，项羽认为他要想杀死刘邦，就像踩死一只蚂蚁一样，非常容易。所以，作者不厌其烦地强调座次，是啰嗦吗？老师把表方位的这四句话（指屏幕"项王、项伯……张良西向侍"）换成"席间"二字，这么写简练吗？（有个别同学说简练）这是"简"而不"练"，是化神奇为腐朽。司马迁不厌其烦地写，是有用意的，这实际是写文章的繁笔简笔问题。（屏幕呈现：繁笔简笔问题）大家注意：写文章当则繁则繁，要不厌其"繁"；当简则简，要惜墨如金。请看鲁迅的散文诗《秋夜》的开头部分。（屏幕呈现：在我的后园，可以看见墙外有两株树，一株是枣树，还有一株也是枣树。）如果是孙老师，会怎么写？

生（集体）："在我的后园，可以看见墙外有两株枣树。"

师：你们都是"孙老师"，"墙外有两株枣树"，这多简练，鲁迅怎么这么啰嗦？注意：这儿就应该是当繁则繁，为什么这里用繁笔？我觉得，鲁迅先生写这篇文章的时候，正处在思想非常苦闷、人生非常孤独寂寞的时候，——你们要是读完全文就会体会到，整篇文章给人单调、沉闷之感，所以，他故意用这种冗长的句子，来表达这种沉闷、单调的感觉。什么是大师？这就是大师，你要不是他的知音，你就读不懂，就不知道其中的奥妙。所以写文章，使用繁笔简笔，是很讲究的。好，这是同学们集中提出来的第二类问题。同学们还比较集中地提了这方面的问题，（翻看纸条，读问题）——"项羽为什么要和刘邦说是曹无伤告的密？这样不是让自己的眼线暴露了吗？""项羽为什么一下就说出了曹无伤？难道他不知道这个人对他有用吗？""项王本来知道曹无伤是告密的，为什么还告诉沛公？这是明显让刘邦杀曹无伤啊？""项羽怎么能傻到告诉沛公是曹无伤说的呢？"——项羽为什么这样说？同样的例子，请看第二自然段的第四行，（学生看书）当张良说："请让我去告诉项伯说沛公您不敢背叛项王。"注意：当说完这句话，请看刘邦的反应是什么？沛公曰："君安与项伯有故？"项伯是项羽的叔父，你张良怎么和项伯有交情呢？这是刘邦的第一反应。现在，请看第三段，当刘邦说"今者有小人言，令将军与臣有郤"，项王的反应是："此沛公左司马曹无伤言之。"就这两处，足见两个人的性格，看一看，刘邦性格有什么特点？项羽又有什么特点？试想一下，要是一般人遇到刘邦所面对的问题，会想："太好了，快叫张良让项伯在项羽面前解释一下……"而我们看看刘邦的第一反应是什么？他首先想到张良怎么认识项伯的。那么比较一下，这两个人性格有什么不同？

生 12：刘邦的性格是谨慎、多疑，不太容易相信别人；而项羽特别地粗心大意，容易相信别人。

师：项羽口无遮拦、胸无城府，完全没有注意到潜在的政治对手的危险性，直接暴露了眼线，这就是项羽，如果不是项羽，也绝不会这样说。凡是提这个问题的这些同学，大家面对同样的情形，可能都不会像项羽这样说，但项羽就是项羽。因此，项羽的悲剧，是他性格的悲剧。而刘邦胜利了，也和他的性格有关，从他问张良这句话就可以看出，他是多么谨慎、多疑，他不轻信于人，时刻想着自己，这就是刘邦。有人说他是政治流氓，后来居然当了皇帝。好了，以上是解答了同学们提出的若干问题。现在我想讲一讲大家没有提出而我又恰恰认为是很重要的问题，是什么问题呢？给大家补充一个。（屏幕呈现：玉文化问题）中国古代跟"玉"有关的文化问题。请看课文，范增举起所佩戴的玉玦，向项羽多次示意，要杀刘邦。"玦"是什么样的？看注释，（生看）大家看看玦是什么样子。（屏幕呈现图片：）这种有缺口的玉叫"玦"，因为"玦"的字音和哪个字谐音？（生议论）和断绝的"绝"、决心的"决"谐音。所以大家注意：你送人礼物时如果送玦，表示你要和人家绝交。而范增举起玦告诉项羽："赶快下定决心，赶快杀刘邦。"

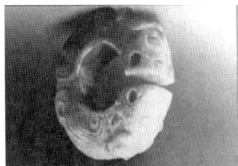

这里"举玦"就有"下定决心"的意思。那么中间没有缺口的玉，也就是完全合在一起的叫什么？请大家看。（屏幕呈现图片：）这个叫什么，大家知道吗？（生沉默）。这个我们很快就会讲到，大家看 24 页（生翻书），最下边这段，刘邦来的时候，给项羽带了什么礼物？

生（集体）：白璧一双。

师："我持白璧一双"，大家刚刚看到的这个玉就是"璧"，因为璧是圆的、完整无缺的，所以，送礼物要送人家"璧"，而且看看送什么颜色的璧呢？

生（集体）：白色。

师：白璧，为什么要送白璧？

（生讨论）

生 13：大概是想表明"我刘邦是清白的，是无瑕的"。

师：很好，刘邦大概是想告诉项羽：我是受诬陷的，你要相信我，我没有野心。再看课文，刘邦送给项羽的谋士范增的礼物是什么？

生（集体）：玉斗。

师：对，玉斗。那玉斗是什么样的？（屏幕呈现图片：），这就是玉斗，是用来装酒的。那么，为什么送玉斗给范增？大家注意：玉斗是比较深的，能装东西，而范增是项羽麾下重要的谋士，老谋深算。所以，刘邦送给范增玉斗表示他对范增智慧的欣赏，对范增计谋的敬畏。所以，送什么玉给人家，这其中是有讲究的，送玦表"绝交"，送璧是"示好"，送玉斗是表示敬畏之心。当然，"玉文化"包含着很复杂的知识，有兴趣的同学，课下可以去翻翻讲中国古代玉文化的书，这类书很多。最后，我们再把第三自然段齐读一下。

（师起头）

生（集体）："沛公旦日从百余骑……"

（读毕）

师：今天回去请大家预习第四、五两个自然段，明天我们接着讲。下课。

（生起立，鞠躬，课结束）

8. 重读"易水诀别"

——《荆轲刺秦王》经典片段文本细读

编者按：本节课是立权师 2008 年 11 月 22 日在东北师大附中第 26 届教学"百花奖"活动中执教的公开课，授课班级为东师附中 2007 级 30 班。立权师给高二学生上他们高一学过的课，意在重读经典，达到温故而知新的目的。本课尝试短文长教。立权师曾言："长文短教好比下象棋，越下棋子越少；短文长教好比下围棋，越下棋子越多。"本节课的教学采用了"文本细读"的方法，从语法、文化、写作技法、审美体验等多个角度详细解读。本课还有一个突出特点，就是利用网络实现了课上、课下学习的衔接。立权师课前通过自己的博客提出问题，每个学生在老师的博客上回复，学生之间更相浏览回复。这样一来，语文学习就超越了时空的限制，课上与课下融为一体。本实录的整理者是天津杨村一中语文教师吴彩芸。

师： 上课。

生： 老师好！

师： 同学们好。古人说："黯然销魂者，唯别而已矣。"最让人黯然神伤的莫过于离别。自从祖国最早的伟大诗人屈原发出"悲莫悲兮生别离"的浩叹，从那个时候开始，"伤别离"就成为中国古典文学的一个基本主题。"劝君更尽一杯酒，西出阳关无故人"，这是王维和元二的朋友之别；"儿前抱我颈，问母欲何之"，孩子上前抱住我的脖子，问妈妈你要到哪里去。这是蔡文姬从匈奴归汉时的母子之别；"执手相看泪眼，竟无语凝噎"，四目相对，默默无语，而且是"执手"，两只大手紧紧地攥着两只小手，两只男人的大手紧紧地攥着两只女人的小手。这是柳永和情人之间的男女之别。在不胜枚举的离别之作中，"易水送别"，我情有独钟。（板书：易水送别）请大家看屏幕。

（屏幕显示：太子及宾客知其事者，皆白衣冠以送之。至易水上，既祖，取道。高渐离击筑，荆轲和而歌，为变徵之声，士皆垂泪涕泣。又前而为歌曰："风萧萧兮易水寒，壮士一去兮不复还！"复为慷慨羽声，士皆瞋目，发尽上指冠。于是荆轲遂就车而去，终已不顾。）

这是一年多以前文理没有分班的时候，大家分散在许多班级里的时候，我们学过的《荆轲刺秦王》里的经典片段。经典是值得怀念的，经典值得重读。现在，请大家自由地散读这段经典文字。提一个要求：一定要出声读。阅读阅读，无声为阅，有声为读。请大家出声读。现在开始。

（生自由散读）

师：子曰："温故而知新，可以为师矣。"那么我们先温故，可能这里也孕育着新。从何温起呢？我们阅读文言的时候，一定要非常注意语感，就是对语言的感受、感觉，对语音的感觉，对语义的感觉，还有对语法的感觉。这段文字里，有两个句子，我提出来，请两位同学到黑板上来分析这两个句子的成分。第一句"太子及宾客知其事者，皆白衣冠以送之"，谁能到黑板上来分析一下它的成分？请思考。第二句"发尽上指冠"，这句话也找一个同学来分析。

（学生思考中，然后两名同学到黑板上用框式图解法分析句子成分）

师：大家看黑板。先看短的这句，划分得不错。"发尽上指冠"，头发都向上顶起帽子。"指冠"，动宾关系，"上指冠"，状中，"尽上指冠"，还是状中，"发尽上指冠"，主谓。这个"上"本来是方位名词，这里面作状语。我们学过英语，知道名词一般是不作状语的，但是在古代汉语里，名词经常作状语。这里的"上"理解为向上，翻译成介词短语，这就对了。再来看这个长句，给 95 分吧。我们先看这个句子的主语部分"太子及宾客知其事者"。"其事"，定中，"知其事"，动宾，"宾客知其事者"，你划成定中。这是用什么标志的什么句式？

生：用"者"作标志的定语后置的句子。

师：正常顺序是"知其事之宾客"，"太子及宾客知其事者"，并列，合起来作主语。再看谓语部分"皆白衣冠以送之"。"衣冠"，并列，"白衣冠"，你划为动宾，你认为这个"白"动用了，可以这样理解。当然也可以理解为"白衣冠"是定中关系，然后"白衣冠"整体上动用了，也能讲通。那么"皆白衣冠"，你先划的是"皆白衣冠"，请问，"皆"修不修饰"送"呢？显然，修饰。这说明这个"皆"不只修饰"白衣冠"，也修饰"送"这个动词，因此这里有问题了。怎么改呢？

生："白衣冠以送之"，是状中。

师：怎么送？着白衣冠送，是状中。

生：然后"皆白衣冠以送之"，还是状中。

师：大家注意这个"以"，连词，相当于"而"。"而"前面的修饰"而"后面的，所以这个"以"是连词，表示修饰关系。这是这段经典文字里语法上两个重要的句子。我们用这个方法来学习。下面我们带着这种语法感齐读这段经典文字。（生齐读）

师：中华民族的文言里含着中华民族的文化，而这些文化常常因为时间的关系成为我们阅读的障碍，所以我们有必要对这里的文化进行"考古"，像考古发掘一样考察一番。如果说刚才进行了语言的考古，那么下面我们进行一下文化的考古。

先请大家看这段文字里的"既祖，取道"，"既"是已经、之后的意思。那么，"祖"是什么意思呢？在写出发上路的文字里，大家注意，遇到"祖"，这是一种仪式。是一种什么仪式呢？有远行者要上路了，人们就在大门外的路上用酒肉来祭祀，祭祀谁呢？

生：祖先。

师：不是祖先，是路神，道路之神。为什么要祭祀路神呢？

生：希望路神保佑出行的人一路平安。

师：很对。祭祀路神的仪式就叫"祖"。这个仪式后来演变成送者为行者设酒食相送，这就是饯行，也叫祖饯。由最初的祭祀路神巧妙地转化为可以自己享受美味大餐。我们这个好吃的民族的无穷智慧，于此可见一斑。吃粽子也是这样。本来怕鱼把屈原的身体吃掉，把米撒在江里喂鱼，后来感觉这样不划算，就包成粽子自己吃。"祖"是古代的一种祭祀文化，这段文字里还有中国古代的音乐文化。请大家看，荆轲唱歌的时候"为变徵之声"，然后又"复为慷慨羽声"。"羽声""变徵之声"，这就涉及了中国古代的音乐文化。以前我们一直认为中国古代只有五声音阶，也就是五音。哪五个音呢？

生：宫、商、角、徵、羽。

师：谁把这五个字写到黑板上？（一生上讲台前写）

师：大家注意，这个字（师手指"角"字）读 jué，这个字（师手指"徵"字）读 zhǐ，注意"徵"的写法，字里面有一个小横。宫、商、角、徵、羽，相当于我们今天音乐中的 12356。原来我们一直认为中国古代只有五声音阶，所以一个人唱不好歌，今天还说他"五音不全"。但是出土文物业已证明中国很早就出现了七声音阶。我们看这段文字就可以知道，至少在春秋战国的时候，中国古代就出现了七声音阶。为什么呢？大家看，这里出现了"变徵之声"，这个"变徵"相当于哪个音呢？相当于今天的 4，（师在"角"与"徵"之间板书：变徵）那么今天音乐中的 7，古代叫作"变宫"。（师在"羽"后板书：变宫）这就是中国古代的七声音阶——宫、商、角、变徵、徵、羽、变宫。那么我们看，荆轲唱的"变徵之声"，也就是以变徵为主音（以 4 为主音）的音乐，有什么特点呢？大家在原文中找一找。

生：我觉得变徵之声应该是凄凉的。

师：何以知之？

生：因为"士皆垂泪涕泣"，我觉得能让人垂泪涕泣的歌，应该是悲凉至极了。

师：我们看出变徵之声一定是非常悲切的。我们接着看，以羽声也就是以 6 为主音的音乐有什么特点呢？

生：慷慨。

师：文章里直接说了，慷慨。那么这里的"慷慨"是"慷慨解囊"里的意思吗？

生：不是。是非常悲壮、情绪激昂的意思。

师：是的，志气昂扬。大家想一想，在易水送别这样一个场景里，荆轲这位英雄，唱的是变徵之声和慷慨的羽声，那不是再合适不过了吗？我们带着这样的文化感再读这段经典文字。找一个男同学来读。

（生有感情地朗读全段）

师：以上我们从语言的感觉上，文化的感觉上解读了这段文字。下面我们从写作技法上再解读一下这段经典。

师：易水送别是一个场面描写。这段文字写得好不好呢？下面孙老师给大家一个参照物。什么参照物呢？就是著名导演陈凯歌导演的电影《荆轲刺秦王》的片段。给大家提供这个参照物，孰优孰劣，就容易看清了。好，我们看这段电影。（播放电影片段）

师：在陈凯歌的电影里，中国文化史上最有名的送别就这么一点儿。请大家看这段经典的文本，拿这段经典文字和刚才看的这段电影互相参照、比较，来谈一谈这两个文本在技法上的优劣。给一些时间来思考。（过了一会儿）谁想谈一谈，从写作技法上？

生：我认为这篇经典的文本更值得我们去赏析，因为它这里有一个转折，从先为变徵之声，到复为慷慨羽声。它给我们描绘出一个壮士的形象。虽然他大义赴死，是一个悲凉的形象，但是后来羽声慷慨，更表现出他作为一个壮士，热血洒寒江的一种雄壮的感觉，而这个电影只给我们表现出了一种离别的伤感。并且在这段文字里有一个易水的意象，但是在电影里我们并没有看到这一意象的表现，所以我觉得那里面的壮士形象不够饱满。

师：你认为这段经典文字在写作技法上更高一筹。谁还能谈一谈？

生：我觉得也是这段文字写得好，因为它描写了其他人的反映，比如说太子及宾客是白衣冠送之，还有士皆垂泪涕泣，士皆瞋目，发尽上指冠。它能通过其他人的一些动作表情突出荆轲的高大形象，反映出荆轲此行的一种悲壮。

师：哦，这段文字为了塑造荆轲的形象，主要采用了什么写作手法啊？

生：侧面描写。

师：是叫侧面描写，也可以叫作——？

生：烘托。

师：烘云托月。（师走近一生）这四个字你会写吗？烘云托月，你把它写到黑板上来。（生板书：烘云托月）嗯，很好。中国画里画月亮绝不单画一个月亮，周围一定要渲染一点儿云彩，烘云以托月，那么这段文字为了塑造荆轲这个形象，绝不单单写荆轲，大家看都写了什么？（众生答：太子、宾客、士）太子、宾客、他们的白衣冠、士皆垂泪涕泣、士皆瞋目，还有高渐离击筑，这是《战国策》里的文字，《史记》里还写另一个人叫宋意的，给荆轲伴唱。这都是一种烘托、渲染，烘云以托月，这种烘托不但渲染了悲壮的气氛，悲凉的氛围，大家想一想，它对塑造荆轲这个形象，包括为了以后，对于故事的结局是不是都有作用？（一生直点头，师注视她）你说一说，有什么作用？

生：我认为这一段文字对结局有一种暗示性，就是说在这里面充分地渲染了一种非常悲凉的气氛（生将"氛"读成四声，师纠正为一声），我觉得这就暗示了故事的悲剧结局，可以说从这个情节开始，整个故事开始转到一种非常激烈的、笼罩着悲情的气氛中。

师（追问）：那么对于荆轲这个人物形象的塑造呢？

生：也有渲染作用。比如荆轲的歌声就是对荆轲形象的很好的渲染。首先，从为变徵之声，可以看出荆轲不是认为自己一定能够获胜才去的，他自己就有一种悲壮的自知，他知道这次肯定是凶多吉少，但是他依旧坚持前往，从中可以表现出荆轲的一种决绝和对太子丹的这种忠义。然后就是他用羽声唱着歌，可以看出荆轲当时的雄心壮志，还有他作为壮士的一种英雄气概吧。

师：嗯，请坐。大家都倾向于这段文字的水平更高，那么陈凯歌的电影就是一无是处吗？也不是，它也有成功的地方，谁看到了？这段电影也有成功之处，这是我自己的见解，有人和我的观点相同吗？

生：我觉得这个电影片段在后面的时候，把"于是荆轲遂就车而去，终已不顾"这个情节表现得淋漓尽致。（师补充：哦，最后那个镜头倒是和这句话是高度吻合的）在陈凯歌的电影里面他把前面的许多烘托省略，而是集中对荆轲这种慷慨赴死的态度进行诠释，以此来表现荆轲个人的英雄气概。

师：哦，你发现电影把前边那些烘云托月的东西给省略了，也没有高渐离击筑了，都给淡化了，他举重若轻了。因为这段文字大家太熟悉了，一个有思想的导演他对大家都熟悉的经典他却让它淡化了，这也是一种处理。大家是否还注意到这段电影在人物的安排上也有变化？

生：首先我想说的是，我非常喜欢电影里面的歌声，我觉得"风萧萧兮易水寒，壮士一去兮不复还"这个歌声他演绎得很好。（师插话：实际上这也是一种烘托，这个歌声的烘托很成功）我们听出了荆轲应该有的那种情感。其次我想说的是，电影多了一个人物的设置，也就是巩俐扮演的女子，虽然我不知道她扮演的是什么人，但是她出现在这个影片中，而且我们注意到她穿了一件非常艳丽的衣服，在一大堆穿黑衣服的人中显得非常明显，我觉得她这个形

象在影片中出现，当然是为了表现荆轲，是说荆轲为了达到目的可以放弃很多东西。（师插话：大家注意，这段课文是用士、太子和宾客来烘托，而这部电影里是用一个美人来烘托）我觉得巩俐的眼神里那种难舍显得更加美丽一点，让我们现在这些观众更容易接受。通过这个女子来表现荆轲可以放弃那么多，那么多，去走向一个没有明天的未来。

师：请坐。英雄要有美人来陪衬，这个古来都是这样。苏东坡写"遥想公瑾当年"，（生齐接：小乔初嫁了）必须得"小乔初嫁了"，他才能"雄姿英发"。（生笑）项羽走到穷途末路的时候，那得有"虞兮虞兮奈若何"吧，就连老将军辛弃疾还想着"倩何人唤取，红巾翠袖，揾英雄泪"，还想着有美人来给他擦一擦他这个老英雄的眼泪。所以英雄有美人来陪衬，这是电影导演的处理，而我们这段课文没有这样，课文里全是爷们儿，纯爷们儿。（生笑）

生：我还注意到了另一个情节，电影里边有，文字中也提到了。老师我问一个事：就是电影里跟荆轲对着拜的那个男子是太子丹吗？（师答：那个男子就是太子丹）课文里头也说到了"太子及宾客知其事者皆白衣冠以送之"，但是电影里着重突出了荆轲和太子相互拜别的这个情节，这个时候我们大家就能理解了，荆轲为太子丹去刺秦，他本着的倒不一定是一种"忠"了，而是一种"义"。这个时候"义"显得比"忠"更让人感动。这个时候就看出来了，史书也好，电影也好，突出的就是荆轲这个人物的文学价值。在历史上他刺秦若成若败，对历史的发展有什么影响，史家众说纷纭，但这个不关乎文学的赏析，他这一刺关乎的不是天下命运，关乎的是他和太子丹之间的这样一种"义"的感情，就是所谓的"壮士死知己，提剑出燕京"这样一种豪气。

（掌声）

师：这是陶渊明的诗吧？（生答：是）大家注意，"忠"比较正统，而"义"来自于民间，所以我们对于"义"的感受更强于"忠"，我同意你的看法。以上我们从写作技法上来感受了一下这段经典文字，那么我请大家再读这段文字，体会一下什么叫"烘云托月"。请全体男同学齐读一下。

（男生齐读，声音不是很有气势）

师：咱们文科班男生太少了！（笑声）好了，前天我在我的博客上给大家发了两个帖子，提出了两个问题：一是一年多以后，你重读"易水送别"有什么新的感受，二是一年多以后谈谈你对荆轲的评价。昨天晚上我看了大家的回复，有七十多个回复，绝大多数同学，凡是家里能上网的同学都做了回复，我们看一看。（屏幕展示教师博客中学生的回复文字）这都是同学们的回复，非常多。大家在回复的时候对其他同学的回复也浏览过，就是说大家在网上已进行了交流。这里我挑出来几个有特点的回复，请大家一起分享一下。我把它的字号放大了，这是康钟予同学写的，那就请你来读吧。

生（读）：一年之前，刚学这篇课文的时候，对荆轲有比较多的想法，但是等到一年之后再去读的时候，感觉他就是用自己的生命去拥抱自己的信仰。

师：她认为就剩下一句话了：荆轲就是用自己的生命去拥抱自己的信仰。我理解为，康钟予同学认为，荆轲是个爷们儿，是个纯粹的爷们儿。（笑声）这是康钟予的回复。我们再看，这是谁写的？博客里显示名字是"小车"，车宇佳吧？你来读一下吧。

生：既然荆轲和写荆轲的文字都没有变，那么之所以产生不同的感受，不过是因为我不同了吧。还记得当时的自己，纠缠在词义和语法当中，不敢直面那样的热血，那样的决然。没有真正地沉下心来静静地仔细思考荆轲的一切，即使有所思考也是在周记里如同偶像崇拜一般，把他描写为一个完美的男子，那时我心中的荆轲在似懂非懂的文言文里是那样单薄，那时的"易水送别"在我心中只是一片苍茫的水气和一个模糊的背影。

再读"易水送别"，文字什么的都已不重要，我终于可以清晰地看到荆轲的脸，听到他唱的歌。其实真的没有什么可悲怆的，脑海中回荡的是"终已不顾"，这是因为知道没有明天，才不必对今天过多留恋。很想把他刚毅的背影从历史中抽离，让他不必背负后人那么多的褒贬，但其实自始至终最释然的就是他。

英雄不是因为失败才称其为英雄。他从没有希望是一场失败让他名垂千古。英雄，不必为他的命运而嗟叹。他自己无悔更何须他人惋惜。

一年之后再见他，最想做的是忘记他。他从来不需要任何人的一声叹息。（掌声）

师：车宇佳同学的这个回复，我可以借用鲁迅先生的一篇文章的标题来总结，这是"为了忘却的记念"。好，这个是哪个同学写的？（一女生举手）

啊，李轶男，你来读一下。

生（读）：易者，交换也。荆轲是一个义士。义者的生命往往都是以极壮烈的方式结束，因为他们一向以为自己一无所有，唯能用生命抵押偿还，交换一种自我内心的平静，也成就了一段段壮美的史诗。

易者，改变也。水逝去了，易水流淌奔腾着，而这一个壮士纵使受到误会，依旧不曾易节一瞬。易与不易间的强烈反差，更让每一个读者在流逝的水声中不禁寻觅生命的价值。

易者，替代也。荆轲那充满激情的心绪是促他前去的最大动力。他想扭转——至少是暂停——历史的步伐，让那一家欢笑万家敬畏的场面再晚些到来。然历史从不为任何人停留或改变，他的出现，只是让那注定载入史册的更替拥有了一个更加波澜的前奏。

想易不得易，在冰寒的易水畔，这样一幕悲剧上演了。而不同的是，千年前的易水早已不知去向，而千年后，荆轲依旧属于那风中散着变徵之声的易水畔，成为永恒。（掌声）

师：她是从这个"易"字上做文章，因为以前我给大家讲过"易"的含义。有一种意见认为：这个易字上面是个"日"，下面这部分是月亮的"月"的变形。那什么叫易呢？日月更替谓之易，易就是改换、更换、改变。所以中国古代有一本著名的讲变化的书叫什么？（生：《易经》）嗯，叫《易经》。李轶男是从"易"字上做文章，写下了这段文字，很有意思。好，我们再看最后一个。这个是孟录欧写的，你读一下。

生（读）：荆轲的故事本身包含着太多的悲剧符号：萧瑟的风，寒冷的易水，太子及宾客的白衣白帽，荆轲的悲歌……这些元素构成了荆轲的悲剧，也使得这个悲剧顺理成章。我尊重这个悲剧，因为它是用历史的力量演绎出来的。荆轲的两句悲歌必定永垂不朽，正如缪塞所说："最美的诗歌是最绝望的诗歌，有些不朽的篇章是纯粹的眼泪。"（掌声）

师：她引用了缪塞的话，其实德国哲学家尼采也说过："一切文学中，我爱以血书者。"所有的文学作品里，尼采说我最爱用鲜血和生命书写的，所以它才能不朽。

好，我昨天晚上读了同学们这样七十多个回复，让我感到欣慰的是，绝大多数同学学会了从文学的、审美的角度去欣赏作品。大家注意：这才是语文。否则，大家很容易滑入政治和历史的陷阱。如果你认为秦统一六国是历史的潮流，而荆轲逆历史潮流而动，你认为荆轲这样做是不对的，这就陷入了政治和历史的陷阱。因为从文学上看，荆轲是具有审美价值的，他以一己之力想撼动历史的车轮，那么他是有价值的。既然大家学会了从文学的、审美的角度来评价形象、欣赏作品，那么在前天发的两个帖子的基础上，孙老师今天再抛出一个问题：历史上有那么多刺客，但是为什么他们那些刺客在多数人的心中早就烟消云散了，只有荆轲最有名？专诸刺王僚，聂政刺韩傀，要离刺庆忌，等等。有那么多的刺客，在多数人的心中，那些刺客早就黯然无光了，被忘记了；只有荆轲，知名度那么高，历史的"回头率"那么高，这是什么原因呢？专诸刺王僚，吴国的公子光雇专诸刺杀了吴王僚，他夺了吴王僚的位置，专诸刺杀成功了，当然自己也被王僚的手下乱刀分尸了。那么专诸刺王僚，身死但是功成；而荆轲刺秦王，身死而事败，事情失败了，没有成功。那么大家思考一下，为什么独有荆轲这样有名？不用着急回答，想一想，好好想一想。这是我抛出来的第三个问题。（过了一会儿）

生：我想从几个方面来说。第一个方面是，我们都知道，真正感人的其实是悲剧，荆轲之所以如此闻名，我想重要的原因就是刚才老师所说的：身死功不成。他把真正的美的东西摔碎了，摔得粉碎，给大家看，落下的却是世人的眼泪。而专诸刺王僚，更多的是一种成功，一种义士的报恩，一种为了忠或者为了利，或者是为了报答自己主公的一种恩义而不惜以死效命的行为。

从另一个方面看，我们不得不承认，荆轲他很有名，是因为他想刺杀的人非常有名。（生笑，师插话：啊，因为刺杀对象非常有名）这本身就是一个很重要的影响。如果他刺杀的只是一个普通的、无名的国君的话，可能就没有这么多故事了，很关键的就是他刺杀的是秦王——后来的统一天下的秦始皇嬴政。

第三个方面是从文学审美角度看。那时是六国即将归秦的时代，是一个由大分裂到大统一的时代，是一个中华民族第一次实现整体上统一的时代。在这样的时代，荆轲他一个人，只是为了义，不为了忠，不为了利，愿意螳臂当车，愿意去阻挡历史的步伐，他明知其不可为而为之，明知身死而为之，这种精神感动了世人。而专诸刺王僚更多的是一种混战，一种当时极为普遍的、极为正常的政治阴谋，所以专诸在美学上就被荆轲压倒了，荆轲的美学形象异常高大。刚才老师说了，我们不能滑入政治和历史的陷阱，我们更多是从文学的角度来思考。（师插话：虽然文史哲不分家，但是语文毕竟是语文，政治毕竟是政治，历史毕竟是历史，还是有分别的）我们是学文的人，未来我们将成为文人。（生笑，听众笑）我们可能需要从纯粹的理性角度去探讨历史的必然，从历史的偶然中抽离出来的所谓的历史的必然。荆轲试图阻挡历史的潮流，这必将是徒劳无功的，对，没错，这就是政治的角度，这就是政治上所说的社会存在决定社会意识，（生笑）这是人类社会发展的必然，这毫无疑问。但是如果我们用纯粹理性去思考的话，这篇课文顿时失去了它本身的面貌，失去了它本身的颜色。我们更多的要去思考它本身的悲剧性。

历史上那种义士，我们中华民族的一个重要的符号。我读过一本书叫……记不太清了，论中国的士吧。（师插话：余英时的《士与中国文化》吧？）对，《士与中国文化》，它把中国文化中的士看作中华民族的一种重要的文化符号。春秋战国时代是中华民族的一个重要的文化时代。在那个时代，在那个动乱纷繁的时代，士就是符号，荆轲则是士的代表。而专诸则纯粹的是一个刺客，他是低矮的甚至是略显庸俗的，他只是为了利或者是所谓的义——那种并不纯粹的、建立在利上的义——而献身。（师插话：你停一下，我稍稍打断你一下，你说得很好，引起了我的共鸣。大家注意，专诸刺王僚是一个单纯的政治刺杀事件，他不具有更多的道德上的魅力，也不具有更多的正义的精神，更不具有审美的价值）而荆轲本身则是一种正义的化身，一种制止残暴的化身。第一，我对秦始皇是非常尊重的，我非常佩服他，我认为他是千古一帝。但是我们不能否认，荆轲把自己置于所谓的一种残暴、一种残酷的对立面上，于是博得了广大人民的同情，博得了广大读者的同情。他非常成功，他无意之间把自己置身于正义，无意之间把秦王置为邪恶，于是高下立判。这就是我想说的第三点。（掌声）

师：说得太好了。好，你说说。

生：我认为所谓刺客是什么呢？如果可以做一个比喻，刺客就是恩主手里的一把把剑，他们只是一个工具，他们只是一个杀人的工具，他们可以很锐利，他们可以淬上毒，他们可以把恩主想要杀的人全都杀死，但是他们这些人，专诸、聂政他们都只是工具，是匕首，但是荆轲不是，他把一个工具变得伟大。（师插话：那就是说，专诸叫杀手，荆轲叫刺客。请注意，杀手，手是人的工具；荆轲是刺客，刺客是人。一个是手，一个是人，这个高下自然就看出来了）

荆轲在易水边完成了他的最慷慨悲壮的表演。他不是那种别人让我去干什么我就去干什么的人，不是说太子丹让我去刺秦，那么我就乖乖地去刺秦，他绝对不仅仅是为了太子丹去刺秦，他是以小撼大，知其不可为而为之。他是用自己的生命去表演，他已经把他自己演绎成一种高大。他在以小击大、以卵击石的这个过程中，在明知不可为而为之的这种过程中把自己变得伟大。

他在说我不是你们的工具，我是我自己，我是荆轲，我是这些人的代表，我也是这些天下苍生的代表，我是一个英雄，我不是一个小人，不是一个匹夫，不是一个蝼蚁。（掌声）

师：请注意，你能不能从荆轲这种行为的正义性上来考虑一下？和专诸刺王僚也能区别开。

生：我想说的第一点就是从正义的角度出发的。专诸刺王僚，咱们可以把它定义为一个政治阴谋，（师插话：一个政治事件，比较单纯）你不能说他是正义的。而荆轲刺秦王就不一样了，他是以弱抗强，反抗强暴。他确实是正义的。（师插话：以弱抗强，秦国搞霸权主义，大兵压境到燕国了，而燕国相对来说是弱国，社会弱势群体，那么荆轲代表弱势群体去反抗强暴，那就有了扶危济困的侠义精神）

我的另一个感觉是，荆轲他在历史上给我们留下的东西更多，我这是从另外一个角度来说的。我们常说人以文传，荆轲唱了这么一首歌"风萧萧兮易水寒，壮士一去兮不复还"，我觉得这个就让他和专诸，和其他的刺客更有了区别。（师高兴地插话：大家注意，许烁同学有一双慧眼，他发现荆轲唱了两句歌，也是两句诗。荆轲大概是中国文学史上以最短的诗、最少的诗而驰名的诗人，就两句）（生笑）专诸刺王僚，他只是拿了把剑去行刺，刺杀完了之后，他自己也就身死，没有留下荆轲这样的诗。荆轲在易水河畔唱的这两句歌成就了他的伟大。

师：很好。这两句诗大家不可小视。专诸啊，聂政啊，要离啊，没有留下什么诗，而荆轲留下了。虽然只有两句，但它穿越了时空，表现了人类普遍的情感。大家想一想，虽然你不是壮士，但是假如你置身于一条寒冷的水边，置身在瑟瑟的秋风中，虽然你不是壮士，你也必有壮士的情怀。所以这两句诗不仅属于荆轲，它还属于我们每一个人，它产生了穿越时空的永恒魅力，表达了人类永久的、普遍的情感。这也是"易水送别"能够在历史上那么有名，成为千古一别的重要原因。

今天，我们从语言上、文化上、写作技法上、文学审美上，从这几个角度重读了这段经典文字。大家看这节课的标题（师手指黑板的课题）——易水送别，我是把唐代诗人骆宾王的一首诗的标题直接移过来的，那首诗怎么说的？（生答：此地别燕丹，壮士发冲冠。昔时人已没，今日水犹寒）这个标题，我本人认为如果再改动一个字会更添悲壮的意味，怎么改？

生：我觉得是把"送"改成"诀"。

师：嗯，"诀"，你会写吗？你上来写一写。（生板书：诀）很好，没有写成两点水儿，诀别的诀是言字旁。大家注意，一字之易，一个字的改变，更使易水送别成为千古一别，也更使易水歌这两句歌成为千古绝唱，它永远值得我们去怀念。下面，我们最后一次再读这个经典片段，全体男同学读荆轲唱的这两句歌，全体女同学读其他的文字。

（生读）

师：这段文字是必修1课本里要求背诵的，希望大家能在课下把它背熟，烂熟于心。下课！

附　　　　　　　　　　向青草更深处漫溯

——听孙立权老师《易水诀别—〈荆轲刺秦王〉精彩片段文本细读》有感

刘万春（吉林省松原前郭五中）

《易水诀别》是孙立权老师2008年11月22日在东北师大附中第26届教学"百花奖"活动中执教的一节公开课。教学对象是2007级30班（高二文科）学生，意在重读经典，短文长教。笔者在仔细拜读了其课堂实录后，不得不佩服孙老师高超的教学艺术与高瞻远瞩的教学眼光：他在课堂上注意对学生语文核心素养的渗透，注意对必备知识的夯实、关键能力的培养，思维模式的构建。这些教学的特征并不是高深莫测、不可捉摸，而是巧妙地融合在了听说读写的教学实践中，在重读经典中完成了语文学科应该承载的任务。

一、必备知识"巧"落实

一般而言，教学文言文绕不开对文言知识的落实，讲解上，出现"言"与"文"分家的现象是常态，即使老师教学生文言知识，也只是告诉学生一种结果，如这种用法是名词用作动词，这个句子就是定语后置句，等等。不会从深层次或者说"之所以是这样"的角度来教学，学生只能就此浅层次认知，从而达不到举一反三的理想效果。而孙老师能巧妙地用框式图解法来划分文言语句，不仅为学生寻找到了"之所以是这样"的根本原因，也给我们语文老师教学文言句式打开了一扇窗。写作技法落实用"参较法"，这是孙老师经常使用的教学手法，在参照、比较中，学生完成对技法的理解与掌握，此另一巧也！

二、关键能力"广"培养

目前公认的关键能力包括阅读理解、信息整理、应用写作、批判性思维、辩证思维、语言表达等几个方面。在本课中，孙老师教学内容的选择在上述几个方面都有不俗的表现。

阅读理解。选取《荆轲刺秦王》"易水送别"一段，并且作为阅读理解的基本教学材料，在多样化的"读"中品味经典的魅力。

尊重阅读个性的"散读"。孙老师在要求学生散读之前提出了一个明确要求，一定要出声读。并明确阅读的内涵，阅读阅读，无声为阅，有声为读。散读任务要求，既符合文言文本的特征，也体现了教者对学生个体的尊重。学生在散读中根据自己的实际需要进行品读，为理解文本奠定基础。

感受语感的齐读。语言"考古"结束后，孙老师让学生"带着这种语法感"齐读"易水送别"的经典文字。如此这般，学生在齐读的氛围中能进一步感受到文言语法的特点，为文化的"考古"提供了必要的心理预期。

指名朗读展示个体魅力。文化"考古"环节结束，孙老师找一名男同学"带着文化感"朗读这段经典文字。学生有感情地朗读，不仅有了自己的切身理解，也带动了全班同学的情绪。还有孙老师让学生读自己在博客上写的文字，这更直接地为学生提供了展示个人魅力的舞台。

富有创意的结课读。精彩的课堂即将结束，孙老师给全体听课人又一个惊喜：全体男同学读荆轲的"风萧萧兮易水寒，壮士一去兮不复还"，全体女同学读其他的文字。这个创意有三妙：一是分性别读，充分展示荆轲形象的伟大艺术魅力；二是学生能深刻地理解经典文本真是值得重读；三是给所有的听课者一个震撼的结语。

信息整理。从确定课前利用媒体博客发帖，到搜集帖子，再到整理帖子，最后上课与学生分享帖子的过程看，它是非常符合人的学习规律的，即，确定信息点——搜集信息——筛选信息——分享信息。教师以身示范，学生自然会在模仿中学习到语文学习的基本方法。

应用写作。博客帖子这个环节不仅体现了信息整理的过程，也实现了应用写作的目的。不难看出，学生在发帖的过程中是经过认真思考的，在课堂上展示的优秀片段，让我们看到了学生写作水平的不凡。学生在阅读经典的时候，能够把自己的认识与思考诉诸文字，这本身就是一种高素养。

批判性思维、辩证思维。电影《荆轲刺秦王》"易水送别"片段和改"易水送别"为"易水诀别"两个教学内容最能体现以上两种思维。批判性思维是对思维的再思维，是一个不断校正自己思维的过程，在这个过程中，必然要有辩证思维的出现，孙老师恰当的引导以及学生的认真思考，让我们看到了批判性思维与辩证思维在语文学习过程中的不可或缺的作用。试想，如果本节课缺少了以上两个教学环节，缺少了对以上两个教学环节的"思维校正"，其魅力会大打折扣的。以上几个方面都以"语言表达"为表现形式，这些关键能力的"广"培养，势必对学生语文学科核心素养的培养起到关键作用。

三、核心素养"漫"渗透

《普通高中语文课程标准（2017年版）》提出语文学科核心素养的内容：语言建构与运用、思维发展与提升、审美鉴赏与创造、文化传承与理解。并且进一步指出，语文学科核心素养的四个方面是一个整体。语言是重要的交际工具，也是重要的思维工具。在语文课程中，学生的思维发展与提升、审美鉴赏与创造、文化传承与理解，都是以语言的建构与运用为基础，并在学生个体言语经验发展过程中得以实现的。笔者感觉到，孙老师在本节课很好地渗透了语文学科的核心素养，用"漫"的方式既实现了经典重读的目标，也完成了核心素养的落地。这个"漫"不是漫无边际的，而是师生共同向"青草更深处漫溯"的"漫"，这个"漫"是以核心素养为轴，以语言理解为基，以思维为翅，以审美为向，以文化为魂，打造了一个令人心驰神往的课堂圣地。回顾课堂的点点滴滴，无不是这一特点的表现。仅从审美理解与创造这个角度来看，就可窥见一斑：为了让学生更深刻地理解荆轲这个人物的文学价值，孙老师设计了两个精彩环节，一个是电影材料的介入，一个是学生博客帖子的使用。在这两个教学环节中，孙老师着重从审美层面对学生进行点拨、启发，最终荆轲的形象矗立在学生的心目中，从而完成了一次审美理解与创造的过程。

四、核心价值"立"得准

语文学科的育人功能从来都不能缺席。其主要表现就是课堂教学的核心价值观念。课标提到，"普通高中语文课程，应使全体学生在义务教育的基础上，进一步提高语文素养，形成良好的思想道德修养和科学人文修养，为终身学习奠定基础，为传承和发展中华文化、增强民族凝聚力和创造力发挥独特的功能，为培养德智体美劳全面发展的社会主义建设者和接班人发挥应有的作用"。孙老师在这节课很好地贯彻了上述课标要求的价值观念，如对文言文化的"考古"，增强了学生的民族文化自信，对荆轲文学形象的解读，树立了学生心目中的"新的英雄形象"。这些价值观念确立得"准"，"准"得让我们无可挑剔！

总之，本节课无论是从教学设计，还是教学理念上，都给我一种超越的感觉，引领我向教学的更深处去找寻，去发现语文教学的新天地！

9.经典重读：《江雪》

编者按：本节课执教于 2014 年 10 月 14 日。当天，立权师策划了一个"小初高·跨学段"的语文同课异构教研活动，该活动由小学、初中、高中各一位语文老师分别给小学四年级、初中二年级、高中二年级学生讲同一首诗——柳宗元的《江雪》。高二年级的课是立权师讲的，题为《经典重读：柳宗元诗〈江雪〉》。本节课所用班级为东北师大附中高二文科班，学生属中等水平。这节课是大型公开课，现场听课的语文老师达千人之多。这节课以反刍理论为基础，从经典需要重读切入，重点探讨了《江雪》这首经典诗歌传诵不衰的不朽魅力。

师： 方才啊，小学的儿童朋友，初中的少年朋友都学习了柳宗元的《江雪》，现在我们高中二年级的青年朋友也来学习《江雪》。有的同学会问，我在幼儿园的时候就会背《江雪》了，现在为什么还要学？我告诉大家，因为《江雪》是经典，《江雪》一千多年传诵不衰，而且对后世影响很大。大家看，这是宋

代词人秦观的词：（大屏幕显示）

念奴娇　赤壁舟中咏雪

……寒峭千峰，光摇万象，四野人踪灭。孤舟垂钓，渔蓑真个清绝。

化用了柳宗元的诗句。再看元代的散曲家乔吉写的，也受到《江雪》的影响：（大屏幕显示）

双调　沉醉东风

万树枯林冻折，千山高鸟飞绝。兔径迷，人踪灭，载梨云舟一叶，蓑笠渔翁耐冷的别，独钓寒江暮雪。

受柳宗元《江雪》影响的诗词，至少有几百首，而且有无数的画家都画过这首诗的意境，所以它是经典。而经典是需要重读的，像牛吃草一样吃下去后不断地反刍才行。

师：这堂课主要讨论一个问题：这短短二十个字的古体绝句，至今传诵不衰，它的魅力在哪里呢？换句话说，它到底好在哪里呢？作者柳宗元是山西人，下面让我们语文组的老师山西人张林建用山西话给我们读一下。（教师山西话示范朗诵，生笑）有意思吧？下面就让我们从这一望而知的二十个字中，试图读出一些一望无知的奥秘。现在就请大家思考：你认为这首诗的魅力在哪里？思考之后小组可以讨论。（学生思考，讨论，约5分钟）

今天是一个大胆说出来的时代，把你的意见包括你同组的同学的意见都可以拿出来谈一谈。

生：我们小组讨论的结果是，这首诗的前两句描绘了一个非常宏大而又苍远的意境，给人一种苍茫之感，但是第三句笔锋一转，讲到了孤舟和蓑笠翁，就是在苍茫的意境中只有一点儿是人，我觉得这和之前我们学过的“落霞与孤鹜齐飞，秋水共长天一色”有异曲同工之处，这种由大到小的构图设计，给人带来一种强烈的对比反差感。

师："千山鸟飞绝，万径人踪灭"，这是何等的辽阔空无，在这样的大背景下，出现了一个小小的孤舟，还有一个小小的渔翁，这位同学注意到这种由大到小的境界的变化。谁还有新的想法？如果同学说的跟你的想法一样，你就不必不重复了，谈谈你自己的想法。

生：首先，我们组认为这首诗的主人公是一个渔翁，他选择垂钓的季节是冬季，而且还是个下着茫茫大雪的冬季，从整个环境氛围来看是非常凄凉的，不光是空旷之感，还有天气的严寒，使得整首诗的基调都显得很凄凉。其次我想说，这首诗把孤独写到了极致，由上两句的"千"和"万"来衬托下两句的"孤"和"独"。

师：你注意到每句的开头——千、万、孤、独。

生：对，如果我们在诗中写孤和独，放在一个小花园里，可能不会那么有特点，而作者柳宗元把这样微小的事物放在千和万的大境界里，就像刚才那位同学说的一样，更显出一种由大到小的孤寂之感，这也让我想到了我们初中学的《湖心亭看雪》里的话："雾凇沆砀，天与云与山与水，上下一白。湖上影子，惟长堤一痕、湖心亭一点与余舟一芥、舟中人两三粒而已。"

师：你是补充前一位同学所说的，还是说境界的大与小，他不是像李清照那样写自己"玉枕纱厨，半夜凉初透"的小孤独，他是把自己的孤独放在这样一个大的环境里写。还有没有别的看法？只言片语也可以。

生：我想接着刚才的"千万孤独"说，其实他是孤独的，他的孤独总结为一句话，就是：孤单是我一个人的狂欢，就是我一个人玩，你们不跟我玩了，我也不跟你们玩了，他表达的孤独也是他一个人精神上的狂欢。

师：你认为这首诗写出了一种巨大的孤独，但是在你看来他的孤独又是一种精神的狂欢，你们不带着我玩就算了，我自己玩。好，这个看法很前卫。

生：我有一个别的想法，昨天我上网百度，发现柳宗元的思想是集儒和佛为一体的，所以我觉得这首诗和四大皆空有一种呼应的感觉。

师：你认为这首诗和佛教的空有关系，那你接着说。

生：它的大境界是空的。

师：稍停一下。大家知道，佛教是讲究空的，还记得六祖慧能大师那个关于空的偈子吗？

生："菩提本无树，明镜亦非台。本来无一物，何处惹尘埃。"

师：这是讲究"空"、讲究"无"。那么这首诗是怎么体现"空"和"无"的呢？（学生无语，停顿）你是感觉到很空，说不太好，那请坐。有没有在空和无的问题上想说一说的？

生：我想说千山也好，万径也罢，包括孤舟和渔翁，表现的都是一种虚无，我觉得唯一存在的就是渔翁的超脱，我觉得他钓的不是鱼，而是心中的一种东西，可以说是"禅"。

师：哦，你想说是他心中的禅，这个词很重要，你认为这首诗有禅的意味。（板书：禅意）"禅"讲究一种空灵的意境。大家看第一句，"千山鸟飞绝"——天上一片空，接着看，"万径人踪灭"——地下一片空，同学们，够不够空？上面是空的，下面也是空的，而在这巨大的空之中，舟是什么舟？（学生齐说：孤舟）钓是怎么钓？（学生齐说：独钓）孤独，这就更加增添了空的氛围。所以你很厉害，把这首诗禅的意味品出来了，就是空！你看空得够不够？够！真是四大皆空了。说得非常好。

生：我还是想继续谈一下孤独的问题。这首诗里面，他是无声的，他是沉默的，像一个谜一样。

师：他没有呼喊，没有像屈原那样，"忳郁邑余侘傺兮"，我烦闷啊，我烦闷啊，我太烦闷了！他不是屈原。

生：从这种沉默中就看出他的一种孤独，其实我觉得孤独就像每个人心中一种沉寂的秘密，就像这首诗里柳宗元把他的孤独写成了一种耀眼的伤疤，他虽然是孤独的，但是他还是写到"独钓寒江雪"，他的孤独里带着一点坚强。

师：孤独能造就伟大。同学们，不要害怕孤独，一生中会遇到无数的孤独，我们不会被孤独击垮，有柳宗元这首诗为证。挪威剧作家易卜生讲过，孤独的人是最有力量的。

生：这首诗提到了一种虚无，我觉得这种空和无，就是一种毁灭之美，虚空之美，但是世间万物的发展都是从无到有的，无也是最大的有，就像他的沉默也胜过千言万语。

师：好，你注意到这首诗从无到有，有一个成语就叫"无中生有"。大家看前两句，是不是无？一种巨大的无。但是在这无中生出了一个孤舟老翁，从无中生出了有，虽然这个有只是一小点，但是这一小点可了不起。你想想，一个老翁直着脖子在这巨大的空无中钓鱼，是不是很了不得？这首诗从无写到有，"千山鸟飞绝"这是一圈，"万径人踪灭"又是一圈，"孤舟蓑笠翁"，然后是"独钓寒江雪"，这个结构是层层推进的。（边讲边画同心圆板书）

127

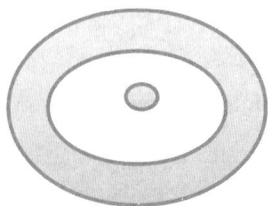

要是拍电影的话，先来一个远镜头——"千山鸟飞绝，万径人踪灭"，然后把镜头摇近、摇近，出现一个孤舟，然后镜头再往前推，出现一个老翁，然后再把镜头对准独钓，来一个特写，这样层层深入，由大到小，表面上这个渔翁是很小的，但是我们读了之后就会发现这个渔翁最后占据了我们整个心灵，他由小变大了，这就是渺小的崇高。

生：可能我的想法有点奇怪，就是由"蓑笠翁"这三个字引起了联想，蓑笠本身在这种环境下有可能是抵御风雪的一种东西，但是给我的另一种感觉就是他把自己的脸蒙上了，就给人一种未知的、谜一样的感觉，可能这个蓑笠之下的脸是一种淡然，对自己过往生活的一种淡然。

师：你认为他的脸被蓑笠蒙上了，他的表情是淡然的，那还可能是什么样的呢？

生：还有一种可能就是他的表情有一种怨，但是我还是更倾向于我的前一种说法，相信他的表情应该是淡然的。他到了不是那么在意其他又能相信自己的一种境界。

师：非常好，你注意到了人物形象的特征。

生：我也很同意这种虚无的思想，我觉得和道家的老庄思想是一致的。

师：佛家讲究空，道家讲究什么？讲究无。咱们刚学完庄子的《逍遥游》，最后那几句话是怎么说的？

生："至人无己，神人无功，圣人无名。"

师：三无，这是道家讲的，很好。

生：我觉得就像道家讲的一样，愈发鲜艳终究会成为一团黑，只有平平淡淡才是这个世间的美好，就像那首歌唱的："曾经在幽幽暗暗、反反复复中追问，才知道平平淡淡、从从容容才是真。"

师：这么老的歌，你都知道！这是我爱听的歌。（生笑）

师：大家已经从不同角度阐述了自己的看法，想不想听听我的意见？（生：

想）我说一说我认为这首诗好在哪里，尤其是大家没有说到的。这首诗表面上看是诗中有画，但更可贵的是——诗中有人，而且这个人还和作者有关系，写的是渔翁，他和作者柳宗元有没有关系？

生：我觉得这个"蓑笠翁"说是写照也好，缩影也好，他就像是柳宗元一样，孤独地在天地之间，感受着自己的孤独，但是他还是在用一种力量支撑着自己和世界。

师：也就是说，大家注意到，这个渔翁和作者是有一定关系的，从写作手法来看，他们之间是一种象征的关系，这个渔翁就是作者柳宗元性格的象征，这个渔翁在漫天飞雪中，在那样荒寒、死寂、恶劣、无边的孤独中，漫天的大雪简直都要把人吞噬了，就像艾略特笔下的荒原，异常地孤独，在这无边的孤独中，这个老翁被击垮了吗？他没有被击垮，他仍然在那里寒江独钓，保持着那种坚如磐石的信念。这很了不得，这就是柳宗元。同学们想一想，柳宗元被从车如流水马如龙的长安，贬到四千里外的永州，那样一个荒无人烟的地方，还做永州司马，是一个有职无权的编外人员，被监视居住，实际上就是被软禁起来了。而且他到了那里水土不服，得了浑身的病，而且还语言不通。柳宗元是山西人，他在长安长大、做官，那得说山西话或者陕西话吧？他从长安被贬到湖南西南的永州，湖南话是怎么说的？我想请在座的湖南人罗晓璐老师用湖南话给大家读一下这首诗。（罗老师范读）大家听了之后会说，这我也能听懂啊！那是因为你知道她要说什么，如果你不知道她要说什么呢？罗晓璐，你随便说几句湖南话。（罗晓璐说了几句湖南话，学生听了大笑，表示听不懂）这比外语还难懂了。柳宗元到那里，语言不通，环境恶劣，生活条件艰苦，水土不服，老母亲就死在了永州，但是柳宗元没有被击垮，仍然在那里寒江独钓。大家注意，柳宗元自己说过这样的话：（大屏幕显示）

虽万受摈弃，不更乎其内。
　　　　——柳宗元《答周君巢饵药久寿书》
后人这样评价柳宗元：（屏幕显示）

以谪而出，至死不服。
　　　　——【宋】田锡《题罗池庙碑阴文》

什么叫"不更乎其内"？我绝不改变我所坚持的，我是政治改革，我是为天下苍生，为大唐社稷考虑的，是你们这些糊涂蛋把我贬到这里来了，我不更乎其内！我在给大家讲《离骚》时说过，我们一般认为，我改变不了世界，就得改变我自己，这是商业时代的出于实用目的的考虑，而柳宗元说，我本来想改变世界，但现在，我虽然改变不了世界，但我绝不改变我自己，我绝不写检讨书。检讨书能随便写吗？以后老师让你写检讨书不能随便写，检讨书能随便写吗！我绝不屈服！（生笑）所以，宋代的田锡说："以谪而出，至死不服"。他绝不屈服。在我们今天的时代，这是一种罕见的高贵。

这里的渔翁和作者构成了一种象征的关系，同构的关系。实际上这是写诗，写散文，写抒情文学的一种很重要的方法，你一定要到你身外去找一个形象，把你主观的情感投射到它身上去，以我去观物，让物都着上我的色彩，一定要这样做。你想一想，戴望舒找到什么了？找到雨巷，找到丁香一样的姑娘，写《囚绿记》的陆蠡找到了什么？那个常春藤的绿叶，白居易找到了什么？在《琵琶行》中找到了琵琶女，一个被贬谪的臣子——逐臣，他找到了一个弃妇。你看，他一定要找这样一个东西，以后我们会学到史铁生的《我与地坛》，残疾的史铁生找到了寂寞的地坛，而柳宗元找到了渔翁。渔翁这个形象的选择是非常高明的。渔翁有什么特点，同学们？首先，他是自食其力的人，我不用看别人的颜色，不用仰人鼻息。其次，渔翁他很适合隐逸，他过着神秘隐逸的生活，行踪不定，到处打鱼，所以柳宗元选渔翁这个形象和当时柳宗元的心境是非常一致的，他的主观感情和他找的客观的对应物形成了非常协调的关系，这样，一篇伟大的作品就诞生了。所以我说这首诗好，它不但好在诗中有画，还好在诗中有人，而这个人，我们看出来了就是柳宗元自己，这就是"诗中有我"，而这个我还不是平庸的我，是一个有个性的我，在那直着脖子就是不屈服的我，所以这就是伟大的诗篇。同学们，仅仅诗中有画是远远不够的，还得诗中有我，有一个有个性的我，那才是好作品。大家看，实际上这个渔翁已经成为中国古典文学里一个非常重要、已经带有原型意味的形象了。你回忆一下，从相传是战国屈原写的那个唱着"沧浪之水"的渔父，到《三国演义》开篇词里写的"白发渔樵江渚上，惯看秋月春风"，大家看，这个渔翁的形象已经成为中国古代文学里一个重要的意象，有兴趣的同学可以课下去研究。

你再看一个苏东坡的评价：（大屏幕显示）

宋人洪驹父诗话载：

东坡曰：郑谷诗："江上晚来堪画处，渔人披得一蓑归。"此村学之诗也。子厚云"孤舟蓑笠翁，独钓寒江雪"。信有格哉！

"子厚"就是柳宗元。什么叫村学之诗？就是乡村私塾先生写的诗，就是孙老师我这样的人写的诗。同学们，孙老师也写绝句，写出来的大概也就这个水平吧（指着大屏幕郑谷诗处），很平庸，没有个性，而苏东坡认为柳子厚这首"信有格哉"，确实有格。什么是"格"？个性、品格、格调，这么理解都行。他确实是有"格"，所以，这是他高于常人的地方，而我认为这首诗最重要的一个特点就在于诗中有我，有一个有个性的我。

再一个特点，前面几位同学提到了，就是诗中有禅。我之前说过了，后代很多画家都把这首诗画出来了。你想一想，如果你是画家，你怎么布局？怎么安排结构？随便谈一谈。

生：我在读这首诗的时候就一直有这种画面感，先画上山和水，描绘出非常辽阔的画面，然后用几笔勾勒出一个孤舟和一点老翁，再画一个小小的鱼竿，可以不是很明显，但是大概什么样子应该能看出来的，这就是我心目中江雪这幅画。

师：你的意思是要把景画得大，人画得小，景大人小，中国山水画就是这个特点。好，非常好，还有其他的想法吗？

生：我跟他不一样，我想先画人，把人画在中间，然后缺什么画什么，都根据人来安排。

师：好。我们来看看宋代大画家马远的《寒江独钓图》。（大屏幕展示）

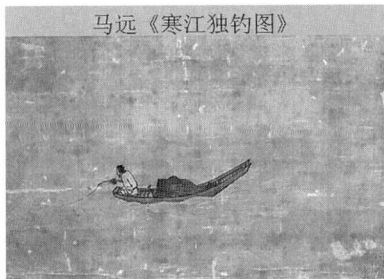

马远《寒江独钓图》

你没有想到吧，就在画中间画一个渔翁和孤舟，其余什么都没有，全是空，把这首诗空寂的禅意表现得无以复加了。

接下来我要再问一下，有没有同学注意到这首诗语言上的特点？比如《江雪》这个题目，英语课代表是谁？你把这个题目翻译成英文。

生：River and Snow

师：还有没有其他的翻译？

生：Snow in River

师：《江雪》这首诗很早就被翻译成英文了，我查了一下文献，这个题目大致有这样几种译法：（大屏幕显示）

江雪

Snow on the River

River Snowfall

The Snowbound River

Snowing on the River

分别可以翻译成"江上的雪""江上下雪""被雪所困的江""江上飘雪"，有这么多种翻译，这也不一样啊？而我们伟大的柳宗元只用了两个字"江雪"（板书课题：江雪）就把这四个意思都包含在里面了，他就把两个名词平放在那里，江 – 雪，然后任由读者去理解。这就是中国语言的优势，用最少的文字去表达最丰富的内容。都德在《最后一课》里借韩麦尔先生之口说什么是世界上最美的语言？他说是法语。实际上这句话有问题。（生笑）他是从准确明白的角度说的，我问过学法语的人，法语确实是最准确明白的，但是你要论最美，那我要告诉大家，中国语言才是世界上最美的语言。（生鼓掌）你想一想，什么叫以少胜多？什么叫含蓄凝练？什么叫言有尽而意无穷？中国语言是最精炼的，最富有想象力的，最诗性的。你再把最后一句诗"独钓寒江雪"翻译成英文，看看怎么翻译。

生：Fishing on the snow alone.

师：我查了一下，有这样翻译的：（大屏幕显示）

Fishing alone on the river cold with snow.

独自钓鱼，在带着雪的寒冷的江上。你们看看外语多么笨，说得多费劲。

大家注意，柳宗元说的"钓"，非得理解成钓鱼吗？你看这个结构，你还可以
理解成什么？（生：钓雪）钓雪啊！钓雪可不一样，雪是高洁的，钓雪不就是
在钓一种精神吗？另外，雪能钓上来吗？钓的结果是什么？是无，是空，这不
更增添了这首诗禅的意味了吗？这就是中国语言的特点，它内涵太丰富，太有
想象力了。你看到"故事"这两个字，多好啊，先前的事，旧的事，老的事，
看到这两个字心中就有一种沧桑感，你再看 story，心中有这种感觉吗？没有。
所以汉语美不美？（生：美）你活了十七八年，说了十几年汉语，你感觉到你
身在幸福中了吗？（生笑）一定要知道这点，这点很重要。

师：刚才我们说了这首诗语言上的特点，现在咱们回头看一下：诗中有画，
诗中有人，诗中有我，诗中有一个有个性的我，诗中有禅，而且它把中国语言
发挥到了极致。一千多年传诵不衰是徒有虚名吗？不是。今天我们对经典进行
了重读，实际上我们读诗学诗，不是为了成为诗人。你们在座的有的可能成为
诗人，但是大多数人不能成为诗人。我们读诗、学诗是为了获得一种更高级的
人生，获得一种崇高的体验，然后让这些诗成为你这一生无穷的慰藉。你将来
肯定会有孤独的时候吧，会有悲愤的时候吧，会有委屈的时候吧，你有掉眼泪
的时候吧，不要紧，你绝对不会跳楼自杀，因为你学过《江雪》，你接触过这
种无边的孤独，你已经认识到它了，这就非常好。

短短二十个字的《江雪》，经过一千多年岁月风沙的吹刮，没有磨损一个字。
多少帝王将相，阿谀小人，已经杳无踪迹了，多少假大空、高大全、红光亮的
作品都化为土灰了，而只有二十个字的《江雪》没有一个字磨损，我们在这里
就可以想象，柳宗元正襟危坐，在他这首五言绝句中，独钓着唐朝漫天的风雪！

附 教学设计

【教学目标】

引导学生重读经典，温故知新，在前理解基础上获得高阶理解，感受经
典诗歌和汉语的不朽魅力。

【教学重点】

探究柳宗元诗《江雪》传诵不衰的不朽魅力

【教学时数】

1 课时

【教学过程】

一、导入：经典有重读之必要

以宋代词人秦观的《念奴娇　赤壁舟中咏雪》和元代散曲家乔吉的《双调沉醉东风》以及后代的绘画为例，说明《江雪》对后世的影响，引出课题。

屏幕显示 1：

念奴娇　赤壁舟中咏雪

……寒峭千峰，光摇万象，四野人踪灭。孤舟垂钓，渔蓑真个清绝。

屏幕显示 2：

双调　沉醉东风

万树枯林冻折，千山高鸟飞绝。兔径迷，人踪灭，载梨云舟一叶，蓑笠渔翁耐冷的别，独钓寒江暮雪。

二、学生探讨主问题：《江雪》传诵不衰的魅力何在

1.听读：作者柳宗元是山西人，请我们语文组的老师山西人张林建用山西话给我们朗诵。

2.学生思考讨论：这短短二十个字的古体绝句，至今传诵不衰，它的魅力在哪里？

3.学生发表意见，教师随机点拨：（学生可能会谈到的问题：境界的大小、象征、孤独、贬谪文学、禅意……）

三、教师发表独立意见

1.诗中有画：画面的层次感。

2.诗中有人，诗中有我：仅诗中有画是不够的，还要诗中有人，而且这个人和作者构成同构关系，也就是诗中有我，在恶劣环境里不屈于寂寞、忍受孤独的执着的我。（同构关系举例：白居易和琵琶女、陆蠡和常春藤的绿叶、史铁生和地坛）

（在此介绍柳宗元参加永贞革新，失败后被贬永州的情形，尤其是在永州的困窘生活。其间安排东北师大研究生、湖南人罗晓璐用湖南话朗诵《江雪》）

屏幕显示3：

虽万受摈弃，不更乎其内。

——柳宗元《答周君巢饵药久寿书》

以谪而出，至死不服。

——【宋】田锡《题罗池庙碑阴文》

屏幕显示4：

宋人洪驹父诗话载：

东坡曰：郑谷诗："江上晚来堪画处，渔人披得一蓑归。"此村学之诗也。子厚云"孤舟蓑笠翁，独钓寒江雪"。信有格哉！

3. 诗中有禅：前两句写空无，在这巨大的空无中，舟是孤舟，钓是独钓，更增加了空无感。（问题设计：如果用绘画表现《江雪》的意境，你打算怎么画？）

屏幕显示5：

宋代大画家马远的《寒江独钓图》

4. 汉语之美：这首诗用最少的文字表达了最丰富的内容，体现了汉语以少胜多、含蓄凝练、言有尽而意无穷的特点。中国语言是最精炼的，最富有想象力的，最诗性的。（让学生将这首诗的题目《江雪》和尾句"独钓寒江雪"译成英文，然后和汉语比较。）

屏幕显示6：

江雪

1.Snow on the River

2.River Snowfall

3.The Snowbound River

4.Snowing on the River

屏幕显示7：

Fishing alone on the river cold with snow.

四、教学小结

我们读诗、学诗是为了获得更高级的人生，获得一种崇高的体验，然后让这些诗成为你这一生无穷的慰藉。

教后反思

这节课较好地达成了教学目标：重读经典，温故知新。之所以给高二学生讲小学课本里的古诗《江雪》，是因为我主张"经典需要重读"。经典是开放的，只要是经典，就需要重读，不能使人重读的也就不能称其为经典。经典不是快餐文字，经典是浓缩的精华，内涵极为丰富，阅读时无法"毕其功于一役"，而是常读常新。仅就柳宗元的《江雪》而言，虽然只是一首仅有二十个字的古体绝句，但却是一个丰富的"召唤结构"，无论是思想内容还是艺术形式，都构成了开放空间：儒家的贬谪，佛家的禅意，道家的隐逸，作者和渔翁的同构关系，充满象征的画面，渔翁的原型意味，"千万孤独"的构思，入声韵和不屈精神的形神合一……诸如此类，不一而足。而在这节课上，学生围绕《江雪》的魅力发表的很多真知灼见，体现了重读经典的价值和意义。

这节课见证了学生的成长。小时候、年轻时阅读的经典诗文，限于当时的视域，必然有"所见"也有"不见"（即"盲点"），有洞见也有浅见，有所懂也有不懂、误读。所以，阅读经典，不可能一次性完成，需要像牛吃草一样不断反刍。"学而不思则罔，思而不学则殆"这两句话，我初中时就学过，当语文老师后也教过几次，但对其中的"学"和"思"的认识，是在教书多年后才忽有所悟的："学"说的是"是什么""如何做"，即 what 和 how，而"思"说的是"为什么"，即 why。这两句话是说：整天在那里死记硬背这是什么，那是什么，人家怎么说，你就盲目地跟着做，不用长在自己肩上的属于自己的头脑思考，孔子认为这样会"罔"，即被欺骗；而整天苦苦思索"为什么"，却不去记"是什么"，不去跟别人学，不去行动，孔子认为这样会"殆"，即有危险，走火入魔。只有把"学"和"思"结合，把客观考察与主观冥想结合，把实践与理论结合，做到知其然也知其所以然，才能真正有所得。上述本人之切身体会说明，随着人的成长，对经典的阅读也不断深入。这次教学《江雪》，高二学生在发言中对这首诗中禅意的发现，对孤独的认识，断然不是他们在小学初学这首诗时能达成的，而到了高二，随着学生的阅历、知识、思维、审美方方面面都有所丰富，重读经典，温故知新，已成为现实。

这节课也有不足，主要表现在教师讲授过多，学生的主体性还没有充分发挥。通过学生的发言，我感到，他们还有许多想法要表达，如果引导他们尽情发挥，畅所欲言，效果会更好。而我则急于展示自我，过多地将教师的理解带给学生。教师展示自我，更要展示学生。教师讲，没有错；让学生讲，就更对了。

效果反馈

学生胡方麒： 整堂课给我的感觉可以用耳目一新一词来形容。《江雪》是我们从小就学过且会背诵的，但这节课，孙老师带领我们挖掘出了全新的内容。从课堂呈现形式来看，孙老师结合方言、普通话、外语，多方面解读诗歌和汉语的音韵与意义之美；从课堂内容来看，《江雪》是有逻辑、有内涵的，从诗的画面到诗的哲学意义，整个教学是层层升华的。最后将诗的语言和诗的情感结合起来，对汉语语言美和诗人独特的孤独精神作出总结评价。"禅意"是我在学习中一个比较新奇的发现，结合后世的山水画，垂钓渔翁的形象仿佛不再只存在于诗中，他甚至经常在我欣赏诗作和画作的时候浮现在眼前。这节课让经典之于我有了新的意义。

学生刘欣雨： 于我而言，少时学习《江雪》，它的魅力仅在于我能感受到它的短小精悍中夹杂着意味深长，但我并不能准确地将深刻的内涵外显出来，只能畅想出一个大致的画面。而在进行了多年逐渐深入的语文学习后，视野的开阔使我在重读此诗时能够拨开那江面的迷雾，远望到万籁俱寂中那个舟上老翁的身影。

这堂课很短，但回味悠长。"反刍"是重要且必要的，我体悟到了一个老者的孤独，更联想到身处尘世的自己又何尝不曾孤独呢。人是群体性动物，固然需要在喧嚣里沉浮一世，但更不能缺失在江雪里的自我沉淀，我们都要在世间的嘈杂里留出独处的一隅天地。这不是儿时犯错时的面壁思过，不是被排挤、被隔离时的怯懦妥协，而是于乱石飞沙中我自岿然不动的淡定。江上飞雪的恢弘还让我联想到那个在茫茫海上与大鱼斗争的老人，他和柳宗元一样，无声地独处，却从未缺少力量。我们或许无法给出柳宗元短短20个字的大气磅礴，但他们的信念可以被复制——永远充满傲气、坚定不移。

言及此，课上孙老师的那段结语令我印象尤为深刻，历史上那么多华丽的辞藻、虚空的篇章都被洪流无声地筛掉了，而《江雪》这颗孤星依旧在熠熠生辉。我想，是汉语的美丽赋予了它精炼的外表，而诗人的傲骨赐予了它不朽的灵魂，这种完美的融合使如我一般初出茅庐的后生读来只觉心生敬畏，久久不息。

学生王丛娇：时隔一段时间后再来回顾这节公开课，实在感慨颇多。立权师的这节课抛弃了传统方式的教学，从老师对学生单一的灌输转为老师与学生间的多向互动。在应试教育甚嚣尘上的环境中，能够延续这种开放式教学的老师，已为数不多，更可贵的是这样的教学方式一直贯穿在立权师平日的教学之中。千篇一律的灌输式教学并不能带来创新意识，学术、学识着实是在自由的环境中培育出来的，立权师或许很早便意识到了这一点。忆起老师平日里时常念起的"为天地立心，为生民立命，为往圣继绝学，为来世开太平"，老师为我们立起自由思想的旗帜，这正是继往圣绝学，开万世太平的基石。

同事评说

精致的熏陶与浑厚的濡染
——评《经典重读：柳宗元诗〈江雪〉》

王春（东北师大附中语文教研室原副主任）

孙立权老师执教的这堂经典重读课极具探索意义。宏观着眼，这节课是小初高同课异构的重要一环，跨学段同课异构在体现设计者的语文教育理念的同时也凸显了语文学科自身教育规律的独异性。微观而论，对这篇极其"简单"文本的深度教学实践，展现了执教者高超的教学水平与前卫的教育理念。这节课水准高，亮点多，其中所呈现出的精致的熏陶与厚重的濡染，尤为令人难忘。

理想的教育是重熏陶的。熏陶自然是渐染的过程，不是旦夕之功。在这堂"公开课"中所表现出的教师熏陶之功我们窥一斑可略知全豹。所谓的精致表现在两个方面：一是学生语言面貌的高颜值，一是教师专业素养的新常态。在围绕"《江雪》传诵不衰的魅力何在？"这一主问题展开讨论时，学生的语言面貌令人赞叹。透过学生的语言表述，我们可以推知教师在培养学生语文学习习惯、提升学科核心素养方面所下的功夫。要培养出一批优秀的语文学习者，教师自身首先应该是一名优秀的语文学习者。孙老师在课堂上的渊博与从容，无疑源自他深厚的学养和对教育的深刻理解。对于优秀教师而言，需要具备广博的本体性知识，丰富的预备性知识，过硬的实践性知识，这原本是旧要求，也应该是新常态。对于本课而言，学生语言面貌的高颜值，是得益于教师专业素养的新常态的。

厚重的濡染表现在技与道两个方面。以课堂教学手段而论，亮点有三：一是巧妙的语言参较。引入参较文本，建立参较体系，在名师课堂上时常可见，但往往是汉语文本的参较。孙老师引入英文译本与原诗对比，建立他元视角，通过课堂语言转换活动，让学生更直观地体会到母语朦胧蕴藉的诗意之美与原作文约意丰的创作追求，通过"有意思"，实现了"有意义"。二是多元的文献引入。诗、文、画等相关文献的引入，扩展了课程资源，丰富了教学内容，提升了学生的文献意识，对于学生进一步开展自主探究性学习具有方法论意义，是鱼渔并授。三是透彻的写法指导。语文教学不应当只停留在"写了什么"的层面，还要解决"为什么这么写"的问题。不但要解决"这一个"的问题，还要解决"这一类"的问题。孙老师在授课中高屋建瓴的写法指导，尊重学生的原初格局，注重对学生先拥知识的盘活与整合，又能兼及学生的最近发展区，帮助学生打通认知转化壁垒，真正引领学生把读写一体化的语文学习落到了实处。

以教育理念而言，亮点有三：其一，重读经典是最节俭的奢侈。对于语文学习而言，多读经典无疑是不二法门，但经典之所以成为经典，就在于其自身意蕴的丰富性与价值的恒常性。故而对经典不能"一次性消费"，国学大师马一浮先生提出的"沉潜往复，从容含玩"实为学习经典的要诀。经典是人类智慧凝结而成的奢侈品，对经典进行反刍式学习无疑是最节俭的奢侈，也是最奢侈的节俭。其二，融合式教育理念的实践表达。教育如果只能在学科畛域、观念局限中打转转，则无法培养出通才大师，也回答不了"钱学森之问"。孙老师在融通式教育的实践中多所探尝。"跨界混搭"课程《中国文化中的梅花》与小初高同课异构都是重要的教育实践。其三，站在"人的培养"的高度来教语文。教育绝不仅仅是为了解决生存问题，还要服务于人的全面发展。正如孙老师所言："我们读诗、学诗是为了获得一种更高级的人生，获得一种崇高的体验，然后让这些诗成为你这一生无穷的慰藉。"真正的语文教育不能没有情怀二字。

孙立权老师是东北派语文的代表性人物，其厚重、大气、灵动、幽默的教学风格，对于他的学生和业界同仁都是一种精致的熏陶与浑厚的濡染。

10. 高一诗歌导引课：青春作伴好读诗

编者按：《青春作伴好读诗》是立权师于 2004 年 11 月 16 日为吉林省中学语文骨干教师培训班学员上的一节观摩课，授课班级为东师附中 2004 级直升班（高一）。本实录整理者为江西省上饶中学语文教师张婷。2005 年 5 月 18 日，立权师在长春师范学院中文系为参加教育见习的中文系本科学生重上此课。2005 年 12 月 19 日，立权师在沈阳市教育研究室主办的"东北地区高中语文中生代名师教学交流活动"中重上此课。

【说课】

我先简单做一个说课。这堂课有这样几个特点：

首先，它没有试讲过，是一节没有重复过的课。昨天中午我把几首诗发给学生，让他们回去读，至于我要讲什么、怎么讲，他们也不清楚。所以这堂课的流程也不好控制，它可能会有一些非预设的、偶发的东西产生。

其次，这是一节诗歌导引课，是我"语文教育民族化"实验的一个内容。老师们可能知道，"诗教"，就是用诗来教化人，是我们民族古来的传统，但可惜的是，这个优良传统被当代中国语文教育所抛弃。那么这节课，我就想把"诗教"的传统捡一捡。这学期期末在这个班级要搞两个活动：一个是古典诗词 300 篇背诵的展示会，面向东北三省，时间定在 12 月 9 号的上午；还有一个现代诗歌朗诵会，初步定在 1 月初。在举办这两个活动之前，我上一节诗歌导引课，让学生们大体懂得一下什么是诗、为什么要读诗。

最后，这节课不使用任何现代教育技术。我们知道，现代教育技术进入语文课堂是可以的，也是不可阻挡的，而语文课堂不使用现代教育技术也是可以的，而且不使用现代教育技术的语文课，从某种意义上说可能更像语文课。多数时候，语文教学，一张嘴、一根粉笔、一块黑板、一本书（不仅指课本），足矣。

【教学实录】

师： 大家想一想，诗为何物？作为文学之骄子的诗，它的本质是什么？（没有让学生回答的意思）古人说："诗言志。"（板书：诗言志），这里的"言"是什么意思？

生： 表达。

师： 言说，表达。"志"呢？

生： 志向。

师： 志向啊？不能狭隘地理解为志向。

生： 情感，思想感情。

师： 对了。诗是用来表达思想感情的，这是我们古人说的。那么还有句话叫作"在心为志，发言为诗"，什么意思？（板书：在心为志 发言为诗）大家看，"在心为志"，在心里的时候叫什么？叫志，就是情感，思想感情。那么把它表达出来，把它说出来，把它写出来，这就是什么？

生： 诗。

师： 这就是诗。原来诗是用来表达情感的。下面请大家读一首诗。大家翻开印发的材料，看台湾老诗人纪弦的一首诗——《你的名字》。看一看这首诗是不是表达了一种情感，它表达了什么情感。××同学，你读一下。

（生朗读）

你的名字

纪弦

用了世界上最轻最轻的声音，
轻轻地唤你的名字每夜每夜。

写你的名字，
画你的名字，

而梦见的是你的发光的名字。

如日，如星，你的名字。
如灯，如钻石，你的名字。
如缤纷的火花，如闪电，你的名字。
如原始森林的燃烧，你的名字。

刻你的名字！
刻你的名字在树上。
刻你的名字在不凋的生命树上。
当这植物长成了参天的古木时，
啊，啊，多好，多好，
你的名字也大起来。

大起来了，你的名字。
亮起来了，你的名字。
于是，轻轻轻轻轻轻地呼唤你的名字。

　　师：大家想想看，通过轻轻地千呼万唤"你的名字"，我们的诗人要表达什么样的情感？谁能谈一谈？

　　（无人作答）

　　师：小学和初中时大家能举起森林般的手，现在连树林般的手都没有了。（生笑）上高中了，不愿意举手了。他借"你的名字"来表达一种什么情感，大家能否把握住？　××同学。

　　生：从字面上看是对这个名字的无限的崇敬、无限的依恋，而且我认为这个名字应该指的是作者心目中的祖国。

　　师：啊！你把"你的名字"理解为祖国，挺新颖，和以往的理解不一样。××同学。

　　生：我和××想得差不多，我也认为它是祖国的名字。"轻轻呼唤"就

是为了说明对祖国无限的思念。

师：哦！一个台湾的老诗人写的诗，表达对祖国的思念。嗯，也能讲得通。有没有不同看法？×××。

生：我认为唤的是他爱人的名字。

师：爱人的名字。

生：因为"轻轻地"是一种非常爱意的呼唤。

师：嗯！请坐！我和×××的看法一致。我更倾向于这里的"你的名字"是爱人的名字，恋人的名字。那么，他见不到他的恋人，他轻轻地呼唤她的名字，以此来表达一种什么样的情感呢？思念，相思，表达一种醉人的相思。他表达的是人类最美妙的情感。呼唤时连用六个"轻"，如果不轻，心脏受不了。（生笑）那么请大家再看，我国当代诗人王家新的一首诗——《伦敦随笔》，请大家自由散读这首诗。读的时候注意，一定要出声读，诗必须要出声读。我们刚刚看完《这里的黎明静悄悄》吧，那里面五个女兵不是有一个愿意读诗吗？她在掩体后面读着诗，这时准尉瓦斯科夫过来跟她说什么？"你在和谁讲话？"女兵说："我没在和谁讲话，我在读诗。""那你为什么读出声音来？"女兵怎么回答？

生："这是诗啊，准尉同志。"

师：这个女兵的感觉是对的。诗必须要读出声来，一定要在有声语言中才能完整地感受诗的美。那么下面大家自由散读，出声读。

（生读诗）

伦敦随笔（其十一）

王家新

在那里母语即是祖国
你没有别的祖国。
在那里你在地狱里修剪花枝，
死亡也不能使你放下剪刀。
在那里每一首诗都是最后一首，

直到你从中绊倒于

那曾绊倒了老杜甫的石头……

师：这首诗又传达了什么情感？王家新，他旅居欧洲两年，作为一个在外漂泊的游子，他在伦敦写了这首《伦敦随笔》，传达了一种什么情感？×××。

生：我觉得写的是当时那个地方的美好，因为他说"你在地狱里修剪花枝"，也就是写在一个很痛苦的环境下也可以拥有很美好的生活。

师："在地狱里修剪花枝"能是一件美好的工作吗？如果在天堂里修剪还能不错。他过着一种寄人篱下的生活，他把那种生活比喻为地狱。但是在那里还必须劳作，必须修剪花枝，你认为他是表达对生活美好的感觉？挺奇葩啊！（生笑）请坐。×××。

生：表达的是作者的两种感受，一种是在伦敦生活的痛苦，还有一种是对祖国的思念，无限的思念。因为他说"在那里你在地狱里修剪花枝，死亡也不能使你放下剪刀"，就说明他把那个地方比作地狱，他很痛苦；还有最后一句"那曾绊倒了老杜甫的石头"，杜甫是一个过着颠沛流离生活的诗人，作者想到杜甫，当然是和自己当下的生活联系在一起。而诗的开头"在那里母语即是祖国 / 你没有别的祖国"，流露出对祖国的眷念。

师：×××，你同意×××的看法吗？

生：同意。一开始我没太读懂"母语即是祖国"的意思，后来明白了，在异国他乡，在英语环境里，一切都是陌生的，都和祖国没关系，只有母语才和祖国相连，于是激起他非常浓厚的对祖国的感情。

师：我完全同意×××的看法。这首诗传达的也是一种 xiāng sī，但不是《你的名字》的那个"相思"，哪个 xiāng 啊？

生："故乡"的"乡"。

师：是的，乡国之思啊！这首诗所表达的这种乡思和"日暮乡关何处是"的"乡思"，和"夕阳西下，断肠人在天涯"的"乡思"，和纳兰性德的"风一更，雪一更，聒碎乡心梦不成，故园无此声"的"乡思"是一脉相承的。那么通过这样两首诗，大家初步地知道了"诗言志"，"在心为志，发言为诗"，

我们知道了诗为何物，我们推测了一下它的本质，那么有的同学不禁要问：老师，我们为什么要读诗啊？现在都什么时代了？有几个人读诗啊？诚然，现在的中国已经不是唐宋时代的中国了，那时的中国，大家想一想，那真是一个泱泱诗国啊，上至帝王将相，下到才子佳人甚至贩夫走卒都能吟诗作赋啊！一个七岁的小姑娘在她送别兄长上路的时候不是也口占一绝、传之千古吗？"别路云初起"，大家接着往下背，是什么？"离亭叶正飞。所嗟人异雁，不作一行归。"这是唐朝一位七岁的小姑娘写的。但是现在的中国有几个人在读诗啊？现在的中国，读诗的人都没有写诗的人多，你为什么让我们读诗啊？我们有那么多的数理化习题等着要做，有那么多的史地生的书要背，我们连踢球甚至睡觉的时间都没有，为什么还要读诗啊？我不读诗就能死吗？同学们，别的学校的学生可以这样问，师大附中的学生不可以这样问，师大附中别的学生可以这样问，孙老师的弟子不可以这样问，也不会这样问。是的，在许多人看来，诗是微不足道的。没有诗，人类不至于毁灭。但有了诗，你的人生就平添了许多美、善、真的光辉。诗是最富于魅力的艺术。有一个盲人乞丐站在街上乞讨，胸前挂了一块牌子，写着几个字："行行好吧，给我一点钱。"那么多路人行色匆匆地走过，没有人给他施舍。这个时候来了一位诗人，他把盲人乞丐的牌子上的话改了，他写了一句什么话呢？"春天来了，可是我看不见！"这一改不要紧，怎样？很多路人纷纷把自己的零钱投到他的盆子里。同学们，这就是诗的魅力！所以为了它，李白可以不去"摧眉折腰事权贵"，可以"天子呼来不上船"；杜甫可以"为人性僻耽佳句，语不惊人死不休"；李商隐可以"春蚕到死丝方尽，蜡炬成灰泪始干"；贾岛可以"两句三年得——"

生："一吟双泪流。"

师："知音如不赏——"

生："归卧故山秋。"

师：这就是诗的魅力。所以，我觉得大家应该读一点诗。另外，孙老师这里还有一种非常重要的想法，就是大家现在正处在人生的"诗歌的时代"。新加坡有个女作家叫尤金（板书：尤金）。她把女人的一生分成四个阶段：少女、少妇、徐娘、老妪四个阶段。她说，少女的情怀像诗，少妇的情怀像散文，徐娘的情怀像小说，老妪的情怀像论文——学术论文。实际上，我认为人生可以分为五个阶段。在你们读初中的时候我讲过，谁还记得，哪五个阶段？请举起你智慧的手。××，你还记得吗？

生：我好像记得少年是童话时代。

师：你就说这五个时代是什么。

生：有童话时代，有诗歌时代，有散文时代，有小说时代，还有一个忘了。

师：谁能补充一下最后一个时代？（生沉默）看来大家很健忘，这也是我们民族的劣根性。（生笑）五个时代，首先是童话的时代，从出生，从懂事到十五六岁之前吧，到初中毕业这个时代，充满天真和幻想，所以那是童话时代。那么，上了高中，从现在开始到大学，直到三十岁之前，这个阶段，它的主要特点是充满激情，不考虑柴米油盐，只考虑鲜花、云朵、溪流，考虑社会正义。你看上街游行的为什么多是大学生？这个充满激情的时代，我把它叫作诗歌时代。过了三十岁，三十到五十岁之间，也就是十五公岁到二十五公岁之间——一公岁等于两岁。（生笑）一公里等于两里，一公斤等于两斤，一公岁等于两岁。因为本人正处于这个阶段，这样说显得年轻点。（生笑）我这个年龄段，人生的画卷像长篇小说一样展开，波澜起伏，丰富多彩，所以三十岁到五十岁之间，叫小说时代。五十岁以后到七十岁，那是清新淡雅的散文时代。经历了人生的酸甜苦辣，世态炎凉，对什么都看得比较淡，像散文一样清新淡雅，所以叫散文时代。那么七十岁以后呢，你想一想，那应该是洞察了宇宙自然、社会人生的奥秘。他不再仰视人生，平视人生，他开始俯视人生。孔子怎么说的？"七十而从心所欲，不逾矩。"这个境界，可谓之哲学时代。这是人生最后的时代。当然，信仰宗教的人或许最后会进入宗教时代。那么人生这样五个时代，同学们现在正处于哪一个时代？诗的时代。在这样一个美好的时代，在这样一个诗意盎然的时代，如果不以诗为伴，不读点儿诗，不背点儿诗，不尝试着写点儿诗，同学们，那会给你的人生留下无法弥补的巨大的遗憾。所以，今天我们上一堂诗歌导引课，我给它起个名字，叫什么呢？就叫作这个名字吧——

（板书：青春作伴）大家猜一猜，叫什么名字？

生：好读诗。

师：咱们就叫作"青春作伴好读诗"。在这个青春的诗歌时代，我们要大量地读诗，诗把我们带入美好的境界。实际上，读诗也是使人心灵崇高的需要。

请大家看一首短诗，冰心翻译的——《假如你只剩下六分钱》。×××你读一下吧。

（生朗读诗歌）

假如你只剩下六分钱

【马耳他】安东·布蒂吉格

朋友，

如果你口袋里只剩下六分钱，

就用三分钱给你自己买一块面包；

用其余的钱买一把芬芳的

会使你充满了新的希望的

水仙花。

师：这是地中海上一个岛国马耳他共和国的总统，也是一个诗人安东·布蒂吉格写的。大家看一看，在这首诗里，显然面包和水仙花都有所指，都有所象征，它们分别代表了什么呢？谁谈一谈？×××。

生：我记得初中的时候孙老师给我们讲过穆罕默德的一句话："假如你有两块面包，你得用其中的一块去换一朵水仙花。因为面包是身体的粮食，水仙花是灵魂的粮食。"我觉得用这句话来解释这首诗很好。也就是说面包是我们日常生活所需要的，而水仙花是我们的一种精神寄托。

师：啊！×××想起我以前说过的一句话，哦，不，是我引用的一句话，（生笑）伊斯兰教的经典《古兰经》（板书：古兰经）里记载了伊斯兰教创始人穆罕默德的这句话。显然，这位总统的这首诗借鉴了这句话。那么这里的面包代表着物质生活，水仙花代表着精神生活，我完全赞同×××的看法。那么我们这位总统对物质生活和精神生活是什么态度呢？×××，你说说。

生：我觉得他是说物质生活和精神生活其实是平等的。

师：哦！他认为物质生活和精神生活应该平等地看待。大家想一想，在只剩下六分钱的时候，这是人生逆境了吧？就要拿出三分钱来换一把水仙花，诗人告诉我们，在追求物质生活的过程中绝不能放弃对精神生活的追求，是不是这样？虽然我们都知道，物质条件是基础，一切上层建筑都要建立在经济基础之上，这是被伟大的马克思一再强调的吧？为此他还特意给他的女儿燕妮讲过一个哲人和船夫的故事：哲人坐上船问船夫："你懂历史吗？"船夫说："我不懂。"哲人就说："那你就失去了一半生命。"过了一会儿哲人又问："你会哲学吗？""不会。""那你又失去了一半生命。"过了一会儿，起风了，船马上翻了，船夫问哲人："你会水吗？"哲人说："不会。"船夫说："那你就失去了整个生命。"这就是说，物质是基础，这是谁都不能否认的。但是我们能不能因此认为，要在物质追求达到满足以后再去追求精神生活？

生：不能。

师：为什么不能这样？本人认为，一则人的物质追求永远不会满足，人类的欲望是无止境的，永远不会满足，对不对？退一步说，即使满足了，那个时候再想去追求精神生活，那可能已经是不可能的事情了。有一次亚里斯多德问他的学生："你愿意做一个痛苦的苏格拉底还是愿意做一头快乐的猪？"他为什么要问这句话？大家知道，苏格拉底一生贫穷，很痛苦，还有河东狮吼一样的妻子，经常对苏格拉底施以家庭暴力，是不是？他很痛苦，但是苏格拉底是个哲学家，是个伟大的思想家。我认为亚里斯多德的意思是，人一旦变为一头快乐的猪以后就永远也不可能成为苏格拉底了，甚至你想成为一头特立独行的猪都不可能了。所以，绝不可以在物质追求满足以后，再考虑精神追求。在追求物质生活的同时一定要追求精神生活。而读诗可以净化我们的心灵，它是使人崇高的需要。法国存在主义哲学家萨特曾经说过：我们为什么要写作？写作是我们净化自身的需要。我们可以把这个话改一下，我们为什么要读诗？读诗是净化我们自己灵魂的需要，读诗是使人崇高的需要。一首好诗，有时候能影响一个人的一生，甚至影响无数人的一生。你不信吗？请大家看美国诗人朗费罗的这首诗——《人生礼赞》。找个同学读一下，×××你读一下。

（生朗读诗）

人生礼赞
——年轻的心对歌者的宣告
【美】朗费罗

别对我，用忧伤的调子，
说生活不过是春梦一场！
因为灵魂倦了，就等于死，
而事情并不是表面那样。

生是真实的！认真地活！
它的终点并不是坟墓；
对于灵魂，不能这么说：
"你是尘土，必归于尘土。"

我们注定的道路或目标
不是享乐，也不是悲叹；
而是行动，是每个明朝
看我们比今天走得更远。

艺术无限，而时光飞速；
我们的心尽管勇敢、坚强，
它仍旧像是闷声的鼓，
打着节拍向坟墓送丧。

在世界的广阔的战场上，
在"生活"的露天营盘中，
别像愚蠢的、被驱使的牛羊！
要做一个战斗的英雄！

别依赖未来，无论多美好！
让死的"过去"埋葬它自己！
行动吧！就趁活着的今朝，
凭你的心，和头上的上帝！

伟人的事迹令人冥想
我们都能使一生壮丽，
并且在时间的流沙上，
在离去时，留下来踪迹——

这踪迹，也许另一个人
看到了，会重又振作，
当他在生活的海上浮沉，
悲惨的，他的船已经沉没。

因此，无论有什么命运，
不要灰心吧，积极起来；
不断进取，不断前进，
要学会劳作，学会等待。

师：这首诗从 1838 年发表到现在，100 多年了。在刚一发表的时候，就有人说这首诗是"真正的美国心脏的跳动"，这首诗是"美国精神的蒸汽机"。什么是美国精神？大家在政治课里学了吧？什么是美国精神？开拓进取、一往无前、个人奋斗、追求财富，这就是美国精神。这首诗成为美国精神的文化载体，它是一个象征，美国精神的象征。这首诗影响了无数的美国人，它让美国人去个人奋斗，去追求财富，永不绝望，一往无前。所以一首诗，可能影响一个人的一生，也可能影响无数代人的一生。

以上我们讲了诗歌与人生，下面我要讲诗歌与时代。诗歌不仅对人生有作用，诗歌完全能记录时代。我要请大家读一首诗。这是我国当代著名诗人北岛写的——《宣告——献给遇罗克》，找个同学读一下，××。

（生朗读）

宣告
——献给遇罗克
北岛

也许最后的时刻到了
我没有留下遗嘱
只留下笔，给我的母亲
我并不是英雄
在没有英雄的年代里
我只想做一个人

宁静的地平线
分开了生者和死者的行列
我只能选择天空
决不跪在地上
以显出刽子手们的高大
好阻挡自由的风

从星星的弹空里
将流出血红的黎明

师：遇罗克，同学们可能不太熟悉。他是十年"文革"中少数的清醒者中的一个，十年"文革"我们都有印象，那是上到最高领袖，下到中小学生集体疯癫、集体昏迷的一个时代。在这样一个黑白颠倒的时代，年轻的遇罗克是清醒的。在那个重视家庭出身、家庭成分的时代，他写了一篇著名的《出身论》。他认为一个人的出身不是他自己能决定的，如果因为出身而歧视这个人，那是不公平的。遇罗克是右派的儿子，他两次高考，成绩优异却不予录取。他反对"文化大革命"中"大革文化命"的做法。他反对那些推波助澜的阴谋家、野心家。结果在那个荒唐的时代，在那个令人发指的时代，居然被定为"现行反革命"，宣判死刑，立即执行！现行反革命，可能只有中国才有这样的名词，他被枪杀的时候年仅 27 岁。同学们，27 岁啊！我们的诗人北岛写了这首诗献给遇罗克，它记录了那个时代。所以诗是能够记录时代的。不仅如此，诗还可以记录历史和文明，你不信吗？请大家看这首诗——《黑人谈河流》。这首诗在世界上很有名，他是美国的桂冠诗人兰斯顿·休斯的作品，而写这首诗的时候，作者刚好十七岁，正在中学校园里读书，他就是一个黑人。《黑人谈河流》，大家齐读一下吧！"我了解河流"，预备读——。（生朗读）

黑人谈河流

【美】兰斯顿·休斯

我了解河流
我了解像世界一样古老的河流，
比人类血管中流动的血液更古老的河流。

我的灵魂变得像河流一般的深邃。

晨曦中我在幼发拉底河沐浴，
在刚果河畔我盖了一间茅舍，
河水潺潺催我入眠。
我瞭望尼罗河，在河畔建造了金字塔。
当林肯去新奥尔良时，
我听到密西西比河的歌声，
我瞧见它那浑浊的胸膛
在夕阳下闪耀的金光。

我了解河流：

古老的黝黑的河流。

我的灵魂变得像河流一般深邃。

师： 作为一个黑人，他非常了解自己黑人种族的历史。我不知道大家是不是清楚，在人类各种古老的文明中，绝大多数文明里都留下了黑人的足迹：古巴比伦文明、古埃及文明、古印度文明都留下了黑人的足迹。建造法老的金字塔的那些人里，就有很多是黑人。大家知道吗？作为一个黑人诗人，他写这样一首诗，来记录他们黑人种族的文明。大家看一看，为什么要谈河流啊？河流和什么息息相关？人类最初的几大文明从哪里来啊？

生： 大河流域。

师： 对的。所以他谈河流，实际上就是在谈什么？历史、文化、文明。他们这个种族在幼发拉底河留下过足迹，在刚果河畔留下过足迹，在尼罗河畔留下过足迹，在密西西比河畔留下过足迹。所以他写这首诗是在表现他们黑人的尊严，他们黑人种族为人类的文明做出过不可磨灭的贡献。有人这样不公地对待他们，歧视他们，是不对的，是不应该的。同学们，诗歌可以记录历史，也可以记录文明、记录文化。

我们想一想，我们知道了诗言志，我们知道"在心为志，发言为诗"，我们又知道了诗与人生，它是我们人生崇高的需要，是我们要净化我们自身的需要。我们又知道了诗可以记录时代，诗可以记录历史和文明，所以你就知道，世界各民族最古老的文学，都是什么呢？

生： 诗。

师： 诗，是不是这样？古希腊最早的文学，是什么？

生：《荷马史诗》。

师：《荷马史诗》，包括《伊利亚特》《奥德赛》。古埃及最早的文学是什么？诗集《亡灵书》。古巴比伦最早的文学是什么？那是古巴比伦人用削尖的芦苇在泥板上以楔形文字记录下来的人类历史上最早的一部英雄史诗——《吉尔伽美什》。古代印度最早的文学是什么？四部《吠陀》诗集，两部史诗——《摩诃婆罗多》和《罗摩衍那》，是不是？古代中国最早的文学是什么？

生：《诗经》。

师：《诗经》和《楚辞》啊！而且在我们中国几千年来，写诗的传统，写抒情诗的传统赓续不断。几千年来，我们的祖先，我们中国人曾经那样充满诗意地生活在这块土地上，但今天呢？有几个人在读诗啊？实际上，我们在我们的祖先面前，在这个方面我们是感到汗颜的，我们要出汗、要脸红的。作为他们的后代，我们应该充满诗意地生活在这块土地上。我相信大家在十五六年的人生经历中，一定有那样充满诗意的感受。我敢肯定，为什么敢这样肯定？换我心为你心，我才知道，我经历过啊！我记得是在念大学的时候，十一放假回家，我家在农村，坐火车然后换汽车，汽车到了村子的村头，下车，沿着那条土路往家走，两边全是玉米啊，都长成了。就是走在土路上那一刹那，一种感觉产生了，我好像一下子就回到了我的童年。同学们，这就是诗意。青海有一位老诗人到我们长春来，走到同志街上看见这个路牌子——同志街，那种久违的感觉涌上了心头，还有这样美好的街道的名字吗？（生笑）

师：同志街，多么久违了，特意写了一首诗献给同志街。同学们，这就是诗意。再比如，大家知道松花湖出产一种奇怪的木头叫什么吗？

生：浪木。

师：浪木，（板书：浪木）就是修丰满水电站的时候，有许多树木都被埋在松花湖下面，经过半个世纪的腐烂、冲刷，这些木头都奇形怪状，艺术家们把它们拿来作为木雕、根雕的材料，这就是浪木艺术。我们在松花湖的湖边捡到一块浪木，如果是我的母亲捡到了，她会把她运回家里去，当柴火烧掉，毫无疑问。我母亲念过一年书，小学一年级文化，她会把她烧掉，很好的柴火嘛，晾干了烧掉。但是如果艺术家捡到这块浪木，他把它放到艺术馆里去，他稍加修饰，把它摆一个姿势，下边铺一块红布，挂一个牌子，牌子上写几个字。写什么字呢？苍老的岁月。（板书：苍老的岁月）同学们，这块浪木成为什么了？

生：艺术品。

师：艺术品。他给这个东西命名了，同学们。命名就是产生诗意的办法，你把这个东西命名了，一种有意味的形式就诞生了。这也是诗意，同学们。

画家齐白石有一方印章，诗书画印，印章，大家懂吧？印章上刻着"痴思长绳系日"，他痴痴地想着要用一根长绳子把太阳捆住。为什么要捆住太阳？他常年作画，他认为时间不够用。天怎么这么快就黑了？太阳怎么这么快就落下去了？他每天痴痴地想着用一条长绳子把太阳捆住，不让它落下去。"痴思长绳系日"，大家在头脑里建构一下，这就是诗意。你们十五六年的生活中，我敢肯定地说感受过诗意，萌生过诗意，那么现在你把它谈一谈，和同学们交流一下，共享。谁能谈一谈你曾经感受过的诗意？谁先说？好，×××。

生：我想到两个，一个是我在公共汽车上看到一对儿母女在谈话，那个小孩儿就三四岁那样，他们俩在玩打电话的游戏。然后她妈妈说："喂，宝宝，我是妈妈。你想不想妈妈呀？""想。""那你用什么想啊？""我用心想。"那个时候我就觉得这句话给我特别震撼的感觉。一个小孩子能说出"用心想"这三个朴实的字，我想要比很多很多海誓山盟还要有分量。这是其中一个。第二个是，有一次我放学回家，我家楼下有一个花店，我一下子就闻到了花的香味儿，我以为是从花店传过来的。但是我走过花店的时候发现花店的门并没有开，我不知道是哪儿来的花香，但是我觉得那一刹那我不用去考虑花香是哪来的，在那个时间空间里，花香是客观存在的，它注入了我的心房，我觉得这就是诗意。

师：嗯！我觉得第一个更有诗意。一个几岁的小孩子说自己用"心"在想妈妈，确实有诗意，很感人。哪位同学再谈一谈？×××。

生：我每天上学的时候都要走过自由大路的街头，街道两旁种了许多特别高的树木。有时候气温突然下降，一夜之间树叶都变黄了。第二天我从那个路上走过的时候，我就发现叶子从树上簌簌地落下来，我的心感觉有一种落寞。我就想起了这样两句话：我轻轻地舞着，在茫茫人海中，投来的人们诧异的眼神，你羡慕也罢，你误解也罢，因为使我轻舞的不是你的眼神，而是斑驳的黄叶。那一刻我感觉自己特别地激动，觉得落叶的生命非常的短暂，但是在最后一刻，仍旧抱着自信最后再舞一次。

师：是这样的。当你走在落叶纷纷飘零的林间，当你手上落下一片叶子，你会想到：我手里捧着整个秋天。这就是诗，同学们。踏着软绵绵的秋叶，你听到树林间的声音，你就会想到：我脚踩着秋天，我头顶着秋天，周围包裹着秋天，我的耳朵里充满了秋天，我的手里捧着整个秋天。这就是诗啊！很好！

哪个同学再谈一谈？×××，说吧！

生：我记得我小的时候觉得松花蛋特别好玩儿，有一次我就问我妈："妈妈，松花蛋这么好，那松花鸡是什么样的呀？"（生笑）

师：哦，松花蛋很好玩，松花鸡是什么样的？注意，×××用了推理，（生笑）诗中的推理，很好！以为松花蛋是松花鸡下的。（生笑）这是一个有意思的想法。

生：还有，我有一个好朋友，但是没有和我一起升上高中。在假期的时候我送给她一个小盒子，那个小盒子里面放了一个花瓣儿，上面放了一张小卡片。当她把盒子打开的时候，我看她的眼神特别欣喜。我觉得这点就很有诗意。

师：哦，你送她一个礼物，她看礼物的眼神儿你觉得富有诗意。

生：我觉得这个礼物就很有诗意了。还有一件事，我有一个朋友，他有一次跟我说出一句话，他说他是吸血鬼的后裔。就这一句话让我觉得很有诗意。

师：他是吸血鬼的后裔。那这个人性格特点什么样呢？嗜血如命吗？（生笑）

生：他很有才华，我从来没有认识过这样的朋友。

师：嗯！他这个语言是很有个性的，有一点陌生化的感觉，陌生化有的时候能够带来诗意。嗯，男同学们，为什么都是女同学在发言？男同学呢？我们班有很多男同学啊，你们的性格就那样"糙"吗？就没有诗意感受吗？哪个男同学谈一谈？不会比女同学逊色的。你们这个时代，无论男女，都是天生的诗人，你正处在诗歌的时代。这一片儿男同学比较集中，谁谈一谈？（一男生举手）好，×××。（生鼓掌）

生：我记得2002年的6月份我爷爷去世了，一个多月之后，我遇到叔叔家的小弟弟，他还小，还不太懂事，问："我的爷爷去哪了？"我爸爸说他到天堂去了。然后当时他就说："天堂在哪儿啊？我要到天堂去找他。"我觉得尽管有些伤感，但这句话还是充满天真的诗意。

师：请坐。很好，充满伤感的诗意。同学们心中有很多很多诗意，时间关系不多说了。既然我们经历过了诗意感受，我们也知道诗歌对于我们的人生很重要。我们把最美好的境界叫诗境，把最美好的意念叫诗意，把最美好的感情叫诗情，把文字中最美妙的语言叫诗句。在这个诗歌的时代，趁着年轻，我们多读一点诗，多背一点诗，也尝试写一点诗。我们让诗歌，让好诗，和我们的青春作伴！今天这堂课就上到这里，下课。

11.荷塘月色

（第二课时）

编者按：本节课是立权师为东师附中青年教师执教的公开课，时在 2010 年 11 月 20 日，授课班级为高一 2 班，实录整理者为立权师所带东师文学院 2010 级研究生。

师： 关于《荷塘月色》，3 班的学生提出来一些问题，我们也交流一下。有一个学生提出，这篇散文把荷花一会儿比作明珠，一会儿比作星星，一会儿比作刚出浴的美人，是不是有些俗气？我们看一看这个问题。这篇文章里有十几个比喻句，大家浏览课文，先把这些比喻句标记出来。看看这十几个比喻句，你最喜欢哪一个，你认为哪一个最不成功。

（生浏览课文，标记比喻句）

师： 谁能谈一谈？（略停，看到没有人主动举手）你比如，我就有最喜爱的比喻句，"微风过处，送来缕缕清香"，然后他把这个荷香，比作什么了？他说"仿佛远处高楼上渺茫的歌声似的"，我认为这个比喻好。它是用什么感觉来比喻什么感觉？

生： 用听觉来比喻嗅觉。

师： 有的同学可能会说那"缕缕荷香"，它能像"远处高楼上渺茫的歌声"吗？我认为能像，那远处楼上的歌声肯定不是男高音，不是帕瓦罗蒂、多明戈、卡雷拉斯，对不对？那歌声一定是女声，一定是歌妹的，是不是啊？而且那歌声还在远处、高楼上，是渺茫的，时断时续，隐隐约约，和荷香一阵一阵被风吹送来是不是有相似点？比喻的前提是，得有相似性，没有相似性何来比喻？谁能谈谈？

生： 老师，我认为第 5 自然段的最后一句话"但光与影有着和谐的旋律，

159

如梵婀玲上奏着的名曲"，这句比较好。它是用听觉来比视觉，把光与影的和谐比作小提琴上演奏的名曲，既写出荷塘月色的美妙，也写出作者心情的惬意。

师：你喜欢的这个比喻和我喜欢的那个有什么共同的地方？除了比喻以外，都运用了什么修辞方法？

生：通感。

师：嗯，对，通感。这种修辞方法也叫移觉。很好理解，什么叫移觉？把感觉转移了，用乙种感觉来写甲种感觉。什么叫通感？把不同感觉之间怎么的？打通了。所以这两个称法都好理解。那么，你在平时的写作中，用过通感吗？或者，你在阅读时注意过通感的句子吗？

生：我记得有一篇课文是《紫藤萝瀑布》，里面说到"浅紫色的芳香"，就是通感。

师："浅紫色的芳香"，用视觉写嗅觉，是通感。不错，还有吗？实际上你只要细想，通感到处都是，比如说"这声音真亮"，你看一下，"亮"是用眼睛看的，对不对？说声音亮，已经是用视觉写听觉了，这就是通感。实际上语言中有许多通感，你平时没有注意而已。再比如说"我心里感觉甜甜的"，你注意，这个甜是诉诸什么感觉的？味觉。是不是？说心里甜甜的，是把心里的那种感觉用味觉来写了。对于这些通感，大家都习以为常了，没有意识到它们是通感。

师：这些比喻里，3班同学提出的问题，说把荷花比作明珠，比作星星，比作刚出浴的美人，显得俗气，你怎么看？散文家余光中说这些比喻用得都比较糟，余光中说就一个挺好，"峭楞楞如鬼一般"，这句话在哪呢？哦，第4页，第2行："高处丛生的灌木，落下参差的斑驳的黑影，峭楞楞如鬼一般。"余光中说就这个还好，别的都不好，太俗。他说把荷花比喻成出浴的美人，引起人们庸俗的联想，所以不好。他说"峭楞楞如鬼一般"好，我估计他是觉得这句与众不同，新颖另类，是不是？但是3班有些同学恰恰认为"如鬼"这个比喻不好，说它破坏了课文营造的宁静优美的氛围，让人感觉瘆人了。对3班同学的看法你怎么看？对余光中的看法你怎么看？你应该有你自己的看法。

生：我认为对大师也不能吹毛求疵。我们不能要求朱自清写出来的语言都得是新颖的或者奇怪的。把荷花比喻成明珠、星星，看起来好像俗，但实际上是非常恰当的。这里有个前提，他不是在太阳下，在太阳的暴晒下打这个比方的，他是在夜晚，在淡淡的月光中，有的荷花是开着的，有的是羞涩地打着朵的。一片荷塘，在月光下远距离一看，说像星星，像明珠，我觉得是恰当的，自然的，写出了那种朦胧的美。

生：我觉得朱自清的比喻，包括"峭楞楞如鬼一般"，都是符合当时的情景的，应该说是出于自然的，不能评价它是庸俗或者奇怪。

师：就是说，不是故意雕琢出来的，信笔写来，是很自然的流露。另外，朱自清的心里本来就有"美人情结"，他的散文如果你读多了，你会发现，他常常用美女、女孩来打比方。我这里有一篇朱自清的《绿》，他写梅雨潭的水，你看朱自清怎么写的。（屏幕呈现《绿》的相关语段）"这平铺着，厚积着的绿，着实可爱，她松松的皱缬着，像少妇拖着的裙幅；她轻轻的摆弄着，像跳动的初恋的少女的心；她滑滑的明亮着，像涂了'明油'一般，有鸡蛋清那样软，那样嫩，令人想着所曾触过的最嫩的皮肤……那醉人的绿呀！我若能裁你以为带，我将赠给那轻盈的舞女；她必能临风飘举了。我若能挹你以为眼，我将赠给那善歌的盲妹；她必明眸善睐了。我舍不得你；我怎舍得你呢？我用手拍着你，抚摩着你，如同一个十二三岁的小姑娘。我又掬你入口，便是吻着她了。我送你一个名字，我从此叫你'女儿绿'，好么？"这是朱自清的散文《绿》，他还有一篇散文《一封信》（屏幕呈现《一封信》相关语句），你看，他说："那花真好看：一缕缕垂垂的细丝，将她们悬在那皴裂的臂上，临风婀娜，真像嬉嬉哈哈的小姑娘，真像凝妆的少妇，像两颊又像双臂，像胭脂又像粉……我在他们下课的时候，又曾几度在楼头眺望：那丰姿更是撩人：云哟，霞哟，仙女哟！"（读到此，生大笑）他还有一篇散文《阿河》，写一个叫"阿河"的小姑娘（屏幕呈现《阿河》相关语句），文中写道："她的影子真好。她那几步路走得又敏捷，又匀称，又苗条，正如一只可爱的小猫。她两手各提着一只水壶，又令我想到在一条细细的索儿上抖擞精神走着的女子。这全由于她的腰；她的腰真太软了，用白水的话说，真是软到使我如吃苏州的牛皮糖一样。不止她的腰，我的日记里说得好：'她有一套和云霞比美，水月争灵的曲线，织成大人的一张迷惑的网！'而那两颊的曲线，尤其甜蜜可人。她两颊是白中透着微红，润泽如玉。她的皮肤，嫩得可以掐出水来。"（读到此，生爆笑）大家看，我不是乱说的，有朱先生的许多作品为证。在朱先生内心深处有"美人情结"。所以他在《荷塘月色》里写"像亭亭的舞女的裙""像刚出浴的美人"，我们就不感到奇怪了，我们不能鸡蛋里挑骨头。

师：还有的同学读到第4页最上边，没读懂，于是问：不是写月光吗？怎么写到睡觉上去了？"酣眠固不可少，小睡也别有风味的。"怎么由写月光一下跑到睡觉上去了？这跳跃性也太大了吧？对这个问题，大家是怎么理解的？

生：这是朱自清打个比方，他把月光能够朗照比喻成酣眠；把不能朗照，隔着一层淡淡的云射下来，比喻成小睡。

师：所以，这里的月光和睡觉不是风马牛不相及的。这是3班同学提出的问题。现在，我的问题是，朱自清写了"两个自己"，韩峰，是哪两个自己？

生：一个自己是平常的自己，另一个自己是独处的自己。

师：好，独处的自己，用原文说是——

生：超出了平常的自己。

师：这两个自己有什么不同？

生：超出了平常的自己，是自由的，是什么都可以想，什么都可以不想的；而平常的自己，估计正相反，是不自由的。

师：对的。平常的自己不自由，有一些一定要说的话，一定要做的事。朱自清作为五六个儿女的父亲，作为丈夫，家庭负担很重，他得到校外兼课，赚生活费。作为老师，要备课、讲课，要给学生批改作业。这不就是白天里一定要做的事，一定要说的话吗？而且当时他和他父亲的关系不是很好。还记得初中学过的《背影》吗？开篇第一句话"我与父亲不相见已二年余了"，"我与父亲不相见"，什么意思啊？是主动地故意不见。朱自清有个后妈，后妈中间的挑唆，使他和父亲之间有了矛盾。写这篇文章的时候，他和父亲的关系还没有完全缓和，加上他在社会生活中扮演的许多角色，再加上家庭那么沉重的负担，所以他感到很不自由，很有负担。而来到这荷塘月色的环境里，就获得了暂时的宁静，这里成为他暂时的精神的避难所。好了，"两个自己"的问题解决了，那么随之而来的就是"两个世界"，我们说这篇散文写了两个世界，大家看，哪两个世界？高聪，你说说。

生：一个是现实生活的世界，朱自清在这个世界里是"平常的自己"；一个是今晚的荷塘月色构筑的世界，他在这个世界里是"超出了平常的自己"。

师：非常好。你把前一个世界叫现实生活世界（板书：现实生活世界），那么荷塘月色构筑的世界，你也给他拟个名称。

生：自由世界、精神世界。

生：乌托邦世界。

生：理想世界、审美世界。

师：审美世界，太好了（板书：艺术审美世界）。既然写了两个世界，那么这篇文章不就是在写穿越吗？现在穿越不是挺火吗？这篇文章是写穿越呢，朱自清在现实生活的世界和艺术审美的世界之间来回穿越。两个世界的问题解决了，下面的问题就好理解了——为什么要写曲曲折折的小煤屑路啊？交代它干什么？

生：是穿越的途径。

（生笑）

师：好。你由这个世界穿越到那个世界得有途径啊，得有媒介、通道啊，这两个世界靠什么联通起来呢？那条曲折、幽僻的小煤屑路。不光是这条小煤屑路，为什么要写淡淡的月光呢？你穿越得设置环境啊，在淡淡的月光中，在曲折的小煤屑路上，朱自清实现了穿越，由日常生活的世俗的世界穿越到了一个自由、宁静、美好的艺术的审美世界。

师：穿越的问题解决了，余光中的问题就可以回答了。余光中认为，开篇写妻怎么的拍着闰儿唱着眠歌，朱自清从家门出来，然后写到最后，又说自己进了家门，妻已经睡着了，这个开头和结尾写得太差了，开头没有破空而来的喜悦，结尾也没有什么戛然而止的那种感觉，余光中觉得糟糕透了。你怎么看？结合方才探讨的"两个世界"来谈。

生：开头写门里边妻拍着闰儿哼着眠歌，那正是代表着现实生活世界。然后他来到荷塘，进入审美的艺术世界，最后写"轻轻地推门进去，什么声息也没有，妻已睡熟好久了"，表明朱自清又回到了现实世界。这样来看，朱自清这样安排开头、结尾是必要的，并不糟糕。

师：门里与门外就是两个世界，在审美世界里只能得到暂时的享受，之后还得面对现实，还得回到家门里来，还得面对柴米油盐，还得面对孩子老婆一大堆（生笑），啊，是孩子一大堆，还得尽自己作为丈夫、作为父亲、作为儿子、作为老师的责任，还得扛上那些伦理的负担。朱自清是一个道德自律感很强的人。这次夜游荷塘只是一次暂时的"精神溜号"，是"出世游仙"的幻梦，最后又回到了现实。估计余光中没有读懂这一点，所以给了差评。

师：接下来，我们探讨一个重要问题。本来标题就叫"荷塘月色"，写完"荷塘月色"回到家就完事了呗，怎么又写起"忽然想起采莲的事情来了"？又引用《采莲赋》《西洲曲》，是不是扯得太远了？写江南采莲这些文字约占全篇五分之一，是不是完全多余，可以删掉？是不是像余光中说的那样——朱自清是国文教师，国文教师的通病就是愿意引经据典？

（生思考、讨论）

生：我注意到第6段最后一句话："这时候最热闹的，要数树上的蝉声与水里的蛙声；但热闹是它们的，我什么也没有。"朱自清正沉浸在荷塘月色构筑的审美世界里时，蝉声与蛙声惊醒了他，他发现自己不是这里的主人，只是暂时的过客，这里的主人是蝉与蛙。朱自清还没有享受够，还心不甘，所以就又"想起采莲的事情来了"。

师：很好。如此看来，朱自清给我们描绘的这个审美的艺术世界，它不是只有一个空间，而是有两个审美空间。我们给这两个审美空间起个名字。

生：荷塘这个空间是真实的空间，江南采莲的空间是想象的空间。

师：啊，一个实的，一个虚的，有道理。既然是审美空间，我把前一个空间称为"自然美的空间"（板书：自然美的空间），那后一个空间就可以称为——

生：风俗美的空间。

师：不错。我把它称为"文化美的空间"（板书：文化美的空间）。采莲是一种仪式啊，是不是？那是一种文化啊，风俗文化啊，所以叫"文化美的空间"。朱自清又在同一个世界的两个空间穿越了。荷塘这个自然美的空间不能完全开解他内心的不平静，所以又穿越到文化美的空间继续开解。所以写采莲这部分不能删。那么，朱自清不平静的心情最后得到完全开解了吗？

生：没有。

师：从何而知？

生：第 8 段说"可惜我们现在早已无福消受了"，最后写"这样想着，猛一抬头，不觉已是自己的门前"。一切如故，还得面对现实。

师：精神溜号还得回来。刚才有的同学不知道在下面干什么呢，溜号了，那是暂时的，你还得回到现实中来。（生笑）同学们，这篇文章，当你意识到两个自己、两个世界、两个审美空间的时候，你就读懂了，你就不会像余光中那样提出疑问：奇怪，朱自清晚上出去散步居然不带夫人！人家朱自清就是为了独处，就是为了暂时摆脱现实的伦理世界，寻求个人心灵的桃花源，人家带什么夫人啊！好了，这节课就上到这里。

12.林教头风雪山神庙

（第四课时）

编者按：本节课是立权师上的一节接待课，时在 2011 年 8 月 19 日，当天有几十位外地老师来东师附中参观考察，他们在高二 28 班教室观摩了这节公开课。本实录整理者是立权师所带的东师文学院 2010 级硕士研究生。

师： 今天我们要讲林冲这个人了，他也是《水浒》中最重要的人物之一。我们先看一下林冲杀人这个片段。我不是崇尚暴力，但这一段描写体现了暴力美学，我们来欣赏一下。课文最后一段，你来读一下。（指名读）

生： "林冲听那三个人时，一个是差拨，……我自来又和你无甚（shèn）么冤仇，你如何这等害我！"

师： 停一下。能读"甚（shèn）么"吗？

生： 甚（shén）么。

师： 对了。注意这个字的读音，当它的意思是"什么"时，比如说"你做甚事"，你要读"甚（shèn）"，当它的意思是"什么"中的"什"时，也就是当它同"什么"中的"什"时要读"甚（shén）"。区别就在于此。

生：（接着读课文）"正是'杀人可恕，情理难容'！……七窍迸出血（xuě）来，将心肝提在手里。"

师： 停一下。"迸出血（xuě）来"，"血（xuě）"，读音不对，这个字根本没有"xuě"这个读音，口语里读"xiě"，比如"淌血了"，书面语里就读"xuè"，比如说"流血牺牲"。在课文里读什么为好？

生： 读"xiě"好。

师： 对的。

（生接着将本段读完）

师：好，这一段是写林冲手刃三仇家，是小说的高潮。那么大家思考一下，林冲杀人有什么特点？他与其他人的杀法有什么不同？如果李逵杀人会怎么杀？思考一下。

（生思考）

师：好，李美慧，你谈谈。

生：我觉得他杀人杀得很淡定，一步一步的，看到富安逃跑，先把他解决掉，最后又回头找刚跑没几步的陆虞候。按照步骤一个一个解决，如果换成别人可能是连同环境一起破坏掉。

师：杀得非常淡定，一步一步地杀。很好。李思遐，你说说。

生：我觉得他杀人的时候，在杀每个人之前他愿意对这几个人说几句话（生笑），他想告诉这几个人我为什么要杀你。如果是李逵的话，不会告诉你我为什么要杀你，直接抡起斧头就上去了。

师：啊，不但杀人杀得淡定，还杀得有理有据，杀人之前得先说道一番。我林冲是什么人啊，我是八十万禁军教头，我是有身份的人，我杀人的时候杀得不清不白，那不行，我不是搞暗杀的，我得杀得明明白白，清清楚楚，让你心服口服。好，李思莹，你说。

生：他杀人虽有激情杀人的成分，但毕竟是林冲，杀完人还不忘处理尸体，比如把头放到桌子上，这要是李逵把尸体随手就扔了，而林冲把三颗人头供上了。

师：啊，他为什么把三颗头都供到山神前？

生：他是有仇报仇，有冤报冤，他不想无缘无故地杀人，不想双手沾满鲜血……

师：你说他想告诉神明，我本不想杀人，我杀人是被逼的，是这个意思？请坐。有没有不同看法？林冲把三颗仇人的头供在山神庙前，为什么这样做？

生：我觉得林冲是想让这三人在神灵面前反思他们的罪过。

（生笑）

师：告诉神灵他们该杀，这层意思成立。还有一个很重要的意思，大家没读出来吗？和上文的语境勾连起来思考。

生：我觉得他是为了感谢山神。

167

师：是这样吧。当他打酒的时候，路过山神庙，对山神庙行礼，说神灵保佑。结果真保佑他了，保佑他躲过一劫，所以他要感谢神灵，把仇家的头放在神灵面前，感谢神灵。对林冲杀人这个片段，还有哪个同学要补充吗？

生：我觉得他杀得非常抠搜。

（生笑）

师：抠搜？不大方？

生：对，如果是李逵杀完人，直接就走了，省得官府找他。林冲还把葫芦里的冷酒都吃尽了再走。

师：这就是抠搜？这怎么能是抠搜呢？

（生笑）

生：剩的都是冷酒了，一点都不大方。

（生笑）

师：你认为他是舍不得这点酒啊！（生笑）你也太小看林冲了，那还是豹子头吗？那成虾米头了。（生大笑）这个不符合生活的逻辑，这只能说明林冲是细心的人，是有始有终的人。还有要说的吗？

生：林冲杀人的时候非常"恶毒"。比如他杀陆谦，不光把人杀了，还把心肝挖出来，还把三个人的头割下来了，这是仇恨大爆发。

师：你这个"恶毒"得带引号吧？

生：是的。

师：要不然我们的感情倾向在哪里？难道我们很同情陆谦他们？不会的。你是说林冲杀人杀得够狠。你看林冲原来是一个什么样的人，而到手刃三仇家时，从他的杀法上看，他的性格发生了转变。咱们人教版老教材，在节选的时候把林冲杀人的细节都用省略号代替了，教材编者大概出于温柔敦厚之考虑，把血腥的东西删掉了，但是一删不要紧，就——

生：他杀人这段是林冲从忍让到反抗的一个重要转折点，把杀人细节一删，就把他的性格发展历程破坏了。

师：好，说得好。一删，性格就不丰满了。杀得血腥，这样写是林冲由忍到狠的转变的需要。好了，现在我总结一下同学们的发言。林冲杀人，第一，杀得有章法。（板书：有章法）什么叫章法？就是先杀谁，后杀谁，有个顺序。

我们看原文，先是把差拨搠倒，再把富安搠倒，然后再解决陆谦，按照什么顺序杀的？由次到主。杀得主次分明，详略得当。（生笑）林冲杀人就像写一篇文章似的，这篇文章安排得有章法，主次分明，有先有后，不慌不忙，不缺不漏。搠倒差拨以后，以为他死了，他却"爬将起来"，林冲上去又是一刀。你看，不缺不漏，不慌不忙，有主有次，详略得当。高度概括起来，就是林冲杀人杀得有章法。其次，林冲杀人杀得有思想。（板书：有思想）杀人之前一定要有杀人宣言（生笑），得让人死之前也心服口服，这完全符合林冲的性格特点、身份、经历。因为他本不想杀人，被逼无奈才杀，所以杀人之前得说道一番，这叫杀得有思想，杀得光明磊落，理直气壮。不是不明不白地暗杀，不是谋杀。你该杀，我是为正义而杀。第三点，有的同学可能注意到他的技术了，你看到没有，他用什么杀人，你看他杀人的武器。你不要单独看这段，和上文连着看，思考一下。首先，他用花枪把差拨、富安都搠倒了，你注意，前面写到花枪了吗？找一下，马宇词。

生：首先草料场着火的时候，林冲拿着花枪救火，这是一处；放下花枪、葫芦在雪里；林冲自来天王堂，取了包裹，带了尖刀，拿了条花枪。

师：还有一处，和酒葫芦一起写的。

生：花枪挑着酒葫芦，依旧把门拽上，锁了，望那庙里来。

师：把花枪挑了酒葫芦，将火炭盖了，这也是一处。同学们，前面几次提到花枪，作为一个重要的武器，此时不用，更待何时？都铺垫了好几回了，现在焉能不用？其次他还用了什么？

生（齐答）：解腕尖刀。

师：为什么叫"解腕尖刀"，就是这刀太锋利了，一下能把手腕砍掉。这解腕尖刀是突然出现的吗？

生（齐答）：不是。

师：前面哪里有铺垫啊，刘琳格？

生：他听了李小二的话，去街上买了尖刀；然后取了包裹，带了尖刀。

师：买这把刀的初衷是什么？就是杀仇家，准备了这么久焉能不用？所以林冲杀人很有手法，（板书：有手法）先用花枪，再用尖刀，并且早就准备好了，就要在此时闪亮登场。所以林冲杀人概括起来，这是一个英雄在杀人，一定要杀得有章法，有思想，有手法。我林冲能糊里糊涂地杀吗？能不分青红皂白就去杀人吗？如果是李逵来杀，抢起板斧排头砍去，就像《水浒》里劫法场一段写的，李逵抢起板斧排头砍去，不但把官兵脑袋砍下去了，估计两边看热闹的老百姓的脑袋也砍下去了。李逵杀人，就像猪八戒吃人参果，没等辨出滋味就完事了，那是一个莽汉在杀人。而林冲是一个禁军教头在杀人，所以他和别人确实杀得不一样。

师： 现在，联系全文，联系《水浒》中的林冲故事，大家看，林冲的性格有没有变化？

生： 有变化。他原来比较软弱，有点儿忍气吞声，从手刃三仇家来看，他变了，变得非常狠。

师： 说得好。（板书：忍——狠）林冲从一个无敌忍者（生笑）——你看，老婆被高衙内欺负都能忍，这不是无敌忍者吗？现在，他从无敌忍者变成怒目金刚。（板书：无敌忍者——怒目金刚）他从技术干部——八十万禁军枪棒教头，不正是技术干部吗？林冲是像我一样的技术干部（生笑）——即将变成土匪骨干；他本来是和我一样的体制中人，现在准备雪夜上梁上，变成体制外人。《水浒》写林冲，写得非常成功。英国学者福斯特在《小说面面观》中提出"扁形人物"与"圆形人物"（板书：扁形人物 圆形人物）。扁形人物，是说性格构成单一、很容易成为某一类型人物，性格缺少发展变化，如许多国产老电影中的人物，特务一出场就很坏，一直坏到最后，而正面人物则高大全，红光亮，一点儿缺点没有，无论正面反面人物，共性是性格单一固定，没有变化，这就是扁形人物。而圆形人物，是说性格复杂，多重组合，不能简单归类，有发展变化，如哈姆莱特，有一千个读者，就有一千个哈姆莱特，说不尽。再比曹禺的《雷雨》中的蘩漪，也是圆形人物，你说她是善的，还是恶的，不好说，她是又可爱又可怕的组合体。扁形人物和圆形人物都可以是成功的人物，比如《西游记》中的唐僧师徒四人都是扁形人物，性格固定，没有变化，但也是刻画得成功的人物。当然，一般来说，圆形人物比扁形人物更有审美价值，因为它更真实，更符合真实、复杂、多变的人性。意大利作家卡尔维诺有部小说，叫《分成两半的子爵》，小说写一个子爵在战场上被一发炮弹击中胸膛，身体被分成两半，但仍然活着。右边的一半被人救活，回来后身上集中了子爵全部的邪恶，坏事做尽。而左边的半身也被人救活，但身上集中了子爵全部的善良，回来后成为活雷锋。后来，这两个半身的子爵同时爱上了一个姑娘，为此展开决斗。决斗中两人相互劈开原来的伤口，并扭成一团，粘在一起，经过医生的治疗又成为原来的子爵，他好坏相兼，善恶并存。这部小说艺术地呈现了人的性格的二重性。我们也就理解了圆形人物的价值。林冲，显然有圆形人物的特点，他的性格是刚柔相济，忍和狠都集中在他身上。这让我想起了法国启蒙思想家狄德罗的话："说人是力量与软弱、光明与盲目、渺小与伟大的复合物，这并不是责难人，而是给人下定义。"狄德罗的话说得非常好。人的性格一般都是复杂的，是二重性格或多重性格的组合体，是美丑融合、善恶相间的"花斑马"。林冲是典型的二重性格组合的人，他的忍和狠，柔和刚，这样的二重性格组合在一起，形成了林冲刚柔相济的性格特点。林冲是文学史上刻画得比较成功的一个人物，从开始出场到最后有一个逐渐成长、逐渐丰富、逐渐发展变化的过程。这就是《水浒》作者的伟大之处。他虽然热情地歌颂林冲这个英雄人物，但是他也如实地写出了他的缺点。这是《水浒》现实主义的体现。

师：这篇课文，我们从情节讲到环境，最后讲到人物，小说的三要素都讲完了，这篇课文我们就学完了。下课！

13. 语文融合课：中国文化中的梅花

编者按：2015 年 10 月 24 日，由中国教师报主办的全国首届名师工作室建设博览会在东北师大附中举办。本次博览会的重头戏是"东北师大附中联合教研课例展示"。本次课例是立权师设计的，以"中国文化中的梅花"为主题教学内容，活动形式为小学、初中、高中异学段同题异构，以探讨不同学段教学设计的多样性、衔接性及不同学科的跨界混搭。整个活动精彩纷呈，多学科精诚合作，引人入胜，真可谓：感性与理性齐飞，童心与朝气一色。高中段的专题阅读课"中国文化中的梅花"由四位教师联合执教，突出特点是无试讲，无作秀，无跑道。立权师以"梅"形象入手，从诗、画、字、典故等角度切入，唤起学生兴趣，建构学生关于美、善的审美素养和文化结构，并将文化之"真"皈依于自然之真，从而请东师附中生物教研室王欣宇老师从植物学角度让学生

（上课的四位教师，自左至右：田宇、王欣宇、孙立权、卢建波）

再次认识"梅花"。王老师讲课生动幽默，亦庄亦谐。他从生物分类学角度引

（立权师在上课）

导学生科学地认识了"梅"的"真"。两位老师的解读，使学生一方面开阔视野，一方面形成冲突，促使学生反思科学理性与人文关怀在"梅"这一载体上的矛盾。学生立即生成科学文化消解人文关怀的痛苦追问："唯科学论"中我们究竟错过了什么？东师附中田宇老师（孙立权语文名师工作室成员）通过自身体验引导学生反思，让学生静观沉思，叩问自身。让学生自己精神突围，实现自我超越。在抓住学生感性体验、理性思考中的"意"存而"象"失的发言后，请东师附中美术教研室卢建波老师以绘画入手，在最直观、最形象的艺术中重建"梅"意象。卢老师分别用皇帝（宋徽宗赵佶）、文人（"扬州八怪"之一李方膺）、木匠（现代绘画大师齐白石）和教师（卢建波）的多幅梅花图向学生讲解中国古代绘画中"遗貌取神""借物抒情""托物言志"的特点，以及自己师法古人、师法自然的绘画理念。卢老师现身说法，使学生打通物我，打通古今，完成相片之梅到画卷之梅的艺术重构，以写意的方式在学生心中塑造传统的现代"梅意象"。因其画"诗书画印"中缺一诗，他请田宇老师与学生为其赋诗一首，从而使学生由绘画的梅进入到文字的梅去感受、体验和思考。

老师与学生分别即兴创作，现场赋诗。田宇老师以文化入诗，化用五诗三典，使学生在文学与文化中感受和体验中国文化中的"梅"，从创作中体悟"立象以尽意"，分别为卢建波老师《报春图》配诗，为生物老师王欣宇的课件写诗，重新构建文化之"梅"。本节课四位老师合作教学，打破文化虚像，打通古今与物我之隔，打破科学理性与人文关怀的隔膜，引导学生从盆景境界走进园林境界，从而走向山水境界，为每一个学生心里种下一棵树，一如"梅"字。

本节课的授课班级是东北师大附中 2014 级 2 班，本实录的整理者是东北师大文学院研究生刘珈佳、潘玲、黄日爽、郭祎、张金凤。本实录的主要内容曾以《"中国文化中的梅花"课例赏鉴》为题发表在《语文教学通讯》2016 年 7 ~ 8A 上，后被人大报刊复印资料《高中语文教与学》2017 年第 2 期全文转载。

孙立权（以下简称"孙"）：南北朝的时候，南朝宋武帝有个女儿叫寿阳公主，有一天在庭院里玩耍得累了，在含章殿的屋檐下小憩一会儿，忽然来了一阵风，把旁边树上的一朵花吹下来了，这朵花正好飘到她的脸上，正好落在眉心，她就往下拿，怎么拿也拿不掉了，后来费了好大的劲儿才把它洗下去了，但是仍然留下了痕迹。可喜的是，人们一看留下的这个痕迹和她的脸配合在一起，太美了。当时很多女子就纷纷效仿，后来成为一种流行的妆饰。那么，从树上飘下来的这朵花是什么花呢？就是梅花。这种妆饰后来叫作"梅花妆"。大家可以看一下。（屏幕展示梅花妆图片）你看，梅花，它和我国古人的生活是紧密相关的。我听说你们的田宇老师已经领着你们在这之前读了四万多字的有关梅花的文章，你们的田宇老师已经读完了四本关于梅花的著作。我一本也没有读过，所知有限，但我倒是要看看大家读到了什么程度，考查一下。（展示 PPT）这是一幅画，哪位同学知道这幅画画的是什么内容？（片刻）你来说。

生：我觉得这幅画画的是一个成语吧，应该是踏雪寻梅。从这幅画中可以看出一个老翁和两个童子在雪地里，而在旁边的小丘上有一簇梅花。整个画面都是偏白色或者偏浅色的，只有这两个小童的头巾和雪丘上的梅花是比较鲜艳的红色，这样能突出重点，就是白里透红，这样就有一种在茫茫的雪野中去寻找那一簇梅花的意境。

孙：她说这幅画画的是踏雪寻梅，很好。当然，叫"成语"不很妥帖，叫"典故"更准确。踏雪寻梅，这是一个文坛典故，一个文坛佳话。那你知道踏雪寻梅的这个人是谁吗？

生：（摇头）

孙：不知道。读的四万多字里没有这个故事。一会儿我要问问田宇老师为什么没有这个故事。谁知道？踏雪寻梅的这个老头儿，骑在驴背上的这个老头儿，是谁？你知道？你说。

生：其实我必须抱歉地说，我并不太知道这个典故，我只是看这幅画的意境。

孙：通过意境就能推断出他是谁？

（生笑）

生：只是猜想罢了。

孙：说吧。

生：看这个人骑着一头毛驴，已经是一个老翁了，身体看起来也已经不太好了，但是仍有一种，包括整个画面，都有一种刚健之气，所以我猜是陆游，不知道对不对？

孙：朝代不对。（生笑）没有同学知道吗？那位女同学你知道吗？我看你的眼神有点异样，你知道吗？

（生摇头）

孙：是唐代的大诗人，孟浩然，孟浩然踏雪寻梅，以后就记住了。好，我们再看一首诗。（展示PPT：君自故乡来，应知故乡事。来日绮窗前，_____？）最后一句谁知道？

生：最后一句应该是"寒梅著花未"。

孙：很好。这是王维的诗。王维说，你从我的故乡来，请你告诉我，我家那美丽的窗前，寒梅开了没有？这里的寒梅可以代指故乡、亲人。所以你看中国古人和梅花的这种关系，它不一般，很不一般。（展示最后一句"寒梅著花未"，接着展示下张 PPT：雪满山中高士卧，_____。）我们看，这两句也很有名，谁能接下句？我就是看一下大家的阅读积累。高中的学生，容易流于空谈，缺少一些根基的铺垫，我就是看一看咱们的根基如何。你知道吗？

生：我忘记下句具体是什么了，但我知道它出自元末明初的诗人高启写的《梅花九首》的第一首，他将梅花喻为美人，最后一句好像是"月下寒窗美人来"，但是我记不清楚了。

孙：你再清楚地说一遍，说一遍这句诗。

生：月下寒窗美人来。

孙：你已经可以再创作了。（生笑）原诗是（展示 PPT）"月明林下美人来"。（生笑，鼓掌）

孙：很好。光知道一些东西食古不化，不知道变通，不好。这位同学就很好嘛。（生笑）大家知道这里的"高士"和"美人"在描写什么吗？他已经说了这是什么诗？梅花诗，《梅花九首》之一，所以这里的"高士"和"美人"都是在写梅花。我听说在座有位同学在上这节课之前已经写完了一篇 5000 字的关于梅花的论文，这位同学在哪里？我来认识一下。谁？叫什么名字？（生说"邓羽辛"）邓羽辛同学，你来解释一下，这里用"高士"和"美人"来描写梅花，你说咱们的古人赋予了梅花一种什么样的品格和精神呢？我没看过你的论文，你的论文里谈到这个问题了吗？

生：其实我那篇文章谈不上论文，只能算是文章吧。我想从他以梅自况的这个角度来说，他谈的是隐逸和儒家人格。这里的"高士""美人"，显然都是很好的，美人自然不必了，"高士"一读也是让人觉得很高端的感觉。自古以来的咏梅诗永远都是用让人听了忍不住想挺直脊梁的意象去写。我觉得"美人"在这里多少来说只是写梅花在美学上的形态或颜色上很美，"高士"我觉得主要是从气节上来说的，非常符合儒家人格一直以来的那种特点，正人君子，"凌寒独自开"。比如说"雪满山中"，但依旧是坚韧，顽强。那么"独自"呢，不管是高士还是美人，毕竟是阳春白雪，曲高和寡的感觉。所以一定是寂寞出圣贤。所以我觉得采取这两个意象是非常传统的，符合儒家的审美。

孙：很好。大家看，写了文章的人再谈就不一样了。当然这里你还要注意，"月明林下美人来"，这个美人不光美呀，她是什么环境出现的，是在大屏幕上吗？是 LED 上吗？不是。是月明，在林下，它和隐士有没有统一性？

生：也是有统一性的，她是有一个暗示在里面。月是一个暗示，多重暗示，最后用美人去点，去确定一下，前面的暗示去铺心理基调，最后用美人去确定主题，最终强调这种环境。

孙：还不错。我认为这个美人一定是个"幽人"，哪个"幽"大家知道吗？"空谷幽兰"的"幽"，所以和高士有一致性吧？所以大家看，中国古人对梅花的这种感情，他把梅花赋予了一种人格，一种精神，成为人格的象征。所以在中国古人笔下，梅花就是他们的朋友，亲人，就是他心灵中的自己呀。（展示 PPT）这是书法中的一个字，大家认识吗？（稍停一下）这个字念 méi，梅花的梅。你看它是两个"呆"字。这个字写得很活泼，那个"呆"上面的"口"实际上表示甘美的"甘"的意思，"木"代表植物，说梅这种植物，它不光美，它的果实是非常甘爽的，所以放两个"木"和两个"口"在这里，就表示梅的果实很好吃。再看这个字。（展示 PPT）这也是梅字，木字旁加一个"某"，

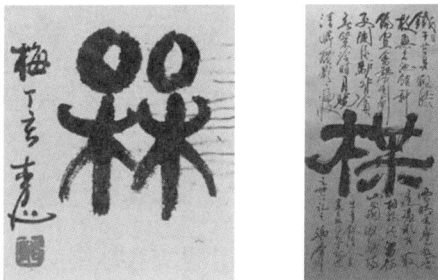

"某"的上半部分是什么字啊？甘。就是"呆"字上面的"口"，那是"甘"的变形，就是代表甘美、甘爽。你看，在书法中，我们创造出了"梅"这样的作品，它有着很多不同的写法。你看我们中国人对它的认识和体验绝不一般。实际上梅和我们今天的生活也密切相关。我的同事里，我们语文组就有叫李春梅的，数学组有叫李红梅的，我的大学同学有一个叫李冬梅的，还有个叫李佳梅的，我的乡下邻居有一个叫李秋梅的，我们村儿里还有叫李艳梅的，还有叫李白梅的，李紫梅的，都有，但没听说过有叫李黑梅的。（生笑）你就看梅和中国人的关系绝不一般，但是我们看到的这些梅，方才我给大家列举这么多，

都是文学、文化、艺术中的梅，真的梅我是去南方才见过。我活到现在，一共见过两回梅，咱们东北的人很少见过正宗的真的梅。我们见过的文学艺术中的梅都是非常美好的，（板书"美"）文学艺术中的梅花都非常的美，还非常的好，你看我们的这些名字，这些作品，它象征的人格多么好啊，好就是善。（板书"善"）但自然中真的梅我们北方人很少见到，真的梅是什么样呢？你们读的四万多字里，没有生物学上的梅，你们还不了解生物学上的梅，我也不了解，那就得请我们的生物学教师王欣宇来给大家介绍，好不好？

（王欣宇上，孙立权下）

王： 各位同学好，下面呢，我作为一名生物老师，在两位语文高士的饕餮大餐之间给各位同学来点儿生物学的"零食"。（幻灯片展示梅花图片）这个是梅花，又叫作梅，乔木。我们可以观察一下它的花，一般来讲都是 5 个花瓣。梅花是典型的两性花儿，它同一朵里边，既有雄蕊，又有雌蕊。大家可以观察一下。（幻灯片展示雪中梅花）作为梅花来讲，原本产自于我们中国，后

来受到世界各国人民的喜爱，所以现在世界各地广泛种植。作为梅花来讲，它有一个特性——能耐寒，当然是相对来说的。所以我们有的时候能看到这种梅花和雪在一起的图景，这也激发了许多文人雅士对它的高度评价，这实际上是与梅花的习性密切相关的。作为梅花来讲，既然我要从生物学角度来介绍，那必然要提到生物分类。作为生物分类，我们就要从界、门、纲、目、科、属、种这样的角度来认识一下梅花。（幻灯片展示梅花生物分类图）梅花属于：植物界、被子植物门、双子叶植物纲、蔷薇目、蔷薇科、杏属、梅种、梅花。（学生掌声）那么在这我需要再跟大家额外地问一下，蜡梅是不是梅？蜡梅是不是梅？（学生小声讨论）这样，听没听说过蜡梅？

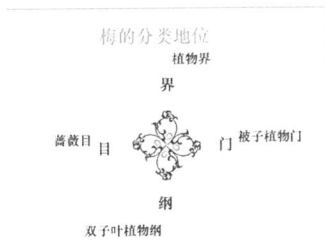

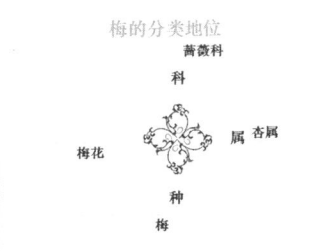

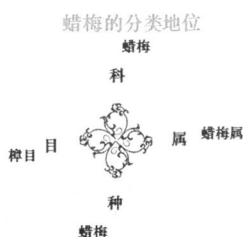

梅的分类地位

植物界
界
蔷薇目　目　门　被子植物门
纲
双子叶植物纲

梅的分类地位

蔷薇科
科
梅花　属　杏属
种
梅

蜡梅的分类地位

蜡梅
科
樟目　目　属　蜡梅属
种
蜡梅

生：听说过。

王：这个听说过，刚才孙老师跟大家介绍过李红梅、李白梅，还有叫李蜡梅的，这个我认识。

（生笑）

王：那么蜡梅和梅花究竟是不是同一物种？我们在生物上看一下蜡梅的分类地位。（幻灯片展示蜡梅生物分类图）实际上它在目这个层次上就已经和梅不一样了，蜡梅是樟目，然后是蜡梅科、蜡梅属、蜡梅。（幻灯片展示蜡梅图片）这个呢，是蜡梅的一个图片。刚才大家也看到了梅花，有红梅，有白梅，但蜡梅一般都是乳黄色的，正是因为它是乳黄色的，非常像古代时候的蜡，所以才叫它蜡梅。那么到这儿，我们就了解了梅和蜡梅之间的区别，接下来我们继续介绍一下在生物学上梅花的分类。这里呢，分类方法很多，我只介绍其中两种，给大家稍微做一下科普。如果大家感兴趣，课下的时候可以继续去查阅。（幻灯片显示）那么，如果我按照梅花花枝姿来进行划分，大体上分为这样的三类：直枝梅类，顾名思义，它的梅花的枝条是直的；垂枝梅类，那么它的枝条

按枝姿划分

直枝梅类　垂枝梅类　龙游梅类

按照用途划分

花梅　主要作观赏之用

果梅　主要用其果实

是弯的，而且向下弯曲生长；最后，龙游梅类，看它的造型，非常像我们的蛋白质，盘曲折叠，呈游龙状，所以管它叫作龙游梅类。作为我们人类来讲，研究生物学的一个重要的目的就是为我们人类所用，所以呢，我们还要按照它的用途来进行划分。（幻灯片显示）按照用途划分呢，我们把它分为两大类：花

梅和果梅。花梅呢，主要作为观赏之用，（幻灯片展示花梅图片）这就是花梅中的红梅，这是白梅。而作为果梅来讲，我们是按照果实成熟时的颜色来进行

划分的，大体上分为青梅、红梅、白梅。（幻灯片展示果梅图片）我们北方真

正看到的刚刚采摘下来的新鲜的果梅并不多，但是我们在超市里就能买到一种叫作话梅的食物，见过吧？那个话梅就是由梅花的梅子制成的。好了，以上呢，我从生物学角度简单介绍了一下梅花，我们最后总结一下：梅花，可以看，可以吃；由于它美，可以赞，可以叹。接下来，由你们的亲老师田宇老师来为你们讲一讲梅文化。

（生鼓掌）

田：我是千呼万唤始出来啊。我们一起来回顾一下，事实上刚才孙老师在给大家介绍梅这种文化现象的时候，从诗、文、字，从种种角度让我们去探究的时候，那么事实上我们就知道了自己目前的缺失。前两节课我给你们发了

一些关于梅花的诗歌，也包括一些现代文章，同学们阅读，整理，探究，补充。那这第三节呢，我们已经找到方向了，我们似乎还缺少一系列的文化典故。同学们，我们今天事实上要尝试以一种独特的文化视角去审视梅花。当然，刚才王老师从生物学的视角给我们解答了几个疑点，一是古代诗歌中的蜡梅，一是我们同学在最初提出来的对于梅花耐寒性的考察，等等。今天呢，我们还是回到学习小组，我们看一下哪个小组今天还有什么疑问。好的，你来说。

生：听了生物老师的讲解，然后再结合一下最近我们组内的研究，我发现了一件比较可怕的事情。

田：是不是叫梅的人太多了？

生：（笑）不，并不是这样。首先，我以为梅花应当是纯粹的，要么它应该白得高洁，要么它应该红得热烈，但是在我查到的资料里边，梅花有粉梅，甚至还有绿梅。我还以为梅花应当是非常耐寒的，但是其实它并不像我们所想象的那样耐寒，虽然有诗句说"不经一番寒彻骨，怎得梅花扑鼻香""梅花香自苦寒来"，但是科学研究表明，梅花只能在零下 6 摄氏度时生存，这样它的耐寒能力实际上连牡丹这种富贵之花都不如了。

田：那你的问题呢？

生：我原本以为生物学可以让我接近梅，可事实上它就是打碎了我心中对于梅花的想象。（全场笑）而且它还告诉我，我们一直以来赞颂的梅花品质可能是我们的错觉，甚至是一种谬误，这种谬误从何而来呢？来自我们的无知。

（全场鼓掌）

田：嗯，原来无知产生诗！

生：说实话，由于这样的无知，我已经没有办法进行审美了。但是，我错了吗？我对梅的认知来自中华文化中的诗歌，我想它们应该是没有错的，然后科学也是没有错的，那么问题应该在我们自己吧，就是在我们每一个人心目中都坚持着科学至上的时候，我们究竟是错过了什么？这就是我的问题。

田：好的，请坐。为她鼓掌。（师生鼓掌）许龄予同学提了一个措手不及的问题，但是这个问题是超越了自然境界、功利境界和道德境界，直抵天地境界的天问。我们一起品味一下啊，她说的是什么呢？就是我们生命深层的困惑，当今世界我们这种困惑特别多。举个例子，同学们，比如说，鸳鸯就是我遭遇的第一个困境。你们也都知道生物学上的鸳鸯，并不是"一夫一妻制"。而我记得卢照邻曾经在《长安古意》中说过"愿作鸳鸯不羡仙"，我在刚到东师附中工作的时候，有一位生物老师结婚，我在给它的红包后边呢就写了几个字："情同鸳鸯，心如连理。"然后这个生物老师很久没有理我。（生笑）都是好朋友，为什么不理我呢？原来他认为我是在骂他和他媳妇。嗯，这个我也没有想到，就是生物学知识欠缺所致。第二个呢，比如说月亮，根据现在的科学探究来看，月亮就是一个坑坑洼洼的星球，而我们小时候背的李白的《古朗月行》中的"生小不识月，呼作白玉盘。又疑瑶台镜，飞在青云端"，这个很美。可现在只要一有人唱"你看你看，月亮的脸"，我根本就没有办法审美。（生笑）这个很简单，你就想，对着一张满脸麻子或者青春痘的脸，你怎么审美？对不对？我们会发现科学中确实有很多这样的障碍阻碍着我们。事实上有很多古代文化都在逝去，有很多东西都在消逝。那么她刚才的问题最后的落脚点是：我们错过了什么？事实上我希望同学们反思一下，这种错过我们应该怎么去认识？所以，现在同学们不妨静下来思考，不讨论，自己思考自己的，这是生命的叩问。并不一定说我们在研究、相互探究的过程中就一定能得出结果，请同学们自己思考，思考成熟了举手。

（生思考，在本子上写）

田：现在我们很多同学都已经养成了专题阅读的习惯，开始学会记录我们的想法了。怎样认识这些我们错过的？错觉可以引导我们审美，甚至说错误可以让我们写下不朽的诗歌，但是现在呢，当我们认识到这种错误的时候，它摧毁了什么？它让很多东西坍塌了，丧失了，消逝不见了。如何思考这样的问题？同学们，有没有什么想法？

生：最近呢，网上也很流行文科生和理科生对话，比如说：叶的落下究竟是风的呼唤还是树的不挽留？不，是脱落酸。类似于这样的对话，我最开始看的时候就是图一个乐子，可后来忽然有一点伤感，知识当然也是美的，那我们原来知道的那些东西也是美的，为什么两种美会成为互相干涉的东西？我们刚才也在讨论，觉得是知识锁住了我们。其实根本不是知识锁住了我们，而是意识锁住了我们。事实上，美的来源是什么？美的来源是敏感。因为我的家不在长春，所以我每次放假的时候都要坐很多趟火车，然后有一天我坐在火车上，刚刚看完比较伤感的东西，然后往窗外看，突然间我就流泪了。当时我周围的人在打牌、唠嗑，而我自己一个人在流泪。之后我就突然发现了，事实上你对美的所有感受都来源于你的敏感。但是你对知识的感受来源于什么呢？来源于敏锐。换句话说，我们从敏感切换到敏锐的时候就被自己的意识锁住了。我们潜意识里觉得当我认识了这个东西之后，我就不再觉得它是美的了。我们是在用自己已知的东西作为参照系而不是用自己未知的东西作为参照系。大家知道科学家牛顿为什么后来选择了神学那样一条道路，因为他知道即使研究到这个地步，宇宙还是那样广袤。我们现在知道了月球，觉得月球很丑，可月球以外的宇宙那么广袤，为什么不能以那个作为参照系去看待这个问题呢？梅花也是一样，我们总觉得在生物学上已经了解它了，以前那些"风霜高洁"这些东西已经不再存在了，事实上是你自己让它不存在的。这种已知的恐惧其实是最大的，我们总觉得敏感和敏锐不可以共存，其实是自己的意识把这个东西捆住了。我们现在觉得自己的知识层面扩大了，事实上你还很无知。正常来说，古人的知识水平在这儿（生把手停在衣服下摆处），我们在这儿（生把手停在胸前），真正的智慧在哪儿呢？在这儿（生把手举过头顶）。达不到这个层次，自然会被它锁住。这就是我的看法。

田：好，感谢。锁住了心就锁住了一切。好，有请下一个。

生：刚才同学的问题是我们和古人认识的美存在一定的落差。这种落差体现在哪里呢？我们之前也讨论过，主要体现在三方面：第一是空间上的不同，我们是北方人，不懂这些生长在南方的植物；第二是时间上的不同，我们生长在现代，不懂古人心目中的美；第三是认知水平的不同，因为每个时代的审美都是建立在那个时代认知基础上的审美，而我们现在的认知水平比古人的高出太多了。我们知道很多梅，已经不仅是腊梅，或者是方才生物老师提到的那些梅，还有珍珠梅、台阁梅、照水梅，等等。我们怎么能知道古人吟诵的到底是哪种梅呢？正如古人口中的兰，从双子叶植物最原始的木兰到单子叶植物中自然界最进化的兰科，都叫兰，我们怎么能知道古人吟咏的到底是哪个兰呢？所以我认为这正是造成我们和古人之间认识不同的根本之所在。所以我觉得古人所写的并不仅仅是梅，或者说他们写的是梅，但已不是客观上的梅了，他们写的是主观上的梅，这梅被赋予了不同的人不同的情感，带上了每个人不同的精神意志性。我们读的很多诗文写的都是苦难中的梅，比如说"零落成泥碾作尘，只有香如故"，还有"凌寒独自开"。这些作品主要是对梅的清高这方面的认识。我们读了这么多苦梅，实际上并不仅仅有苦梅啊！

田：打断一下，有点儿跑，请围绕刚才同学提出的问题谈。

生：是，我的确在围绕她的问题谈。（生笑）正是因为境遇不同的人对"梅"这一意象产生了不同的认知，所以我觉得梅是主观上的"梅"，梅大多与每个人的精神境遇相关联，梅实际上已不仅仅是梅了，它可以换成万物，换成兰，换成海棠。我爱万物，实际上是在万物当中抒自己主观上的情感，这个情感是自己的，而我爱的正是这种主观上的情感。我爱万物，爱梅，也是爱自己，我在所有的事物当中都看到了自己，所以我爱的是主观意识上的梅，而不是客观意义的梅，我觉得这正是我们之间产生误差的原因所在。

田：好，感谢两位同学。我们会发现，邓羽辛同学从感性角度从自身的生命经历当中去叩问终极文化当中的关怀，而王上毓同学是搞生物竞赛的，他是用生物上的梅和文化上的梅相参，最终他打通了一样东西，打通了什么呢？物与我之间的关系。所以呢，我们从这些角度可以来探究一下思考一下这一问题。事实上我们在道理上都被两位同学说服了，但在形象上却没有建构，这就是我们现在的缺失。所以呢，同学们，今天我们就用最直观的方式，从感性上从形象上直接去认识梅。下面请我们美术组的卢建波老师为我们从绘画角度重新立象以尽意。

卢：各位同学，大家好，非常荣幸，给大家插播一段广告。请不要走开，广告更精彩。（生笑）我想给大家介绍四个人，这四个人呢，是一个皇帝，还有一个文人，另外呢是一个木匠，还有一个老师，这四个人生活的年代不一样，但是他们都在不同的时间做过一件相同的事，那就是——画梅花。（板书"梅花"）这四个人呢都画过梅花，每个人的风格很不一样，我们就来了解一下。

首先请大家看一下这位皇帝的作品。宋徽宗赵佶，大家都知道他是中国历史上一位非常有名的昏庸的皇帝，（生笑）但是在美术史上他却是一位杰出的画家，因为他用江山换取了艺术。（生笑）所以在此我请大家怀着崇敬而沉痛的心情欣赏这幅作品，（生笑）因为这张画在绘制的时候很有可能敌军已濒临城下，但赵佶还在那安心画画。

（生大笑）（幻灯片展示）从中国画的技法的角度来看，请大家仔细看，他采用的是工笔、写意相结合的方法，就是工笔用线条取形象，水墨取韵味，最后他创造出来的这个作品强调形神兼备。另外，他也开创了中国山水画"诗书画印于一体"的艺术表现形式。所以宋徽宗在中国花鸟画的发展史上起到了承前启后的重要作用。

现在介绍另外一个人，是一个文人——扬州八怪之一的李方膺。（幻灯片展示）大家看他的作品和刚才我们看到的宋徽宗的作品有不同之处：第一个，画面当中的颜色没了，在美术作品当中能把颜色摒弃，这是一种大胆的创新。他究竟在作品当中表现的是什么呢？我们看，他完全用水墨表现了一幅梅花，而且用折枝法表现的梅干，用墨点甚至是墨线的勾勒表现的花瓣。这样的梅花在生活中我们从来都没见过，所以李方膺的作品强调神似，不强调形似，这是他内心当中比较个性的一种表达。

接下来请大家看的是一位木匠的作品，这个木匠就是我们大家都知道的齐白石先生。齐白石年少的时候体弱多病，所以家里人考虑到他将来的生活，就让他去做了一个雕花木匠。后来他发现一个问题：雕花没有画花赚钱多，于是就改行开始画花，一画就好多年，于是开始了他的艺术生涯。（幻灯片展示）这张画是 1947 年除夕之夜齐白石先生画的，因为春节到了，他将梅花作为春的信使来表达。和前两幅画对比一下，从画面当中我们最直观的感受是，我们会发现，他的颜色用得非常大胆，这种颜色直接映入到我

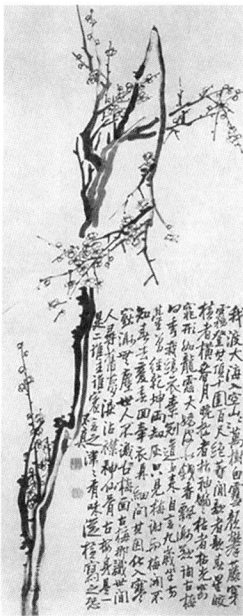

们的眼帘。而且他所画的梅花的枝干完全是用的中国书法中篆书和隶书的笔法，以书入画，用色大胆。所以齐白石等于是将中国民间美术的画风和传统的文人画风有机地结合在一起了，创造了中国现代花鸟画的最高境界。这是齐白石的作品带给我们的审美感受。还有几幅，请大家欣赏。（幻灯片展示）刚才有同学提到了毛主席，左边这幅是齐白石先生为毛主席画的画，九十二岁的作品。那么以上三位大家绘制的作品风格面貌都不同，但是通过这几幅作品和下面这两幅图片对比，（图片显示）大家看，这是自然界当中的梅花，我们会发现一

个问题，就是：触目横斜千万朵，赏心只有两三枝。中国的这些古代的大画家，他们画的刚才我们看到的这些作品，取的都是梅花的局部，所以他实际上是在以物写他自己。中国花鸟画的一个特点就是：借物抒情，托物言志。

　　接下来向大家介绍一位老师，这个老师就是东北师大附中的美术老师卢建波，这个人我非常熟悉，（生笑）我向大家介绍一下，卢老师懂一个道理，就是学艺术应该师法古人同时师法自然，师法古人要学习古人的笔墨技巧，同时要了解古人的文人情怀，师法自然要了解梅花的生长规律，同时还要注意笔墨当随时代，作品要具有时代特征。大家看一下我这张画。（掌声）掌声不够热烈，再看一张！（生热烈鼓掌）这张画呢画了七天，六米长，高度大概是一

米八。这张画我在画的时候是这样想的，古人画梅花多数都以疏简为主，而我尝试反其道而行，在这张画当中将梅花的枝干突出出来了，让它顶天立地，同

时大家可以看一些小枝的画法都是纯浓墨，然后花瓣用红色来点，这种红黑之间的对比增强它的视觉冲击力，大幅度增强它的气质。我的美好愿望是希望能表现出梅花旺盛的生命力和铮铮铁骨，取名叫《报春图》。但也有遗憾之处，如果这幅画要能配一首诗，那效果会更好，我觉得这个光荣的任务应该交给田宇老师和各位来完成，有请田宇老师。

田：卢老师太狠了啊，那我也来观察一下这幅画。同学们一起来观察一下，我们弥补一下卢老师的这个遗憾。我口头作文能力倒是很强，但作诗能力一般。我最讨厌写字了，（生笑）你们都知道为啥。（过了一会儿）你们还不动笔？（生笑）就等着看我写字的笑话。（师生边看画边思考边写，约五分钟后师在黑板上成诗一首）

赋得兄建波写意报春图

冬去天又雪，谁知春埋藏。
建木妆朱红，丘壑过姚黄。
八风立梅操，六出入骨香。
醉与东君卧，花外蜂蝶忙。

总算完成任务了，急死我了。（生鼓掌）我先解释一下这首诗。《赋得兄建波写意报春图》，题目表明这是命题作文，我完全没料到。"冬去天又雪"，因为他姓卢，叫卢建波，咱们宋代有诗画双绝的人物，叫卢梅坡，他说"日暮诗成天又雪，与梅并作十分春"，所以在这里我用了"天又雪"，我是夸赞卢老师，一脉相承，师承古意。接下来，我们再看"谁知春埋藏"。宋代陈亮有一首梅花诗，里边说"欲传春消息，不怕雪埋藏"，然后我给他化用了一下，变成"谁知春埋藏"。再看第二联。听卢老师讲课的时候，他认为他的梅花顶天立地，确实，大家看他的梅花，上出重霄，下临无地，所以我给他夸张了一下，打了个比方，说了什么呢？我说梅花不是梅花，是"建木"，中国古代神话当中的圣树。"建木妆朱红"，这个就是孙老师给你们讲的梅花妆典故的化用。我们现在正缺这个，现在指点大家往这边靠拢，下一步我们要搜集梅花典故的资料，继续阅读。"丘壑过姚黄"，这个大家很熟了，"一丘一壑过姚黄"，给大家印发过，这里姚黄是什么呢？是一种牡丹。我认为他这里面的构思和立意远远超过古人单纯地赋予或者说概念化地赋予梅花那种传统的人文品格，而是有种别出心裁、构思新颖的感觉，所以我说丘壑过姚黄，因为心中有丘壑。下句"八风立梅操"，梅操是梅花操，是中国古代的乐曲，关于梅花的这个乐曲，分为五个部分，因为时间的关系，我们就不展开讲了。"八风"在这里给大家强调一下，以前讲过苏东坡"八风吹不动，端坐紫金莲"，"八风"是什么呢？"八风"是利、衰、毁、誉、称、讥、苦、乐，四顺四逆的人间八事。"利"是顺利、胜利，就是我们所说的成功；"衰"是失败，大家都经历过；"毁"是背后诋毁；"誉"是背后称赞；"称"是当面称赞；"讥"是当面批评、谩骂；"乐"是快乐；"苦"是痛苦。八风怎么样呢？八风立梅操，确立梅花的节操。下面说"六出入骨香"，"六出"是什么呢？同学们，记不记得《太平御览》《韩诗外传》中说的，凡草木花都五出，什么花六出？梅花六出吗？不是，是雪花，所以说"六出入骨香"。这实际上也是化用，其实都是拼凑的，这么急写不出自然的诗歌，拼得满头大汗。唐代的黄檗禅师的《上堂开示颂》，那里面怎么说呢？"不经一番寒彻骨，怎得梅花扑鼻香。""六出入骨香"，雪压梅枝，香气是哪来的？是梅花，附着在枝干上，梅香浸润其中，自得其风骨。"醉与东君卧，花外蜂蝶忙"，这里的"东君"是什么？屈原《九歌》当中的太阳神，后来代指春神。梅花在醉香之际与春神偃仰高卧，梅是红的，非常鲜艳，在东风中旭日下挺立，正好也呼应我们孙老师刚才给你们讲的高启的诗，有名士高卧之感。下面我们看"花外蜂蝶忙"。"花外"也就是画外，就是世外，就是精神境界之外。其实我们就是蜜蜂、蝴蝶，整天忙忙碌碌，所以叫"花外蜂蝶忙"。我觉得这首诗就是东拼西凑的，很不满意，以飨在座的各位吧。（掌声）同学们，你们写完了吗？给我们念念。

生：我没有那么有才，所以只写了四句，（生笑）题目就叫《题报春图》。

师：我不让你上黑板写了，因为你字太好看了。

生：老枝新红妆梅花，浓墨淡雅宜风华。最是春意怎虚寄，雪旁梢头题新芽。（掌声）

师：比我这首强，我这首是急着凑出来的，他这首自然而有新意，确实是发自内心的体验而写出来的，这是写出来的诗歌，我那是作出来的。同学们，今天呢，我们想一想，回忆一下，梅花的文化究竟在哪里？最初许龄予的问题，我总结一下，其实就是文化的虚像没有承受住科学理性的绞杀。文化上的虚像带给我们的东西，我们知道得太少了，就那么几首诗确立起来的虚像，它太脆弱了，所以很多时候，我们还没有来得及去品味，它突然间就消失了。事实上，我们以前知道的梅花只是盆景中的梅花，盆子不打破，根就扎不深，枝就不会壮，不会成长成现在这个梅花，（师手指屏幕上的梅花图），对不对，同学们？接下来，我们看一看，大家再往下想的时候，包括我们在跟美术老师对话的时候，我们看一看绘画之梅和诗歌之梅事实上都是一样的，它们半是自然，又半出自心灵，所以文化事实上是外师造化，中得心源，这就像我们所说的园林，一半自然一半人工。同时我们要注意，还有一个比盆景、园林更高的境界可以让我们去追寻，就是孙老师提出的山水境界，这个境界是去除田老师的"掉书袋"的写法，更贴近于真正的诗歌创作，更贴近文化中的梅花。比如，你能不能就生物老师给大家讲的梅花进行审美，或者写一写，这个时候你才真正打破了，打通了，没有隔膜了。我们不妨试一试，同学们。我们先看生物老师都讲了什么，（师给学生翻看生物老师的幻灯片）从这里面去审美，怎么样？同学们，你能用它作首诗吗？（生有为难表情）很难，是吗？那咱们作个顺口溜怎么样？顺口溜也很难吗？这就是没有打通。下一步要做的最核心的事情就是，物、我，古、今，包括知识上的障碍，这些都要彻底打破，打破我们的隔膜，文化隔膜，打不通永远也走不进。我给大家做个示范吧。比如说，同学们看，（呈现生物老师关于梅和蜡梅的幻灯片）蔷薇目，樟木目，"蔷薇樟木骨肉分"，二者在这个时候分道了。下面再看，（呈现生物老师关于梅的枝姿分类的幻灯片）有垂有直，垂直或者横竖，横的竖的，"横竖龙游诗意存"，我们在去看这个东西的时候，到哪里去看？到姿态中去找诗意，而不是说从生物学的角度去看它的细胞结构。接下来，我们看，（呈现生物老师关于梅的用途分类的幻灯片）"果可和羹花堪赏"，果可以干什么？我们学过的典故，盐梅和羹，"花堪赏"，可以去观赏。最后一个呢，（呈现生物老师关于花梅的幻灯片）色彩很多是吧，我们可以说，"姹紫嫣红第一春"。（鼓掌）蔷薇樟木骨肉分，横竖龙游诗意存。果可和羹花堪赏，姹紫嫣红第一春。你看，这是一首诗吧，对不对？从这个里面，大家可以看到，对生物学意义上的美，我们依然可以进行文化的审美。其实，我们审美最初就来源于对自然、对造化的对象化，何必分得那么清呢，以感性的方式，一样可以抵达山顶。这节课就上到这里，下课！

附　当堂感言

孙立权：“中国文化中的梅花”这一课题是我确定的，为什么确定上这个题目？首先，梅花在中国文学、艺术、文化中占有重要地位，是一个能够代表民族文化的重要意象，理应引起教学关注。其次，“小初高·跨学段”同题异构，能打破学段之间的壁垒。我教过初中，高中，还教过一年小学，也教过本科和研究生。我发现初中老师总埋怨小学老师没教好，看你们教的，字都没写好，净写错别字。高中语文老师总埋怨初中语文老师，连主谓宾都搞不清楚。大学中文系的老师总埋怨高中语文老师，你们净急功近利，教的都是什么玩意儿。这样的冤冤相报是没有意义的，必须把学段之间的壁垒打破，今天这是一种尝试。再者，高中段这节课为什么四个老师上，涵盖三个学科？有的老师说这还是语文课吗？在我眼中，它是语文课，大语文课。之所以这么设计，是要打破学科间的壁垒。不同的学科都认为自己这学科特别重要，这是学科本位观念在作祟。虽然我们是教语文的，但实际上是教学生的，是通过语文来教学生，我们教的是学生。不论哪科老师，教的都是学生，是用你那学科来教。所以，我们不仅仅是教语文的，更是教学生的，所以要打破学科间的壁垒，来跨界混搭。这就是我最初的想法。高中这堂课是没有试讲的课，之前，我们三个学科的四个老师只是简单分工，然后各自备课，具体讲什么，彼此不知道。所以这堂课绝对地真实。我板书了“真善美”三个字，以前上公开课在善和美上做得太好了，但是不够真，这回让它真，且绝对真。

田宇：我评价这堂课就是意外频出，效果无穷。

王欣宇：孙老师基于融合课程的理念，综合了文学、美学、生物学等学科，打破了学科知识藩篱而创制出这节课。它是面向未来的教学尝试，毕竟学生未来面对的是无法划分学科的真实世界。

卢建波：作为美术老师，我是第一次以这样一种方式上课，在上课前，内心既期待又忐忑。几位老师都是很优秀的老师，尤其是孙立权老师是全国名师，在讲课的过程中合作得非常成功。这节课让我切实体会到了复合课的魅力，课程内容具有很强的多元性和整合性。能够引领学生从不同的角度去关注和深入研究一个事物。而核心价值是引发了教师本身对学科专业性与学术性的融合以及对教学方式变革的积极思考。看似随机的组合与表达却带给我们全新的视听感受，同时具有不可还原的特点。这种对教学模式及课程开发等方面进行的积极探索，为未来的学科教学提供了很多可能性。

教后沉思

每个人心里都有一棵树
——"中国文化中的梅花"执教感言

田宇　孙立权

"中国文化中的梅花"一课在设计上以建构主体性为核心，遵循"去蔽与开启"的课程理念，依托经典意象"梅花"，打通主体与客体之"隔"，打通现代与古典之"隔"，打通科学理性与人文情怀之"隔"。以"象"为根，以"意"为轴，由单篇走向群文，由封闭走向开放，由单一走向多元，以读带写，以写促读，读写一体化。

"梅"是生物的，又是文化的；是世界的，又是中国（主要是南方）的；是古典的，又是被经典了的；是最早成为大众食谱中的调味品之一的，又是被当下功利化意识形态与科学理性物质化了的物种。在中国古代，"梅"曾霸占一个时代、一个民族精英文化的心灵世界，又随着经典化带来的模式化，慢慢退出民族审美舞台。因此，要与当下中学生，尤其是北方学生一起寻梅、探梅、赏梅，只能"纸上谈兵"，时空之"隔"就成了教学的第一个困境。这堂课又因为是三个学科的四位老师共同执教，不同思维方式，不同专业，不同知识结构能否形成有效对话，成为课堂教学的又一困境。第三个困境是学生的积累，学生未进行专题阅读时，所知有限，专题拓展后又有不可控性，完全生成的课堂是我们要不断面对的挑战。

首先，我们在自己心里种下一树梅花。我们四位上课教师，有的重读了《踏雪寻梅——中国梅文化探寻》《中华梅文化赏析》《梅与中国梅文化》《中国历代梅花诗抄》，有的读了《君子的风范：松竹梅兰》《历代名人与梅》《梅文化与梅花艺术欣赏》，有的搜寻了历代关于梅花的绘画，有的到大学生物系去查找关于梅花的资料。通过阅读，我们发现了一个古怪现象：梅文化的脚步停在古典的时光里，中国文化中的梅在当今中国在市场而不在文化场。这种体验让我们瞬间做出一个决定：应该和同学一起先寻找中国文化中的梅的文化场。于是我们给学生印发了第一期资料，主要是以时间为线，梅花经典化的一系列作品。

这就是要在每个学生心中种下一个梅种。让每个个体通过阅读诗中、文中、画中、雪里、寒风里、文人墨客心中的梅，构建起自己的梅花之象。这与一贯的让学生先感觉"有意思"再体验"有意义"的教学形成龃龉，甚至背离。所以，第一期阅读资料是对学生感受和体验的挑战。置身词境，倾听诗心，是我们想要学生静下来，慢慢走的第一步骤，因为，我们深知建构中国文化的灵境诗心本就是与之对话的慢动作。梅是这样一步步经典化的，人就是这样一点点有文化的。

第二期资料是反经典化。我们下发的资料多是《夏梅说》《病梅馆记》和摄影类照片、科学小品类作品。这类作品多有颠覆性，大量的问题甚至超越学科的疑问纷至沓来，小组讨论多在激烈的争执和不统一中结束。该怎样与时代对话，在这片文化的荒原中垦种，让学生重建文化之象，是我们这堂课要解决的主要问题。

因此，这节课的重心就是要围绕"重建"二字展开。我们的教学设计其实就是两句话：一是要让每个学生心里重新种上一棵树，立象以尽意。一是要让我们的心从盆景变成园林，由园林变成山水，获得生命境界的提升。读写结合的课常常是不可预知的，因此也就只有教程而没有所谓的教案，也不必有。

同课异构，不仅仅是同科异构，还要异科异构，甚至是异科同构。这堂课就是异科同构，首先打破的是科学理性与人文精神的壁垒，我们不是要在对抗中分出胜负，而是在对话中寻求认同。学科虽有文理，但不过是山脚下分手，山顶上碰头而已。四人同台，三科合作，文理并在，每个人都不知道其他人具体讲什么，怎么讲。因此我们只秉持一心：每个人心里都有一棵树，每棵树都是"梅"。所以我们只是在上课前简单沟通了一下出场顺序。

我们深知：生物也罢，美术也好，都是从各自本位视角去建构主体性，文学亦如是。老师和同学都是在完满自身的主体性，有差异的对话才能使异质性体验与思考有效碰撞，从而使精神世界无限拓展，灵思随个性飞扬。对话在一个场中进行，我们需要的是现场生成，是学生体验与思考的进行时和将来时。从课的呈现上来看，我们不知不觉完成了一个了不起的命题：文学与科学从未分道扬镳，都一直蕴藉在文化之中，不可分割。

"原来还可以这样想！"这是学生最大的收获。当今中学生很了不起，能够在10分钟迅速切换自己的思维，甚至角色，从一堂化学走进一堂历史，又从一科数学走进一科语文……现代性的"规训与惩罚"使学生习惯成自然，"必要的丧失"迫使他们遗忘或忽略这些无解的命题。但这节课偏偏把这个问题从幕后搬到台前，让学生的内心"动起来"，形成冲突。反躬自省式的叩问最接近自己，最接近本质。而这种生命体验和"梅"的生存境遇不知不觉就遇合在一起，思想就从这诞生了。

梅——每个人都是一棵了不起的树。

观课评教

才有梅花便不同
——评"跨界混搭"的语文专题阅读课"中国文化中的梅花"

王春（东北师大附中语文教研室原副主任）

东北师大附中不同教龄不同学科背景的四位教师联合执教的"中国文化中的梅花"一课是由著名语文特级教师孙立权老师设计的"跨界混搭"的专题阅读课，是打破单篇教学与学科壁垒的重要尝试，也折射出了东北语文人对语文教育的深刻思考。

亮点一：专题阅读，对"象外之旨"的理性探寻以单篇课文作为教学内容的语文课堂是无法满足学生语文核心素养生成过程中的"物质需求"的。学生需要一杯水，教师就应该引领学生走向奔涌的河流，任由他"弱水三千取一瓢"。专题化的阅读，能够给学生提供充分的知识给养和精神食粮，有利于学科知识体系的丰富性建构以及学生精神面貌的个性化生成。以整体性的语文核心素养培育取代碎片化的语文应试能力训练，无疑是当今语文教育的必由之路。本堂课是以"中国文化中的'梅花'"为主题的专题阅读教学的第三堂课。在前两堂课上，教师已经指导学生阅读了四万字的不同体裁的关于梅花的文学作品。通过学生的课堂提问与交流，我们已经可以直观地感受到坚持系统性的专题阅读教学的成果。通过专题阅读，学生对于中国文化视域中的梅花意象有了系统性的知识考察，也对梅花的"象外之旨"进行了思辨性的理性观照。学生自发地在课堂上直接切入到科学与文学相生相克的关系讨论上，提升了课堂的品质，也展现了专题阅读的价值。

亮点二：跨界混搭，对"畛域之见"的文化超越

跨界混搭集中体现在四位授课教师跨学科的合作。本次授课的来自东北师大附中的四位教师，学科涉猎生、语、美，教龄跨越老、中、青。这种跨界混搭合作的语文课，增容了生物学、美术学的知识后，语文学科特色愈发凸显。多位老师的登台授课，对学生而言，语言修养、学科修为、思维特色的展示与示范都具备了多元性的特点。在多元的碰撞与对话中，教育的一些"元问题"就水落石出了。比如学生提出的科学认知对传统审美认知的消解问题。这个问题的提出恰恰直指当代高中教育存在的问题。在应试的指挥下，教育往往只简化成应试训练，人才培养往往只简化成逻辑思维的训练，而形象思维能力的培养却遭到了忽视。据美国学者研究，一个完整的创新周期包括准备期、酝酿期、闪光期、验证期四个部分。其中最为重要的酝酿期和闪光期是必须依靠强大的形象思维能力才能得以实现的。忽视了对人的全面培养，人才的创新能力就要大打折扣。这在一定意义上也就对著名的"钱学森之问"作出了回答。《庄子·秋水》："泛泛乎其若四方之无穷，其无所畛域。"这堂语文课的最大特色就是突破了学科畛域、观念局限，站在"人的培养"的高度来大胆实践。而语文学科的自身特色在教育的"广角镜头"下不减反增，语文学科兼重逻辑思维能力与形象思维能力培养的学科特色展现得淋漓尽致。

亮点三：真实灵动，对"课堂作秀"的行动否定

值得一提的是，这堂课是"原生态"的课，课前并没有进行试讲。课堂教学内容的预设，四位教师并未进行过精细的沟通，所以出现了诸如现场命题赋诗的生成性环节，颇有民国时期京剧大师们"不排练，台上见"的风范。虽然现场即兴诗作的工稳尚有推敲的余地，但课堂的真实灵动却难能而可贵。从这个侧面也可看出本次活动的设计者对当下盛行的课堂作秀潮流的行动否定。

"寻常一样窗前月，才有梅花便不同。"这堂"跨界混搭"的"中国文化中的梅花"，展现了东北语文人立足融通的教育视野对当代语文教育的新思考与新探索，必然具有标志性意义。

14. 语言运用：寒暄分谦敬

编者按：本节课是立权师在 2015 年东北师大附中高考备考研讨会上执教的高三复习课，当时有来学校考察的重庆市教学团队一行几十人观摩。本节课授课班级是 2013 级 28 班，本实录整理者是山东省实验中学语文教师林忆雪和北京师范大学长春附属实验学校语文教师满堂。

师：同学们好！

生：老师好！

师：请坐。大家鼓掌欢迎从重庆远道而来的各位领导和老师。

（学生鼓掌）

中央电视台《艺术人生》节目的主持人在一次采访毛泽东的孙子也就是毛岸青的儿子毛新宇时说："家父刚刚过世，让我们表示深深的哀悼。"你听完这句话，能判断是谁的父亲死了吗？郑航，你能判断吗？

生：这句话说得有问题。

师：什么问题？

生：家父是指说话者自己的父亲。

师：啊，家父是对别人称自己的父亲，对不对？那就是说我们听完主持人的话，我们的第一感觉是谁的爹去世了？

生：主持人的爹去世了。

师：那么主持人的爹去世了，他自己哀悼就可以了，还让我们大家一起表示哀悼，这就有问题了吧？在这个语境当中，实际上说的是谁去世了？

生：毛新宇的父亲。

师：对了，毛新宇的父亲——毛岸青，人家毛岸青刚刚去世。请坐。所以大家注意，称自己的父亲叫家父，而且是对别人称时，你自己见你父亲也不能叫家父。主持人在称呼别人的时候，犯了一个非常明显的错误。你不能把别人的爹叫成自己的爹，你到处找爹，这不行，对吧？（生笑）还有一个例子。有一个要考研的学生，他要考北大中文系袁行霈先生的研究生，他给袁先生发了一封信，信的开头写道："先师您好。"（生笑）袁行霈先生就给他回信，问他："你为什么称我为先师？"这个学生非常郑重地回答："先师，是先生+老师，简称先师，这是表示对您的尊重。"（生笑）大家想一想，在称呼前面加上"先"，这是什么意思？

生：死了的意思。

师：啊，表示这个人已经去世。什么叫先父啊？

生：已故的父亲。

师：对。什么叫先王啊？

生：已崩的帝王。（生大笑）

师：嗯，已经死了的王。先师，已经死去的老师。把袁先生给说死了，你说袁先生能招收这个学生了吗？所以大家注意，在咱们中国，称呼是很讲究的，是有文化内涵的，是文明礼仪之邦的产物。大家注意了，它不是个小事。请大家看这些称呼。

（师向学生展示幻灯片：

称对方：令尊、令堂、仁兄、贤弟、贤侄、贵府、大作、高就……

称自己：鄙人、在下、小可、贱内、愚师、贫道、晚生、寒舍、拙作……）

请你总结一下，中国文化里在称呼对方、称呼自己时有什么不同？谁能用一句话总结一下？

生：称呼对方用尊称，称呼自己用谦称。

师：啊，大家看，令尊、令堂，什么叫令啊？美好叫令。（师抬手指向幻灯片）仁、贤也是好词儿。人家的家叫贵府，人家的作品叫大作，问人家在哪工作叫高就。大家注意看这些词啊，令、仁、贤、贵、大、高，够高大上吧。称呼对方的时候用敬语。(师手指幻灯片上的字)你再看称呼自己，鄙、下、小、贱、愚、贫、晚、寒、拙，大家看，这些词的共同特点是含着谦卑之意。所以，称呼自己的时候使用谦词。谦敬要分清。(师板书：寒 分谦敬)寒什么分谦敬啊？我们见面时说"你好啊，身体怎么样"(师做出相互交流的动作)是在什么时候？

生：寒 xuān。

师：啊，寒 xuān，xuān 字怎么写？

生：左边是"日"，右边是"宣布"的"宣"。

师：对了，大家注意，这个"暄"不要写成口字旁。"暄"的意思是热，寒的意思是冷。问寒问暖，所以叫寒暄。今天我们就讲一下"寒暄分谦敬"这个问题。

这是我看到的一份报纸。（幻灯片展示一张报纸的图片）这是一个广告，看这个广告的题目：惠供珍稀良种果苗。就是说有一个地方，出售珍贵稀少的良种果苗。然后他做广告说"惠供珍稀良种果苗"。有没有问题？

生：有。

师：谁说有问题？说说，什么问题？

生："惠"字有错误。"惠"的意思应该是表示对方的行为对自己的恩惠，他供应良种果苗是卖给别人的，不应该说"惠供"。

师：他向别人卖良种果苗，他说我卖给你东西，这对你是一种恩惠，这怎么行？惠是个什么词啊？从谦敬角度看属于什么词？

生：敬词。

师：它是敬词，它只能用在对方的动作上。这里说我这个地方供应珍稀良种果苗，你怎么能用惠呢？你应该用谦称。大家看看，怎么改？

生：供应珍稀良种果苗。

师：你这里没有谦敬，直接陈述事实，也可以。如果非要用"惠"字，就得从对方的角度说：欢迎——

生：惠购。

师：嗯，欢迎惠购珍稀良种果苗，这就可以了，这就是从对方角度说的。嗯，这个"惠"字非常容易弄错。"欢迎新老客户惠顾"，这么说对吗？

生：应该是正确的。

师：嗯，正确，因为"顾"是对方的动作。欢迎新老顾客惠顾，新老顾客到你这来，给你带来恩惠，所以用"惠顾"，很准确。谈家桢院士在给一个人题字的时候写道："海峰大师惠存。"用得对不对？

生：应该不对。

师：不对？

生：把自己的作品送给别人不应该用"惠"。

师：难道要改成"海峰大师敬存"吗？

生：哦，不，用"惠"是对的。

师：注意，这是个难点。你看他都糊涂了。"海峰大师惠存"是对的，因为"存"这个动作是谁发出来的？

生：是对方。

师：大家注意，"惠"用对了还是用错了，有一个判断的标准，就是看"惠"字后边的动作是谁发出的。惠顾，"顾"这个动作是谁发出的？

生：顾客。

师：对方，对吧？惠存，"存"这个动作谁发出来的？

生：对方。

师：这就是对的。如果"惠"字后边的动作不是对方发出来的，是"我"发出来的，就有问题了。比如说我送人一本书，我在扉页上题字"孙立权惠赠"。有没有问题啊，王一诺？

生：有。

师：什么问题啊？

生：因为"赠"这个动作是本人发出来的，不应该用"惠"。

师：很好。"赠"这个动作，是我发出来的。我赠送给你一本书，我就给你恩惠了，这像话吗？谦敬给弄反了。所以大家注意，"惠"字能不能用对，关键看"惠"字后边的动作是谁发出来的。如果是对方发出来的就是对的，如果是咱们自己发出来的，就是错的。今天咱们学校来了好几十位重庆的老师，现在就坐在后面听课呢。请你写一句带"惠"字的欢迎词，大家研究研究。

（学生互相讨论）

曹洋，想好了吗？

生：嗯（犹豫一下），想好了。

师：说吧。

生：欢迎各位老师惠临。

师：好，"临"这个动作谁发出来的？对方，所以我们这么使用就对了。"欢迎各位老师惠临"，有点儿简单了。辛文博，你想好了吗？

生：我想的也是"惠临"。

师：也是"惠临"，那怎么说？

生：欢迎各位老师惠临我校。

师：可以，后边可以带宾语。或者在"欢迎各位老师惠临我校"后边再带上动作。

生：欢迎各位老师惠临我校参观学习。

师：让人家来学习，好吗？

（全班笑）

生：参观交流。

师：嗯，交流，还可以。或者说"欢迎各位老师惠临我校参观指导"，好不好？嗯，看来这个"惠"字会用了。

还有一个字也非常容易弄错——鼎。请看两个例句。（屏幕显示：我一定鼎力相助；请您鼎力相助）王歆钰，哪一个对？

生：第二个用得对。

师：判断对了，为什么？

生：因为"鼎"也是一个敬词，所以应该用在对方帮助自己的时候。

师：好。大家注意，"鼎"跟"惠"一样，是个敬词。鼎就是大，中国古代的鼎是非常大的，非常沉重的，所以鼎就是大。鼎力就是大力。但鼎力是表敬的，大力可以表敬，也可以不表敬，"鼎力"后边的动作必须是对方发出的。所以大家看，"请您鼎力相助"，非常正确，"我一定鼎力相助"，错。

好。还有一个字，叫"玉"，也非常容易用错。父亲对媒人说："万望玉成小女婚事。"张仲妍，你说对不对？

生：对。

师：判断对了。比如说下学期要毕业了，咱班女同学王荟莹送我一张照片，在照片后边题上"谨赠玉照一张存念"。王荟莹，你说说，对不对？（生笑）

生：不对。

师：很好。错误何在?

生：玉是表敬的，我的照片，不能说"玉照"，应该用表谦的词，比如"小照"。

师：很好，"玉"是个美好的词，要用在别人身上。玉照，是对别人照片的敬称，你送我的照片，你不能说玉照，但我可以说。当然，玉照现在多指女性的，但男性也不是不可以。日本的增田涉给鲁迅邮来照片，鲁迅回信，说玉照收到。这是鲁迅先生写的，用在男性身上了，也可以，但是现在多数用在女性身上。惠、鼎、玉，这三个敬词很容易用错，要注意。

再看"笑纳"。(幻灯片呈现：他一再地送我书，我只好笑纳)王铭轩，有没有问题?

生：有。"笑纳"用得不对，应该是....

(生答不上来)

师：杨舒雯，你帮帮他。

生：可以直接说"我只好收下"。"笑纳"是自己送对方东西，然后希望对方笑纳。

师：很对啊。王铭轩，笑纳是请人收下礼物时说的客套话，是说礼物不成敬意，让您见笑了。笑纳是个谦词，有时候也说"shěn 纳"。王荟莹，知道是哪个 shěn 吗?

生：没想好。

师：王丛娇，哪个 shěn ?

生：口字旁，加个东南西北的"西"。

师：嗯，对了，哂就是笑的意思，所以笑纳也说成哂纳。好，请坐。

再看"蓬筚生辉"。注意蓬筚生辉不要写错，我这样写才对，可不是天棚和四壁啊! 这两句话，哪一个说得对?

(幻灯片呈现：①老师的到来，使我们家蓬筚生辉。 ②把我的画挂在你们家里，一定会使你们家蓬筚生辉的。)

生：第一句话说得对，第二句话不对。因为蓬筚是指用树枝、草搭建的自己的房屋，应该是对方来了，使自己的房屋增添光辉。

师：嗯，蓬筚是"蓬门筚户"的缩略，是指用蓬草、树枝、竹枝等做成的门，借指简陋的屋子。你不能称人家的房子是破房子，称自己的房子是破房子才对。所以"请到寒舍一叙"，我的房子叫寒舍，我到你家，我得说你家是贵府。在"蓬筚生辉"中，蓬筚指自家屋子是对的。

好，再请大家看一小段视频，注意听，当里边出现谦敬词语的时候，有没有问题。

（播放电视剧《永远的田野》片段）

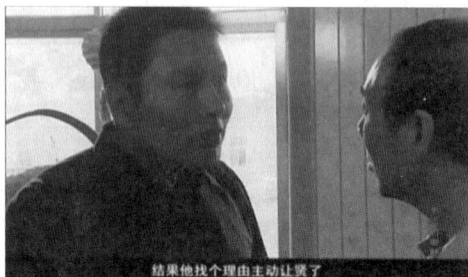

（电视剧《永远的田野》剧照）

嗯，就看到这儿。在对话当中，乡长有一句话，涉及谦敬词语的使用，出问题了，有人发现吗？好，（抬手向学生示意）说吧。

生：乡长说"他主动让贤了"，有问题。

师：她找的这句对不对？很对。接着说。

生："让贤"是一个敬词，这个动作的发出者是"我"才对。

师：啊，让贤，就是让位给贤者，对不对？说"我让贤"，这当然没问题。说"他让贤"就不行吗？

生：也行，但让的对象不能是"我"。

师：这就对了。这个陈乡长说"他主动让贤了"，是说人家把位子主动让给他陈乡长了。他说自己是贤人，这就不得体了。好，这样的细节在生活中我们应当注意。因为学语文，就是练就一颗敏感的心，对生活、对风花雪月、对人际交往都非常敏感，这才行。

好了，我们再看——

（PPT 显示关于"抛砖引玉"的例句：①刚才王厂长的话，讲得很好，起到了抛砖引玉的作用。②就说到这里吧，大家就当我是抛砖引玉。）

（看到"抛砖引玉"的例句，生笑）

有一次啊，我请省教育学院一位德高望重的院长来作报告。是咱们学校一位副校长主持的，大概十几年之前。院长讲完话，咱们主持的副校长说："刚才张先生抛砖引玉，讲得很好，下面我谈谈感受。"

（生笑）

大家看（手指向 PPT），和哪个是一样的？

生：第一个。

师：什么问题？啊，你说说。

生：刚才校长说的，相当于说专家的话是"砖"，不对，专家的话应该是"玉"。

师：啊，专家刚讲完话，你说人家是抛出块砖头，这是真把人家当"砖家"了。

（生笑）然后你接着讲话，引出你这个玉……（双手做引出状）这就是谦敬失当。那么第二句呢？

生：是对的。

师：好，我自己说的话是抛砖引玉，这叫自谦。称自己的话是"砖"，接下来引出的别人的话是"玉"，这才对。再看下一组。

（PPT 显示：①我令妹好使性子，如有不周之处，还望你多多包涵。②张伯伯，我同您的令爱是同学，这事儿就拜托您了。）

"我令妹好使性子"，（环顾学生）什么问题？

（点一个学生回答）

生：令妹是"你的妹妹"，不是"我的妹妹"。

师：好，那怎么改呢？

生：改成"舍妹"。

师：将"我令妹"改成"舍妹"，很好！或者直接改成"我妹妹"也可以。再看第二句"我同您的令爱是同学"，有没有问题？

（点一个学生回答）

生："令爱"用得不对。"令爱"是你的爱人……

师：啊？"令爱"是你的爱人？

（生笑）

生：不不，您的女儿。

师：这才对。

生："令"字就含有"您的"意思了。

师：对啦！因为"令"是美好的意思，是敬词，已经含着"对方的、您的"意思了，前边儿再加"您的"，就有叠床架屋之嫌啦，重复累赘，对吧？所以应该怎么改？

生：把"您的"拿掉，直接说"我同令爱是同学"就可以了。

师：假如说我给咱班胡方麒写一封信，末尾说"恭叩金安"，胡方麒，你说正确吗？

生：这个是正确的。

（全班大笑）

师：正确的？

生：要对对方使用敬称啊！

师：啊，对对方使用敬称。（全班笑）你真敢接受啊！（全班笑）你不觉得折煞你也吗？（全班笑）大家注意，胡方麒说对对方使用敬称是对的。但是，使用敬称也是有要求的。我是你的老师，我是长辈，你是晚辈，我的信落款是"恭叩金安"，我给你叩头，祝你大安（全班笑），这好吗？这里有两个问题，一是用"恭叩"不对，一是用"金"也不对。"金"比喻尊贵，是表敬的，可以用在平辈之间，也可以用在晚辈对长辈上，一般不用在长辈对晚辈的表达里。你改一下吧！

生：由您给我写信改成我给您写信。

（全班笑）

师：（一愣，没想到）这也是一种改法。如果仍然是我给你写信呢？

生：身体健康，万事如意。

师：嗯，用大众流行语，可以。请坐。陈子非，你改一下。

生：此致敬礼。

（全班笑）

师：大家不要笑。长辈对晚辈用"此致敬礼"还是可以的，为了表示对晚辈的敬意，虽然收信人是晚辈，但写信人这样用是可以的。还可以怎么改，韩萧？

生：平安如意。

师：嗯，这当然都可以。你想，胡方麒是学生，比如说要我改，我就改成"顺祝学习进步"，这是比较好的。

这写信的称呼、落款都是很微妙的。你看，鲁迅和他的学生许广平——后来成了他的妻子，通信就非常有意思。许广平写信都称"鲁迅先生""鲁迅师""迅师"，落款是"谨受教的一个小学生"。鲁迅回信称"广平兄"。许广平接到信之后，非常惊诧，鲁迅先生——我的老师，管我叫"广平兄"？于是许广平写信问为什么这么称呼。鲁迅回说，虽然你比我小，但是我管你叫"兄"表示一种尊重。同学们注意了，"兄"不一定非得用在男性身上。就像毛泽东给宋庆龄写信称"庆龄先生"，宋庆龄是女的，但也可以称"先生"。鲁迅写"广平兄"，落款是"鲁迅"，一下打破了师生的……（全班笑）然后许广平再写信，就写"亲爱的老师"或者"我的亲爱的老师"——有兴趣的同学可以看鲁迅的《两地书》，《鲁迅全集》里有——落款就是"您的害马"，因为许广平和刘和珍一起被校长开除过，《记念刘和珍君》里提到开除六个学生，里边就有许广平。开除的理由就是这六个学生都是"害群之马"，所以鲁迅就叫许广平"害马"，后来鲁迅写信就是"亲爱的害马"（全班笑），落款就是一个字，"迅"。这是称呼的变化，就知道两个人的关系已经发生变化了。

好。再看这个。（PPT 显示：人民选择逃离，必然与曹操的残暴有关。曹操屠城的往事，也许他自己已经淡忘，但人民不会忘记。荆州是逃难者的乐园，来自徐州的难民对曹操的暴行更是没齿难忘。——《三国不是演义：刘备不是传说》）"没齿难忘"这个成语的使用有问题吗，赵雪？

生：有问题。

师：很好，判断对了。什么问题？

生："没齿难忘"一般都用来形容恩情、恩惠的。

师：对的，没齿难忘，是表示对别人的恩德、恩情，对别人的帮助，老得牙掉没了都忘不了，也就是一辈子都忘不了。对曹操的暴行没齿难忘。他喜欢受虐呀？（全班笑）其实改一个字儿就对了，赵雪。

生：切齿难忘。

师：很对！把"没齿难忘"的"没"改成"咬牙切齿"的"切"就对了，就用来指对别人的坏事，一辈子忘不了。好，请坐！你看，一字之差啊，差别很大。

既然谈到了称呼，大家都知道古人有姓名，有字号，在称名和称字的时候有讲究。有什么讲究呢？看一小段视频，周润发主演的电影《孔子》，你注意孔子和他的弟子子路对话的时候，出问题了，大家注意看，出什么问题了。

（播放电影《孔子》视频，影片中的孔子多次称子路为"子路"）

什么问题？谁发现了？（学生小声讨论）王荟莹在那儿窃窃私语，你发现了什么？

生：子路是字，表敬时才称对方的字，孔子是他的长辈，不应该叫他子路。

师：子路叫什么名？

生：由。

师：姓什么？

生：姓仲。

师：姓仲，名由，字子路，对吧？请坐。名，大家注意，在古代就是代表他自己，就是个符号，而字是跟品德有关的，字是表德的，所以当称呼对方字的时候，是表示对对方的尊重，而直呼其名的时候表示不尊重。但是长辈对晚辈一般直呼其名，比如说，孔子是老师，他称呼子路，怎么称？

生：（齐声）由。

师：对，有《论语》为证。王泽森，《论语》里怎么说的？

生："由，诲汝知之乎！知之为知之，不知为不知，是知也。"

师：还有一句，跟"升堂入室"有关的，还记得吗？

（问了好几个学生，都不记得了）你看，不好好读经典就是这个后果，知道吧？孔子说"由也升堂矣，未入于室也"。这回记得了？《论语》是语录体的，孔子叫弟子就是直呼其名，你叫仲由，就叫你由；你叫颜回，就叫你回："贤哉，回也！"孔子是不能管子路叫子路的，如果编剧、导演或者演员，这三者当中有一个有点这方面的文化，就不会出现这种问题。

大家再看古典名著《三国演义》的一段，人家说得就很对。

（PPT展示：操曰："使君知龙之变化否？"玄德曰："未知其详。"操曰："龙能大能小，能升能隐；大则兴云吐雾，小则隐介藏形；升则飞腾于宇宙之间，隐则潜伏于波涛之内。方今春深，龙乘时变化，犹人得志而纵横四海。龙之为物，可比世之英雄。玄德久历四方，必知当世英雄。请试指言之。"玄德曰："备肉眼安识英雄？"）

曹操和刘备青梅煮酒论英雄。曹操怎么称呼刘备？

生：使君。

师：刚开始叫使君，因为刘备是豫州牧，对州郡长官叫使君，是当时的通称。看这句——"玄德久历四方"，曹操管刘备叫什么？叫玄德，玄德是刘备的字，称呼对方字是表示对人的尊重。然后你再看刘备怎么称呼自己？"玄德曰：备肉眼安识英雄？"玄德怎么称自己？称名。因为名就代表自己，而字与品德有关，所以称字表示对对方的尊重。称对方要称字，而自称的时候要称名。但是长辈对晚辈可以直呼其名。所以孔子管子路叫"由"，这才对。

大家看，今天咱们围绕着"寒暄分谦敬"这个话题举了非常多的例子，有的是考试中非常容易犯错误的地方，提醒大家注意。当然，讲谦敬是好的，但不能过头。中国古代有点儿过头了，形成了各种避讳，帝王的名字都叫不得了，皇帝叫刘询，那么荀卿，也就是荀子，都不能叫荀卿了，得改名叫孙卿，这就走向了专制，过头了，避讳过头了不好。大家都知道我们今天吃的山药吧，山药原来不叫山药，叫"薯蓣"。（展示PPT内容：薯蓣——薯药——山药；唐代宗李豫、宋英宗赵曙）后来因为唐朝皇帝李豫，名字里有个"豫"字，同音字都不能叫了，没办法，把这种东西给改名了，改成"薯药"了，这是唐朝的事情。到了宋朝，宋英宗叫"赵曙"，又坏了，为了避讳连"薯"也不能叫了，改成"山药"。从宋代开始，一直叫到今天。其实它原是叫薯蓣的，就是因为避讳皇帝的名字而改的。大家注意，这是不好的，这就过头了。明清时代，有很多因为避讳出问题而大兴文字狱的事，许多人被灭族，全家抄斩，那就是非常严重的问题了，走向专制与独裁了。

今天咱们围绕这个话题就探讨到这里，下面我再给大家印发一些习题回去做。今天的课就上到这里，下课！

15. 作文指导：视角改变与语言陌生化

（长春版）

编者按：2007年4月26日，立权师在吉林省中小学读写教学研究会首届教学研讨活动中给高一学生首上此课。后于2008年在中央教科所"中小学生作文个性化发展研究"课题年会上给北京育才学校初二学生重上此课。后又于2011年11月4日在由杭州师大主办的第46届浙派名师暨全国语文名师经典课堂教学艺术展示活动中给初一学生重上此课。后又于2012年11月24日在广东省中山市中山纪念中学给高二学生重上此课。相关内容曾先后发表于《语文教学研究》2009年第1期、《语文教学通讯》2016年第16期。2007年长春版的授课班级是东师附中高一7班，课堂实录的整理者是吉林省白城一中分校语文教师王佳。2008年北京版的授课对象是北京育才学校初二学生，课堂实录整理者是原《作文个性化平台》杂志编委刘炯辉，经原北京通县潞河中学万九洲先生审定。

师：哪位同学游览过杭州西湖？请举手。

（生无语）

师：咱们班一个没有？

（生笑）

师：即使没有也没关系，我请同学们看两幅图像，看大家是否认识。

（多媒体播放杭州西湖边秦桧夫妇跪像）

师：谁认识？

生：以我之见，这是由白铁所塑造的秦桧的塑像。

师：就他一个人吗？

生：以我的知识范围，只知道他一个人。

（生笑）

师： 只知道一个人？（其余人笑）谁还有补充？

生： 旁边那个是秦桧他夫人。

（众人笑）

师： 以我的话呢，是秦桧他老婆——王氏。（生大笑）这就是杭州西湖边上岳王庙前秦桧夫妇的跪像。"青山有幸埋忠骨，白铁无辜铸佞臣"，历代秦桧的像都是跪着的。但是 2005 年有一位艺术家为秦桧夫妇塑了这样的像。（多媒体播放塑像照片）让他们站起来了。该不该让他们站起来？有人从维护人权的角度说，应该让他们站起来。有人从传统伦理道德角度说，永远不应该让他们站起来。该不该站起来，不是我们这节课要讨论的问题，有兴趣的同学课下研究。我是想让大家看一看这个作品的题目。什么题目？（大屏幕显示作品题目）"跪了 492 年，我们想站起来喘口气了。"（生笑）我读之后很有感觉，我感觉这句话很有冲击力。你们有什么感觉？谁谈一谈？看了这个标题，你有什么感觉？

生： 简单而言，看了这个标题之后，我感觉是以他们两个人的身份与视角在言说，我们赋予他们一种主观的意识，他们想站起来喘口气了，可以说是把古代人物生动复活了。这是我感到的冲击力的来源。其次会让我们感到，这种冲击力会在我们思想上产生一种矛盾与冲突。

师： 嗯，不错，你发现视角有变化了。好，还有没有想说的？

生： 我觉得这个题目给大家一种不同的情感。就是 492 年以来，我们大家都是以自己的主观意识来看待秦桧夫妇二人的，以我们旁观的或者说是历史的视角来评判他们。但是经过这个题目我们已经看到，作者第一次站在了秦桧与他夫人王氏的角度来评判这个问题，使我们感到一种不同的情感，那就是这两个人他们站和跪自己所拥有的情感。这是我的看法。

师： 好，坐。我第一次看到这个标题，感到很有冲击力。我就琢磨为什么我会有这种感觉，我思考的结果是，这个题目在语言表达的时候，它什么特殊呢？它的叙述视角很特殊。（板书：视角）我们都发现了，它是以谁的视角以谁的口吻来表达呀？

生（齐答）： 秦桧夫妇。

师：秦桧夫妇，"我们"嘛，对不对？同学们，这就是叙述视角的改变。叙述视角的改变，有时候会让人耳目一新。所以我们在写作的时候，常常要考虑叙述视角的改变。你比如，以"色彩"为话题写一篇作文。（板书：色彩）以色彩为话题，话题作文。请同学们从改变叙述视角的角度考虑一下，你打算怎样构思。讨论一下，前后桌同学，讨论一下。

（生讨论）

师：好了，谁来谈一谈？大家畅所欲言，虽然会场坐着吉林省来的近千名的中学语文老师，但我们不怯场。我们把我们的才华展示出来，勇敢地展示自己推销自己，这是我们东北师大附中学生的风采，对吧？谁来谈一谈？

生：如果让我以"色彩"为话题写一篇文章的话，我想我会从一个调色板的视角来看待这些色彩。

师：以调色板的视角来写，嗯！

生：因为吧，所有的色彩的混合生成都是在调色板上完成的，这样的话，我以调色板的视角就可以比较客观地审视色彩之间的故事。譬如说，色彩本身都是具有不同的属性的，它们有不同的寓意。比如说黄色象征皇室，红色是一种吉祥的象征，蓝色是一种忧郁的象征。它们本身不同，但在我调色板看来它们又都是相同的。因为它们只要运用得当的话，任何一种色彩都可以调出非常优美的图画。这就是我这篇文章的构思。

师：很好，从调色板的这个视角来写，以它的口吻来写。这就是叙述视角的改变，嗯，很好。还有没有？

生：如果是我的话，我希望以一种以点代面的方式，以色彩中之一来见其全貌。

师：以赤橙黄绿青蓝紫中的某一个色彩，以它的视角来写。

生：如果我写的话，我会写绿色，可以取平静祥和之意。绿色，它出于何处，首先我们知道彩虹是由白光因物理变化而折射出七色彩光。

师：你说的这些我就不太懂了。（众人笑）物理学得不太好。（众人又笑）

生：在这里边绿色出于白色，可以说白色统一了所有颜色，在一瞬间把所有颜色绽放出来。有人说黄色非常灿烂，而我认为，在这里边，最为耀眼的是白色，而最为深沉的是黑色。黑色吸收了所有颜色，而白色释放了所有色彩，让我们一瞬间感受到所有不同的东西。正是在这些不同彩色的叠加下，我们没有发现白色的特殊。而当我们从这白色中提取出不同的颜色，比如说我所喜欢的绿色的时候，会在我们内心深处出现什么样的感受呢？一种平和安静、祥和自然的感觉。我选取绿色，一种我非常欣赏的颜色，以它为点，来提炼出它的内涵，从而带出其他颜色不同而又相似的意义，这是我想写的角度。

师：好，请坐。他以调色板的角度，你以赤橙黄绿青蓝紫中某一个色彩的角度来写，这都改变了叙述视角。还有没有？那位女同学。

生：我想以中国历史的一个视角来写。

师：中国历史的视角。

生：对，比如说我们看中国古代服饰。汉朝的时候一般都是白色、黑色、褐色这样的颜色，然后一直到唐朝，我们知道唐朝妇女的衣服色彩非常明艳，都是各类比较鲜艳的颜色，比如红色、橙色，然后一直再到宋朝，然后再到明朝、清朝，颜色又开始回归到不是那么开放的颜色，比如说像蓝色、黑色、绿色这样的颜色。从中我们可以看出，中国古代历史从比较不开放到开放，再到闭关锁国这样的一个过程，也可以映射出我国古代人民审美的一个变化，也可以折射出中国古代历史的发展过程。

师：哎，你要想把这篇文章写好，你还得看一看中国色彩发展史，看一看沈从文先生的《中国古代服饰研究》，你大概能写得更深刻。很好！还有没有？那位同学。

生：我记得在看影片《英雄》的时候，影片换了不同的视角，同一个故事叙述了很多遍。但是故事背景的色彩却是不同的，有红色、青色和白色，所以我认为不同的色彩映射着不同的氛围，给人一种不同的心情。例如红色代表激情，怀旧咖啡色代表对过去事情的一种回忆和怀念吧。所以我写文章的话，会以不同色彩为背景然后叙述不同的故事。

师：那你选择一个什么叙述视角呢？

生：就是可能是一个……我再想想。

师：再想一想。好，那你说吧。

生：我们都知道，我们想要画颜色，我们都需要中颜料。颜料都是由分子、原子等构成的。（众生笑）所以说我们可以看，其中任何一种物质都由大量的分子、原子构成，这类分子原子……

师： 你们是理科班吧，大家是理科班吧？

（生笑）

生： 可以看成是这一类分子或原子的集团，不同的颜色是不同的集团，而这些颜色之间的关系正如我们人类社会中人和人之间的关系，所以说我想以其中的一种色彩为第一人称，然后写这种色彩想统治其他的色彩，进而发生一系列的争斗和一系列关系的微妙的变化，以此来写人类社会的一些统治欲望。

师： 好，请坐。你这篇作文还是比较独特的。那么我以前有一个学生，他是从哪个角度写的呢？这是他作文的第一段。

（多媒体演示）

黑。

这是我会写盲文以来写得最多的一个字。因为活到现在，我知道也是唯一有感受的色彩就是黑色。从早到晚与我相伴的只有黑色。我生活在黑色之中，我的整个世界都是黑色的。

听别人说，四季中万物生长的春天已经来了。是的，也许春天已经来了，但是我却看不见。因为我能感受到的只有黑色。

黑，黑，黑……

这是这篇作文的第一段。那么同学们，他选了一个什么视角？

生（齐答）： 盲人。

师： 盲人视角。我们知道，盲人是看不到色彩的，那么这个盲人视角就和他写的这个色彩的内容形成了一种张力，所以他在一定程度上给我们以撞击。这是一个盲人视角，大家看，叙述视角改变了。接下来，他写的是他是如何感受其他的颜色的，比如说红、绿、黄、蓝各种色彩的。比如说他以手差一点被灼伤，被烛火灼伤为代价，知道了什么叫红。接下来他是要这样去写。这是一个盲童视角。所以大家注意，叙述视角改变，也就是说我们在写作的时候，如果文中出现这个我，我可不一定就是写作者的我，对不对？所以可以是"我不是我"（板书），我完全可以不是我，对吧？这个是谁呀？（手指屏幕）是盲人。甚至方才同学发言时已经提到调色板、某一种颜色，我不但可以不是我了，我还可以怎样，同学们？（板书"我不是"）我还可以不是什么？

生（齐答）：人。（板书：人）

（众人笑）

师：我可以是某一个物。我不一定是我，我也不一定是人，文中的我可以是某一个物，甚至可以是某一个抽象的概念。有一年高考作文，是以"诚信"为话题。有一篇满分作文——《一张百元假钞的自述》，什么视角？百元假钞，文章写它怎么被制造出来，怎么流通，在流通过程中目睹了人们种种不诚信的行为，最后发出诚信的呼唤。还有一篇满分作文，也是以"诚信"为话题——《我呐喊》，文中的我是谁呢？是诚信，写诚信在讲台上发表演讲。比如还有一篇《诚信的自白》，同样把诚信人格化了。他写了一次诚信的落水经历，写诚信落水了，文章最后写它要寻找可以相伴一生的主人。所以，叙述视角一变，可以让文章耳目一新。

下面，我再给大家看一个材料。某出版社出版了一套少儿名人故事丛书，其中一本写的是刘胡兰。大家知道刘胡兰吧？（生答：知道）十五岁就牺牲在敌人铡刀下的少年女英雄。这本书的封面有刘胡兰的画像，这个画像是什么样呢？我们看一下。（多媒体展示图书封面，封面上是一个穿着入时的少年——刘胡兰）

（生笑）

师：同学们，这是什么刘胡兰呢？这是哪国的刘胡兰呢？我们不禁要产生疑问了。穿了迷你裙，头发很前卫，我估计是金发，这就活脱脱一个金发洋娃娃了。刘胡兰不应该是这个样子，起码我们这一代人心目中的刘胡兰应该是这个样子的（多媒体展示刘胡兰塑像）。我记得我大学毕业时，写毕业留言，我同寝室同学在留言册"我最佩服的人"一栏中写的就是刘胡兰。她在我们心目中，是我们民族历史上的一个英雄。现在这本书的封面把她变成了那个样子。现在我就相当于给大家一个作文材料，图片材料，请大家从改变叙述视角的角度，考虑一下你想采取哪一个视角来叙述。

生：我想以教科书为视角。我可以引入另外一个材料，就是日本篡改教科书这个材料，把二者合在一起。主旨就是教科书对历史的呼唤，对历史真相的呼唤。我们中国人把刘胡兰画成这样，而日本以教科书为工具来掩盖历史的真相。让教科书和历史对话，向历史求救，来呼唤人们还历史以真相。

师：好，请坐。我们可以以语文课本为视角来写，完全可以。

生：我想以两个刘胡兰相遇为视角来写。

师：两个刘胡兰？哪两个呢？

生：一个是这本书封面上的刘胡兰，一个是刘胡兰真实的塑像。通过她俩对话中思想的矛盾来体现上一辈人和这一代人历史的和现代的思想上的撞击。

师：这个视角很好啊，我们历史上的刘胡兰见到这个封面上的刘胡兰，她会发出惊天感叹——这是我吗？（所有人笑）我为之奋斗的后代人把我变成这个样子了？这个视角很好。还有没有其他视角？

生：我想写的视角是囚衣。往日的刘胡兰一定是穿着囚犯的衣服的，敌人给她穿上囚衣，因为她在监狱里……

师（笑）：不是这样，那你还不了解刘胡兰。

（众人笑）

生：我的意思是给她加上一件囚衣。这个囚衣并不一定是这个事情中的，但我想给她加上一件囚衣。而这本书上刘胡兰穿的衣服也是囚衣。这两件囚衣并不一定是实体，而是指代思想。在我们同旧社会作斗争的过程中，这个囚衣代表的是社会的黑暗，这种制度是一种囚衣，它杀害了刘胡兰；而现在呢，现在虽然改革开放，但我觉得囚衣又演变为新的形式，那就是肆意的篡改，我们这种不正视历史的精神，这是新的囚衣。它是一个反面的形象，我可以以它为视角，当年我曾经被毛主席带领无产阶级打倒，而现在我又卷土重来了，我以这种嚣张的视角来写这个问题，并且我要在最后发出一声警醒：谁还能打败我！这是我的视角。

（掌声）

师：很好，采用一种反讽的写法。还有没有？

生：我想以阅读这本少儿读物的孩子的视角写。这应该是一本少儿读物，这可能是这个小孩第一次接触刘胡兰这个形象。我想以这个小孩对刘胡兰历史形象和民间形象的探寻为线索，展现新一代儿童在接触历史事物的时候，她所想到的问题，所遇到的困难。由此彰显出我们应该怎样看待历史，我们是不是需要像这个孩子一样认真地去重新审视这样一段历史。

师：因为孩子看到这个刘胡兰，她会想到课本中的刘胡兰，她会产生疑问，到底哪一个是真正的刘胡兰？她会去问她的妈妈，问她的老师，请你告诉我哪一个是真正的刘胡兰。对吧？

生：对。

师：好，还有吗？那位女同学。很可贵啊，万绿丛中一点红。

（众人笑）

生：我想写解放战争胜利多少周年，刘胡兰走到现实生活中来，来看看现在社会是一个什么样子，看一下现代社会我们怎样看待历史人物。我想将现在和过去对比，对社会中盲目追求外在东西的现象进行批判。

师：可以。方才我也想，我是老师，我就以老师的视角来写。我看到学生看这本书，我就会想到这不是戏说英雄、颠覆历史吗？所以，我就要这样写，一个没有英雄的民族是可悲的，一个有了英雄而不知道珍惜的民族那就更为可悲。我还可以以雷锋的视角来写。我就是雷锋，文中的我就是雷锋，他会想，刘胡兰已经变成了穿着迷你裙、金发的洋娃娃了，那么等待我雷锋的命运将会是怎么样呢？（众人笑）把我变成金发男孩，还是穿着一身紧身衣的蝙蝠侠卡通？这都是可能的，这都是合乎逻辑的推想。甚至我觉得我可以以出版社编辑的视角来写，我们为什么要出版这一套书，我们为什么设计这样的封面，我们想让孩子们在轻松愉快的阅读中潜移默化地接受教育，你让他讲出一套冠冕堂皇的理由，全文形成一种反讽的力量，行不行呢？完全可以。

这就是叙述视角的改变，它能让你的文章具有冲击力。这只是让我们作文出新的一招作文兵法。孙老师下面再传授你一招作文求新的兵法。如果说叙述视角改变可以出新了，那么语言的陌生化（板书：陌生化），同样可以出新。什么叫语言的陌生化？我给大家看一幅摄影作品。

（多媒体展示）

这是一幅获奖的摄影作品，标题叫《在那玫瑰盛开的地方》，（略微停顿）给你一点震撼吗？你缘何得到这一点震撼呢，它原因何在呢？这个摄影作品是怎样表现这朵玫瑰的？如果把它后面的那双手拿掉，（幻灯片显示一朵普通的玫瑰）这个玫瑰也很美丽，但这个作品它就不能获奖。为什么加上这双手，作品就能获奖呢？

生：我感觉这映衬的是在玫瑰盛开的背后，它暗藏的许多劳动者辛勤的汗水。

师：我们完全有理由相信这双手是谁的手？

生：种玫瑰的花农的手。我们能从这幅照片中感受出花农的辛勤和努力，他付出的汗水，我们是被这深深地感动了。

师：它让我们去思考玫瑰背后的故事，所以给我们震撼。我们说这幅摄影作品，它在摄影语言上把"玫瑰"陌生化了，它改变了玫瑰的呈现方式，它在玫瑰的背后加了一双粗糙的丑陋的手，而这双手是不能跟美丽联系在一起的，现在就让它联系在一起了。同学觉得这还不太好理解，咱们再举一个通俗的例子。比如说你爱一个人，你不能说：我爱死你了，我太爱你了。这样的语言不够陌生化。你要说，我想把你像烟一样抽在嘴上，吸在肺里，让你停留在离我心脏最近的地方。（众人大笑）你看爱得是不是到位？你还可以说：我的目光在你身上停留了整整一个夏天。爱得如此执着呀。甚至你可以说：我把你的影子加点盐，腌制起来，风干，等老了的时候下酒喝。爱到什么程度了？刻骨铭心。这三个例子比我太爱你了，爱死你了，表达效果是不是不一样？这三个例子都是语言陌生化的例子。所谓语言的陌生化就是把普通的语言，把我们司空见惯的语言改变一种表达方式，改变一种呈现方式，打破语法规范。比如诗人食指有一首诗叫《这是四点零八分的北京》。你看这个标题，如果你说这是1968年的北京，你会有新鲜感吗？不会。为什么这个标题你就有新鲜感呢？四点零八分是那样小，北京是那样大，一般二者是不搭配的，现在把它超常规地搭配起来，这不就是语言的陌生化吗？再举一个例子，如果你的文章标题叫《爸》，陌生化吗？不陌生。叫《爸爸》，也不陌生，但叫《爸爸爸》就陌生了，当代著名作家韩少功有一篇小说，题目就叫《爸爸爸》。这种语言呈现方式是陌生化的。还有一篇小说名字叫《的》，够不够陌生？的，一个单音词、一个虚词、一个助词，本身概念那样模糊，这个标题一出现，立刻会引发你的阅读兴趣。如果你在一块铺着红布的展台上，看到一段奇形怪状的丑陋无比的树干，你绝不要说这是一段树干，你要说这是一段苍老的岁月。

（生笑）

师：那么大家现在想陌生一下吗？（生笑）语言陌生化有没有魅力？咱们来陌生一下。随便举几个例子，比如说：天亮了。请你改变一种呈现方式，你如何让它亮起来？（生思考）有想法就表达，不要怕说错，我们在试错中前进。

生：我望向窗户，我看到我的身影逐渐地褪了色，窗外的事物逐渐地清晰起来。

师：这不就是天亮了吗？（众生笑）这就是陌生化的表达方式，很好。还有吗？那边的组成了被遗忘的角落。（生笑）

生：太阳是一个管道工，一半在管道里，一半在管道外，当它的头露出管道，于是天亮了。

师：这是童话里的天亮了。（生笑）

生：还有一个，太阳掉进了滚筒洗衣机，洗去了一天的疲劳，当它再次调皮地钻出了脑袋，于是天亮了。

师：那你是先写天黑了，然后天亮了。（众人大笑）那我们就接着说一下天黑了。天黑了，可以怎样表达？如何让它陌生一下？

生：学生们学习都很累，天黑了，我可以说学生们挑灯夜战的时候来了。

师：天黑以后你们开始学习了，可以。

生：我站在山峰上，搜寻飞鸟的目光，一点点失去了目标。

师：那就是夕阳西下，归鸟回巢了，天要黑了。很好，很有诗意，这是一个诗意的陌生化。（生笑）还有吗？

生：我拖着疲惫的身躯走进了我的卧室，钻进了这个城市茫然的阴影中，同时也带着这个喧闹的都市，走向了一片沉寂。

师：可以。方才我也想，天亮了，可以说朝阳驱散了夜的残幕。天黑了，可以说夕阳偎进了山的怀抱。这不就是天黑了吗？今天我十八岁了，你绝不要说今天我十八岁了，你应该怎样说？

生：这一年的生日宴会上，我的生日蛋糕插上了十八根蜡烛。

师：哦，有一点陌生了，但是大家用得比较多了，显得不太陌生了。还有吗？

生：我丢弃了最后一丝支撑幼小的权力。

师：啊，今天我成人了，十八岁成人仪式。还有吗？啊，这个组很好，终于有人发言了。（生笑）

生：十七根蜡烛不再减少。

师：十七根蜡烛不再减少，什么意思？

生：不减少就是增加。

（众人笑）

师：啊，还是数学思维。

（众大笑）

如果我来陌生化，我就说，今天我站在了十八岁的门槛上。再比如，快艇航行在水面上，你怎样表达？

生：快艇将水面划出一道深壑。

师：快艇达到一定速度了。

生：波浪涌动着，让出了一条白色的航道。

师：嗯。

生：海港注视着快艇离开了自己的视线。

师：不错。我在农村生活的时间很长，我想用这个字表达：犁。（板书：犁）快艇犁开了水面。同学们生活在城市，但在一些影视里会看到农民犁地，铧犁在犁开垄地的那种状态。这就是语言的陌生化，它会让人产生耳目一新的感觉。

同学们，今天我们学习了改变叙述视角和语言陌生化两个作文创新的方法，希望大家能运用到以后的作文当中去，让你的作文令阅卷老师一见钟情！

（众人笑）

下课！

16.作文指导：视角改变与语言陌生化

（北京版）

师：大家连上两堂语文课了，还要上第三堂。但我告诉大家，我会让你们感到这堂课上得不虚此课。——上课！同学们好！

生：（齐）老师好！

师：请坐。（问）哪位同学游览过杭州西湖？请举手。好，这个男同学，我请你辨认一幅图片，这里边有两个塑像，你知道是谁吗？

（屏幕显示：秦桧夫妇塑像）

生：这是秦桧以及他的夫人。

师：你称"夫人"，我叫"老婆"，他老婆叫什么？

（底下有同学小声说：韩氏）

师：韩氏？改姓了。

（生笑。有学生说：应该是王氏。）

师：王氏，对了。秦桧和他老婆王氏的跪像，就在西湖岸边，岳飞墓前，是用白铁铸造的。请坐。有副对联曰"青山有幸埋忠骨，白铁无辜——"什么？

生：（接）铸佞臣。

师：铸佞臣，对。那么，历代秦桧的像都是跪着的。但是，2005年，有一位艺术家给秦桧夫妇塑了这样的像——

（屏幕显示：秦桧夫妇站像）

师：怎么样了？

生：（齐）站起来了。

师：对，站起来了。该不该让秦桧夫妇站起来？有人从维护人权的角度说，应该让他们站起来；有人从传统的伦理道德角度说，永远不能让他们站起来。该不该让他们站起来，不是这堂课我们讨论的问题，有兴趣的同学，课下去研究。我们这堂课要看一看这位艺术家给他的这幅作品起的题目。

（屏幕显示：跪了492年，我们想站起来喘口气了）

师：你来读一下，大点儿声。

生：（读）"跪了492年，我们想站起来喘口气了。"

师：请坐。大家看，这是这个雕塑家给他这个塑像起的题目："跪了492年，我们想站起来喘口气了。"注意，这句话从语言表述上，你看出来它有什么特点？和一般的题目有什么不同？（略停）这位男同学。

生：这句话的视角是从这两个塑像出发的。

师：这句话的什么？再说一遍。

生：视角。

师：啊，视角。（板书：视角）——这个视角怎么样？你再说。

生：是从这两个塑像的视角来说的。

师：那就是以谁的口吻来说的？

（底下纷纷回答：这两个塑像，秦桧）

师：啊，这句话是以秦桧夫妇的口吻来说的，请坐。如果我们这么说：跪了492年，他们该站起来了。这就是以作者的视角来说了，以作者的口吻来说了，对不对？而现在说"我们想站起来喘口气了"，以作品中人物的口吻来表达。他把叙述的视角——怎么样了？

生：改变了。

师：改变了。那么这样一改变，你就有了耳目一新的感觉了。所以，今天老师就给大家讲一讲，怎样改变叙述视角。我们先做一小小的训练。（板书：色彩）比如说，请你以"色彩"为话题写一篇作文，注意，是话题，不是题目，就是给了你一个范围，只要以色彩为范围写，都可以。以这个（手指板书）为话题写一篇作文。现在我请大家从改变叙述视角的角度去考虑，你打算怎样写？

（学生思考）

想好的同学可以举起你智慧的手，——能回答这个问题的同学是有智慧的。（有的同学举手）——这个男同学。

生：我很漂亮。（停顿一下）题目叫"我很漂亮"。

师：题目叫"我很漂亮"。啊，那你解释一下。

生：我就以"色彩"为视角，我就是色彩。

师：文中的这个"我"是色彩本身。

生：嗯，我很漂亮，就是突出色彩的美丽。

师：赤橙黄绿青蓝紫，我就是大千世界、人们生活中无穷无尽的色彩。我很漂亮。视角改变了吧？好，符合要求。——这位女同学。

生：下辈子我一定要变白，从黑颜色的角度去说。

师：注意，（指刚才回答问题的同学）他是以整个色彩的角度来写，你是以什么？

生：黑颜色。

师：以色彩当中的一个颜色的视角来写，黑颜色。解释一下吧。

生：黑色在我们的生活中代表肮脏的颜色，经常被人们唾弃，我就是站在它的角度，它就希望下辈子自己变成白色的。

师：啊，以黑色为口吻，我讨厌可怕的黑，想变成白。很好，很好！咱们育才学校的学生不简单。——这位男同学。

生：我想的题目是"色变"……

师：《聊斋》里有精变，狐狸精变，现在你是色变了。

（生笑）

生：我是站在一棵树的角度写。它看到原来这片地是绿色的，后来由于种种原因，变成光秃秃的黄色，以此来说明污染的严重，我们应该保护环境。

师：以一棵树的口吻来写，是不是？非常好，主题也好。还有吗？（停顿片刻）——好，你说说。

生：绿色……

师：也是以其中某一个色彩的角度写。

生：是站在一棵树的角度来说的，我全身上下是绿色的，我的枝叶都是绿色的。

师：那从叙述视角的角度看，你和刚才那位同学选的视角是同一的，树的视角，对不对？好，请坐。

（另一生站起）

生：我想以一支彩笔的视角来写，把我当成一支彩笔，以这个视角来写。

师：大家看一看，色彩当然跟绘画、跟彩笔有关，以一支彩笔的口吻来写，你打算怎样构思？

生：就是写我在生活当中的重要性，人们用彩色的笔，用我身上所流出来的血液，绘出美丽的图画。

师：很好，很好！老师想请同学们看一个幻灯片。这是我以前一个学生写的，你看他是用什么视角。

（屏幕显示：学生作文片段。师读）

黑。

这是我会写盲文以来写得最多的一个字。因为活到现在，我知道也是唯一有感受的色彩就是黑色。从早到晚与我相伴的只有黑色。我生活在黑色之中，我的整个世界都是黑色的。

听别人说，四季中万物生长的春天已经来了。是的，也许春天已经来了，但是我却看不见，因为我能感受到的只有黑色。

黑，黑，黑。

什么叙述视角？

生：盲人。

师：盲人视角。全文以一个盲孩子的视角来写。大家注意，盲人最大的特点是什么？

生：（小声）看不见。

师：看不到什么？

生：色彩。

师：看不到斑斓的色彩，而他却用盲人的视角来写色彩。注意，他这个叙述视角和他所写的内容之间形成了一种张力，它对人的心灵就有撞击力。那么，接下去他要写，他作为一个盲人如何感受到红，如何感受到绿。比如说，他以手差一点被烛火灼伤为代价，知道了什么是红。他的手去接近蜡烛的烛火差一点被烫伤，母亲就告诉他，烛火是红色的。他通过这个方式来感受到什么是红，接着写如何感受绿，感受蓝。大家看，这个构思怎么样？如果你在考场上这样来写，在千篇一律的文章当中突然出现，你就是万绿丛中一点红了。这就是叙述视角的改变。好，我们再看一个例子。去年某一个出版社出版了一套少年英雄丛书，其中有一本叫《刘胡兰》。那么，这个出版社在为这本书设计封面的时候，把刘胡兰设计成了这个样子。

（屏幕显示：《刘胡兰》封面）

这就是一个读者手里拿着的这本书，当时有人给拍下了照片。大家看，这本少年英雄读物，名叫《刘胡兰》，封面绘的是刘胡兰的形象。大家看，这是哪国的刘胡兰？这是什么时代的刘胡兰？太前卫了吧！（生笑）穿着迷你裙，还露着几个破洞，头发都是刺猬形的。（生笑）这是刘胡兰吗？这是十五岁就牺牲在敌人铡刀下的我们民族的少年女英雄吗？这是吗？不是的，起码这个形象在我们这代人的心里是不能接受的。我记得我们大学毕业的时候，在写毕业赠言的时候，我的同寝室的同学，在写"我最佩服的一个人"一栏时，写的就是刘胡兰。刘胡兰是这个样子的——

（屏幕显示：刘胡兰的塑像）

这是刘胡兰纪念馆的刘胡兰塑像。大家看，这是个少年女英雄。现在出版社把刘胡兰变成这个样子（屏幕显示《刘胡兰》书的方面）。同学们，现在我是给大家一个图片材料，这就相当于给材料作文了吧？那么，如果让你写一篇作文，就这个现象写一篇作文。现在仍然请你从改变叙述视角的角度来考虑，怎么构思这篇文章？

想，先想一会儿，不着急，大家都好好想一想。如果按正常的视角，就是作者的视角来写的话，就是"我认为出版社这么做如何如何"，是不是？这是作者叙述视角，现在请你考虑改变视角，你想怎么写？你想怎么构思？考虑成熟再举手。

（学生思考）

师：（指教室左边的学生）这边同学很踊跃。（指右边的学生）你们好好想想，你们一会儿要有人发言。——你先说吧，好。

生：我可以以我就是刘胡兰为视角来写。

师：大点儿声。

生：我可以以我就是刘胡兰为视角写这篇文章。

师：文中的"我"就是刘胡兰。嗯，你想怎么写？

生：我可以写我以前被人们尊称为英雄，把我的雕像立在我的纪念馆前边，每天来参观的人很多。后来某一天一个出版社发行一套书，把我给……把我的形象变成比较现代的……

师：你的构思非常好，接着说，不要紧。

生：我觉得，虽然它的创意很新颖，可我接受不了这种行为，觉得它颠覆了我的形象。

师：很好，用的这个词多好！你认为这本书"颠覆"了我刘胡兰的形象。请坐，以刘胡兰的口吻写，我认为这个视角就很好。刘胡兰在天堂里，在俯视人间的时候，她看见一个书店里摆着一摞书，上边放着这样一本，写着"刘胡兰"，刘胡兰可能会想：这就是我为之奋斗牺牲的后人眼中的刘胡兰吗？我就是这个样子吗？刘胡兰心情会很复杂，会很沉重。你以这个口吻来写，对不对？非常之好！当然还有别的视角。（生纷纷举手）——好，（指右边）这个角落，终于有人说话了。

生：我也想以自己是刘胡兰的角度来写，我写的题目是：我不是 80 后

师：（重复）我不是 80 后。

生：因为我认为封面里刘胡兰穿得比较现代，是八十年代以后的人的打扮。

师：对，80 后，甚至是 90 后。

生：刘胡兰就想说，我生活的不是这个现代化的社会，我生活在那种充满战争硝烟的社会。

师：解放战争时期。

生：我是为人民而牺牲，但是现在，我的形象变成了一种穿衣打扮特别现代的人，我觉得接受不了。

师：嗯，请坐。你刚才第一句话是不是说"我不是 80 后"？你想用这句话作为这篇文章的标题，很好！你的叙述视角和（转向另一同学）你刚才说的是一样的。叙述视角是一样的，但是你这个题目拟得很好。现在谁能提供新的叙述视角？（生纷纷举手）——这个男同学。

生：我会以她最好的朋友的视角来叙述。

师：以谁的朋友？

生：刘胡兰的。

师：历史上的刘胡兰最好的朋友。

生：一开始的时候，我们是形影不离的好朋友，可是，当她十五岁的时候，牺牲了，被人们称之为英雄。后来有一天，我看到一本书，书名是《刘胡兰》。我看到了封面，惊奇地发现刘胡兰的形象变了。这个"刘胡兰"怎么会是我的朋友呢？我会非常的吃惊。

师：注意，是以一个历史老人的口吻，和刘胡兰同时代的人的口吻写。因为和刘胡兰同时代的人，今天还有人健在，还有一些人活着，都是七八十岁的老人了。你以这样一位老人的口吻来写，可以的，很好的。请坐。——这边的男同学。

生：我想以一个家境比较贫困的孩子的口吻来写。

师：注意了，以一个孩子的口吻。

生：我想写的题目是：刘胡兰，谁？因为我家里没钱，所以买不起这些书，只能每天从书店前面过去，看看这些书的封皮。原以为刘胡兰的形象应该是十分高大的感觉，但是，这个封面上的刘胡兰给人的感觉却是特别需要帮助、弱小，所以我看了之后，我不知道《刘胡兰》所要表达的到底是什么东西。

师：对刘胡兰形象，你变得模糊了，你不知道谁是真正的刘胡兰了。以一个小孩子的口吻，比如说以一个小学生的口吻，他可能在学校的语文课本中接触过刘胡兰，也可能在政治课里接触过刘胡兰，对不对？是那个样子的，现在他来到书店看到这个样子的刘胡兰，心中当然要有疑问，他可能拿着课本去问他的老师，去问他的父母：请你告诉我，哪一个是真正的刘胡兰？——这样来写，很好的，以一个孩童的视角来写，很好。请坐。——你说吧。

生：我想以这本书的视角来写。

师：大家注意了，又有新的视角了，以这本书的视角。

生：我身上画的刘胡兰是比较现代的，跟过去的刘胡兰不太一样，所以很遭人的歧视，或者很多人都开始质疑我，我看到传统书封面上的那些特别正经、特别正宗的刘胡兰形象，心里就特别羡慕，希望自己也能变成那样。

师：很好，以一本书的口吻写。大家注意，所谓叙述视角的改变，就是可以不以"我"，也就是作者的口吻写，可以让文中的"我"是别人，是历史上的一个人物，是孔子，是诸葛亮，是西方的一个人物，是当代的某一个人物。文中的"我"可以不是作者本人，可以是别人。大家注意，叙述视角改变的时候，完全可以让"我"不是——不是什么？

生：不是我。

（板书：我不是我）

师：可以让"我"不是我，对不对？这是叙述视角改变的一个重要地方。方才他说，可以以这本书的口吻写，这就不仅是"我"不是我了，同学们，还可以是"我"不是——

生："我"不是人。（生笑）

（板书：我不是人）

师："我"可以不是人。（生笑）文中的"我"，是叙述人称，是叙述的视角，可以不是人，可以是物。你看，你是一本书了。刚才谁说的"我是一支画笔"？噢，也是你。你看，叙述视角的改变，可以让文中的"我"不是我，可以让文中的"我"不是人，是其他的事物，是其他的动物，是自然界中的什么。方才有同学以树的口吻写，这都是可以的。好，还回到这个话题来。谁还有新的视角？——你说说吧。

生：我的想法也是从书的角度写，但我的思路跟她不一样。

师：啊，书的角度。

生：我跟她的思路不一样。我想写的标题是：人们为什么以惊异的眼睛看我。我被小朋友买出去之后，人们投来惊异的目光，我非常不明白，便问身旁的另外一本书，它告诉我我原本是那个模样的。这让我大吃一惊，我原来的面目不是这样的，应该是那样的。我想写的是还历史以本来的面目。

师：你是以两本书对话的角度去写，对不对？（转向另一同学）你是以一本书的口吻来写，他让两本书对话。又翻出新意，很好的，很好的。（指黑板：我不是我 我不是人）大家不要小看这八个字，这八个字可以让你在考场上写出与众不同的作文，写出有个性的作文，那当然你会多得几分。上完今天我这堂课后，我保管你在考场上多得几分。写作的时候，这八个字要重视。可以不是我，可以不是人，是其他的物，甚至可以是抽象的东西。（学生小声说：思想）比如说，有一次作文是以"诚信"为话题。（板书：诚信）有的同学就考虑，我可以不是我，我也可以不是人。有一篇满分作文，叫"一张百元假钞的自述"。什么视角了？

生：（小声）钱，假钞。

师：一张百元假钞的视角。他写他是怎样被制造出来的，然后在流通领域里怎样目睹了人们种种不诚信的表现，人们为了花出去怎样想尽各种办法。最后他发出诚信的呼唤。这个视角就很好吧，同学们？还有的作文标题叫"我呐喊"。猜一猜，谁在呐喊？

生：（小声）钱。

师：是以诚信为话题，谁在呐喊？

生：诚信。

师：他说诚信站在讲台上在演讲，在呐喊。诚信是抽象的东西，对不对？可以成为文中的"我"。所以，大家注意，可以不是我，可以是别人，也可以不是人，可以是别的物，甚至可以是抽象的东西。这样一来，我们的思路一下就打开了。这就是叙述视角的改变，这是考场作文的一招兵法。下面孙老师教你第二招考场作文兵法。什么呢？

（板书：陌生化）

师：语言陌生化，什么意思？解释一下，比如说，夏天过去了，秋天也过去了，有个诗人这么说：夏也 hé 过了，秋也 chán 过了。哪个 hé？

生：荷花的荷。

师：哪个 chán？

生：知了的那个蝉。

师：有点儿问题。知了是夏天的蝉，而这里说的是秋蝉，"寒蝉凄切"的那个蝉。夏也荷过了，秋也蝉过了。什么意思？夏天怎么样？过去了，秋天也过去了。大家比较一下，如果你直接在文章中说"夏天过去了，秋天也过去了"，你感觉怎样？

生：很俗气。

师：很俗气，很平淡。突然你看到"夏也荷过了，秋也蝉过了"，你什么感觉？

生：很新奇。

师：同学们，这个就是语言陌生化的例子。什么叫语言的陌生化？把普通的、日常的语言，改变一种呈现的方式，打破一下常规的组合，用陌生来表现熟悉，读起来就有耳目一新的感觉了。我给大家看一个摄影作品。你注意，它这个摄影语言就挺新。

（屏幕显示：一双手捧着一支玫瑰）

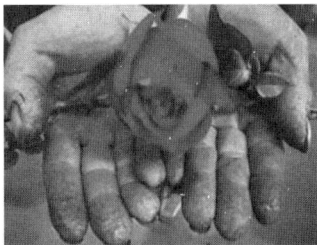

这是一个获奖的摄影作品，这个作品的题目叫作"在那玫瑰盛开的地方"。这是一朵玫瑰，后面有一双手。大家注意，如果单单是这样一支玫瑰（屏幕显示另一支普通玫瑰），你说在摄影大赛中获奖的可能性会怎样？

生：（小声）很小。

师：对，很小。你把玫瑰这样呈现出来，太普通了，对不对？不特殊，一点儿也不感人，一点也不撞击人的心灵。而现在这个获奖作品，在这个玫瑰后面，怎么样了？

生：（纷纷答）有一双手。

师：加了一双手，而且这个手有什么特点？你说说，有什么特点？

生：很脏的手。

师：很脏。

生：形成反差。

师：再说一遍，形成什么？

生：反差。

师：形成反差。怎么形成反差？解释一下。

生：就是一朵盛开的、很鲜艳的玫瑰（学生有读错音的地方）……

师：（纠正）是"玫瑰（guī）"，这个字读一声。

生：玫瑰，衬托它的是一双很脏的手。

师：你猜一猜，这双手是谁的手？

生：栽花人的手。

师：啊，是栽花人的手，栽培的栽，也就是花农的手。我们有理由相信，这双粗糙的大手、丑陋的大手就是培育这玫瑰的花农的手，对不对？大家知道，玫瑰是带刺的，培育玫瑰的手，应该是这个样子，对不对？非常粗糙。那么现在这个作品，它的标题是"在那玫瑰盛开的地方"，让我们去思考，美丽的背后是什么，美丽是如何诞生的，对不对？它就有一点儿感人的力量。我们说，这个摄影作品，它把玫瑰的呈现方式改变了，它把后边加上了一双手，它就获奖了。从语言的角度看，这就是语言陌生化，这就是陌生化的方法。怎么样？想不想"陌生"一下？

生：（纷纷答）想。

师：不想"陌生"的那才怪了呢，同学们一定想"陌生"一下。好，给大家出几个练习吧，我们一起"陌生"一下。比如：今天我十八岁了。想一想，写作的时候，你不要说"今天我十八岁了"，你把它改变一种呈现方式，让它"陌生"一下。好好想想。最后边那几位同学，要积极发言。倒数第二排的那个女同学，正在想，冥思苦想，想好没有？我愿意叫不举手的，我想知道你真实的想法，思维的过程。（转向另外一同学）行，你先说吧，你先举手的。

生：今天，我领到第一张身份证。

师：（重复）"今天我领到第一张身份证。"

（下边有同学提醒：那是十六岁）（众笑）

师：十六岁可以领身份证了。十八岁是成人宣誓，你要从这个角度考虑一下，就对了。（生纷纷举手）——啊，你说说。

生：今天我的生日蛋糕上插上了十八根生日蜡烛。

师：（重复）啊，"今天我的生日蛋糕上插上了十八根生日蜡烛"，是不是今天我十八岁了？

生：是。

师：比直接说"今天我十八岁了"要好一些，但是，有许多同学也这样说，虽然它"陌生"了，但是它"陌生"的程度还不够。但你能说成这样已经很好了，我认为你是很好了。（生纷纷举手）这个同学最后举手的，你说说吧。

生：十八年前妈妈住院生下了我。（生笑）

师：注意，他采取反推的方法，往前想，很好！——你说吧。

生：第十八个青春写在了我的眉宇间。

师：（重复）"第十八个青春写在我的眉宇间。"

生：画在我的眉宇间。

师：啊，"画在我的眉宇间"，"写"和"画"都可以，诗一样的语言，很好，很好。——你说说。

生：明年的今天我十九。

（生笑）

师：这个是数学问题了。方才那个同学往前推，你往后想。明年的今天我十九，这也是改变了一种方式，不是不可以的。——这位女同学，你说。

生：今日，我已告别少年。

师：啊，（重复）"今日，我已告别少年"，成人了，十八岁成人，对。——你再说吧。

生：我今天终于可以去考本儿了。

（生笑）

师：哦，考驾照。好的，好的，也是对的，也可以。——（以手示意）你来说。

生：今天我可以到大学上学了。

（有的学生下边说：不一定）

师：十八岁，不一定就是十八岁上大学。想法是对的，但是上大学不一定是十八岁。

生：我今天终于不用仰慕哥哥姐姐们的成人仪式了。

师：（重复）"我今天终于不用仰慕哥哥姐姐们的成人仪式了"，我也身在其中了。可以的。方才这位女同学想好了吗？一直没有举手的女同学，有没有思路？想说什么，有没有？（生无语）再想，不要紧，再想。——你还能说说吗?

  生：今天我和十七岁"Say goodbye"了。

  师：今天我和十七岁说再见了。——老师也说一个：今天我站在了十八岁的门槛上。门槛是形象，站是动作，大家注意，语言陌生化的具体办法主要是使用动作和形象来表达。——不错，北京育才的同学表现真不错。我们再练习一个。比如，一艘快艇航行在水面上。你如果在作文中写"快艇航行在水面上，飞快地航行在水面上"，这显然过于直接，太白了，不好。你认为要怎样说才符合语言陌生化的要求呢？想一想。（生思考）（转向方才没发言的女同学）这个女同学，好好想想，我希望你能发言。（转向众生）大家可以讨论讨论，可以出声。

  （生讨论）

  师：可以谈了吗？说说吧，就是你，这位女同学。

  生：两道波浪在刚刚还平静无波的湖面上迅速展开。

  师：啊，大家知道，快艇在往前航行的时候后边是有波迹的，两道波迹。你再说一遍你这句话。

  生：啊……忘了。

  （生笑）

  师：别紧张。方才你说"平静的水面"怎么样？

  生：刚刚还平静无波的湖面上迅速展开两道波浪。

  师：还不错。——你很积极。

  （一生站起。）

  生：水面被快速地撕开。

  师：（重复）"水面被快速地撕开"，你看，这就不一样了，一个"撕"字，很有表现力。——嗯，你说吧。

  生：一个虫子快速地爬过了水面。（生笑）

  师：啊，打了个比方，可能是在远处看。

  生：对。

  师：或者你是在屏幕上看到的。——你来说。

  生：一把白色的剑划开了平静的水面。

师：嗯，有点儿味道。——这位女同学。

生：飞机在行驶的快艇后航行。

师：（重复）"飞机在行驶的快艇后航行"，什么意思？你再解释一下。

生：飞机都没有快艇行驶得快。

师：啊，你是引进一个参照物，让它来衬托这个快艇之快。这个思路很好的。——但是要注意，飞机一般可比快艇快。——你说说。

生：一道闪电在水面上激起浪花。

师：很好，打了个比方。——你说说。

生：一朵朵水花也忍辱在船艇之下。

师：后半句话我没听清。（其他生补充：忍辱在船艇之下，忍辱负重）忍辱负重的"忍辱"啊，也可以。还有谁要说？——你说吧。

生：期盼到达海天之际，与蓝空接吻。

师：（重复）"期盼到达海天之地"？

生：（纠正）海天之际。

师：啊，海天之际。边际的"际"。

生：与蓝空接吻。

师：很好，很好。你看，同学们，这不就是语言陌生化了吗？当然，孙老师在农村生活了很长时间，我要写的话，我就这样写：快艇lí开了水面。哪个"lí"？能猜到吗？

生：就平常吃的那个"梨"，上边一个胜利的"利"，底下一个"木"。

师：底下是什么？

生：（纷纷说）牛，牛；耕犁的犁。

师：（问说错的学生）是"木"吗？

生：不是。

师：好。（板书：犁）在影视里一定见过用犁铧来犁地吧？那个犁铧在翻开地的时候，把地犁起来的时候……

生：土都翻开了。

师：快艇犁开了水面。这样说就比较好，非常生动。这就是语言的陌生化。你像，天亮了，你决不要说"天亮了"，你可以说"朝阳驱散了夜的残幕"。

这就不一样了吧？天黑了，你就不要说"天黑了"，你可以说"夕阳 wēi 进了山的怀抱"。哪个"wēi"？

生：依偎的"偎"。

师：对了。这样表达就比直接说"天黑了"效果好得多，对吧？再比如，我爱你，决不要说"我爱你"……

生：（有的说）I love you。

师：变英语了，还是要说汉语。

生：就说"我爱你，就像老鼠爱大米"。

师：你还别说，"老鼠爱大米"这句话挺好的，因为老鼠一般是不能用在这个场合的。你说得不错。要我说的话，我就这么说：我的目光在你身上停留了整整一个夏天。（生笑）爱得很专注吧。当然也可以幽默地表达：我要把你像烟一样抽在嘴上，吸进肺里，让你停留在离我心脏最近的地方。（生笑）台湾有个诗人，怎么写？——"我要把你的影子加点盐，腌制起来，风干，等老了的时候下酒喝。"（生笑）爱得如此刻骨铭心啊。所以你不要说"我爱你，爱死你"，太苍白无力。语言陌生化一些，这才好。你要表达对故乡的思念，不能说"故乡啊，我思念着你"，你看杜甫怎么说："露从今夜白——"，下句是什么？

生：月是故乡明。

师：杜甫是用晶莹的露珠和明亮的月亮这样的形象来表达，很好嘛。有的诗人说："故乡的月最咸，因为它浸着我思乡人的泪涟涟。"多形象啊。我国当代有个诗人叫食指，他有一首著名的诗叫作《这是四点零八分的北京》，你听这句话怎样——这是四点零八分的北京。如果说"这是一九六八年的北京"，你感觉不稀奇；"这是十二月份的北京"，你感觉也不稀奇。他说"这是四点零八分的北京"，你就感觉不一样了。为什么？四点零八分是那样地小，北京是那样地大。那样小的四点零八分和那样大的北京，一般来说是不联系在一起的，不搭配在一起的。那么，食指打破了语言的这种常规组合，让它们组合在一起了。"这是四点零八分的北京"，一句诗就这样诞生了。这不都是语言的陌生化吗？你要说"爸""爸爸"，这都不陌生，而著名作家韩少功有一篇小说叫《爸爸爸》，三个"爸"。你看，这就陌生了。同学们，语言的陌生化是很有味道的。它让我们观察更细致，它让我们心灵更敏感，它让我们成为更有语文性情的人。所以在以后的作文中一定要多让语言陌生化。

师：好了，今天孙老师教了大家两招考场兵法，都是什么？

生：改变视角。

师：叙述视角的改变，还有什么？

生：语言陌生化。

师：语言的陌生化。我认为这两点在今后的写作中，你若能适当地运用，我保证你的考场作文会让阅卷者一见钟情。下课！

（观众掌声）

17.孩童之道

编者按：本节课是立权师在 1999 年为吉林省电教馆录制的公开课，授课对象为东师附中初一 8 班、初一 9 班部分学生。本实录整理者是福建厦门集美中学语文教师黄清华、河南洛阳四十六中语文教师李晓云、江苏苏州外国语学校语文教师张婷。

师： 公元 1913 年，一个晴朗的日子，印度有位诗人，领着一群孩子刚从森林里玩耍归来，邮递员送给他一份电报。同学们，这可不是一份普通的电报，这是瑞典文学院发给他的一份获奖通知。告诉他获得了本年度，也就是 1913 年世界文学最高奖——诺贝尔文学奖。他是获得此项殊荣的第一个东方人。这个诗人没去参加瑞典盛大的授奖庆典，并且把他获得的全部奖金捐给了一所学校。那么，这个诗人就是——印度诗圣——罗宾德拉纳特·泰戈尔。

（板书：泰戈尔）

师：作为一个世界级的大作家，泰戈尔的作品是可以车载斗量的。他一生给我们留下诗集53部，长中篇小说12部，短篇小说一百多篇，戏剧38部。他不但是一个伟大的作家、诗人，他还是一个天才的音乐家，他一生创作了两千多首歌曲，其中有一首被定为印度的国歌。他也是一个造诣很高的画家，七十高龄才挥笔作画，结果画了两千多幅作品，绝大多数都有很高的水平。那么在泰戈尔诸多的作品中，有一部诗集被称为世界上最著名的儿童诗集，这就是……

（生小声齐答：《新月集》）

师：《新月集》。（板书：《新月集》）那么今天我们就学习《新月集》当中很有名的一首诗，也是为中国读者最为熟悉的——《孩童之道》。请大家看课文。

师：我先给大家读一遍。

（师读）

师：下面请同学们出声地、自由地散读这篇文章。思考一个问题：读完这首诗之后，你的第一感受是什么，或者说你对它的第一理解是什么，或者说你读它，你最先想到的是什么，都可以说说。带着这个问题开始读。

（生出声读，教师巡视）

师：好。请大家看大屏幕。

（屏幕显示泰戈尔的头像）

师：这就是泰戈尔的肖像。大家看，那一双深邃的眼睛，里面充满着纯朴的目光，还有充满智慧的须发，一位伟大的诗人。那么下面就请同学们说一说，你读这首诗的第一感受。随便说，不要怕说错。

生：我的第一感受就是我要感谢我的母亲。因为我觉得是她给了我生命中最简单、最真实的快乐。幼年的时光之所以幸福就是因为我的生命中的一切都是母爱的化身。

师：好。读完泰戈尔的《孩童之道》，你认为，你的第一感受就是感谢你自己的母亲。由读别人的作品想到了自己的生命体验，非常好！谁再说一说？

生：我原来并没想到我的那个幼年时光能包含这么多内容，只有泰戈尔他生活了这么多时间，有了这么多阅历，才能从这个细微的世界里看到其中蕴含的真谛。

师： 啊，请坐。他认为以前没有注意到自己的童年能这样好，读泰戈尔的作品才让他重新认识了童年，而且他认为这是泰戈尔认真观察的结果。再想一想，自己的独特感受。

生： 读完泰戈尔这首诗，我感到似乎孩子并不幼稚，而且按他这首诗里的意思，他应该认可任何孩子都有自己独到的思想，而且是比较深邃，并不像人们眼中看的那样，这首诗使我对自己当初的童年有了一点儿信心。

（学生笑）

师： 请坐！认为自己当时的少年时代是不白过一回的。注意，他的发言我认为有很重要的一点，就是读完泰戈尔的这首诗，他感觉到孩子并不是幼稚的，或者说那个幼稚中又充满着深刻的哲理。很难得！最后哪位同学再说说？

生： 读了课文之后，给我最深的感受就是惊讶！

师： 惊讶？

生： 我也经历过孩童时代，就是那种非常无知、非常纯真的那个时代。但是呢，我并没有想到在那样的时代的我，还能蕴藏这样的美，这样的真。感觉这样的时代还是不可多得的，我也为泰戈尔能有这样的洞察力而深深地折服，他不愧为一位伟大的诗人。

师： 非常好。那么老师初读的感受，一句话，我一下子就回到了童年。那么，这首诗是一首儿童诗，但是并不是所有的儿童都能读懂啊！所以，下面我们就来认真地解读这首诗。看第一节，请大家齐读。"只要孩子愿意"，预备齐！

（生齐读第一节）

师： 那么大家注意第一句："只要孩子愿意，他此刻便可飞上天去。"泰戈尔疯了吗？孩子愿意就能飞上天？这句话怎么理解？怎么孩子愿意就能飞上天？现实中是不可能的。泰戈尔不是说梦话，那他要表达什么意思？

生： 我想泰戈尔表达的意思是孩子不属于这个世界，是上天给这个世间的恩赐，所以只要孩子自己愿意，随时都可以回到原来的地方。

师： 嗯，请坐。孩子不属于人类这个现实世界，还有另外一个世界，上天给的，所以他想回去就能回去。你这样解读，有一定的道理，和我想的不一样。

生：作者写这句话的意思是孩子的世界比成人的世界、大人的世界是大得多的。他们的世界可能是四维的、多维的。所以只要他们愿意，就可以到另一个空间去，就可以到那个比成人大的世界中去。

师：啊，成人的世界是三维的，而孩子的世界是多维的，四维的，五维的，所以可以随便穿越。（生笑）

把理科的知识运用到语文中来了。有意思，非常有意思。还有没有？

（生纷纷举手）

生：我觉得他这样说是为了说明孩子有无穷的自由。只要他愿意，就能飞上天，是说明没有人能约束他，他是非常自由的。

师：啊！请坐。这是说泰戈尔在说孩子是非常自由的。非常好，和我想的有些接近了。谁还说说？

生：因为孩子的年龄都非常小，他的阅历也非常少，所以他的心胸是毫无滞碍的。成年人的想象力是无法和他相比拟的。所以，他就可以随时随地地在头脑中遨游世界各地，甚至于遨游在大人的头脑里无法想象出的一种神奇的天堂，所以泰戈尔说"只要孩子愿意，他此刻便可飞上天去"。

师：噢，请坐。你认为这是孩子的头脑、心灵的世界是非常自由的，所以他可以自由地翱翔。原来啊，在泰戈尔看来，每一个孩子，都是一个……

（板书：angel）

师：什么？

生：angel。

师：天使。

（板书：安琪儿）

师：在泰戈尔看来，每一个孩子都是一个安琪儿。大家想一想，西方艺术中，天使是什么形象？

（生议论：长着翅膀的小孩）

师：对！长着翅膀的小孩，或者是少女，这样一个形象。那么大家想一想，在泰戈尔看来，孩子是天使，是长着翅膀的，所以，当然他想飞上天就能飞上天。好，那么带着这样的理解，大家再思考一个问题，他既然想飞上天就能飞上天，但他为什么不飞上天去？下文告诉我们答案了。他为什么不飞上天啊？

谁来说说？

生：用原文中的话说就是"他爱把他的头倚在妈妈的胸间"，他离不开他妈妈。说白了吧，就是他对母爱有一种深深的渴望，渴求那份爱，所以舍不得飞上天去，宁愿留在人间。

师：请坐。非常好！大家想，能飞上天去，那是人类永恒的梦想啊！孩子们轻而易举就能做到。但是他们不飞上天去，原因是人间有自己的妈妈，有母爱在，母爱像磁石一样吸引着他们。好，第一节我们能理解到这个程度就很好了。下面带着这样的理解，请同学们再齐读第一节，"只要孩子愿意"，预备齐！

（生齐读）

师：好，我们来看第二节。

（教师请学生读第二节）

师：第一节写孩子们想飞就能飞上天去，那么我认为，这是在写孩子们的无所不能。

（板书：无所不能）

师：想飞就能飞上天去，是写孩子们的无所不能。那么第二节，他们知道各式各样的聪明话，我们可以认为这是在写孩子们的……

（生齐答：无所不知）

（板书：无所不知）

师：那么大家想一想，实际上孩子是不是知道许多聪明话？

生：是。

生：不是（声大）。

师：不是？你认为孩子实际上不是知道许多聪明话？那么我要说了，我女儿两岁多一点儿的时候，有一次在床上抱着我的一个大枕头，她抱不动，她对着那个枕头说了一句话：你为什么长得这样胖啊？

（学生笑）

师：难道这不是一句聪明话吗？

生：是。

师：这不是实际中孩子说的聪明话吗？有一个小学生用圆珠笔写字，他说：我的圆珠笔在纸上快乐地蹭痒痒。这难道不是聪明话吗？这是一句诗啊！那么，实际上他们是不是懂许多聪明话啊？

生：是。

师：又承认了。

（师生齐笑）

师：那么现在，调动你们的想象，打开你们记忆的大门，想一想，实际上，孩子知道哪些聪明话。你的童年时代，或者你见过的小孩啊，都有哪些聪明话？想一想。想起一点就可以说一点。

生：我倒没想起我童年的事。记得一篇文章中说有一个小孩，老师让他用"活泼"造句，然后，他写道：窗外的阳光很活泼。

师：窗外的阳光很活泼。这也是句诗！阳光、活泼轻易不能搭配，这是一种超常规搭配。非常好！还有没有？调动你们的记忆和想象。

生：在孩子们看来吧，天上的星星一闪闪的，那是星星在眨眼睛。兔子的眼睛是红的，那是兔子刚刚哭过。他们是把所有的事物都给赋予了灵气。这就是孩子天真无邪的缘故吧。

师：自然界的林林总总在孩子的眼里都是有情有义的，大自然是孩子的情人啊！兔子的眼睛红了，可能是饿的，可能是和别的兔子打架打的，但在孩子们看来呢，眼睛红了，是哭的，都哭肿了。

（学生笑）

师：我记得有一个小学老师，问学生们，花儿为什么绽开啊？本来是要研究一下自然现象，没料想孩子是怎么回答的？在我说之前，你们先想一想，花儿为什么会开？

生：花儿是因为被蜜蜂、蝴蝶蜇怒了才开。

（学生大笑）

师：蜜蜂、蝴蝶要来蜇花，欺负花。

生：（继续）因为花有花粉啊，所以蜂蝶都过来了，花一生气，就怒放了。

师：怒放，就是这个意思？愤怒地开放？（生笑）怒放是说开得很茂盛。

生：我理解是不是花在花骨朵里憋了一冬天了，春天到了，看太阳出来了，就开始抻懒腰，所以花就向阳开了。

师：啊！花儿向阳开，是憋了一冬天，春天一来，马上伸一个懒腰，这一伸不要紧，开放了。好，非常好，非常非常好。

生： 因为春天到了，人们都喜欢出去，出去就得看花，花儿想把自己的美貌展现给人们看，所以就都开了。这就是花儿为什么竞相开放。

师： 好，非常好。花儿也懂得美啊！花要把自己所有的美展示给游人看，所以竞相开放。你们的少年时代，一定是合格的少年时代。那么有的小朋友，那些小学生，非常聪明，他说花儿睡醒了，所以开了。答案是五花八门的，方才同学们说出了很多种。那么面对这样的答案，最后这个老师也非常机智，他说："我也有一个答案，花儿为什么开了呢？是花儿看到了在座的小朋友太聪明了，花儿笑了，所以就开了。"同学们，孩子们在事实上，确实是知道许多聪明话的，可以说是无所不知。但是成人们对待这些聪明话，不懂或是不屑于懂，因此，泰戈尔怎么说呢？

生： 世间的人很少懂得这些话的意义。

师： 对。大人们不屑于懂，或者根本也不懂。那么，这些话不为大人所接受，不为成人世界所接受，所以泰戈尔这么说。那么，既然孩子们知道各式各样的聪明话，他又为什么不想说啊？

生： 因为他们要跟着妈妈学说话。

师： 啊，请坐。要跟着妈妈学说话。本来知道但不说，要跟着妈妈学说话。那么大家想一想，能够跟着妈妈学说话，这是人生一去不复返的时代。你想你咿呀学语的时候，能跟着妈妈学几句话，那是多么美好的事情啊！妙不可言啊！所以，原来孩子们为了这个原因，才不想说的。那么这第二节同样是在写什么呢？第一节写孩子想飞上天去却不飞，是因为人间有母爱，那么这第二节呢？知道许多聪明话，却不说，还是因为……

（师生同声：母爱）

师： 这母爱啊，她就具有这样无穷的、无与伦比的魅力，能够吸引着孩子们。好，带着这样的理解，请你再读这一节，希望能比上次读得更好一些。

（生有感情地读）

师： 下面同学们看第三节。哪位同学读得最好啊？

（生推荐一同学；生读）

师： 看第一句。孩子有成堆的黄金珠宝，怎么可能呢？泰戈尔是在写孩子是怎么样的？

（手指黑板上的"无所不能""无能不知"顺势而下）

生：无所不有。

师：非常好！

（板书：无所不有）

师：这是在写孩子的无所不有。他们有成堆的黄金和珠子，大家想一想，古语说得好啊：天下熙熙，皆为利来，天下攘攘，皆为利往。金钱、黄金与珠子，那是人类甚至是不择手段要得到的，但是孩子们有的是，成堆的。可是他们怎么样？他们出生的时候什么样子？

生：像乞丐！

师：赤条条而来，他们有成堆的黄金与珠子，但是他们出生的时候赤条条而来。为何什么都不带啊？

（生小声议论着）

师：他们有个比较，在两者的比较中他们选择了一个，舍弃了一个，他们要比较的两者是什么？

生：舍弃的是物质财富，选择的是精神财富。

师：他们舍弃的是物质财富，成堆的黄金与珠子，他们要得到的是精神财富。这精神财富又是什么呢？

生：（齐答）是母爱。

师：母爱。那就是在我们孩子的眼中看来，母亲的爱就是成堆的黄金与珠子。同学们，原来这第三节仍然是在写……

（学生附和：母爱）

师：好！现在请全体的男同学读第三节。

（男生齐读）

师：现在请同学们看第四节。全体女同学读。

（女生齐读）

师：纤小的新月的世界，什么意思？

（师目光鼓励学生讲）

生：我想这纤小的新月的世界，大概是指孩子小时候的摇篮。

师：啊！这新月很像摇篮，指的是孩子们小时候的摇篮。这是一种理解。还有没有其他的理解？

生：可能是指他来到世间之前的天堂。

师：他来到世间之前的天堂！很好！

生：作为新月一般的新生命特有的那种纯真、天真的世界。

师：那种纯真、天真的世界。太好了！

我认为你们这些理解都是有道理的。我在想的时候，我就把它想象成一个摇篮或者是天上。那么大家想一想，在这个新月的世界里，孩子们有绝对的自由啊。原文是怎么说的？

生：是一切束缚都没有的。

师：那么大家想一想，第一节写孩子们无所不能，第二节写他们无所不知，第三节写他们无所不有，那么这第四节写的就是……

生：无拘无束！

师：无拘无束。非常好！

（板书：无拘无束）

师：无拘无束的自由，人类都在追求啊！裴多菲有首诗说得好啊！

师生（一起）：生命诚可贵，爱情价更高。若为自由故，二者皆可抛！

师：自由这么可贵，都胜过了生命和爱情，可是孩子们呢？孩子们呢？

生：（讨论）舍弃了。

师：舍弃了。为什么舍弃了呢？还是为了母爱。他们舍弃了自由，想在妈妈的爱的怀抱中生长。大家想一想，一个人能够依偎在妈妈那柔波似的心胸里，被妈妈那无比温柔的手臂所环抱，那是何等的幸福啊！这已经胜过了自由，所以孩子们甘愿把那新月世界的自由放弃。现在，全体同学齐读这一节。预备齐！

（生齐读）

师：大家想一想，如果说第四节是写孩子们无拘无束，很自由，那么这第五节在写……

生：（齐答）无忧无虑。

师：啊，无忧无虑。

（板书：无忧无虑）

师：第三组同学读一下第五节。（生读）从头至尾这样五节，写孩子们无所不能、无所不知、无所不有、无拘无束、无忧无虑，这是真正的孩童世界。

这些东西，孩子们都生而具有，却轻而易举地放弃了。他们为什么要放弃呢？

生： 为了母爱。

师： 非常好。大家看最后一行。这里有个"细故"，什么意思？

（生讨论：小事情，小缘故）

师： 小事情，小缘故。孩子们因为细故而哭泣。那么大家想一想，你知道哪些细故能让孩子们哭泣？

生： 妈妈突然说我不要你了。

（学生笑）

生： 其实这是句逗孩子的话，孩子就当真了，哇的一声就哭了。

（生再次大笑）

师： 有这种情况。我记得有个同学在回忆他童年的时候，他奶奶领着他在马路上散步，刚下过雨，路上有一个马蹄印大的小坑，坑里有一汪水。他奶奶说："孩子，我掉下去能淹死。"这孩子哇一声就哭了。有一个同学在作文里写到这个事情。还有没有其他的细故？再想。

生： 我记得小时候，我母亲经常上夜班，每次她走我都要大哭一场。以后母亲就经常骗我，说出去一下，或是去办事，一会儿回来。但要是我等她十分二十分的她还不回来的话，我就又哭了。

师： 只是妈妈离开你，就哭，依恋着你的妈妈。再想。

生： 家长在给孩子吃东西的时候，比如说吃块糖，不直接给，先逗他说不给，然后孩子就哭。

师： 啊，请坐。现在好多同学都想的是成人们做的，那孩子之间呢？谁说说？

生： 我小时候吧，有个弟弟比我小两岁，我总喜欢逗他。有一次吧，我就跟他说，你长得挺黑的，比土豆还要黑，还编了两句话：松花江水映朝晖，有个小孩长得黑。然后他就哭了。

（学生欢笑）

师： 比土豆还黑，这就哭了。摔倒了，被别的小孩的恶作剧吓着了，路上碰着大黄狗了，等等等等，这些细故都能让孩子们哭。大家想一想，孩子们太聪明了，他们知道，他们高兴，他们的微笑，能让妈妈高兴，但是他们哭泣，却能够得到妈妈的爱护，能够得到妈妈的怜爱。孩子们太聪明了，所以他们不但时常地把微笑献给妈妈，他们也时常把自己的哭泣诉诸妈妈。你的生命中有没有这样的体验，你一哭，就有了好处？

（学生释怀大笑）

师： 我小时候，就有这样的经验。小的时候家里很穷，我奶奶和我们一起住。我奶奶住的屋的墙上挂着一包果子，大约是蛋糕。那时候能吃着蛋糕是了不得的。所以，我总是盯着墙上的那个小包。有时候不饿，我也说饿了。但是我妈妈不给我。后来我就拉着我奶奶的手，我就装哭，装不听话。我奶奶就拿出一块给我。一哭就有好处（生笑），很实在的。

师： 同学们现在看一下黑板吧。在泰戈尔看来，孩子们是这样的无忧无虑，无拘无束，无所不有，无所不知，无所不能。（板书：孩子）但他们把这些大人们都不具备的东西轻而易举地放弃了。（师在"孩子"后面板书：×）大家想一想，他们为什么把这些轻而易举的东西都放弃了呢？原来他们想要……

师生： （齐说）母爱。（板书：母爱）

师： 《孩童之道》这首诗把孩子的天真无邪，把母爱的那种神秘美丽，那种无与伦比的魅力，写得淋漓尽致。（板书：天真无邪、神秘美丽）这就是所谓"孩童之道"。（师手指课题）那么现在同学们，从头到尾地把这首诗读一遍。朗读，应该有三个境界。第一境界是陌生地读，似懂非懂，将懂不懂。方才我们讲完了一节之后，再读，就是朗读的第二境界，理解地读。但这不是朗读的最高境界，朗读的最高境界是有感情地读。那已经是艺术的再创作。泰戈尔写出了这样伟大的作品，优美的诗章，我们应该把它声情并茂地读出来。能读好这篇作品，有一个秘诀。你读这首诗就像在读一个天真无邪的孩子的脸，天真无邪的少女的脸，就一定能把它读好。下面全体同学齐读《孩童之道》。

（生有感情地大声齐读）

师： 同学们，泰戈尔写出《孩童之道》这样伟大的作品，而我们今天能够基本把它读懂，这就等于我们和伟大的人物进行了一次对话。而能和伟大的人物进行对话，这应该是一个人莫大的幸福！《孩童之道》选自《新月集》。（师展示《新月集》这本书）这本诗集在各个书店都能看到，所以课下留两个作业：第一个作业，回去翻翻《新月集》，看看你还能读懂哪些作品，我们开个泰戈尔《新月集》的诗歌朗诵会，每个同学可以朗读《新月集》中你最喜欢的一首作品；第二个作业，今天学完了《孩童之道》，你回去写一个读书笔记，把你这堂课上的收获，把你对《孩童之道》的理解都写在里边，下次上课的时候，我要宣读好的读书笔记。今天的课就上到这里。

附1 《孩童之道》课文

孩童之道

泰戈尔

只要孩子愿意，他此刻便可飞上天去。

他所以不离开我们，并不是没有缘故。

他爱把他的头倚在妈妈的胸间，他即使是一刻不见她，也是不行的。

孩子知道各式各样的聪明话，虽然世间的人很少懂得这些话的意义。

他所以永不想说，并不是没有缘故。

他所要做的一件事，就是要学习从妈妈的嘴唇里说出来的话。那就是他所以看来这样天真的缘故。

孩子有成堆的黄金与珠子，但他来到这个世界上，却像一个乞丐。

他所以这样假装了来，并不是没有缘故。

这个可爱的小小的裸着身体的乞丐，所以假装着完全无助的样子，便是想要祈求妈妈的爱的财富。

孩子在纤小的新月的世界里，是一切束缚都没有的。

他所以放弃了他的自由，并不是没有缘故。

他知道有无穷的快乐藏在妈妈的心的小小一隅里，被妈妈亲爱的手臂所拥抱，其甜美远胜过自由。

孩子永不知道如何哭泣。他所住的是完全的乐土。

他所以要流泪，并不是没有缘故。

虽然他用了可爱的脸儿上的微笑，引逗得他妈妈的热切的心向着他，然而他的因为细故而发的小小的哭声，却编成了怜与爱的双重约束的带子。

附2 《孩童之道》板书设计

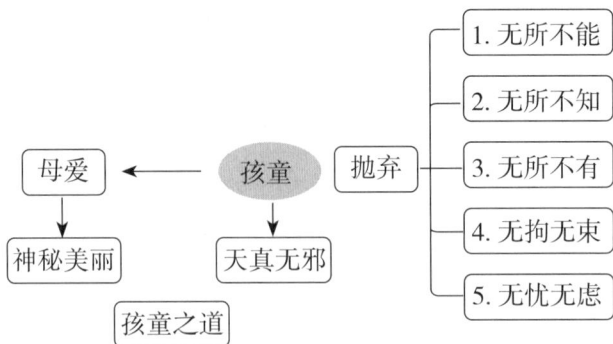

附3 立权师说课

《孩童之道》这堂课，主要想在阅读教学上，体现一种新的观念，被以往的老师们所忽略的观念。阅读教学的过程，实质上是师生共同解读文本的过程，既然是解读文本的过程，就存在着主观解读和客观解读两种。以往老师都注重客观解读，所以得出的答案往往是唯一的。而主观解读，则强调读者的主观参与、积极创造，因此，答案是开放的，多维的。当然，文学作品本身常常就是模糊的。所以这堂课，我让学生自由地发言、自由地谈自己的看法。只要是有道理的，我就给以肯定。方才说阅读教学的一个新观念，是什么？那就是读别人的作品，要结合自己的生命体验来读；教别人的作品，要结合自己的生命体验来教。也就是说，读别人的作品要从中读出自己来，在阅读中创造和发现自我。因此这堂课我设计了许多问题，让同学们在读泰戈尔的诗的过程中，回忆自己的童年，回忆生活的故事，自己曾经有的，调动自己的经验。而作为教者的我也把我记忆中的童年，把我孩子的童年，把我的经验，拿出来和同学交流。我认为这才是真正的阅读。大师们写了作品，创立了他们的话语权，那么我们作为读者，也不能丧失我们的话语权。所以阅读应该像体操里的自选动作一样，很自由的，是一种纯粹的精神自由的活动。因此它的解读应该是主观式的，应该是有着主体强烈的参与性的。所以这堂课我主要在阅读教学上体现了这样一种观念，就是读别人的作品从中读出自己，从中发现自我，认识自我，创造自我。

附4 东北师大文学院教授李晓明点评

泰戈尔是印度的伟大作家，也是诺贝尔文学奖的获得者。初一的学生第一次接触泰戈尔的作品，是很难理解诗中所蕴含的哲理的。所以，这堂课的讲读，就有很大的困难。我以为孙立权老师的课讲得非常成功。成功之处在于：

第一点，采用主观式解读诗歌的方法，让学生结合自己的生活体验去读泰戈尔的诗。在阅读中创造和发现自我，强调学生的自我参与意识，这种教法是符合21世纪青少年的心理特点的。

第二点，原诗分为五小节，每一节都有自己的讲授重点。其中，第一小节的第一句话是理解全诗的一把金钥匙。读懂了这句话也就理解了全诗。那么，孙立权老师是这样提问的：泰戈尔为什么说只要孩子们愿意就能飞上天去呢，泰戈尔疯了吗？学生根据自己的体验，说了很多答案。这些答案都各具特色。在学生期待正确答案的时候，孙立权老师及时地提出了一个孩子就是一个小安琪儿，就是一个小天使这样的观点。每个小天使都长着翅膀，所以说，孩子们只要愿意就可以飞上天去。再比如，第五节第一句，孙老师提的问题是：什么是"细故"？哪些细故可以让小孩子哭泣？第二问的答案是开放的，学生结合自己的生活体验谈了很多。一个男同学谈到他调侃自己的小弟弟，弟弟长得很黑，就说"松花江水映朝晖，有个小孩长得黑"，每次都惹弟弟哭起来。那么，这个同学的顽皮在发言中表现得淋漓尽致。

第三点，诗歌教学一定要有朗读训练。但是一首小诗如果用同一种方式反复朗读，会使学生感到厌倦。孙老师特别注重朗读方法的改变，每一次朗读都给学生留下一个印象。

第四点，孙老师的设计引人入胜，直接入题，干净利索，能迅速唤起学生的注意。

以上是这节课的优点。

如果让我对这节课提出改进意见的话，我以为，首先，总结全文的时候要扣题。诗的标题是《孩童之道》，对《孩童之道》有各种各样的解读。那么，通过这堂课的学习，我们以为《孩童之道》的主题是什么呢？其次，留下一小部分时间搞一个扩展阅读。冰心的两本小诗集《繁星》和《春水》就有相当一部分是描写童真与母爱的，可从中选出一两首与泰戈尔的《孩童之道》做比较阅读，让学生扩大知识面。以上是我的个人看法。谢谢！

18.《论语》十则

（第一课时）

编者按：本节课是立权师 2003 年为中国电视师范学院录制 10 集专题片《语文教育民族化与新课程理念》时执教的公开课，授课班级为东师附中初一直升班，本实录整理者是东北师大出版社编辑李井慧。

师：同学们，我想提一个问题，中国为什么不像西方那样那么多人信仰宗教？谁能谈一谈？

生：我想他们之所以信仰宗教，是因为他们的心灵需要有一个寄托，需要有一个家园，而我们中国人之所以没有全民信仰一个宗教，是因为我们中国人有心灵的寄托，精神上有一个高层次的可以让我们把心放在里面的地方，比如说中国很多诗人像陶渊明、谢灵运，他们可以忘情山水，（师：哦，他们不信仰宗教了，信仰山水自然了）而且可能还有一点，也就是今天我们要讲的这一课，我们有一个可以奉为神明的、精神上的准则，就是孔子以及他的学说。

师：那么他的学说的代表性著作就是——

生：《论语》。（师板书"论语"）

师：我们中国人少有人信仰宗教，一方面好多人信仰山水自然，另一方面在中国有相当于西方的圣经的东西，这个东西就是《论语》。今天我们就学习《论语》当中的十则。请大家把书打开。（师板书"十则"）

师：为什么要读 lún 语而不是 lùn 语？"论"在这里是什么意思？《论语》这本书不是孔子生前就诞生的书。平时孔子教学，我们知道他有很多弟子，弟子三千，优秀的就有七十二人，那么孔子平常讲学的时候经常就说了一些名言警句，他的学生都给记下来了。在孔子死后，他的弟子，包括他弟子的弟子，把这些名言警句、师生对话集合成一本书，这就是《论语》。那么"论"是什么意思呢？就是把孔子的语录排列起来，所以"论"的意思是排列、编排，《论语》就是编排起来的言论集。我们知道，《论语》影响了中国几千年，关于他的作者孔子，请大家看书下注释。（师板书"名丘，字仲尼"）

师： 书上说他姓孔，名丘，字仲尼。古人的名和字是有联系的。孔子名丘，字仲尼，那么"仲"是什么意思呢？

生： "仲"是表示排行的意思。

师： 哦，表示排行，排行第几呢？

生： 第二。

师： 请坐，表示排行第二，所以当年批判孔子的时候说"打倒孔老二"。那么"尼"和"丘"有什么关系呢？原来孔子的父母是在家乡的一座山——尼丘山上祷告，最后生了孔子。所以给他取了名字叫"丘"，字里面有"尼"。这样的例子很多，名和字是有联系的，谁还能举一个例子？

生： 《三国演义》里的张飞，他的字是"翼德"，而他的名字里有"飞"字，我想"飞"需要翅膀，所以他的字里面有"翼"字。

师： 哦，飞需要翅膀，所以字里面有一个"翼"字，很好。

生： 岳飞字"鹏举"，"飞"和"鹏举"也是有联系的。

师： 大鹏展翅就是"飞"，所以岳飞，字鹏举。很好，这样的例子非常多，我们课下再讨论。那么我们今天就学习《论语》当中的十则，我给大家读一遍，大家不认识的字不要急于注音，注意你第一次听到时的感受。

（教师范读《论语》十则）

师： 请大家自学前三则。首先，不认识的字根据课下注释标上音，然后在心里默读，再自学注释，一会儿小组讨论，现在开始。

（学生开始自学前三则：子曰："学而时习之……"；曾子曰："吾日三省吾身……"；子曰："温故而知新……"）

师： 现在开始小组讨论，前后桌为一组，讨论这三则中你提出的问题。看看你的疑问、不懂的问题，能不能在小组里得到解决。

（学生开始小组讨论）

师： 好了，你的一些疑问可能在小组里得到了解决，但是肯定有一些疑问小组里也不能解决，那么就提交给全班，我们师生共同解决。在答疑之前，请大家自由读这三则，请大家注意读音：第一行的"不亦说（yuè）乎"，第二行的"人不知而不愠（yùn）"，第三行"曾（zēng）子"，"曾"是一个姓，"吾日三省（xǐng）吾身"中的"省"。现在请大家自由读前三则。

（学生自由读前三则）

师：好，先看第一则。

（先让一个学生读一遍）

师：好，请坐。关于第一则，哪个小组还有疑问？

生："学而时习之"的"而"和"之"是什么意思？

师：我以前给大家讲过"推门而入"，"推门"然后"入"，这里是"学而时习之"，"学"然后"时习之"，这两个"而"用法相同吗？

生：我觉得是一样的，因为"推门而入"是先推门然后再进去，"学而时习之"是先学然后再温习。

师：嗯，请坐。那么这个"而"就是表示顺接的连词，如果翻译，可以翻译成"然后"，也可以不翻译。那么这里的"之"呢？我以前和大家说过，如果"之"能翻译成代词，就不翻译成助词，那么这里能不能翻译成代词呢？如果能，可以翻译成什么？

生：可以翻译成代词"它"，代指学习的内容

师：可以，请坐。第一则谁还有问题？

生：第一则出现了三个"不亦……乎"，我想问一下"不亦……乎"是什么意思？

师：请坐。出现了三次"不亦……乎"，这显然是古代汉语里一种固定的结构。

（找一个同学解释）

生："怎么不"的意思。

师：意思也通，请坐。

（又找一个同学回答）

生：翻译成"不是也……吗？"

师：大家注意，这里的"亦"不宜翻译成"也"，它是表示程度的副词，是"很、太"的意思。"不亦……乎"就是"不是很……吗"，是一种固定结构。

生： 从第一则"有朋自远方来，不亦乐乎"，可以看出孔子对朋友是很欢迎的，那么我想问一下，在孔子眼里什么样的朋友能值得他这么高兴呢？

师： 来一个讨债的、借钱的，像刘姥姥进大观园打秋风的？这大概不能算是朋友，那么什么样的人在孔子眼中算"朋"呢？同学们，这里有一个文化常识，中国古代"朋"和"友"原是有区别的，同门曰"朋"，同出于一个师门的人叫"朋"，所以"朋"相当于今天的——

生： 同学。

师： 同志为友，志同道合的人才是朋友。那么朋友来干什么呢？对，切磋修养、讨论问题，讨论德行与学问上的问题当然十分快乐。

生： 这里的"有朋自远方来"，可不可以翻译成"有学生从远方来请教呢"？

师： 哦，你这个看法我没想到。有学生来孔子这里请教问题，孔子很高兴地把自己知道的东西告诉他们，这样理解也是可以的，或者说可以包含着这个意思。

生： 我想问一下"学而时习之"的"而"和"人不知而不愠"的"而"有什么区别。

师： 大家看一看这两个"而"有没有区别，看"而"前后的意思有没有变化。

（找同学回答）

生： 老师方才说了，第一个"而"表示顺接，"然后"的意思，而第二个"而"表示转折，"可是"的意思。

师： 很好。别人不了解我，按理说我应该怨恨、生气，但是却"不愠"，意思发生转折了。好，现在请大家齐读第一则。

（学生齐读第一则）

师： 同桌或者前后桌，甲给乙读一遍，然后乙给甲读一遍，然后甲乙再互相背诵一遍，这样就是四遍，现在开始吧。

（学生开始互相诵读）

师： 现在大家能不能尝试着把第一则背下来？

（先找两个学生背诵，再让全体女同学和全体男同学各背诵一遍）

师： 这是《论语》二十篇第一篇的第一则啊，在《论语》这部书中显然处于很重要的位置。《论语》整本书讲的是孔子的"仁"和"礼"的学说，但是怎么样才能做到"仁"，怎么才能把"礼"做好，孔子主张得靠"学"，所以《论语》开篇第一则就是"学"。那么学什么？单单是学知识吗？孔子认为主要该学什么呢？

生：是学习做人的道理。

师：很好。学知识、学技能，但更重要的是学习做人的道理。那大家想想，做人的道理怎么复习啊？所以"学而时习之"的"习"，不应狭隘地理解成"温习、复习"，范围再扩大一些，学习了知识、技能，学习了做人的道理，然后去"习"，那你认为此时"习"可以作何理解？

生：可以理解为"实践"。

师：学习了知识、技能，学习了做人的道理，然后去实践，身体力行、学以致用，孔子认为这是很快乐的事情。比如你学了拾金不昧的道理，然后在生活中你捡到钱包还给失主了，这就是"习"，身体力行，躬身践行，那当然感到发自内心的快乐。所以这里的"习"如果单单理解为"温习、复习"，那我看就"学而时习之，不亦苦乎"了，就像现在考试一样，已经会了，然后反复复习，那是很痛苦的。如果把这个"习"理解为"实践"，那么境界大开。实际上，从文字学的角度看，"习"最初是什么意思呢？谁会写"习"的繁体字？（一生到黑板前板书"習"）大家看，繁体字的"習"，上边是"羽"，表示鸟的翅膀，下边的"白"原本是"日"，指太阳，上下合起来是什么意思？

生：鸟在白天，在日光下展翅飞翔。

师：差不多。原本指小鸟在阳光下练习飞，从而引申出学习、练习、温习、实践等意思。"习"字的造字本义里就含有实践之意。

师：同学们，我这里还有一个问题，"人不知而不愠"，一般来说，别人如果不了解我，那我是要"愠"的，我起码要发牢骚，对他有看法，可是孔子却说别人不了解我，我"不愠"。这"不愠"是很高的境界啊，你认为如何才能做到"不愠"呢？我有时候就做不到，平时交往的时候，有一些事情别人误解我了，或者他不了解我，那我起码要发发牢骚，可孔子说"不愠"，那怎样才能做到"不愠"呢？大家讨论讨论。

（学生开始讨论）

师：好了，谁能谈一谈？从你的角度看，如何才能做到"不愠"？

生：我觉得"不愠"是一种很高的境界，而且是一种自信的表现。孔子如果不认为自己有很高才能的话，我认为他是绝对做不到"不愠"的，因为自己有很高的才能，很自信，才相信有一天大家终究会发现他，暂时的"人不知"并不代表永久地不知道。只要有自信，有真才实学，总有一天别人会知道你，所以才能做到"人不知而不愠"。

师：也就是说，你认为"不愠"的一个重要前提是要有自信，你不了解我并不影响我的伟大。高度的自信才可能造就伟大。所以以后谁要是不了解你、误解你，你如果"愠"的话，那就是你缺乏自信的表现。那还有没有其他看法？

生：我觉得孔子的"人不知而不愠"可能还有这层意思，就是别人不了解你也可能是你自己展示得不够，所以要充分地展示自己，才可能让别人了解自己。

师：请坐，你的理解很有意思：别人不了解自己，可能是自己展示得不够，有道理。谁还能谈一谈？除了自信，还有没有其他方面？有没有修养问题呢？

生：要想做到"人不知而不愠"，还要有高尚的道德修养。

师：很好。所以以后你要是对别人"愠"了，要考虑一下是不是自己自信不够，还是自己的修养不够。下面请大家看第二则、第三则。

（找同学朗读第二则、第三则）

师：有一个音读得不准，谁能找出来？

生：是"为（wèi）人谋而不忠乎"。

师：很好，这里要读 wèi。下面大家再分组讨论一下这两则，你有不懂的问题就大胆地在小组里提出来。

（学生开始讨论）

师：好了，小组里解决不了的问题，提交给全班。

生："温故而知新"的"而"是表示顺接吗？

师：是顺接，温故然后知新。

生：第二个问题是，孔子为什么说"温故"就能"知新"呢？

师：请坐。温习旧的东西就能知道新的东西，孔子为什么这样说？大家注意了，这里的"温故"不能单单理解为只温习旧的知识。比如我现在三十多岁了，我要"温故"，这个"温故"不但包括温习旧的知识，还包括什么呢？

生：还包括从旧的东西中引发自己的思考。

生：还包括回顾自己的人生，像鲁迅散文集的名字"朝花夕拾"。

师：请坐。非常好。这个"温故"如果只理解为温习旧知识，那眼界就太狭窄了，还包括温习人生，人只有不断回头看自己走过的路，才能更加走好未来的路。

生：我认为这个"温故"也可以理解为温习旧知识，因为"温故而知新"可以理解为既不断地温习旧知识，又不断地学习新知识。

师：哦，你是把它理解为并列的关系，单独看这一句，好像可以讲通，但这恐怕不是《论语》中的意思。还是应该这样理解：从"故"的东西中受到启示，得到经验和教训，从而能更好地认识"新"的东西，这就叫"温故而知新"。大家现在虽然十几岁，也要经常"温故"，我现在更要"温故"，等到年长色衰时也要"温故"（生笑），只有"温故"才能走好未来的路。这个问题非常有价值。谁还有问题？

生：为什么"温故而知新"就可以"为师"呢？

师：这个"可以为师"有两种理解，一种是可以把"温故而知新"这种方法当作老师，第二种理解是可以把这样做的人当作老师。有一个人善于"温故而知新"，你就可以把这样的人当作老师。你能从中学到东西，当然可以作为老师了。

生：如果"学而时习之"中的"习"理解为实践、身体力行的话，那"传不习乎"可不可以理解为：我教给别人的东西，我实践了吗？我做到了吗？因为曾子现在虽然是孔子的学生，但他以后也是要为人师的。

师：嗯，他也肯定为人师了，《论语》中有很多内容都是曾子的学生记录的。刚才的同学提出了一个非常有价值的问题，"传不习乎"的一种理解为"老师传给我的东西，我实践了吗"，另一种理解非常独特，"我要传给别人的东西，我实践了吗"。第一种理解是从学生角度出发的，第二种理解是从老师角度出发的，都非常可贵。我认为这句话是刚才的同学对我说的，我传给大家的东西，我本人实践了吗？我传给大家的一些道理，我本人相信吗？我身体力行了吗？如果我都没有这么去做，我还有什么资格向大家这么传布啊？所以这句话站在老师的角度去理解更深刻，我同意刚才同学的理解。现在，大

256

家把二、三则齐读一遍。

（学生齐读二、三则）

师：尝试着背诵下来，看谁背得最快，背得最快的同学先举手。

（学生陆续举手背诵）

师：好，现在能背诵下来的背诵，不能背诵下来的读，开始。

（学生一起诵读二、三则）

师：大家提出了很多问题，现在请大家看第四则，我对这一则特别有体会，我向大家讲一讲。"学而不思则罔，思而不学则殆"，孔子把学习和思考放在一起综合考虑。平时我们见到很多同学，就知道在那里学啊，学啊，背啊，记啊，到考试时成绩却不是很高，犯了什么毛病啊？就是在那里"死学"啊，"死学"最后就"学死"。学习如果不动脑，不独立思考，那就学死了。我们也见过很多那样的同学：整天在那里闭门思考，累得头发都白了，考试成绩也不好。你问他"四书五经"是什么，他不知道，只知道在那里苦思冥想一些问题，基础的东西不学，不记，也不写。同学们，这里的"学"说的是"是什么"和"如何做"，即"what"和"how"，而"思"说的是"为什么"，即"why"。整天在那里死记硬背这是什么，那是什么，人家怎么说，你就盲目地跟着做，不用长在自己肩上的属于自己的头脑思考，孔子认为这样会"罔"，按照书下注释，就是迷惑，也可以理解为被欺骗。"罔"原本就是"网"。大家看甲骨文里的几种写法。（屏幕呈现：）大家看，像什么？

生：渔网，或者捕鸟捕野兽的网。

师：很好。一看就是两根棍子中间用交叉的绳索编织起来，像捕鱼、捕鸟兽的网。"罔"字的外部就是"网"的形象，里边加"亡"，是声旁，表示读音的。大家想一想，鱼、鸟兽被弄进网里，不知道能不能出去，一定会感到迷惑、迷茫，这是词义的引申，这个"罔"后来写作"惘"，又加了一个竖心旁。那么，人们让鱼、鸟兽自投罗网，等于是把它们骗进来，于是引申出"欺骗、蒙蔽",所以我说这里也可以理解为被欺骗。这是"学而不思则罔",那么"思而不学则殆"呢,就是整天苦苦思索"为什么",却不去记"是什么",不去跟别人学,不去行动,孔子认为这样会"殆",即有害,有危险,走火入魔,也可以理解为疑惑。只有把"学"和"思"结合,把客观考察与主观冥想结合,把实践与理论结合,做到知其然也知其所以然,才能真正有所得。孔子在这里讲出了辩证法啊,学习和思考相辅相成,缺一不可。请大家齐读这一则。

（学生开始齐读这一则）

师：这四则有的是我讲的,有的是大家讨论的,第五则我想请一位同学来讲一下,你就讲讲你的感受,在讲之前大家先齐读一下。注意"诲女知之乎"的"女"是通假字,通"汝"。

（学生齐读第五则）

师：现在给大家点儿时间,自己思考,看谁能到前面来,把自己对这一则的理解和感受讲给同学们。

（学生思考）

师：谁有表达的欲望,谁对这一则有想法,我要讲给我的同学,和我的同学交流,有问题要问我的同学,你到前面来,我到你的座位上,你是老师,我当学生。

（有一名学生走到了讲台上）

生：（临时老师）我不认为我站在这里了就是老师,因为我对这一则也理解得不深,只是和大家一起学习。我也是一个学习者,我希望大家能帮助我学好这一则。我想先问大家一个问题:《论语》十则中有一则告诉我们,无论为人还是求学都要有一个正确的态度,这一则是哪一则,谁知道?

生：就是第五则:"由,诲女知之乎!知之为知之,不知为不知,是知也。"

生：（临时老师）这里我有一个问题要问大家:"是知也"中的"是"可不可以换成"为"呢?大家可以联系一下上下文思考,谁有想法可以举手回答。（用语和语气模仿孙老师,生笑）

生：我想,如果按照整个句子的意思,好像可以。但严格来说,"是"在文言文里是"这"的意思,"是知也"是判断句,相当于英语里的主系表句型,只不过系词没出现,翻译时需要加上。而"为"直接就是系词,"是"的意思。

生：（临时老师）"是"在这里可以翻译成"这是"的意思，而"为"不行。我认为这里不用"为"更好一些。我预习的时候查了一下，关于"是"为什么不能换成"为"，有很多种说法。"是"有一定的判断性，孔子在说这句话的时候有一定的判断性，这是我昨天在网上查到的。下面我先说一下这句话的意思：我想子路肯定上课溜号了，然后孔子问他："我教给你的，你都明白了吗？明白了就是明白了，不明白就是不明白，这才是端正的学习态度。"大家看一下，可不可以这样理解。

师：大家注意一下，她对"诲女知之乎"提出了新的看法。

生：（临时老师）就是"诲女知之乎"可以理解成"我教给你的东西你都知道了吗"。

师：这和我的理解不一样。

生：如果是"你都明白了吗"，后面应该用问号，而教材上"诲女知之乎"后面是叹号。这句话的意思应该是"我来教给你怎么样算是'知'吧"，你那么理解，好像不怎么通。

生：（临时老师）我这种说法也对，我在很多版本里查到这里用的都是问号，而且"乎"在文言文里可以翻译成"吗"的，所以我认为没有什么大问题。

师：因为标点是我们后人加的，当时也没有标点。如果把这个叹号变成问号，像她那样理解"由，我教给你的都知道了吗"，不可以吗？当然是可以的。

生：我认为可以这样设想当时的情景：先是由溜号，然后孔子问由说："我教给你的东西都明白了？"然后由回答说"明白了"，然后孔子对他说："现在我来告诉你什么才是真正的明白。"

生：（临时老师）你把两种理解放一起了。老师和大家的理解，我觉得也可以，整句的意思就是：由，告诉你"知道"与"不知道"的正确态度吧！知道就是知道，不知道就是不知道，这才是真正的智慧所在。这样后边就可以用叹号。我认为如果当时由真是因为溜号而错失了一节课的话，那么孔子教给他的这句话可能比这节课还重要。我还有一个问题：我们为什么要做到"知之为知之，不知为不知"呢？如果你面对的是一个小孩子，他问你一个问题，你编一个故事然后给他讲，他也可能相信啊？你在他心中的地位或威信也还在啊？为什么要做到"知之为知之，不知为不知"呢？

生：我想我们学习知识是为了在以后的生活中能用到，而如果你不懂装懂，告诉了一个错误的知识，那他以后用到这个错误知识的时候，就会造成严重的后果。而老师教学生是要对学生负责的，所以他不能因为在学生心目中的地位问题而造成对学生前途的影响。而且，如果这个学生应用了这个错误的知识后，发现这是错误的，那这个老师在学生中的威信反而下降了。

生：（临时老师）嗯，你是从责任感的角度来讲的。我想还可以从诚信的角度来理解。大家都学过《两小儿辩日》这篇课文，那里面就讲了孔子面对着两个小孩子的讨论所持的态度。周恩来总理说过一句话："我们对待任何问题都必须坚持'知之为知之，不知为不知'的老实态度，不懂绝不要装懂，而是必须由不懂变为懂。"从这句话当中我们看到，"知之为知之，不知为不知"的目的是让大家都弄懂这个知识，而且应用到实际生活当中去，而不是我们在一起互相吹捧、互相炫耀自己的本领。最后，我想要和大家说的是，上课的时候老师已经说了，孔子的这本《论语》就相当于西方的《圣经》，《论语》里说的话不像西方所说的那些名人名言，它与"知识是人类进步的阶梯""走自己的路，让别人说去吧"这样的话是不一样的，这样的话只代表一种精神，一种进步，而《论语》里面的话大多体现了两千多年前孔子、曾子以及其他人的人格魅力，经过了时间的沉淀，它已经成为我们中华文化中流淌着的国格魅力，作为炎黄子孙的中国人绝对有权利、有理由、有义务去接受并欣赏这些家训一样的话。李阳有一个"疯狂英语"，我在这里发明了一个"疯狂《论语》"，请大家跟着我，把这些非常重要的、对大家自身发展非常有好处的话，大声地朗读一遍。

（学生一起朗读这一则）

师：我认为应该把非常热烈的掌声送给这位同学，她讲出了自己的理解、自己的感受，非常可贵，我们给她热烈地鼓掌。（生热烈鼓掌，临时老师回到座位）

师：下一则，再给大家一点儿时间自学，谁能把自己的感受再讲给同学。

（学生自学后，一位同学到前面来讲）

生：（临时老师）同学们，大家好！今天我站在这里，是为大家创造一个交流的机会，我希望我们在交流中共同进步。我们现在学习第六则：子曰：

"见贤思齐焉，见不贤而内自省也。"这里的"贤"，我理解为道德修养高的人，"内自省"就是内心自我反省，整个句子的意思就是："你看到一个有道德、有修养、有学问的贤者，就想达到他那种境界，跟他有同等的成就；如果遇到不贤的人、坏人，就可以当作自己的借鉴，进行自我反省。"纵观《论语》，我们不难发现像"君子喻于义，小人喻于利""君子上达，小人下达"这样的句子，事实上这体现了孔子一种思考问题的路径，他的高明之处就在于通过"贤者"与"不贤者"的对照来表达思想。那么现在我问大家一个问题：孔子一生中最尊崇的人是谁？

生：我觉得应该是老子。

生：（临时老师）老子是其中之一。

师：老子比孔子年龄大一些，史书记载孔子曾经"问礼于老子"。

生：（临时老师）那我现在告诉大家，他最尊崇的人是周公，周公是周文王的儿子，姓姬，名旦，当然不是我们吃的"鸡蛋"。他非常有德政，擅长礼乐，孔子说："甚矣，吾衰也！久矣，吾不复梦见周公！"意思是我衰老得太厉害了，很久没梦见周公了。周公是大德之人，《论语》中多次提到他的才德，由此可见孔子对贤者的敬仰，以及以贤者要求自己的高尚追求。那么对不贤之人，他很明确地提出要"见不贤而内自省也"。联系下一则"择其善者而从之，其不善者而改之"来看，孔子可贵之处在于，他把不贤的人、不善者也当作老师——"反面教员"，所以才说"三人行，必有我师焉"。那么，在我们的学习和生活中，也会遇到一些同学比我们优秀，我们就要向他们学习；当然我们也不可避免地要遇到一些道德很低俗的人，我们应该像孔子一样，在内心反省一下，自己是不是有和他一样的行为，有则改之，无则加勉。谢谢大家，这一则我讲完了。

师："见贤思齐"容易做，"见不贤而内自省"却很难，这位同学带着她十几年的人生感受来讲《论语》，讲得很深刻。

生：（临时老师）老师，我有一个问题：大家都看过欧·亨利的《麦琪的礼物》，也翻译成《贤人的礼物》，西方的这个"贤"和这里的"贤"一样吗？

师：我认为中西、古今，人类的文化都是相通的，西方的"贤"当然可以有我们这里贤的意思。《麦琪的礼物》是写一对贫贱夫妻在圣诞节各自卖掉自己最珍贵的东西来给对方买礼物的故事。《圣经》里说耶稣基督在耶路撒冷伯利恒的一个马槽里出生后，从东方来了三位贤人送给耶稣礼物。这里的"贤人"是《圣经》中的人物，比孔子这里的"贤"更有宗教传奇色彩。欧·亨利这篇小说的题目显然是从《圣经》来的，不过，欧·亨利是把这对有真爱的贫贱夫妻视为贤人的。

生：我想问一下，为什么孔子见到"贤人"只是想和他一样，而不是想超越他呢？

师：你提出了更高的要求，见到贤人不但要和他一样，还要超过他，你的这个想法我支持。好了，我们用不同的方式学习了《＜论语＞十则》的前六则，现在我们就用"疯狂《论语》"的方式把这六则大声地读出来、背出来。

（学生大声朗读、背诵这六则）

师：好，大家今天回去把剩下的几则预习一下，同时大家思考一个问题：第一则里说，"学而时习之，不亦说乎？有朋自远方来，不亦乐乎？"前后两句都写到"乐"，这两种"乐"有什么不同吗？明天我们接着探讨。今天的课就上到这里，下课！

19.校本选修课：前卫艺术

　　编者按：立权师从 2002 年开始为学生讲授校本选修课，先后开设过《汉字文化》《对联文化》《论语选读》《前卫艺术》《中学汉语语法常识》等五门课，下面是他开设的《前卫艺术》选修课（8 次 16 节）的第 1 节课的实录。本节课是立权师在东北师大附中第三届荣誉教师教学研究活动中执教的公开课，授课班级为东师附中 2002 级直升班，授课时间为 2003 年 12 月 5 日。本实录整理者是辽宁省现代服务学校教师康毕华。立权师曾于 2006 年 11 月 28 日在长春市教研室举办的"走进新课程、实施新课程"语文教学研讨活动中，于 2011 年 8 月 1 日中国高教学会语文教育专业委员会主办的全国教师教育与语文课程改革研讨会上重上此课。

师：我常听到同学们这样的话："某某今天的头型真前卫""今天演唱会，莫文蔚穿得太前卫了"……那么在我们的日常生活中，"前卫"这个词表达什么意思呢？谁能说一说？

生：我认为"前卫"表达的是一种时尚，一种与众不同的精神。

师：哦，一种时尚，一种与众不同的精神。谁还有其他的理解？

生：我认为"前卫"是与传统相对立的，它标志着一种标新和立异。

师：与传统对立，标新立异。前卫，可能就是一种叛逆，就是创新，就是另类，就是时髦。这样一个词语，它一旦和艺术联系在一起，变成"前卫艺术"（师手指屏幕，上写有"前卫艺术"），它到底是什么样子呢？我们先看一个作品。（屏幕显示图片）

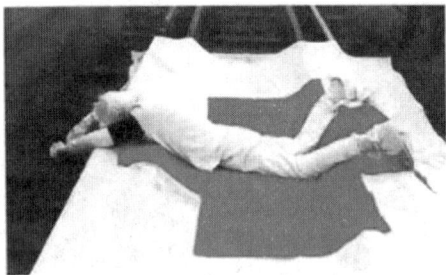

请大家观察画面：在一段铁轨上铺着一块白布，白布上有"红十字"的布，艺术家本人从头到脚都用白布包裹，卧在上面。这个行为本身构成了一种艺术——行为艺术，这是一种前卫艺术。

我们再看，有个艺术家，他设计了许多寿衣，——大家知道寿衣是什么吗？

生：给死人穿的衣服。

师：对，是给死人穿的衣服。他不仅设计了许多寿衣，并且将这些寿衣称为"寿衣时装"。他自己出钱雇模特儿，让这些模特儿穿上这些"寿衣时装"在北京剧院演出。不仅如此，他还让模特儿穿上他设计的"寿衣时装"在天安门、天坛、长城、故宫、王府井大街……这些场所穿行，上演了一幕幕"活死人"的场景。（生笑）（屏幕显示图片）这是穿寿衣时装在北京剧院演出，这

是在天坛，这是在故宫，这是在长城，这是在晚上的王府井大街。（生笑，有的惊呼）

接下来我们再看，这是一个绘画作品。（屏幕显示图片）大家观察这幅画，首先你看到了什么？谁能谈一谈？

生：我看到了画面里一个硕大的西红柿占据了整个房间。

师：硕大的西红柿？是西红柿还是苹果？

生：（齐答）苹果。

（有的说西红柿）

师：西红柿还是苹果都无所谓，就说它是苹果吧。一个硕大的苹果充满了整个房间。这个苹果大到充满了整个房间，我们没有见过这样的苹果吧？

以上这几个作品都是前卫艺术作品。同学们看一看，前卫艺术给你的第一观感是什么？

生：前卫艺术给我的第一感觉就是与众不同，我想起一个词——新新人类。不知道是不是只有"新新人类"才能创作前卫艺术的作品？

师：新新人类，或者叫"愤青"，就是愤怒青年，简称"愤青"。（生笑）

这些人热衷前卫艺术。

　　生：我对这几个作品不太理解，我看不懂这些作品。（众生笑）

　　师：你看不懂，这很对。前卫艺术的特点就是看不懂。（众生笑）一看就懂的作品绝不是前卫的作品。它为什么让人看不懂呢？这就和前卫艺术的追求有关了。前卫艺术它追求的是消解意义，把意义消解掉。我们平时欣赏一个作品，我们总要思考作品的意义是什么。那么前卫艺术就是要改变人们的欣赏习惯、思维定式，让你看不出有什么意义。前卫艺术一个非常重要的特点就是——消解意义。（屏幕显示：一、消解意义）

　　同学们，我们来看一首诗。（屏幕显示）

你见过大海

你见过大海

你想象过大海

你想象过大海

然后见到它

就是这样

你见过了大海

并想象过它

可你不是

一个水手

就是这样

你想象过大海

你见过大海

也许你还喜欢大海

顶多是这样

你见过大海

你也想象过大海

你不情愿

让海水给淹死

就是这样

人人都这样

我来读一下。（师为生朗读，众生笑）

这是一首诗（师说到"诗"时加重语气）啊，同学们，是我国当代很有名的一首诗。读完这首诗，你的感受、你的理解是怎样的呢？前后桌六个人组成一个学习小组，大家讨论一下。在讨论中你要学会表达，同时学会倾听。

（分组讨论）

好了，谁能举起你智慧的手，谈一谈你对这首诗的感受和理解？谁能谈一谈？没有森林般的手啊。

（生笑）

生：以前，我曾经看过普希金的《致大海》（师插话：你看过普希金的《致大海》，好！）和舒婷的《致大海》。这两首诗都表达了作者的思想情感，并且语言非常的优美。古今中外写大海的诗，或者是表达自己的一种胸怀，或者是把大海比作生活比作母亲等等，而看过这首诗之后，我首先觉得它的手法非常荒诞，从语言来说，它把大海淡化了，大海就是这样。（师插话：把大海淡化得不能再淡化了）所以我觉得前卫艺术是荒诞不经的。

师：她能够想到传统的关于大海的作品，与这首诗对照起来思考，这种思维非常可贵。同学们，普希金的《致大海》有多少人读过？请举手。有没有人能背诵几句？（停顿片刻）没有啊？（师背诵）"再见吧／自由奔放的大海／这是你在我眼前最后一次翻滚着蔚蓝色的波浪／闪耀着娇美的荣光"，这是普希金的《致大海》。还有舒婷的《致大海》："大海的日出／引起过多少英雄由衷的赞叹／大海的夕阳／招惹过多少诗人温柔的怀想。"这是传统的写大海的诗，还有没提到的，例如曹操的《观沧海》，借大海来抒写一种怀抱，一种志向。那么你从这首作品（手指屏幕上的《你见过大海》）中能看出大海的寓意吗？大海在这里能说成是一种意象吗？不能。

生： 我觉得这首诗表面上是写大海，实际上是写人。而且他写完这首诗肯定有一种快感，因为大家读前边的部分不懂，最后读完了发现作者把人人心中不想被人看透的东西表达了出来。我觉得它在说很多人都——叶公好龙。（师插话：很多人喜欢大海都是叶公好龙，不敢看清大海的真面目）对。我还觉得这首诗很有真性情，就是它想怎样说，它就怎样说，到最后有一种愚弄人的快感。

师： 哦，愚弄。好，你的理解跟我的感受一样。英雄所见略同。（掌声、笑声）我读完这首诗就是这种感觉，这不是愚弄我呢吗！这是在愚弄读者呢。它故意把大海的意义内涵淡化，淡化。同学们，这首诗的作者叫韩东（师板书"韩东"），是我国当代著名的诗人。以他的这首《你见过大海》为代表的诗，以非常叛逆的方式、以打倒父亲的方式宣告了中国第三代诗的诞生。我们中国当代的诗，比如说我们熟悉的、写过"为什么我的眼里常含泪水／因为我对这土地爱的深沉"的艾青，比如说写过《我为少男少女们歌唱》的何其芳，他们的诗是第一代诗。第二代诗呢？大家猜一猜？（有生回答舒婷、顾城、北岛）对，就比如是舒婷的诗"与其在悬崖上展览千年／不如在爱人肩头痛哭一晚"，再比如说"卑鄙是卑鄙者的通行证／高尚是高尚者的墓志铭"，这是谁的诗啊？（众生回答"北岛"）对，是北岛的。再比如"黑夜给了我黑色的眼睛／我却用它寻找光明"，这是——顾城的诗。北岛、顾城这些诗人的诗是第二代诗。那么以韩东的诗为代表的是第三代诗，是新生代的诗。从前面这些作品我们可以看出，它们都有一个非常明显的特点，就是把意义消解掉，让你看不出有什么意义，甚至要主动地愚弄你。

我们再看一个作品。法国有一位非常著名的诗人，被公认是世界上最早的前卫诗人之一，他就是法国的波德莱尔，（师板书：波德莱尔）他有一本著名的诗集，有没有同学知道？

生： 应该是《恶之花》。

师： 对，是《恶之花》，（师板书"恶之花"）非常好。同学们，你们看这诗集的名字——《恶之花》啊，从丑恶中开出鲜花，这诗集里有一首诗，叫《兽尸》。兽尸，就是死牲口。作者在马路的拐角处看见一具死牲口，生蛆了，溃烂了，又脏又臭，恶臭熏人。这样的东西传统艺术能把它作为主体来描写吗？不能。但让我们来看看这首诗，而且，这首诗还是写给他情人的。
（生笑，表示惊异）（屏幕显示）

兽尸

【法国】波德莱尔

我的爱，请回忆今天看见的一物，
在这风和日暖的上午，
一具污秽的兽尸躺在小路拐弯处，
把遍地碎石作为床褥。
四肢朝天，宛如淫妇逢场作戏，
冒着毒汁，热汗淋漓，
一副放荡不羁的无耻的姿势，
鼓起的肚子胀满了气。

在上天眼中，这尸体美妙异常，
恰似一朵鲜花怒放。
一股刺鼻的恶臭熏人极烈，
使我们几乎昏倒地上。
腐烂的肚子上苍蝇成群嗡嗡，
冒出黑压压一片蛆虫，
蛆的大军汇成浓稠的液体，
沿着活的破衣流动。

（师为生朗读，众生笑，有的说"真前卫"）怎么样？这么丑的东西他居然写得像鲜花一样美。这还没什么。这首诗的结尾更为惊世骇俗的是什么呢？能想象得到吗？
（屏幕显示）：
爱人啊，你也将像此污物一样

就像这具可怕的兽尸,

我眼中的星星,我心中的太阳,

你,我的情爱我的天使!

是的,你将是这模样,美的皇后!

只等临终的圣礼之后,

你将躺到茂盛的花草之下,

在枯骨间霉烂,腐朽。

(师为生朗读,众生哗然)同学们,自古以来,把情人比作鲜花的有之,比作天仙的有之,但是老老实实地把自己的情人比作一头死牲口,(生笑)大概波德莱尔是世界第一人。这是公认的最早的前卫诗歌啊,它诞生在一百多年前,今天它仍然很前卫。(生笑)前卫艺术已经诞生一百多年了,我们国家晚一点,成气候大概只有三十年。你看看这诗集的名字——《恶之花》,恶——是丑的,花——是美的啊,同学们,结合这首《兽尸》,你能不能谈一谈你又感受到前卫艺术的哪一个非常重要、非常鲜明的特点?谁来谈一谈?

生:我觉得前卫艺术一个最显著的特点就是它与古典艺术格格不入。它把古典艺术中美的事物加以淡化,甚至用相反的方法来写。像这首诗也是表达了一个比较客观的观点:人都要死,也都要像兽尸一样腐朽、溃烂。作者想把这种本性揭示给他的情人,让他的情人也看到这一点,他不想用阿谀奉承的方式写给他的情人,所以我觉得前卫艺术的特点就是能揭示事物的本性,而且与古典艺术好像是比较抵触的。

师:你认为前卫艺术与传统艺术格格不入。

生:我认为前卫艺术最主要的就是以丑为美。(师问:以丑为美?)对,以丑为美。老子说:天下皆知美之为美,斯恶矣。美在古典的文化艺术当中,已经被人们挖掘得很深了,后人基本无法再超越了。那么现在发展的趋势就是以丑为美,人们还没意识到以丑为美,前卫艺术实际上就是想改变人们的思想。老子还说过:玄之又玄,众妙之门。前卫艺术我们觉得它很玄奥,就是说人们都觉得看不懂。正是这种玄奥才能体现出它的妙处。它的发展趋势就是以丑为美。

师：非常好！你认识到前卫艺术是以丑为美。传统艺术写美写绝了，登峰造极了，那么现在挖掘出丑恶来，从丑恶中挖掘出美来。让"恶"中开出美之"花"来，以丑为美。传统艺术审美，审视美，前卫艺术审什么啦？审丑！同学们，前卫艺术有一个非常重要的特点——从审美转向审丑。（屏幕展示：二、从审美转向审丑）传统的人们可能没有注意到"丑"本身的价值。传统艺术也写丑，但是你知道它把丑当成什么吗？

生：以往的作品中往往把丑当成是美的对比，从而更加突出美之为美。

师：传统作品把丑作为美的陪衬来写，现在前卫艺术把丑直接就当作丑，把丑作为非常重要的领域来挖掘，这还是有价值的。它为我们打开了艺术的一扇门，是平时被我们所忽略的一扇门打开了，让我们的艺术视野大大地开放，从审美一路向审丑逃亡。

大家再看一个作品。（屏幕显示图片）这是一幅画，是我国当代的一幅油画，请同学们描述一下，从画面中你看到了什么？谁说一说？（有人举手）还有谁？两个人，三个，四个，还有谁？

生：这幅油画画的是一个穿着军装的女子。她做的动作应该说是一个跳舞的姿势（师：跳舞的姿势？）嗯，这个女子我们可以看出她是斜楞着眼，蒜头鼻子，龅牙，长相非常的丑。

师：丑不胜收。谁还能补充一下？

生：我觉得她在做一个拥抱的姿势。我们可以换一个角度想一想，她这个姿势中的两只手，从背后看是什么样子的。我觉得她在拥抱自己，她渴望拥抱。（众生笑）

师：拥抱自己。同学们来看一看这个画面，这个女子就像刚才崔潮歌说的那样，歪戴着帽子，斜楞着眼，露着大牙，还有点儿"地包天"（笑声），很丑啊。但这幅作品的名字——请大家注意，这幅作品的名字叫——中国姑娘。（板书"中国姑娘"）（众生哗然）同学们，女同学们，你们能接受吗？（笑声）在传统艺术中，中国姑娘是什么样子的？你想一想，传统作品中中国姑娘什么形象？（过了片刻）大家再看一幅作品。（屏

271

幕显示图片）这幅作品画的是文君听琴，卓文君听司马相如弹琴。再看一幅。（屏幕显示图片）这幅作品叫——《矿山新兵》，一个女矿工，穿好了矿工的工作服准备要下矿井了，脸上洋溢着喜悦之情。同学们，这是中国姑娘。大家看这幅作品。（屏幕显示图片）这是一个女接线员吧，女通讯兵，在风雨之夜爬上了电线杆子，接通了电话线。这幅画的名字叫——《我是海燕》。再看这幅图画。（屏幕显示图片）一个女中学生迈着大步、意气风发地走在上学的路

上，标题是《为革命而学》。这都是传统意义上中国姑娘的形象。那么我们再看看方才看的《中国姑娘》这幅作品，（课件展示图片）这种对照是惊人的，同学们。就像大艺术家罗丹看完波德莱尔的《兽尸》那首诗，感叹地说，面对这样一个又脏又臭、长满了蛆、恶臭熏人的死牲口，诗人面对这可怕的形象居然能想到使他拜倒的情人，罗丹说这种惊人的对照构成了绝妙的诗章。

经过方才的一番对照，同学们对《中国姑娘》这幅作品有什么理解？它发表的时候就引起争议啊，而且最有争议的地方在于作品的名字——《中国姑娘》。学习小组再讨论一下对作品的理解。

（生分组讨论）

师：好了，再请同学谈一谈你对这幅作品的理解，可以是观感，可以是一种领悟，也可以是一种认识。

生：我觉得它可能表现的是一种心灵美吧，因为她穿着军装，说明她勇于为国家打仗，但是她长得不是很漂亮，所以我觉得应该是表现心灵美。而且她笑得很灿烂，应该是对生命的一种热爱吧。

师：赵悦含从丑中读出美来了，她说要表现的是人物的心灵美。谁还有不同的看法？

生：我从这幅画中读出的东西和赵悦含不一样。我们想象一下，把这幅作品的人物的脸换一下，这个女孩可能就是个美女，就是脸长得比较丑，我觉得这是一种错位的表现。就是说一般作品中人物的脸和身体都应该很漂亮，但这幅作品中她的脸看起来特别难看，这是一种错位的表现。我看这幅作品中人物穿着一身军装，我在想这可不可能是"文革"时期或是"文革"后呢？是不是想表现那些青年人本来是朝气蓬勃的一代，但在这种情形下无法施展自己的才华，这是不是也是一种错位呢？还有，方才李远菲说她看见作品后面的背景，两种颜色搭配很不协调，那我想如果作品背景都是蓝色，看上去一片蓝天的话，会让人心情比较舒畅，但是现在却让红色掩去了一部分，可能是红旗的颜色，所以我想这是那个年代所赋予的不同意义。

师：她从丑中读出了时代的意义。当然，我相信一定有同学和她有不一样的看法，完全不一样的感觉。

生：我跟关亦桥同学想得就不太一样。我认为旧时代已经把美看得太细了，旧时代已经把美定成标准了。（师补充：细到一根眉毛怎么描都有说道）对，我看过一个辩题——美是主观感受还是客观存在？它把美都已经上升到哲学讨论的高度了，但是我很少看过有人讨论丑。所以我认为这幅作品是对美的挑战。旧时代已经把女人长成什么样是美的定成一个标准了，我想这幅画的作者就是要对美进行挑战，就是说人不一定非要那么美的，他是用丑来挑战美。

师：不错，不错。

生：我不知道用这个词语来形容前卫艺术是否合适，就是——"物极必反"。我觉得在前卫艺术中，其实丑极就是美极。（师补充：贾平凹在《丑石》这篇文章里说过，丑极即是美极）我觉得在这幅画中，这位中国姑娘虽然在表面上看起来并不是很美丽的，甚至可以说是丑极，但是在前卫艺术所表现的领域里，却可以认为是美极。所以这幅画起名叫"中国姑娘"，其实不是侮辱了中国姑娘，而是赞美了她们。

师：哦，你对这个作品很宽容，可当年这幅作品发表的时候人们对它的评价是很不同的。

273

生：我认为这幅画的作者就是想让我们打破传统的审美方式，因为传统的审美方式就是非常直观的，一眼就能看出作品中的人物是丑还是美，这幅画让我们从另一方面来看。毛主席有句诗是"不爱红装爱武装"（师补充：飒爽英姿五尺枪，曙光初照演兵场。中华女儿多奇志，不爱红装爱武装），是赞美中华女子的。这幅画中女子的形象虽不太美，但从她身上的军装来看，可能表现的是心灵美。这可能就是前卫艺术所要表现的吧。

师：嗯，还有不同看法吗？

生：我想从这幅画的名字入手，它的名字叫"中国姑娘"。那么在这幅画中，姑娘就是中国，中国就是姑娘。想当年这幅画被批评的原因，我推测就是它把中国丑化了，也把中国姑娘丑化了。中国，我们小时候都读过或写过"啊，中国，你是我的祖国，这里美丽又芬芳"。姑娘，都是非常美丽非常鲜艳的，像花一样。把这两个词放在一起，可以说是美极但又带有一种神圣的感觉。但在这幅画中，这个姑娘非常的丑陋，且冠以"中国姑娘"，就是间接地告诉我们当时的中国也是非常的丑陋的。刚才孙老师给我们看的那几幅画，画中姑娘的表情都是非常坚毅、非常美丽的，都有那种英姿飒爽的气概。画家画了这样一幅作品就是想告诉我们实际上中国姑娘并不只是一种，也就是并不只有那种坚毅的、英姿飒爽的姑娘，也有这种呆滞的、懦弱的姑娘。我想这幅画是揭示了中国姑娘的另一个层面。

师：李晨，你再说说。李晨发言还是比较深刻的，大家应该学会倾听。

生：我很同意"丑极也便是美极"。看到这幅画我最先联想到的是战国时期齐国有一个无盐女，她的面貌是奇丑无比，但最终却做了齐国的王妃。这个就与这幅画有相似之处。第二个我要说的是，老子有一种思想就是万物是可以相互转化的。比如说：难易相成……（生卡壳了，师补充：有无相生，难易相成）长短相形，高下相倾，音声相和，前后相随。也就是说天下万物中美和丑都是相对的。我们看到了丑，也就能联想到美。从这幅绘画作品，我们看到了奇丑无比的姑娘，就能想到很美丽的姑娘。其实万物都是可以相互转化的，也就是物极必反，美到了极点也就变成了丑，丑到了极点也就转化成了美。（师补充：这就是老子所说的"天下皆知美之为美，斯恶已"）

师：谁还有不同看法？

生：其实刚才李远菲说她是一个比较呆滞的、比较懦弱的姑娘，我不这样认为。我觉得尽管她长得很丑陋，但是她依然在笑。（师补充：笑得多温暖、多天真）对，她给我们一种温暖的感觉。尽管我们现在是用别人的眼光看她，但我想她自己或许是想以自己的微笑来感染别人，我觉得这是很重要的。

师：嗯，别人说我丑，那对我没有影响，我认为自己很美。（生笑）

生：刚才我听关亦桥说这是"文革"时期的作品。（师纠正：这幅作品不是"文革"时期的，我没有具体查，大概是二十世纪八九十年代的吧）反正关亦桥的观点我比较认同。蓝天被一阵阵风沙掩住了，但是这个女孩子却用笑脸去迎接这一切，而且她那个姿势让我想到她想保住自己的一切，就是说我还是我，我应该是这个世界上不变的我，无论这个社会对我有什么影响，无论别人怎么说我丑、说我有何缺点，但是我依然是我自己，所以说她能笑得那么灿烂，就是说她对生活、对自我充满了一种热情，我觉得这也是一种从丑里面渗透出来的美。

师：认识别人很容易，认识自己很难。你看这位姑娘，她能认识自己，认为自己很美，所以才能笑得那样灿烂，这很难得。那么中国姑娘不都是以往的那些形象，不都是美丽如花，也不都是"铁姑娘"，中国姑娘也有这样的形象（师手指屏幕）。所以传统艺术让我们看到这一面（师手指正面的自己），而前卫艺术让我们看到这一面（此时老师转过身背对学生）。同学们，它为我们拓展了视野，这就是它的价值所在。它让人聪明、睿智，让人不要只看到一个方面，还要看到它的另一个方面。能看到另一面，这很可贵，就像鲁迅先生说的：于浩歌狂热之际中寒，于天上看见深渊，于一切眼中看见无所有，于无所希望中得救。

大家再看一幅作品。现在我们看到的前卫艺术的作品是从审美转向审丑，我们再看一幅。（屏幕显示图片）自从波德莱尔的《恶之花》1857年发表以后，一百多年来，作品中出现了大量的丑，写丑陋、写性、写小便、写大便等等都有。你看这个作品中有一只大脚丫子，脚丫子上有十多只苍蝇，这是杜尚的作品。杜尚，美国前卫艺术家，非常有名。

（屏幕显示图片）这是谁啊，同学们？达·芬奇的"蒙娜丽莎"，她怎么了？嘴唇上面被加上了两撇胡子，下面被加上了山羊胡。（屏幕显示图片）这是把蒙娜丽莎像个气球一样吹圆了，变胖了，这是胖了的"蒙娜丽莎"。

这个时期我们的诗歌中也出现了"我站在阳台上，响亮地撒尿"这样的诗句，张艺谋的电影《红高粱》大家都看过吗？（一些学生点头）啊，有人看过，有人没看过。酿不出好酒的时候，主人公怎么做的？——对着酒缸大撒一泡尿，结果怎样？——歪打正着，酒味鲜美。（生笑）波德莱尔以后的一百多年，艺术中大量的作品开始从审美向审丑逃亡。

接下来再看一个行为艺术。（屏幕显示图片）这个作品叫《娶头骡子》。

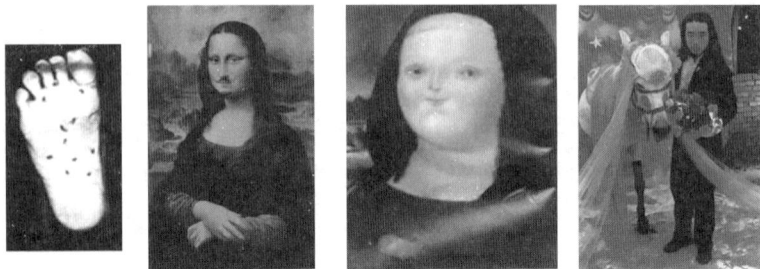

作品中的男人就是艺术家本人，他打扮成新郎的样子，然后他给他这个行为艺术定名为《娶头骡子》。这幅作品够荒诞的啊，同学们，很前卫啊。那么艺术家想要表达什么呢？我们看这头骡子，他把它如何打扮？披上婚纱，抹上口红，穿上长筒袜（生笑），要表达什么意思？不好说，确实不好说。新课程主张"开发语文课程资源"嘛，今天来了这么多东北三省的我的同行们，我想让你们采访采访老师们，请老师们谈一谈对这幅作品的理解，好不好？谁愿意采访？好的，李远菲，你来吧。（学生走到讲台前）听众席上的是我们丰富的课程资源，要学会利用。你采访老师之前是不是要说点什么？

生：关于这幅画（师纠正：这不是一幅画，你看到的是照片。这是一个行为艺术的作品，这是艺术家用自己身体创造的作品），这个作品的形式非常的荒诞——他娶了一头骡子，而骡子是没有生育能力的，并且它是一个动物，一个人娶了一个动物，并且这头骡子被这样打扮起来。当然有可能是向大家昭示一种意义，也可能是表达出作者本身的一种思想。那么我想采访一下在座的老师们，也希望老师们能够不吝赐教，谢谢！（走向一位老师，他是这个班的数学老师兼班主任）您好！请问，您能谈一下对这个作品的理解吗？

受访教师一：说实话，我在网上很早以前看过这个作品，相关的行为艺术在中国好像也不少。但说实话，我真不明白。（师插话：李远菲，你居然敢采访班主任！）（生笑）唯一直观的感觉就是荒诞，很荒诞，而且在我的思想当中我并没有把这位男士当作一位艺术家来看待。我说实话，我确实没有把他当作行为艺术家。按照传统的思想来看，是不是这男的有病啊？（生大笑）

师：何老师后面隔一位，那位老师是我大学同学，你可以采访他。

生：您好！请您介绍一下对这个作品的理解。

受访教师二（辽宁鞍山一中语文老师）：谢谢。简单说吧，我觉得这是不是一种生命的还原或者破坏，或者是一种本质的还原或者破坏。比如说当我们拨开生命的神秘面纱之后，其实我们相处的应该是一种信心，有信心的爱。那么这种爱当被很多荣耀所覆盖的时候，我们看到的往往是一种美丽的画面。今天在台上讲课的是我眼前的孙立权老师，那当年呢，是睡在我下铺的兄长，这是什么样的关系呢？其实情是在的，只不过不希望被一些其他的东西遮盖罢了，这是我的感受，谢谢！

师：好，由于时间关系，就先采访到这儿。大家注意啊，结婚应该是人生很崇高的一件事情，很庄重，很崇高，但这位艺术家他娶头骡子，这不是把这种崇高给打破了吗？这是前卫艺术的一种追求，它反崇高、反文化，它极具叛逆性。再看一个作品。（屏幕显示）

星期天夜间的事件

此刻的上帝／抱着他优美的大脚丫／在剪着指甲／此刻在天堂之下／我已酣然睡去／哦！上帝／为人类的拯救操劳／只是比我睡眠更少／今天他休假／抱着大脚丫／剪指甲／剪掉的指甲／月牙般纷纷落下／一枚巨大的弹片／穿透我的屋顶／此刻在天堂之下／遭劫的房屋／另有九处（师读，生笑）

师：上帝星期天剪指甲，剪掉了十个指甲，砸坏了人间十处房屋。上帝啊，大家想想，那是多么神圣的、戴着光环的、至高无上的救世主、造物主啊，对不对啊？但是这首诗怎么写的？它把上帝世俗化了——抱着大脚丫剪指甲。（生笑）你看，它把崇高的东西、把神圣的东西给打破了，呈现给人们。读完这首诗你能感受到：上帝救人可能是骗人的鬼话，靠上帝能拯救你吗？他拯救不了。只有自己能拯救自己。这就是前卫艺术，反崇高、反文化，非常具有挑战性、叛逆性。（屏幕显示：三、反崇高、反文化，极具叛逆性）

今天，我们匆匆忙忙地主要从感性上接触了前卫艺术，从理性上对前卫艺术有了一点点认识，这很不够，刚开了个头。对前卫艺术有兴趣的同学，你可以去上网查资料，去书店买相关的书看。我这里有几本书，推荐给大家（师给学生展示书）：《中国前卫艺术》《国外后现代电影》《西方现代绘画艺术》《先锋戏剧档案》《现代西方音乐艺术》，这些书书店都有卖的，有兴趣的同学可以看一看，这是一个不是作业的作业。今天的课就上到这里，下课！

附1 "校本选修课：前卫艺术"说课稿

一、开课背景

校本选修课是高中各科课程标准里要求学校在现有资源基础上开设的选修课程。为贯彻课标要求，本学期我校高一年级语文学科开设了6门校本课程，具体内容如下：

课程名称	授课教师
前卫艺术	孙立权
西方经典文学名著导读	潘晓娟
个性化写作	孙凤珍
颜色文化	周海燕
影视鉴赏	赵　卿
实用书法艺术	徐鸿跃

我开设的《前卫艺术》校本选修课共8课时，在每周六下午开课，选修本课程并通过考查后学生可以获得0.5学分。

二、开课想法

开设校本课程应该兼顾两个方面：老师能开设什么课程，学生愿意选什么课程，在这两个方面统一的基础上，我开设了《前卫艺术》。这门课以开阔学生的艺术视野，培养学生的审美情趣为目的。今天我上这门课程的第一课时，主要想探讨一下校本课程的教学模式。以往一些老师开设校本课程都类似于大学里的选修课，老师主要照着讲稿讲课，学生主要是听课、记笔记。我认为这样上校本课程是不对的。校本课程更应该体现学生的自主、合作、探究的学习方式，更应该体现师生互动。我这节课主要想在这方面做点探索。

三、教学设计

1.依据课标要求和高一学生的"原初格局"，我设定了本课的教学目标：了解前卫艺术的三个特征，学习初步鉴赏前卫艺术的方法；通过直观感受——理性分析的过程认识前卫艺术；感受前卫艺术挑战公众审美意识的取向，开阔审美视野。

2.依据"前卫艺术"的教学内容，我设计了本课的教学重难点：认识前卫艺术的三个特征，难点是理解前卫艺术挑战公众审美定势的取向。

3.采用先感性、后理性、再感性的教学过程与方法学习本课。"前卫艺术"的内容对中学生来说相对较难，所以我从直观感受作品入手，让学生在感受《自杀计划》《寿衣时装》等前卫作品中获得直观印象。然后从理性层面讲授前卫艺术的三个特点：消解意义；由审美转向审丑；反崇高，反文化，极具挑战性。最后在讲授每个特点时由理性再回归感性，再用具体的作品让学生深化对前卫艺术特点的理解。这种设计符合人们认识文艺作品的一般规律，使学生易于理解，易于接受。

四、本课亮点

1.本课一改选修课由老师主讲的缺点，变成师生互动，交流探讨。

2.为开发课程资源，使课堂教学成为课程开发的途径，我安排了如下内容：由学生主持，向听课教师请教学习内容，使听课教师参与课堂教学的生成。

附2 "校本选修课：前卫艺术"教学设计简案（2017版）

【教学目标】

1.了解前卫艺术的三个特征，学习初步鉴赏前卫艺术的方法。

2.通过直观感受——理性分析的过程认识前卫艺术。

3.感受前卫艺术挑战公众审美意识的取向，开阔审美视野。

【教学重点】

认识前卫艺术的三个特征

【教学难点】

理解前卫艺术挑战公众审美定势的取向

【教学时数】

1课时

【教学过程】

导入新课（由"前卫"在日常生活中的意思导入"前卫艺术"）

1. 常听说这样的话：××同学的头型真前卫，莫文蔚在演唱会上穿得太前卫了。"前卫"在日常语言中表达什么意思呢？（明确：时髦、时尚、新潮、与众不同、叛逆，常出现在"新新人类"或"愤青"的口头）

2. "前卫"这个词和"艺术"连在一起，变成"前卫艺术"了，它什么样呢？

二、初步感知前卫艺术（通过《自杀计划》《寿衣时装》《监听室》三个作品初步感知前卫艺术）

1.《自杀计划》：一段铁轨上铺着一块白布，白布上铺着"红十字"的布，艺术家本人从头到脚包裹着白布，臂戴黑纱，卧于其上。

2.《寿衣时装》：艺术家李娃克设计了许多"寿衣时装"，他花钱雇许多模特穿上这些寿衣时装在天安门、长城、故宫、天坛、王府井大街、北京剧院等场所巡回表演，上演了一出出"活死人"的闹剧。

3.《监听室》：比利时超现实主义画家玛格里特的绘画，画面上一个硕大的苹果充满了整个房间。

（通过以上三个作品，让学生体会前卫艺术"不好懂"的直观感受）

三、讲授前卫艺术的第一个特点：消解意义

1. 前卫艺术为什么不好懂？这和它的追求有关，它追求消解意义。看当代诗人韩东的一首诗《你见过大海》：

你见过大海

你想象过

大海

你想象过大海

　　然后见到它
　　就是这样

　　你见过了大海
　　并想象过它
　　可你不是
　　一个水手
　　就是这样

　　你想象过大海
　　你见过大海
　　也许你还喜欢大海
　　顶多是这样

　　你见过大海
　　你也想象过大海
　　你不情愿
　　让海水淹死
　　就是这样
　　人人都这样

　　这是一首每一句都像是废话的诗，以"打倒父亲"的方式宣告中国当代"第三代诗"的诞生。

　　2. 让生谈对这首诗的认识，然后与传统的写大海的作品对比（比如曹操的《观沧海》、普希金的《致大海》、舒婷的《致大海》、王立平的《大海啊故乡》），使学生明确：传统的写大海的作品都以大海为描写主体，赋予大海以象征意义，而韩东的《你见过大海》则把大海的意义淡化、淡化、再淡化，将大海的意义消解掉。韩东的另一首诗《有关大雁塔》也将"大雁塔"的意义消解了：

有关大雁塔

我们又能知道些什么

我们爬上去

看看四周的风景

然后再下来

讲授前卫艺术的第二个特点：由审美转向审丑

1.让生看法国诗人波德莱尔的诗集《恶之花》中的《兽尸》一诗：

我的爱，请回忆今天看见的一物，

在这风和日暖的上午，

一具污秽的兽尸躺在小路拐弯处，

把遍地碎石作为床褥。

四肢朝天，宛如淫妇逢场作戏，

冒着毒汁，热汗淋漓，

一副放荡不羁的无耻的姿势，

鼓起的肚子胀满了气。

……

在上天眼中，这尸体美妙异常，

恰似一朵鲜花怒放，

一股刺鼻的恶臭熏人极烈，

使我们几乎昏倒地上。

腐烂的肚子上苍蝇成群嗡嗡，

冒出黑压压一片蛆虫，

蛆的大军汇成浓稠的液体，

沿着活的破衣流动。

……

爱人啊，你也将像此污物一样，

就像这具可怕的兽尸，

我眼中的星星，我心中的太阳，

你，我的情爱我的天使！

是的，你将是这模样，美的皇后！

只等临终的圣礼之后，

你将躺到茂盛的花草之下，

在枯骨间霉烂，腐朽。

明确：自古以来，把自己的情人比作鲜花的有之，比作天仙的有之，但是把自己的貌不惊人的情人比作一头死牲口的，波德莱尔大概是世界第一人。一头腐烂生蛆的死牲口，波德莱尔把它写得像鲜花一样美。这首诗明显地体现了前卫艺术一个鲜明的特点。让生来谈，然后明确：由审美转向审丑。他的诗集叫"恶之花"，"恶"是丑，"花"是美，"恶之花"就是在丑陋中开掘出美来。自从波德莱尔的《恶之花》诞生以来，一百多年，文艺作品中出现了大量的写丑的作品，性、小便、大便、吸毒、同性恋等等大量地出现在作品中。（让生看《死刑拷问》《梳妆》《猜火车》等作品）文艺作品从审美向审丑一路逃亡，极大地开拓了艺术领域。

2. 看当代绘画《中国姑娘》：让生谈谈看到了什么，然后看传统作品中中国姑娘的形象（比如《天女散花》《文君听琴》《矿山新兵》《我是海燕》）。这些作品中的"中国姑娘"的形象或优美或壮美，而《中国姑娘》里的"中国姑娘"奇丑无比，丑不胜收，那样的卑微懦弱。有没有这样的"中国姑娘"？有，不但有，而且有。这就是《中国姑娘》这幅作品的意义：她虽然丑，但笑得很温柔。（看西班牙绘画大师毕加索的绘画《亚威农的少女》深入理解这一特点）

讲授前卫艺术的第三个特点：反崇高，反文化，极具挑战性

1. 看当代诗人伊沙的诗《星期天夜间的事件》：

此刻的上帝

抱着他优美的大脚丫

在剪指甲

此刻在天堂之下

我已酣然睡去

哦！上帝

为人类的拯救操劳

只是比我睡眠更少

今天他休假

抱着大脚丫　剪指甲

剪掉的指甲

月牙般纷纷落下

一枚巨大的弹片

穿透我的屋顶

此刻在天堂之下

遭劫的房屋

另有九处

上帝是带着光环的无比神圣的形象，但是在这首诗里，上帝"抱着他优美的大脚丫，在剪指甲"，把上帝世俗化了，体现了反崇高、反文化的特点。

2. 看法国前卫艺术大师杜尚的《带小胡子的蒙娜丽莎》：杜尚在达·芬奇的名画《蒙娜丽莎》的复制品上给"蒙娜丽莎"加上了小胡子，这是对经典作品的挑战，体现了叛逆的特点。

【教学总结】

前卫艺术诞生一百多年了，今天我们只是在感性层面知觉了一下前卫艺术，在理性层面稍微了解了前卫艺术。有兴趣的同学，老师向你们推荐几本介绍前卫艺术理论和作品的书，课下自由阅读：《后现代主义电影》《中国前卫艺术》《伤花怒放——摇滚的被缚与抗争》《先锋戏剧档案》。

附3　选修"校本选修课：前卫艺术"的学生听课随感

对于前卫艺术，我有太多话想说……

吕欣（东北师大附中 2007 级学生）

东北师大附中有一大特色，就是开设非常多的选修课，为学生课外学习开辟了灿烂的道路。首轮选修课的学习已经结束了，这四节课我选的是语文学科的前沿拓展课——前卫艺术。任课教师是闻名于吉林省的我校语文名师孙立权。

起初是母亲的提议，我一想，前卫艺术是我平日里了解甚少的，所以学一学也无妨。可我没有想到的是，自从听了前卫艺术课，我好像是走入了一个神奇的世界无法自拔，深深地被这先锋的艺术所震撼，所感动。于是我利用课余时间，找了一些资料，买了有关的书籍，全心体验漫游在前卫世界的超然释怀感，课上的笔记也是常在手边。

还记得第一节课孙老师给我们看的第一张图片是中国人民大学女生毕业照的奇特造型，接着又领略了美国"游击队女孩"的狂放和她们的心声，富有深意的美术名作《监听室》，还有中国当代第三代诗人代表韩东的前卫诗作《你见过大海》《有关大雁塔》。到后来了解了前卫戏剧《秃头歌女》，看了一个行为艺术作品《娶头骡子》，艺术家思维的卓越与超然叫我叹为观止。再到后来接触了法国被称为"恶魔诗人"的著名诗人波德莱尔和他的诗集《恶之花》，他经典的《兽尸》一诗，将前卫艺术"从审美向审丑逃亡"这一特征体现得淋漓尽致，还有像毕加索的《亚威农少女》，杜桑的《L.H.O.O.Q》（就是长了胡子的蒙娜丽莎）……中国的艺术家吴山专在前一阶段搞了一场行为艺术，名为《大生意》，竟然把中国美术馆变成了非法卖对虾的黑市，他的用意不得不让人深思，而这用意又叫大多数人匪夷所思，我想这就是前卫艺术让我如此着迷的地方，我们可以在前卫艺术里找寻一种超越现实的、荒谬的、叛逆的、消解的、具有高度实验性的、卓越的、超然的、思想敏锐的、高雅又狂放的感觉。

还记得最后一节前卫课的最后一段时间里，我们观看了电影《杀死比尔》

片段，"暴力美学"惊心动魄。此时，我最不希望的就是下课铃声的响起，可是我们没有看完，老师也没有说任何结束的话语，就这样，这四次（8课时）选修课留下了没有结局的结局。我沉默了……

我想，这四次选修课将会让我受益一生，它已经把我的思维带入了不羁的原野，由我自由地去飞，去体会，去感动。我知道我的前卫艺术课并没有结束，我会时常记起在附中选修课堂上感受的一幅幅作品，一个个经典，我知道我对前卫艺术的爱将会没有止境，直到永远……

20.汉字造字法

编者按：本节课是立权师在东北师大附中第21届教学百花奖活动中执教的公开课，时间在2000年5月27日，授课班级为初中1999级6班，听课的教师中有在东北师大中文系培训的中学语文骨干教师国家级培训班学员。本实录整理者为福建厦门集美中学语文教师黄清华、河南洛阳四十六中语文教师李晓云。立权师曾于2000年10月在吉林省首届中学语文多媒体教学研讨会上与吉林市十六中初一学生同上此课，又曾在2001年5月全国中学教育科研联合体年会上与北京大学附中初一学生同上此课，又曾于2007年10月18日联合国教科文组织／意大利政府援助"提高吉林省基础教育质量项目"验收现场会上，与吉林省长春市朝阳区永春镇农丰小学五年级学生同上此课。

师：上课!

生：老师好!

师：同学们好!

师：谁能把英文的"男人"一词写到黑板上？后边那位同学，你来吧。（一生上去写 man）谁能把日文的"男人"一词写到黑板上？谁又能把俄文的"男人"一词写到黑板上？（生哗然）有没有？

师：（生写完 man）好，请回。（师手指 man）这是英文的"男人"。日文的"男人"我来写，我没有学过日文，现学的。（板书おとこ）这是俄文的"男人"，（板书 мужчина）我也不懂俄文，也是现学的。再看汉字的"男人"。（板书）同学们看，这是目前世界上最有影响的几种文字。我们观察前三种文字，如果你不认识它们，只看字形，你能不能看出它们是男人？（生笑）看不出来，那么再看看汉字的"男人"，它的字形和所表达的意思有没有联系？

生：有。

师：好，谁能试着解释一下"男"，这个字为什么它就是"男"？

生：男人以前的时候都是在田里干活的，所以上面是一个"田"，代表田地，底下是个"力"字，就是代表男人在干活的意思。

师：男人在干活，在田里出力，这就是男人，应该说这种解释没有什么大错。大家看屏幕，（屏幕呈现）下边的力量的力，最初是中国古代的一种劳动工具，用这个工具干活，这个人是有力量的，最后变成力量的力。大家接着看，（显示动画）一个人拿着这个工具，在田地里劳作，这样的人就是男人，这就是"男"。好，同学们再看这个"人"，（师手指）这是一个什么姿态呢？猜猜。

生：一个人在推东西。

师：还有没有其他想法？你说说。

生：这是一个人在地里行走的样子。

师：嗯，你再说说。

生：我觉得是一个人拿着锄头干活的样子。

师：拿着锄头，拿着工具在干活。这几种说法，我看都有一定道理。你看，一个人弯着腰在劳作，（师模仿）同学们，革命导师恩格斯有个伟大论断：劳动创造了人本身。实际上，我们的祖先在几千年前，可能就认识到了这一点。他们把这一思想浓缩到了汉字里面。这不就是一个人劳动的姿态吗？大家看，英美的、日本的、俄罗斯的"男人"都不像男人，（生笑）我们汉字的"男人"，那才像男人。前三种文字不能见形知意，它们是拼音文字。而我们的汉字，透过字形，能够引起你的联想和想象，去让你想它内在的含义。我们的汉字具有见形知意的特点，它是象形文字。我们的汉字这样地优美，这样具有文化内涵，具有高度的智慧，那么，它是用什么样的方法创造出来的？相传，上古时代，有个人叫仓颉，汉字是他创造的。大家看一下，在今天陕西省白水县史官乡仓颉庙有一幅仓颉的画像，（大屏幕显示）大家看，他最突出的特征在那里？

生：眼睛。

师：几只眼睛？

生：四只。

师：相传他有四只眼睛，四目灵光，他看见鸟兽留下的足迹，受到启发创造了汉字。他创造汉字的那一天，史书里记载："天雨粟，鬼夜哭。"天上往下下粮食，鬼在夜里哭。这当然是个传说，但是这说明汉字的产生是一件惊天地泣鬼神的大事情。当然，汉字能是仓颉一个人创造的吗？肯定不是。如果说有仓颉这个人的话，他也只是创造汉字的人中的一个，正是有无数个仓颉创造了几万个汉字。那么，这些汉字具体是用什么方法创造出来的？这就是我们这堂课要学的，汉字的造字法。（板书课题"汉字造字法"）首先请大家看大屏幕，（大屏幕显示）这是甲骨文中的一个字，大家猜一猜，是我们今天哪一个字？你说说吧。

生：龟。

师：是龟，它就像龟的样子，（屏幕显示）那么甲骨文逐渐发展演变，到小篆里，（大屏幕显示小篆"龟"）笔画丰富了，曲折了，接着再发展，（大屏幕显示：龜、龟）这是楷书繁体字的龟，这是今天简化字的龟，即使已经简化到这个程度了，大家看这个字是不是还保留着龟的特征？

生：是。

师：（手指屏幕）这是龟的脑袋，这是龟甲，这是龟的尾巴。同学们，这就创造了一个汉字，这个汉字用什么办法创造出来的？这个汉字本身的字形，它就像客观存在的事物，它就像乌龟的形。同学们，这种造字法，我们把它叫作象形。字形本身就是模拟客观事物的，它就像客观事物的形状，就有它的特征。比如这个"龟"，大家一看就发现有龟的特征。所以，同学们，乌龟的"龟"从造字法的角度看，它是一个什么字？

生：象形字。

师：请大家看大屏幕。（屏幕显示）这也是个古汉字，猜一猜，它是那个字？你说吧。

生：我认为它是一个"鸟"。

师：还有没有不同看法？你说说。

生：它是燕子的"燕"。

师：还有没有其他不同看法？

生：它像弓箭的"箭"。

师：啊，弓箭的"箭"。大家到现在已经看出汉字的特点，具有丰富的联想性。因此，汉字能开发人的智慧。（生笑）接着说，还像什么？你说说，大点儿声。

生：早上的"早"。

师：何以见得？你说一说。

生：上面那个圈像是日，底下就像现在的十。

师：你说像早上的"早"字，这个男同学，你说说。

生：我认为像飞行的"飞"。

师：你说是"飞"，为什么？

生：我认为是一个小人儿在挑扁担。

师：一个小人儿在挑着扁担想飞？（生笑）同学们有这样丰富的想象，那么，它是哪一个字呢？我们接着看。（屏幕显示动画）这回看它是什么字呢？

生：飞。

生：鸟。

师：飞，鸟，哪一种鸟？再看屏幕。（大屏幕显示：燕子的动画）

生：燕子的"燕"。

师：这是甲骨文里燕子的"燕"。大家看，它往下发展，到了篆书里面，（大屏幕显示：篆书"燕"）这个燕子的"燕"，笔画丰富了，但是不是还具有燕子的特征？我们先看看甲骨文里"燕"字的特征。（师手指屏幕）这是头，这是身，这是尾，保留了燕子的特征。那么到了小篆里面，我们看是不是还具有燕子的特征呢？这是头，这是身，这两部分是它的翅膀，这底下是什么？尾巴。只不过笔画丰富了而已，仍然有燕子的特征。到了隶书里面，（屏幕显示）我们看，跟我们今天的楷书基本上没有什么区别。那么，同学们，这个字，是我们祖先创造的，是用什么办法造的这个字？

生：象形。

师：是摹仿燕子的形状创造的，这就是象形。现在同学们知道了什么是象形。你想一想，你认为哪些汉字是象形字？就方才所学，就你的理解，哪些字是象形字？

生：日月水火。

师：（板书甲骨文日、月、水、火）日，这是甲骨文中的日，就像太阳；月，就像月亮；水，这就是水的形状；火也是这样，这就是甲骨文中的火。想想还有哪些字是象形字？你说出来我不会写的话，不要紧，我们下课查工具书。

生：高山的"山"，眼目的"目"。

师：（板书甲骨文"山"和"目"）这是甲骨文的山，和火有些接近。 这是甲骨文的目，眼目的目，把它的笔画拉直了，就变成 ，

再把它旋转90°，就是我们今天的目。至于为什么本来横着写而现在竖过来了，这个问题涉及中国书写文化的内容，能讲一节课，以后作为选修课，我们讲讲。最后那个男同学，你说说，还有哪些象形字？

生：休息的"休"。

师：（板书"休"）啊，你认为休息的"休"是象形字。你为什么说它是象形字？

生：我感觉它像。

师：这个字，我们先放到这里。（师在"休"字上画了一个圆）你说说还有什么字？

生：还有"牛"和"羊"。

师：（板书甲骨文 ）甲骨文的"牛"，突出牛角。（板书金文 ）金文，就是铸造在青铜器上的文字，因为铸在金属上，所以叫金文。

金文的"羊"突出了羊角。牛和羊都是象形字。

生：还有"马"。

师：（板书篆书 ）这是篆书"马"，多像一匹马啊，是象形字。

生：还有"鸟"和"鱼"。

师：啊，"鸟"和"鱼"。（板书篆书 ）鸟，写起来挺有难度的，

这是篆书"鸟"。大家看，确实像鸟的形状。到了繁体字里面变成了鳥，（板书繁体字"鳥"），简化字"鸟"是从鸟的草书变来的，把它草写起来（板书

鸟的草书 ），笔画再一规范，就是我们今天的"鸟"。"鸟"是个象形字，

很对。方才说"鱼"，楷书的"鱼"也还有点像鱼，上边的"⺈"是鱼头，中间的"田"是鱼的躯体，底下的"一"是鱼尾巴的变形。

生：还有田地的"田"。

师：很对，方才讲"男"字时提到了。

生：还有走路的"走"。

师：（板书"走"，在字周围画一个圆）这个不是象形字，我们先放着。还有很多象形字，再往下说的话，我可能就不会写了，课下我们再讨论。那么，大家想一想，象形的方法能不能创造所有的汉字？

生：不能。

师：简单的事物可以象形，还有非常复杂的事物呢？有形可象的可以象形，还有无形可象的呢？还有人的情感、思维呢？所以这种造字法显然不能创造所有的字，于是乎我们的祖先又发明了一种方法，大家看屏幕，（屏幕显示：木的篆书 ）这是我们今天的那个字？（生说"木"）看出来了。"木"

是什么呢？（屏幕显示 ）就是一棵树的样子，它突出了枝干和树根。

同学们，"木"是一个什么字？

生：象形字。

师：同学们看，在"木"的下部加一横，这是什么字？（大屏幕显示：本的小篆 ）

生：本。

师：同学们，在象形字"木"里加一横，用它来表示"本"，这个字的意义不是整个字的字形，这个字的意义在这一横上，那么本最初是什么意思呢？你说说。

生：我觉得"本"的一横，就是指树根。

师：那么"本"的意思就是？

生：根本。

师：根本，"本"的意思就是树根。用这一横，表示意义所在。（屏幕显示 ）"本"就是树根。那么同学们，这就创造了一个新的汉字，在象形字木的基础上，加了一个指事的符号，来表示这个字的意义所在，这种造字法，我们把它叫作指事。（板书：指事）同学们注意，是事情的"事"，用一个小的符号来表达这个字的意义所在，这种造字法叫指事。同学们再看，我把木下面的一横，拿到上面去了，大家猜一猜，这个字是今天的那一个字呢？

（屏幕显示 ）

生：来。

生：禾。

生：末。

生：未。

师：末？未？根据方才我们所讲的"本"，你猜猜这个字是"末"还是"未"？

生：末。

师："本"的反义词是——

生：末。

师：有个成语叫本——

生：本末倒置。

师：所以这个字是哪一个字？

生：末。

师："末"最初是什么意思？

生：树梢。

师：很好。如果说"本"最初意思是树根，那么"末"就是树梢。（屏幕显示 ）现在我们还有"末梢神经"这个词语。"末"本义是树梢，后来引申为细微的东西、细微的部分。那么同学们，在象形字"木"的基础上，上面加一横，加个指事符号来表示这个字的意义所在，这不又创造了一个新的汉字吗？

这种造字法叫——

生：指事。

师：大家接着看（屏幕显示 ），这是甲骨文里的一个字，大家猜一猜，它是我们今天哪一个字？这个女同学。

生：木梳的"梳"。

师：木梳的"梳"？你为什么这样想？你说一说。

生：就像梳头用的木梳子。

师：不是"梳"。你说一说，大点儿声说。

生：我认为是寻找的"寻"。

师：寻找的"寻"？嗯，这个字跟"寻"还挺接近的，但不是。你说一说。

生：村落的"村"。

师：村落的"村"，为什么？

生：因为它在"人"的地方加了好几笔，表示很多人在一起。

师：很多人在一起？这个字还真和村落的"村"有很接近的部分。

师：你说说。

生：可能是"抓"，我看上面像个手。

师：啊，上面有一"手"，在抓一东西。（生笑）但这个字不是"抓"。大家看图。（屏幕显示 ）这个字的上边确实是一只手，同学们猜

得非常好，很有艺术的感悟能力。那么，在手的下部，距离手腕一寸的部位，是中医号脉的地方，叫"寸口"。这个字就是我们今天的什么字啊？

生：寸。

师：是寸。方才有同学说"寻找"的"寻"，"村落"的"村"，你们也八九不离十吧，（生笑）这两个字里都有"寸"。那么同学们，上边这个"手"，它是一个象形符号啊，它就像一只手，在这个象形符号的基础上加一横，来表

示这个字的意义所在，那么"寸"字是一个什么字啊？

生：指事。

师：指事字。在一个象形字的基础上，加一个指事符号，来表示它意义的所在，这就是指事字。还有一部分指事字，字里并没有象形符号，整个字只是一个指事符号，这也是指事字。比如这个字（板书　）就表示"上"，比如这个字（板书　）就表示"下"，这些是用单纯的指事符号造的指事字。那么同学们想一想，用指事的办法能创造出所有的汉字吗？

生：不能。

师：实际上，在我们汉字里，指事字是最少的，只有几十个。所以，我们的祖先又发明了一种造字法。请同学们看这个字（屏幕显示　）。（师指黑板上"人"的甲骨文）这个是"男人"的"人"，（师指多媒体"从"的甲骨文）这是我们今天的哪个字？（找学生）你说说。

生：我认为是"从"字，一个人跟着一个人。

师：很好，一个人跟着一个人，是从。我们看一看（屏幕显示　），两个人一前一后，一个人跟着另一个人，这就是"从"。大家观察这个"从"字，这是创造了一个新的汉字，是把两部分会合起来表示一个意义。它不是一个单纯的象形符号了，它是两部分会合起来表示的，这种造字法叫作——会意（板书：会意）。会意，两部分或更多的部分会合起来表示一个意义，这种造字法叫"会意"。"从"就是一个——

生：会意字。

师：好，大家再看（屏幕显示　），猜一猜，这是今天的哪个字呢？（找学生）这个女同学。

生：是"虫子"的"虫"。

师："虫子"的"虫"？看起来像个虫子？不是"虫"。好，（找另外一名学生）你说说。

生：是"毒蛇"的"蛇"吧？

师："毒蛇"的"蛇"？还是虫子，一种有毒的虫子，是不是？（生笑）大家注意，这个"虫子"的"虫"，古文字里有，大家看（板书 ），（指板书）这是金文的"虫"，这是一个什么字啊？

生：象形字。

师：是象形字。它用象形的办法造的，就像条虫子。所以这个（师指屏幕）不是"虫"。你注意，看这个姿态（师演示），注意看。（找学生）你说说。

生：像个"坐"。

师：坐？是跪坐，是不是啊？跪坐在地。嗯，再考虑一下性别呢？

生：我看是个"女"字。

师：像个"女"字，为什么？你说一说。

生：因为这个字像是一个女人在跪着，古代女人梳妆的时候都是跪在地上的。（生笑）

师：只有梳妆的时候才跪在地上啊？

生：就是有点扭扭捏捏的样子。

师：啊，扭扭捏捏的样子。注意词语的感情色彩。（找另一学生）你说说。

生：奴。

师：大点儿声。

生："奴隶"的"奴"。

师：啊，"奴隶"的"奴"，你为什么有这种感觉呢？

生：好像电视上演的过去的宫女什么的都是这个姿势。（生笑）

师：哦，坐，请坐。虽然你说是"奴隶"的"奴"，不对，但是你说宫女都是这种姿势，你这感觉很好。（生笑）同学们，这个字（师指屏幕）是我们今天的"女人"的"女"。注意，它确实是人的一个跪坐的姿态。注意，跪坐是中国古人很习惯的、很平常的一种坐的方式。这个女子跪坐在地，双臂交叠在胸前，非常文静。（指学生）他说扭扭捏捏，我说非常文静。那么同学们，这个字从造字法的角度看，是个什么字？

生：会意字。

师：会意字？它是几部分会合在一起的吗？是什么字？

生：象形字。

师：对了。它像一个女子跪坐在那里的姿态。中国女子很美的，很文静。那么同学们，在这个象形字"女"的基础上，上边我再加一部分（屏幕显示

），是我们今天哪一个字？（找学生）你说说。

生：安，"安全"的"安"。

师："安全"的"安"。大家看（屏幕显示

），一个女子跪坐在——

这是一个什么呢？

生：屋子。

师：房子，屋子里。那么这两部分会合起来就表示一个意思，它怎么就是"安"呢？谁能试着解释一下？它为什么就是"安"？（找学生）这个男同学。

生：因为好像是人在房子里比在外边安全点儿。

师：啊，人在房子里比在外边安全，很好。（找另一名学生）你说说。

生：一个人文文静静地坐在屋子里是非常安静的。

师：啊，一个人文文静静地坐在那里，是非常安静的，而且注意这是个什么性别的人哪？

生：女人。

师：女人，坐在那里，那更安静。（生笑）谁还能说一说？（找一举手学生）你说说。

生：因为古代男的都在外面干活，女人守在家里，家里有人就显得比较安全。

师：哦，家里有人安全，尤其有女人更安全。（生笑）大家注意，她说中国古代男子在外面干活，女子守在家里，这是很对的。一个女子双手交叠在胸前，跪坐在屋子里，多么安静啊，多么平安啊，多么安全啊！（生笑）这就是"安"。那么同学们，这个字由几部分构成？

生：两部分。

师：两部分会合起来表示一个意思，这是一个什么字？

生：会意字。

师：好，我们讲了什么是会意。同学们，下面调动你们已有的生活经验想一想，哪些汉字你认为是会意字？在回答之前先看黑板上我画圈的这两个字（师指黑板上的"休"和"走"）。先看这个"休"字，几部分构成？

生：两部分。

师：这部分是"人"，这部分是"木"。"木"，我们讲了，就是——"树"的意思。那么同学们，这是一个什么字啊？

生：会意字。

师：它为什么是个会意字？谁解释一下？（找学生）你来说说。

生：就是一个人靠在那个木头旁边休息。

师：不是木头，是靠在——？

生：就是靠在那个……

师：靠在哪儿上？

生：靠在树上。

师：就是人在走路呢——

生：走得累了，就靠在那个树上休息。

师：好，请坐。一个人靠在树旁，这就是"休息"的"休"。它是用什么办法创造的？

生：会意。

师：好，再来看这个"走"字。请大家注意，看这个"走"（师板书 ）

这是金文的"走"，你看上半部分一个人在干什么？

生：走路。

师：是一般的走路吗？

生：甩手。

师：像一个人迈开大步、甩开胳膊在跑。字的下边一只——脚。一个人迈开大步、甩开胳膊跑，脚不沾地，就剩一只脚了。（师演示动作，生笑）同学们看，这就是"走"。所以"走"最初的意思是——跑。那么这个字由几部分构成？

生：两部分。

师：这是一个什么字？

生：会意字。

师：好，那么现在你还知道哪些会意字？（找学生）这个男同学，戴眼镜的，你说说。

生："森林"两个字。

师：好，为什么？能解释一下吗？

生：因为那个树一多了就变成森林了。

师：嗯，用两个树、三个树表示有很多树，构成了"森林"。你说对了，是会意字。（找另一名学生）那个男同学。

生：旦。

师："dàn"，哪个"dàn"？

生："元旦"的"旦"。

师："元旦"的"旦"（板书：旦），怎么解释？

生：它就是指一个太阳从地平线上出来的意思。

师：哦，一个太阳，下边是地平线，表示太阳从地平线上冉冉升起，能够讲通。所以"旦"最初的意思是——

生：早晨、清晨，天蒙蒙亮的意思。

师：嗯，黎明，天要亮、太阳要出来的时候。还有什么字？

生：还有就是"暮"，"朝三暮四"的"暮"。

师：啊，暮（板书：暮）。你说这个字是会意字，为什么？

生：它的意思就是太阳落山了，落到草坑里了。（生笑）

师：哦，你这种想法很好。这个字先放这儿。（师把"暮"字圈起来）（找另一名学生）你说说吧。

生："宝贝"的"宝"。

师："宝贝"的"宝"？哦，能解释一下吗？（边说边板书：宝）

生："宝贝"的"宝"上边是个宝字盖，代表房屋的意思；里头是块玉，玉就代表宝贝的意思，就是屋里有宝贝。

师：这个你解释得很好啊！"宝贝"的"宝"，上面是个屋子，里边放上宝贝——玉，两部分合起来，表示屋中有宝贝。嗯，对，这个是会意字，是简化字里的会意字。很好！

生：还有一个"葬"字。

师：哪个"zàng"？

生：就是死了葬到地里的"葬"。

师：哦，（板书：葬）"埋葬"的"葬"，怎么解释？

生：中间像个人，死了；底下是一个木架子，放在那上面，然后……（生笑）

师：（师指"葬"）一个人死了，放在木架子上？

生：嗯，然后上面是草。

师：上边再盖点儿草？（生笑）他这种想法是很好的，试图要揭示中国古代最初的、最简陋的丧葬仪式。（生笑）（师指板书"葬"）大体上是对的，是会意字。本来"死"也是个会意字，这边像一个人死后的骸骨，这边像一个人在旁边哭。然后死者身体上再盖上一堆草，就成为"葬"。这个字挺复杂，但是你说得对，它是一个会意字。（找另一名学生）那个男同学。

生：我认为"驴"也是一个会意字。

师：（师听成了 lú）哪个"lú"？

生：是"驴"，"马驴"的"驴"。

师："马驴"的"驴"（板书：驴），为什么它是会意字啊？

生：左边是一个马，古代那个马就在外面跑，然后驴就在家拉磨，所以就是……（生笑）

师：（师指"驴"右边的"户"）这个"户"他理解为家，驴在家里拉磨，有点意思。但是，这个字先放着。（师把"驴"圈起来）（生笑）好了，下面同学们再看一个字。（屏幕显示 ）这是甲骨文里的一个字，猜一猜。（找学生）这个男同学。

生：我觉得它是"宿"。

师：哪个"sù"？

生：就是"宿舍"的"宿"。

师：为什么是"宿"？

生：因为上面是一个房子，然后旁边是一个人，人旁边是一张床。

师：你想法很好，请坐。（屏幕显示"宿"的图画）我们看，他说这上边是个房子，很好啊，你的感觉很好；那么这边是一张床，没有错误，一张床；这个人就躺在这个床上，干什么呢？

生：睡觉。

师：睡觉呢。对了，他说对了。这个字就是"住宿"的"宿"，最初的意思就是睡觉、住宿。那么，大家观察，这个字由几部分构成？

生：三部分：房子、人、床。

师：很好，这个字的意思是由三部分会合起来才表示出来的，这是一个什么字？

生：会意字。

师：会意字。已经三部分构成了，不再是两部分了。大家接着看（屏幕显示）。这是一个篆书，猜一猜，它能是我们今天的哪一个字？（找学生）你说说。

生：像"寒冷"的"寒"。

师："寒冷"的"寒"，为什么？

生：就是一个房子，里边有个人。

师：人的周围这些部分呢？

生：像火，人在那儿烤火呢！（生笑）

师：啊，人烤火呢。那人的下边这部分是什么？

生：是鞋。

师：鞋子？（生笑）嗯，请坐。他说是"寒冷"的"寒"。（找学生）这位女同学。

生：我觉得是那个"夜宵"的"宵"。

师：什么？

生："夜宵"的"宵"。

师："吃夜宵"的"宵"？

生：对。顶上一宝盖儿就是房子，然后底下全是叉子。（生笑）

师：夜宵还是西餐？（生大笑）注意了，现在我们可以确定，（师指屏幕）上边这部分肯定是一个房子，中间这部分我们也可以确定是人，人的周围有同学说是叉子，有说是火，还有的说是草。接下来我们看一幅画。（屏幕显示

）一个房子，这个字的外边是一个房子，那么这四部分不是叉子，是什么呢？

生：草。

师：一堆乱草，在这乱草丛中蜷缩着一个人，这个人怎么样啊？

生：冷。

师：冷啊！脚底下像——

生：冰。

师：像冻冰了，很好。注意，这部分（手指篆书中"人"脚底下的部分）是"冰"，就像两块冰的形象。那么，这是哪一个字啊？

生：寒。

师："寒冷"的"寒"，不是夜宵的"宵"（生笑）。当然冷了吃点夜宵，取取暖可以。（生笑）那么请大家注意观察，这个"寒"字由几部分构成？

生：四部分。

师：四部分。第一部分是——

生：房子。

师：第二部分——

生：草。

师：第三部分——

生：人。

师：第四部分——

生：冰。

师：一个字由四部分会合起来表示一个意义，同学们，这是一个——

生：会意字。

师：会意字。但是，汉字发展到这一步，我们已经发现它的问题了，到

"寒"已经由四部分构成了。同学们，造这个字耗费了我们祖先多少心血啊！（生笑）想一想，如果表示的意义再丰富、再复杂，那么我们再用增加偏旁部首、增加部件的方法来创造文字，那么汉字发展到今天，将极为笨重。那就不是四部分了，五部分、六部分、八部分……我们的祖先能这样笨吗？（生笑）不可能的。所以，汉字发展到复杂会意这一步，好像是走上了绝路。这个时候其他民族的文字，最初也都是象形文字，最后都走上了拼音化的道路，都成为拼音文字。只有我们汉字，仍然沿着那条一脉相承的、古老的道路向前发展。但是发展到这一步，好像走上绝路了。我们的祖先又发明了新的办法，请大家看这个字。（板书：抱）这是"抱"，几部分构成？

生：两部分。

师：左边提手旁，右边一个"包"。抱，这是个动作（师演示），这个动作跟哪部分有关系呢？

生：提手旁。

师：很显然，跟"手"有关系，抱东西得用手。这部分（师指提手旁），提手旁，跟"抱"字的意义有关系。再看右边这个"包"，它和这个"抱"字有什么关系呢？"抱"读"bào"，它读"bāo"，有什么联系呢？（找学生）你说说。

生：音节想同。

师：音节相同。嗯，声调不一样，是不是啊？就是它们的读音是相同或者是相近的。同学们看，一个字由两部分构成，一部分和这个字的意义有关系——抱东西得用手，另一部分跟这个字的什么有关系？

生：声音。

师：声音有关系，读音有关系。好，一部分跟它的意义有关系，一部分跟声音有关系，两部分合起来创造了一个字，这种造字法我们把它叫作形声（板书：形声）。形声，什么意思？一个字由两部分构成，和表示意义有关的这部分，我们把它叫作——叫作什么呢？

生：形旁。

师：叫作形旁（板书：形旁）。这个提手旁叫作形旁，它和这个字的意义有关系；那么和这个字读音有关系的这部分，我们把它叫作——

生：声旁。

师：声旁（板书：声旁）。一个字由两部分构成，一部分形旁，一部分声旁，合起来表示一个字，这种造字法叫形声。同学们，形声法一出，创造了我们汉字中的几万个汉字。有人统计过，目前我们能见到的汉字有六万个左右，《汉语大字典》收了五万多个。六万个左右的汉字，其中有百分之九十以上的汉字都是形声字。其他几种造字法合起来才创造了百分之十左右的汉字。所以形声这种造字法创造了大量的汉字，这种造字法就把发展到绝路上的汉字造字挽救过来，使汉字焕发了生机。不仅如此，汉字的形声法还经受了现代科学的考验。我手里拿的这个是化学元素周期表，（师打开展示）这里有一百多个化学元素，我们中国人用自己的汉字给它们起了名字，下面我们看一下。（投影化学元素周期表）我用实物投影给大家放大一下，这是化学元素周期表。可能后边的同学看不清楚，我们把它拉近。现在能看清了吗？

生：能。

师：同学们，这都是化学元素符号，你们现在还没有开化学课，以后开了化学，会接触到这个问题。这都是化学元素的符号，请同学们看，这些字从造字法的角度看，都是什么字？

生：形声字。

师：很好。同学们，都是形声字。这一百多个化学元素的符号，都是形声字。大家现在看到的这部分，这些化学元素的名字，都是什么做形旁啊？

生：金字旁。

师：用金字做形旁，表明这些元素都是——

生：金属。

师：金属元素。那么还有不用金字旁做形旁的，大家看这边（师指投影上的"氩""氖"等），哪个部分是形旁啊？

生：气。

师：气，那么"气"做形旁，表明这些元素——

生：是气体。

师：是惰性气体元素，这一点大家想得很对。这个读"氖"，这个读"氩"，都是形声字。所以形声法，同学们，经受了现代科学的考验。此法一出，创造了几万个汉字。那么你们应该知道很多形声字了，随便举几个例子吧。谁能说一说？（找学生）这个男同学。

生："摸"和"抓"。

师："摸"和"抓"，都是提手旁，那边表音，很对的。（找另一名学生）你说说。

生："拒"。

师：哪个？

生：就那个"抗拒"的"拒"。

师：哦，"抗拒"的"拒"，对。形旁和声旁两部分必须左右排列吗？不许上下的吗？不许内外吗？都可以的。能举几个例子吗？（找学生）好，你说说。

生："国家"的"国"。

师：哦，"国家"的"国"，它的繁体字是一个形声字（板书：國），里边是声旁，外边是形旁，对的。再举一个，（找另一个学生）你说说。

生："圆心"的"圆"。

师：很好。

师：下面我们看黑板上留下的这两个字（师指黑板上的"驴"和"暮"），同学们看，这个字（师指"暮"）上面是个什么字？

生：莫。

师：莫。下面是个——

生：日。

师：上边读"mò"，这个字读"mù"，它俩读音是——相近的。这是一个什么字啊？

生：形声字。

师：形声字。形旁在——

生：下。

师：声旁在——

生：上。

师：再看这个（手指"驴"），这边是"马"，这边是"户"，这是一

306

个什么字呢？

生：……

师：形声字。同学们注意，"驴"字左边的"马"是形旁，驴跟马有关，大家知道这个生物学常识，我不说了，啊。（生笑）"驴"的繁体字是这样的（板书：驢）这边是繁体的"马"，这边是繁体的"卢"，"驴"和"卢"两个音在古代是十分接近的，后来读音才发生了变化。简化字的"驴"，右边换成了"户"，读音和"驴"有些远了。同学们，以上我们讲了我们汉字的四种造字法：象形、指事、会意、形声。同学们发现了，我们的汉字创造出来以后发展到今天，和其他民族的文字都不一样——它是优美的，它的书写成为中国特有的书法艺术；它是文化的，每一个汉字有丰富的文化内涵，汉字，是我们中华民族文化的活化石；汉字它又是高度智慧的，它经受了现代科技的考验，汉字已经走进了电脑，而且中文电脑在以人们不可想象的速度发展着。同学们，古埃及流传着一句话："你要寻找智慧，就到中国去。"我给它补一句：你要寻找中国的智慧，就到汉字里去。我为我作为一个中国人使用了二十多年的汉字，感到无比的骄傲和自豪！好，这堂课上到这里，下课！（生掌声）同学们再见！

生：老师再见！

（观众掌声）

附　教学设想

语文学科在本质上不是知识型学科，而是经验型学科，因此我不赞同总把语文课上成知识课。但是，语文课程中确实存在着许多语文知识，语文知识课应该怎么上？我觉得应该上出文化性。我觉得，多年来许多人对语文的认识是片面的。"口语为'语'，书面语为'文'，文本于语，不可偏指，故合言之。"这是叶圣陶先生说的，这就是语文，它是学习和生活的基础工具。诚然，这是不错的，但这是在语言（准确的叫法是"言语"）层面的认识。如果从更高的层面看，大家想一想，语文怎么能够只是工具呢？我认为语文的表层结构是一般意义上的语言，准确的叫法是言语，包括叶圣陶先生说的口语和书面语两种；语文的底层结构是文化，尤其是民族文化。如果语文是一只手，那么言语和文化就是手背和手心的关系，是一体两面、血肉相连、不可分割的关系。语文的文化成分，叶老当然没有忽略，但是传承叶老衣钵的人，那些语文工具论者，他们却把语文的底层结构——文化的东西有意无意地忽略了。那么，基于这个考虑，我想把造字法这堂课上得有文化性，尤其是民族文化性。另外，我这堂课选用了东北师大附中语文助教平台中储存的十几个动画素材。这些动画素材是我构思设计并由计算机老师制作的，很巧妙，很生动，很优美。为什么要用这些素材？第一点考虑，语文教学应该贯彻审美的原则，通过这些富有美感的动画，能让学生受到美的熏陶。再有一点考虑，这堂课要把现代教育技术引进传统的语文课堂，要把现代教育技术和最古老的汉字结合起来，用它来证明现代教育技术能够走进语文课堂。当然，语文可能从本质上是排斥现代教育技术的。我提一个想法，大家在读一部文学名著和观看由这部名著改编的影视，这两种情况，一般而言，读名著是在学语文，看影视不是在学语文。为什么呢？读名著，你直面的是语言本身，是通过语言在头脑中建构形象，而你头脑中建构的形象和别人头脑中的是不一样的，而看影视，你直面的是画面，那哈姆莱特就是劳伦斯·奥利弗扮的哈姆莱特，林黛玉就是那个陈晓旭扮的林黛玉，缺少了一种语言建构。所以在语文课堂上使用现代教育技术，要防止用声光画电图解课文的倾向。我这堂课用了十几个用 Flash 做成的平面动画，我认为它是必要的，有其他教学辅助手段不可替代的作用。我这堂课所用的学生，不是我教的学生，一个也不认识，事先也没有沟通交流，当然这是和教育相违背的，你不了解教育对象，怎么能上好课呢？但是目前这种公开课的情况下，必须要打假，不许作假，所以就没用我教的学生。

附录·孙立权语文教学答问

1. "梗酉"何意?

吉林省通榆一中韩玉玲问:

南京治安维持委员会 1949 年 4 月 23 日晚 6 时给毛泽东的电报:"毛主席勋鉴:……南京治安维持委员会主任委员马青苑、副主任委员吴贻芳及委员等同叩梗酉。"结尾的"同叩梗酉"是什么意思?

孙立权答:

"同叩"就是一起叩拜,表示敬意。"梗酉"表示电文发于 23 日晚 5 点至 7 点之间。"梗"原是古汉语平水韵上声第二十三韵韵目的代表字,所以电报里就借用来指二十三日。酉指酉时,即晚 5 点到 7 点。

2. 短语的结构类型

辽宁沈阳 95 中高虹问:

"鱼笺尺素"和"鱼肠尺素",两个短语的结构类型一样吗?

孙立权答:

不一样。前者是联合短语,后者是定中短语。

3. "谭中和天"何意?

辽宁沈阳 95 中高虹问:

孙老师,《小窗幽记》中有两句话:"谭中和天,同乐易友。"如何翻译?

孙立权答:

此为倒装句,正常语序为:同乐易友,谭中和天。同,介词,和也,与也,跟也。乐(lè)易者,和乐平易也。友者,朋友也。谭者,谈也。中和者,儒家的中庸思想也。天者,道也。整句话意思是:跟和乐平易的朋友谈中庸之道。

4."铁腕"还是"铁碗"？

新文化报记者问：

孙老师，我们做了一个新闻，某部门一个标语上写的是"铁碗扫黑除恶"，我觉得这里的"碗"应改为"腕"，然后我们给相关部门打电话，他们给的解释是，这两个字是通假字。我们想咨询一下您，这两个字是不是通假字？

孙立权答：

首先，不管通假与否，在现代汉语里都应写为"铁腕"，写作"铁碗"是错别字。其次，印象中"碗"有"椀"与"盌"的异体字写法，而"碗"与"腕"应该不通假。（补：经查，二者不通假。）

5."被"的读音

吉林省东丰一中宋玲问：

辛弃疾的《太常引·建康中秋夜为吕叔潜赋》中"把酒问姮娥：被白发，欺人奈何"一句中"被"的读音及意思。代表全组老师感谢您！

孙立权答：

本来的语序是：被白发欺，人奈何。因为诗词格律的关系，破句，成为：被白发，欺人奈何。所以应读 bèi。

6.沈彬圹篆

黑龙江省七台河一中马传辉问：

《沈彬圹①篆》一诗："佳城②今已开，虽开不葬埋。漆灯犹未灭，留待沈彬来。"诗题和正文是什么意思？

孙立权答：

晚唐诗人沈彬，临死时让家人挖开一个地方，发现一个空的墓穴，里边有漆灯一盏，还未燃尽；还有一个铜牌，上书篆字诗一首，就是这首诗。家人就将沈彬葬在那里。这个故事见于《唐才子传》。

【注释】①圹：墓穴。②佳城：指发现的墓穴。

7. "曾参"的读音

黑龙江七台河一中马传辉问：

先生，关于孔子弟子"曾参"之"参"的读音，您认为读什么？

孙立权答：

怎么读，自古以来即有争议。曾参，字子舆。从名与字的关系看，舆是车，参即为骖，驾车的马，名与字意思相关，看来参应读 cān，明清时代的一些学者就主张读 cān。另一种意见，舆为地，而参是天上的星宿，名与字正好是反义相对，所以参应读 shēn。多年来，许多权威辞典均注为 shēn。建议遵循权威辞典之读音。

8. 介词"以"和连词"以"

黑龙江七台河一中马传辉问：

先生，"以"字翻译成"因为"时，怎么来区分是介词还是连词呢？

孙立权答：

介词"以"（因为）一定和后边的宾语（有时省略，但可补出）构成介宾短语（介词结构），修饰谓语中心语；而连词"以"（因为）是连接一个分句（常表现为主谓结构），与下句或上句（表结果）构成因果复句。如"不以物喜，不以己悲""奚以（介宾前置）知其然也"中的"以"是介词，而"以其境过清，不可久居""吾所以为此者，以先国家之急而后私仇也"中的"以"是连词。

9 "此致"不是"到此结束"的意思

东北师大附中 2017 级学生问：

孙老师，关于"此致"的意思，我查了一些资料，发现说法不一，有人认为是"到此结束""上面说的到此完结"，有人认为是"在此表示（礼节、情意等）"，您是什么看法？

孙立权答：

《现代汉语词典》（第 7 版）收录了"此致"，是这样解释的：书信用语，

用在公文或书信结尾，意思为在此表示（礼节、情意等）：～敬礼 | ～节日的问候。这就是说，"致"是表达、表示、给予、呈献的意思，后边接宾语。除了上述《现汉》中的两个例子，我见过的还有一些，如：此致崇高的敬意、此致革命的敬礼、此致同志的敬礼、此致中国人民民主革命的敬礼。在这些例子里，"此致"都是不单用的，后边要有长短不一的宾语。当然，《现汉》只列出了"此致"的一种使用情况，即不单用的情况，实际上"此致"还有单用的情况，如下面的介绍信：

"此致"单用，后边没有宾语。鲁迅的书信里，"此致"也有单用的情况，如"此致，即请道安""此致，即颂暑祺"等。有人把这里的"此致"理解为"到此结束"，其实不妥。这里的"此致"是"特此致函告知""以此奉上""上述内容以信送达"之意，可看作省略了对象宾语，因为信的开头已有称谓。鲁迅给钱玄同的一封信，信首没有称谓，信末则用"此致玄同兄"，点出了对象宾语。此例也可证明"此致"并非"到此结束"之意。

10. "雨疏风骤"

东北师大 2016 级研究生问：

李清照词《如梦令》"昨夜雨疏风骤"一句似有矛盾，试问，"风急骤"怎么能"雨稀疏"？

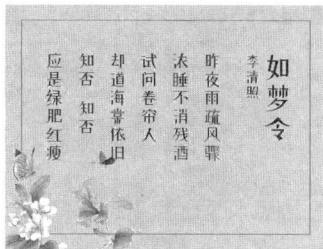

孙立权答：

"昨夜雨疏风骤"之"疏"理解为"稀疏"，我以为不妥，应取"狂"之意。古语有"疏狂"，疏者，狂也。

11. 关于"些"

吉林省抚松县教师进修学校张自琴问：

孙老师，辛弃疾的《鹧鸪天·陌上柔桑破嫩芽》中的"东邻蚕种已生些"一句中的"些"读什么？现在有三种说法：（一）读 xiē；（二）读 sā；（三）读 suò。不知哪种是对的？

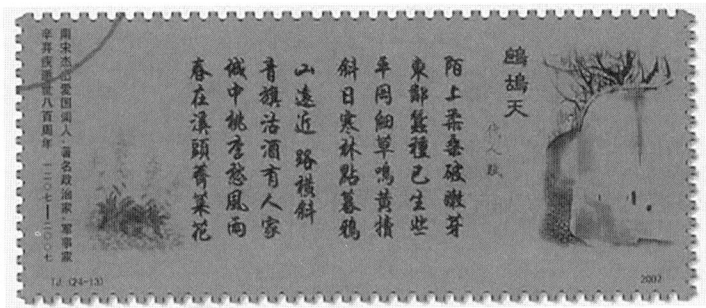

孙立权答：

我认为读 xiē，表示不定数量，一般多表示少量。"东邻蚕种已生些"是说东边邻居家养的蚕种已经孵化出一些蚕宝宝了。当然，理解为一个句末语气词，也讲得通。"些"读 suò 时，是仄声字，楚辞里的语气词，常用来表祈使语气。在辛弃疾这首词里不可能读 suò，因为"些"处于韵脚位置，要与"芽""鸦""斜""家""花"等字押平声麻韵，而 suò 是仄声，读 xiē 时才是平声麻韵。由于语音的演变，今天"些"与同属麻韵的"芽""鸦"等字不押韵了。"些"根本没有 sā 音。有些诗词的书里主张读 sā，是"叶韵"在作怪。所谓"叶韵"是指出于语音的变化，遇到过去诗歌中读着押韵现在读不押韵的字，就把已经不押韵的字的读音换个现在押韵的音读，如"远上寒山石径斜"的"斜"读为 xiá，"天似穹庐，笼盖四野"的"野"读为 yǎ。我认为，这样读没必要。古今语音变化很大，如果把古诗词里今天读起来不押韵的字都换个押韵的读音，势必带来混乱。

12. "土里"是短语

广东深圳光明区外国语学校张岩问：

"小草偷偷地从土里钻出来"中的"土里"是不是方位名词？

孙立权答：

不是。"土"是名词，"里"是方位名词，"土里"是由两个词构成的短语，名之曰"方位短语"。

13. 一个长句的成分划分

湖南省永州一中马传锡问：

老师，"相比于西方发达国家公共文化事权相对清晰的范围和中央地方政府间明晰的责任边界，我国对文化事权和支出责任的管理相对复杂"这句话怎样划分句子成分？

孙立权答：

"相比于……边界"是句首状语，"我国……的管理"是主语，"相对复杂"是谓语，"管理"是主语中心语，"管理"前边的是定语，"复杂"是谓语中心语，"相对"是状语。

用"符号标示法"简单划分如下：

相比于西方发达国家公共文化事权相对清晰的范围和中央地方政府间明晰的责任边界，我国对文化事权和支出责任的管理相对复杂

这个句子分析成分时，整体上把握并不难，难在句子内部多项定语的层次划分，下面用"框式图解法"从小到大详细划分如下：

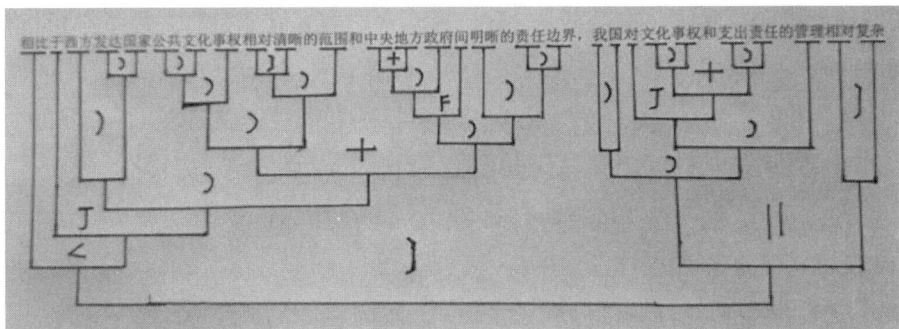

相比于西方发达国家公共文化事权相对清晰的范围和中央地方政府间明晰的责任边界，我国对文化事权和支出责任的管理相对复杂

　　（说明："‖"表示主谓关系，"+"表示联合关系，"）"表示定中关系，"]"表示状中关系，"＜"表示中补关系，"J"表示介词短语，"F"表示方位短语）

14. 关于"风雪山神庙"

　　东北师大实习生问：

　　课文《林教头风雪山神庙》节选自《水浒》第十回，此回回目是：林教头风雪山神庙，陆虞候火烧草料场。《水浒》的回目绝大多数都是上下句对偶的，但这一回的回目好像对不上，是吗？

　　孙立权答：

　　"林教头风雪山神庙"，单独来看，可看成三个名词排列在一起，交代了人物——林教头，环境——风雪，地点——山神庙。如果和"陆虞候火烧草料场"连在一起考察，也可以看成对偶句。"雪"看成动词，"风雪"理解成状中短语，意为像风一样洗雪，这样就与下句"火烧"结构相同了，上下两句就对偶了。

15. 关于"虞候"

　　吉林省四平地区来东北师大附中听课的老师问：

　　孙老师，我发现很多学生把《林教头风雪山神庙》中的"陆虞候"错看成"陆虞侯"，怎样讲解才能让学生不再弄错呢？

　　孙立权答：

　　我是这样给学生讲的："虞候"中的"虞"和"候"是并列关系，都是守望、候望的意思。"虞候"本是官名，是守望川泽之官。在宋代，"虞候"可指低级的武官或官僚雇佣的侍从，《水浒》中的陆谦就是这种身份。"虞候"的"候"中间有一小"丨"，不能写作"侯"，"虞候"一职离"王侯"的"侯"差远了。如果写成"虞侯"，就变成"虞国国君"了。

16. 古诗词鉴赏的试题命制

2018 年新入职的教师问：

老师，备课组分配命制试题的任务，我的任务是命制古代诗歌阅读试题，要求选两首诗放在一起命题。我翻了几本诗词鉴赏辞典，没找到合适的。您能给个建议吗？您若忙，就不必回复。

孙立权答：

选诗时最好选两首题材相同或相近的，可选一生一熟的，也可选两首生的。命题时可就某一首单独设题，也可就两首诗的相同或相异之处设题。下面的诗歌材料供你参考：

登鹳雀楼

[唐] 畅当

迥临飞鸟上，高出世尘间。

天势围平野，河流入断山。

同崔邠登鹳雀楼

[唐] 李益

鹳雀楼西百尺樯，汀洲云树共茫茫。

汉家箫鼓空流水，魏国山河半夕阳。

事去千年犹恨速，愁来一日即为长。

风烟并起思归望，远目非春亦自伤。

以上两首诗都是登临诗，写登鹳雀楼的。

初见嵩山

[宋] 张耒

年来鞍马困尘埃，赖有青山豁我怀。

日暮北风吹雨去，数峰清瘦出云来。

数日

［宋］赵师秀

数日秋风欺病夫，尽吹黄叶下庭芜。

林疏放得遥山出，又被云遮一半无。

以上两首诗都写了云隙露出山峰的画面。

华清宫

［唐］崔橹

草遮回磴绝鸣銮，云树深深碧殿寒。

明月自来还自去，更无人倚玉栏干。

华清宫

［唐］李商隐

华清恩幸古无伦，犹恐蛾眉不胜人。

未免被他褒女笑，只教天子暂蒙尘。

以上两首为同题咏史诗。

17. 何谓"龙山遗梦"？

黑龙江省七台河一中马传辉问：

一篇高考优秀作文写道：

众所周知，山东为中国之固有领土，为孔子之故里，儒家之圣地。中华文明千年赓续，孔子居功至伟，儒家功不可没。千年来，我们崇道德，修礼乐，学贤能，习文章，尊天地，讲亲诚，俨然礼仪之邦、华夏大国。如今一伙强盗，扛着"文明"的旗号，干起打家劫舍、离散骨肉的勾当，正是要夺了我们的财宝，毁了我们的粮仓。各位同学，失了山东，就将亡国灭种！我们难道要等到泪尽胡尘，才会忆龙山遗梦？难道必至披发覆面，方知愧对天地？各位同学，救亡图存的重任已然在肩，唯有挺直腰杆，才是炎黄子孙！

先生，请问上文中说的"龙山遗梦"是什么典故呢？谢谢您。

孙立权答：

未闻有此典故，当属学生生造。观此文上下文语境，我推测该生似用"龙山"代指山东，因为上世纪三十年代发现的距今四千年的新石器时代晚期文化遗址——龙山文化（黑陶文化），是在山东一带发现的。

马传辉又问：

能不能和戚继光龙山抗倭有关系？

孙立权答：

应该不能，因为戚继光与倭寇作战的龙山在浙江，与山东无关。

18. 都要兼顾，还是集中阐释其一即可？

辽宁省抚顺一中老师问：

孙老师，斗胆打扰繁忙的您。请看看下面这个作文题的立意，是两个关键词都要兼顾，还是集中阐释其一即可呢？

作文原题：

《相约星期二》中的莫里·施瓦茨教授告诫自己的学生：要有同情心，要有责任感。只要我们学会了这两点，这个世界就会美好许多。

莫里·施瓦茨教授的这段话引发了你怎样的思考？请据你的思考为文。

孙立权答：

写作时同情心和责任感两者兼顾，当然没问题；只阐释其一，不能看作偏题。因为只述其一确实也是引发的思考，符合写作要求。另外，关于作文审题立意，我历来主张：命题时不在审题上设置障碍，批改时从宽不从严。不能让学生还没写时就跌倒。作文要考查的是书面表达能力，不是审题能力。只有考试作文才涉及审题，平时真实的写作是没有审题这一说的。

19. 泰山桂树

吉林省长春市双阳区 150 中学张红梅问：

《世说新语·德行第一》：客有问陈季方："足下家君太丘，有何功德而荷天下重名？"季方曰："吾家君譬如桂树生泰山之阿，上有万仞之高，下有不测之深；上为甘露所沾，下为渊泉所润。当斯之时，桂树焉知泰山之高，渊泉之深？不知有功德与无也。"

上文中的"吾家君譬如桂树生泰山之阿"，多数材料译为：我父亲就像生在泰山一角的桂树。若如此译，则下文的"这时候桂树哪知道泰山有多高，渊泉有多深呢？所以我不知道我父亲有没有功德"就讲不通了。到底是"我父亲像桂树"，还是"我像桂树"？请问您是怎么理解的？

孙立权答：

可以有两种理解。一种是按原文理解，"吾家君譬如桂树……"，显然是说"我父亲像桂树"，文末说"我父亲也不知道他自己有没有功德"。另一种是按脱文理解，华东师大中文系徐震堮先生的著作《世说新语校笺》认为"吾"和"家君"之间似脱落一"于"字。这样一来，就变成"我像桂树"，而"我父亲像泰山"，"不知有功德与无也"就理解为"我不知道我父亲有没有功德"。我认为，从全文语境看，后一种理解更有道理。

20. "跑得快"与"快跑"

吉林师大 2016 届研究生刘娜问：

老师，"跑得快"中的"快"是形容词，而"快跑"中的"快"是不是就是副词了？

孙立权答：

不，仍然是形容词。"快跑"是偏正短语中的状中短语，"跑"是中心语，"快"是状语，修饰动词"跑"。形容词可以修饰动词。

21. 推荐唐诗宋词的好书

吉林省通榆一中韩玉玲问：

孙老师，麻烦您给我推荐几本鉴赏唐诗宋词的经典之作，我想读读。谢谢您！

孙立权答：

我这几年备唐宋诗词的课时经常参考的书：中国青年出版社出版的刘逸生的《唐诗小札》和《宋词小札》，华东师范大学出版社出版的施蛰存的《唐诗百话》，中国青年出版社出版的夏承焘的《唐宋词品鉴》，中华书局出版的周汝昌的《千秋一寸心——周汝昌讲唐诗宋词》，中华书局出版的叶嘉莹的《叶嘉莹说初盛唐诗》《叶嘉莹说中晚唐诗》《唐宋词十七讲》，中华书局出版的

《文史知识》编辑部编的《名家讲唐诗》《名家讲宋词》，北京大学出版社出版的余恕诚的《唐音宋韵》，福建教育出版社出版的《孙绍振如是解读作品》（古代诗词部分）。

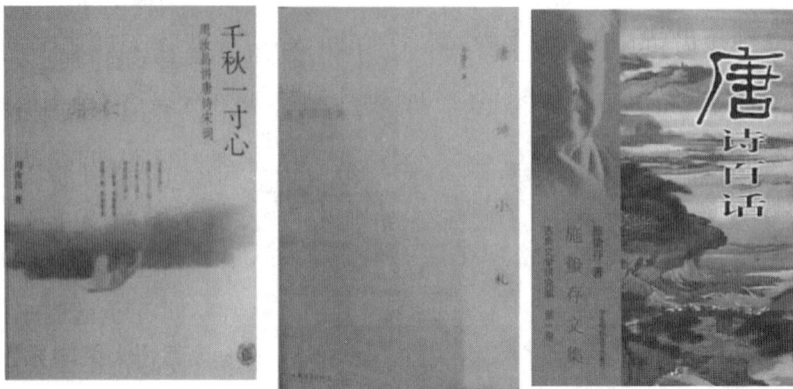

22. 推荐语法书

吉林师范大学文学院 2016 届研究生刘娜问：

老师，我想买一本语法书，可不可以推荐我一本？

孙立权答：

我当年较为认真地读过的语法书是邢福义先生写的《汉语语法学》（东北师范大学出版社 1996 年出版），推荐给你。

另外，一些高校的《现代汉语》教材中的语法部分也可参看，比如黄伯荣、廖序东主编的，或者胡裕树主编的，张斌主编的，邢福义主编的。当然，还有大部头的语法书，如张斌先生主编的《现代汉语描写语法》（商务印书馆2009年版），可以作为深入学习之用。

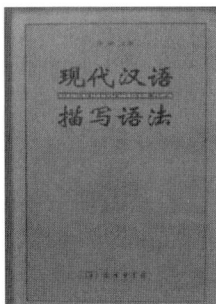

23. 语病一例

东北师范大学文学院 2019 级研究生问：

老师，下面这个句子有语病吗？——在那些肆意纵火、毁坏公共设施、投掷汽油弹、攻击警察及市民的黑衣身影中不乏青少年，迄今已有多位学生被捕。

孙立权答：

有语病，且不止一处。首先，量词使用不当。"位"虽说是量词，但含表敬意，一般情况下不能说"一位流氓""两位罪犯""三位暴徒"。上述语句中的"位"应改为"名"或"个"。其次，"在那些……的黑衣身影中不乏青少年"应改为"在那些……的黑衣人中不乏青少年的身影"。"人"范围大，"身影"则较为具体，"在那些……人中不乏……的身影"才符合由大到小的逻辑顺序。

24. "当家作主"还是"当家做主"

吉林省长春市养正高中杨丽颖问：

孙老师，您说是"人民当家做主"还是"人民当家作主"？《现代汉语词典》只有"做主"，新版部编政治书都是"作主"，小女总写不明白，我也蒙了，求您指教！

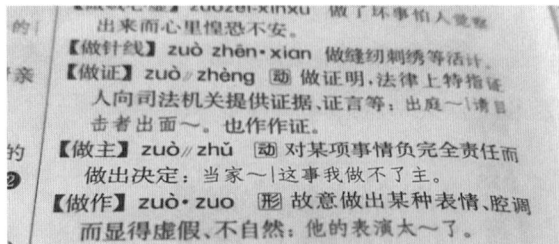

（《现代汉语词典》只收录了"做主"）

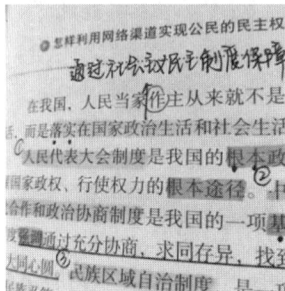

（部编版高中政治课本写作"作主"）

孙立权答：

《现代汉语词典》（第7版）只收了"做主"这个词条，释义时举的例子就是"当家做主"，而没有收"作主"这个词条。这就意味着，新版的《现汉》只承认"做主"，扬弃了"作主"。《现代汉语规范词典》将"作主"作为主词条，兼收了"做主"作为副词条。

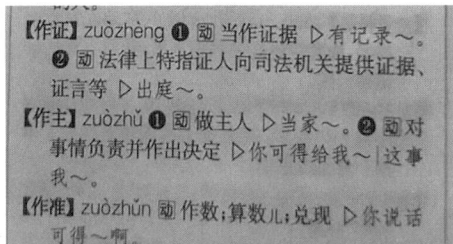

（《现代汉语规范词典》将"作主"作为主词条）

> 【做针线】zuòzhēnxiàn 指做缝纫、刺绣等活计 ▷
> 姐姐很小就会～。也说做针线活儿。
> 【做主】zuòzhǔ 现在一般写作"作主"。
> 【做作】zuòzuo 形 故意做出某种不自然的表情、
> 腔调、姿态等 ▷表演大方自然，毫不～。

（《现代汉语规范词典》将"做主"作为副词条）

这就是说，《规范词典》提倡"作主"的写法。根据著名语言学家吕叔湘在《现代汉语八百词》一书中提出的意见，习惯上，具体东西的制造一般写成"做"，如"做桌子，做衣服，做文章"；抽象一点的、书面语色彩重一点的词语，特别是成语里，一般都写成"作"，如"作罢，作废，作对，作怪，作乱，作价，作曲，作文，作战，装模作样，认贼作父"。据此，政治书里写作"人民当家作主"，是有道理的。

25. "繁漪"应该不姓繁

东北师大附中周海燕问：

"繁"作为姓时读 pó，不读 fán，那么曹禺的《雷雨》中的"繁漪"要读成"婆漪"吗？

孙立权答：

繁漪应该不姓繁，姓什么，剧本没交代，嫁给周朴园后称周繁漪。《雷雨》舞台演出八十多年了，台词里都称 fán 漪，作者曹禺也观看过《雷雨》话剧演出，对此并未提出异议。在《雷雨》的各种版本里，有时写作"蘩漪"，这也说明她不姓繁，因为蘩不是姓。再者，蘩是一种水草，符合女性取名用字特点。另外，《诗经·召南·采蘩》里有这种水草，符合女取诗经、男取楚辞的取名传统。最后，从剧本本身看，繁漪本是周公馆这潭死水中的一株蘩草，却不甘心被淹没，要死水微澜，泛起涟漪，甚至要在雷雨的环境里翻起大波浪（繁者，盛也），故称繁或蘩皆能讲通。读 pó 漪，已近"婆姨"，甚为难听，把周太太降格为农村大嫂矣。

26. 如何断句

吉林省延边和龙一中王燕问：

金代元好问的词《水调歌头·赋德新王丈玉溪，溪在嵩前费庄》，题目怎样断句?

孙立权答:

王德新应是元好问的一个朋友,丈是敬称,故称之为"德新王丈"。玉溪应是水名,嵩指河南嵩山。所以可断为:赋\德新王丈\玉溪,溪\在\嵩前费庄。另外,"赋德新王丈玉溪,溪在嵩前费庄"不宜看作词的题目,看作词前小序为好。还有,"赋德新王丈玉溪,溪在嵩前费庄"不完整,查清光绪八年(1882)京都翰文斋书坊刷印本的《元遗山先生全集》以及中国展望出版社出版的《元好问诗词集》,写作:"赋德新王丈玉溪,溪在嵩前费庄,两山绝胜处也。"

27."黔之于额"

东北师范大学文学院2019级研究生问:

孙老师,我看到这样一段话:

我进入学术界非常晚了,1980年已届"不惑之年",远不是"一张白纸"任由学术体制画"最新最美的图画",而是"朽木不可雕,粪土泥于墙"。它带给我的后果像"黔"之于"额"——于是有了"民哲"之称。我也乐得安居这样的"另册"。

请问:"黔"之于"额",是什么意思?

孙立权答:

我认为,"黔"是"黥"的通假字,黥额,就是用刀在面额上刺刻花纹,再涂上墨,是一种刑罚。作者用此为喻,是说自己被烙上了非专业的、与学院派相对的、民间的哲学工作者的印记。

28.一个文言断句题

吉林省长春市十一高中孙大成问:

2020届高三六校联考语文试卷第10题是文言断句,答案是C。选C当然可以,选B不可以吗?原题如下:

10.下列对文中画波浪线部分的断句,正确的一项是(3分)

A.乃诏太常使人往受之/太常遣错/受《尚书》伏生所/还因上便宜事/

以《书》称说

B.乃诏太常／使人往受之／太常遣错受《尚书》伏生所／还／因上便宜事／以《书》称说

C.乃诏太常使人往受之／太常遣错受《尚书》伏生所／还／因上便宜事／以《书》称说

D.乃诏太常／使人往受之／太常遣错／受《尚书》伏生所还／因上便宜事／以《书》称说

【文句大意：（文帝）于是下令太常派人前往学习。太常派遣晁错到伏生那里学习《尚书》。（晁错）学成回来后，趁着向皇上报告利国利民的事，称引解说《尚书》。】

孙立权答：

"太常"后属于可断可不断之处，所以选 B 也不应视为错误，但可告诉学生考试时选 C 为宜。"诏太常使人往受之"是兼语句，"太常"是兼语，后边一般不断开。而且"太常遣错受《尚书》伏生所"也是兼语句，"错"是兼语，后边也没断开，所以，从前后一致的角度看，也是选 C 为宜。当然，"诏"是下诏命、下命令的意思，有动宾短语意味，与一般的使令动词不同，所以"乃诏太常"后边也可以断开。

29."旨揭"何意？

中国农业银行刘家明问：

台湾公文及合同里经常出现的"旨揭"为何意？比如这次台湾限制口罩出口的公告里就有"旨揭事项""旨揭口罩"，是什么意思呢？

孙立权答：

我只能结合上下文语境推测，"旨揭事项""旨揭口罩"里的"旨揭"大概是"本公告所说的、本文所列的"之意。

（补：我的研究生徐诺莹赴台湾交流，她查到的相关资料是："旨揭"是台湾公文里使用的文言语词，意思是"主旨所提过"。徐诺莹查到的资料与我的推测差不多。上面图片里的公告第一项是主旨，下文再提到主旨内容，为避免重复，改用"旨揭"。）

30. 关于"鼎铛玉石，金块珠砾"

辽宁省大连市语文教师程远萍问：

冒昧地打扰您，想请教您关于"鼎铛玉石，金块珠砾"的活用问题。下面两种解释哪个正确？

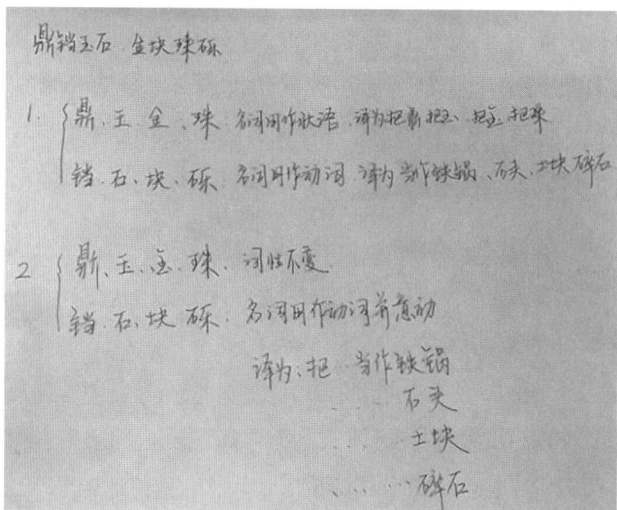

孙立权答：

关于"鼎铛玉石，金块珠砾"，新旧教材的页下注释里只进行了翻译，未做词类活用的说明，而许多教辅用书又说法不一。我仅谈谈个人看法。你说的第 2 种理解肯定不对，因为名词的意动用法是指：当名词动用后，当事人主观上把宾语所表示的事物看成这个名词所表示的事物。如"粪土当年万户侯"

之"粪土"是名词的意动用法,意为"把……当作粪土"。意动的名词后要有宾语才行。所以,原文如果是"铛鼎","铛"才是意动用法。而"鼎铛"之"铛"后无宾语,所以"铛"不是名词的意动用法。第1种理解看似说得通,但把"鼎"和"铛"都看作词类活用,弄繁琐了。实际上,"鼎"和"铛"两个名词并列在一起,把前一个名词"鼎"看作名词动用即可,意为"把鼎看作……,视鼎为……"。"铛"看作宾语。同理,"玉""金""珠"都可看作名词动用。这样处理语意和语法结构都简单明了。《过秦论》"瓮牖绳枢"中的"瓮"和"绳"也是这种用法,意为"用瓮做……""用绳子系","牖""枢"看作宾语。

31. 关于"渔阳掺挝"

东北师范大学文学院 2019 级研究生问:

近读《世说新语》(中华书局 2011 版),言语门第八篇写祢衡击鼓,鼓曲名字是《渔阳掺檛(字库里没有简化字,只能写繁体)》,而小说《三国演义》第二十三回"祢正平裸衣骂贼"里变成了《渔阳三挝》,"掺"变成了"三",木字旁的"檛"变成了提手旁的"挝"。请问孙老师,正确的读音、写法是怎样的?这两个字是什么意思?

孙立权答:

最正规的写法是"掺挝",读为 càn zhuā,一般认为是已失传的击鼓之法,也有人说是击鼓三次,在"渔阳掺挝"里和"渔阳"一起构成鼓曲的名字。《世说新语》的原文确实写作"檛",也读为 zhuā,"檛"的一个义项是敲击,所以也能讲通。这里的"掺"也可以写作"参",仍然读 càn。至于《三国演义》里变成了"三挝",我猜测,一方面因为有人认为"参挝"是击鼓三次,另一方面可能因为"参"也通"三"(现在"三"的大写为"叁",即是由"参"变来的)。这样一来也好,"渔阳三挝"就与"阳关三叠""梅花三弄"等类化了。

32. 关于"经进东坡文集事略"

东师附中 2013 级学生问:

高中语文课本必修 2 第 32 页注解①说《赤壁赋》选自《经进东坡文集事略》,

请问，"经进"和"事略"是什么意思？

孙立权答：

《经进东坡文集事略》是南宋学者郎晔选注的苏轼文集。"经进"是已经进御的意思，就是已经进呈皇帝御览的意思。按理说，书名叫《经进东坡文集》就可以了，为什么后边又加一个"事略"呢？而且，这里的"事略"与《先妣事略》《黄花岗七十二烈士事略》中的"事略"不同，后者是一种传记文体，概述人物的生平事迹，而《经进东坡文集事略》是苏轼文章的集子，根本就不属于传记。我查找了一些资料，始终不得其解，所以一直没有回复你。后与弟子杨威（古代文学博士）探讨，受到启发，答复如下：这里的"事略"大概可用"类编"一词代替。我特意翻了一下《经进东坡文集事略》，该书是按不同文体分类编排选注的，据此，我把"事略"理解为"类编"。

33. 读轻声还是本音？

广东省中山市东区水云轩小学三年级语文备课组老师问：

孙老师，我们是小学语文老师，有个问题请教：杜甫有《绝句》：迟日江山丽，春风花草香。泥融飞燕子，沙暖睡鸳鸯。其中"燕子"的"子"是读轻声还是三声？

孙立权答：

"燕子"的"子"在现代汉语里读轻声，但"泥融飞燕子"是这首绝句的第三句，尾字应为仄声，所以我认为读第三声为好。

34. "曾几"的读音

广东省中山市东区水云轩小学三年级语文备课组老师问：

《三衢道中》一诗的作者是曾几，他名字里的"几"是多音字，请问应该读几声？我们在百度上查，有的说读一声，有的说读三声。

孙立权答：

南宋诗人曾几名字中的"几"应读一声，不读三声。何以知之？古人的名和字之间一般是有联系的，如果名是多音字，可以由字反推名的读音。曾几，字吉甫。"甫"是男子的美称，所以一些男人名字里有"甫"，如尹吉甫、杜甫、李林甫、张灵甫。"吉"是吉利、吉祥之意，与"凶"相对。"几"读一声时有"细微的迹象、事情的苗头或预兆"的意思，人若能见几则吉，《周易·系辞下》曰："几者，动之微，吉之先见者也。"因此，曾几名字中的"几"读一声。我猜，曾几的名和字就来自于《周易》。

35. 一道语境默写题

河南省郑州中学语文老师王冬昊问：

有这样一道语境默写题：杜甫《登高》诗中集中表现了夔州秋天的典型特征的句子是"＿＿＿＿＿＿＿＿＿＿，＿＿＿＿＿＿＿＿＿＿＿"。前人也曾把这两句誉为"古今独步"的"句中化境"。

这道题的答案，有的说是首联"风急天高猿啸哀，渚清沙白鸟飞回"，有的说是颔联"无边落木萧萧下，不尽长江滚滚来"，好像都有道理，您支持哪一个呢？

孙立权答：

此题答案一定是颔联。如果题中去掉"古今独步""句中化境"字样，答首联亦可；不去掉，则必答颔联，因为只有颔联才当得起这样的评价，而且"古今独步""句中化境"本就是赞誉颔联的。

36. "惟弈秋之为听"

辽宁省盘锦市辽河油田实验中学张继虹问：

小学语文课本中有一篇课文《学弈》（选自《孟子》），里边有一句话："其一人专心致志，惟弈秋之为听。"请问，这里的"为"读二声还是四声？是什么意思？

孙立权答：

这里的"为"读二声，是结构助词，不用翻译，与结构助词"之"构成复合结构"之为"，作为宾语前置的标志。"惟弈秋之为听"是宾语前置的倒装句，正常语序是"惟听弈秋"（只听弈秋的）。"之为"作为宾语前置的标志，例句不是很多，杨伯峻的《古汉语虚词》里举了《荀子》中的一个例子："故人苟生之为见，若者必死；苟利之为见，若者必害。"（所以人假若只看到生存的一面，这样的一定死亡；假若只看到有利的一面，这样的一定受害）

其中"生之为见""利之为见"是用"之为"作为宾语提前的标志，正常语序是"见生""见利"。

37."将焉取之"中的"焉"

山西省吕梁市孝义中学语文教师田懿问：

孙老师，冒昧打扰您。课文《烛之武退秦师》里"若不阙秦，将焉取之"中的"焉"应该是疑问代词还是兼词呢？商务印书馆 2003 年出版的《古代汉语词典》上认为是疑问代词"哪里"，但是翻译整个句子的时候又译为："将从哪里取得土地呢？"把"焉"译为介词短语"从哪里"。所以我想请教您：这里的"焉"究竟是疑问代词还是兼词？

孙立权答：

我认为把"将焉取之"中的"焉"看作疑问代词或兼词皆可。

看作疑问代词，用在动词"取"前充当状语，讲得通。翻译时可以前加介词"从"或"到"，但并不改变"焉"的词性和它充当的成分。判断词性等语法问题时应主要依据原文而不是译文，因为译文已经是现代汉语了，经过翻译已经有所改变。目前多数辞典都把"将焉取之"中的"焉"视为疑问代词。

"焉"作兼词，相当于介词"于"加上指示代词"此"（或"彼""是""之"），一般用于句尾，如"积土成山，风雨兴焉"（于此）、"朝济而夕设版焉"（于彼）、"昔者，吾舅死于虎，吾夫又死焉，今吾子又死焉"（于是）、"见贤思齐焉"（于之）等。如果把"将焉取之"中的"焉"看作兼词，则相当于介词"于"加上疑问代词"何"而不是指示代词"此"等，而且不是用于句尾而是句中，这就与"焉"作兼词的一般用法不同，所以多数人还是把这里的"焉"看作疑问代词。但我认为视为兼词未尝不可，类似的例子还有"且焉置土石"（于何）、"孔子焉学"（于何）等。

38."为长者折枝"中的"折枝"

辽宁省鞍山市的郭妮老师问：

统编高中语文教材必修下册所选《齐桓晋文之事》（《孟子》）一文中的"折枝"为什么有"按摩肢体"的意思？只查到东汉赵岐所注《孟子》有这种说法，

但是还是不太能理解"折"怎么引申到"按摩"这个意思上的。特向您求教。（下附统编本教材的页下注截图）

> ㉒〔为长者折枝〕为长者按摩肢体。枝，同"肢"，肢
> 体。一说"折枝"指弯腰行礼。另一说"折枝"即
> 折取树枝。均喻指常人较易办到的事情。

孙立权答：

"为长者折枝"中的"折枝"一词主要有三种解释。

一、"按摩"说。东汉学者赵岐在《孟子章句》中说："折枝，案摩，折手节，解罢枝也。少者耻是役，故不为耳，非不能也。"按照赵岐的解释，"枝"通"肢"，"案"通"按，""折枝"就是给长者屈曲四肢，为长者按摩。"折手节"指弯曲长者双手的关节；"解罢枝"，"罢"通"疲"，解除长者四肢的疲劳。因为赵岐是东汉人，距孟子时代较近，又因为汉末学者刘熙、唐代章怀太子李贤等人皆从其说，所以此说最有影响，被多家认可。不过近来有学者指出，在与孟子同时或之前的文献中还没有发现确凿的当"按摩"讲的"折枝"。但"折"本身有"按摩瘙痒"义，有西汉学者严遵《道德指归论·上德不德篇》可证："是以事不可预设，变不可先图，犹痛不可先摩而痒不可先折。"而汉以后的文学作品里，"折枝"有当作"按摩"之义使用的。如《文选》中收有南朝梁代刘峻的《广绝交论》，其文曰："皆为匍匐逶迤，折枝舐痔。""折枝"是按摩肢体，可减轻疲劳；"舐痔"是舐吸痔疮，可减轻疼痛。"折枝舐痔"比喻无耻的谄媚行为。

二、"折取草木之枝"说。此说来自唐代学者陆善经。北宋学者孙奭《孟子音义》引陆氏注曰："折草树枝。"南宋学者朱熹沿用此观点，并有所发展。他在《孟子集注》中说："为长者折枝，以长者之命，折草木之枝。言不难也。"为老人折草木之枝，可能是取其果以敬老。为老人折取树枝，也可能是当手杖。在古代，扙杖，不仅有可助行走的实际作用，也是一种文化。总之，"为长者折枝"是爱亲敬长而代其劳的表现，使长者免受躬亲劳作之苦。此外，还有人认为"为长者"之"为"读二声，作为的意思，"为长者"之"长"也读二声，高的意思。这样一来，"为长者折枝"意思就是，作为个子高的人攀折枝条。这当然是轻而易举之事，但我以为不妥。如果像上面那样理解，用"长者折枝"

就可以了，又何必多出一个"为"？岂不有画蛇添足之嫌？

三、"弯腰行礼"说。南宋学者陆筠在《翼孟音解》中说："折枝，磬折腰肢。""磬"是一种玉制或石制的乐器，悬挂在架上，击之而鸣。磬的形状曲折，因此有"磬折"一词，形容行礼时屈身如同磬一样曲折，表示恭敬之意。此说将"折枝"之"枝"（通"肢"）理解为腰肢而不是四肢。但有古汉语学者考证说，在孟子生活的战国时代，"肢"只指人的四肢，表示腰肢的意思，大约要晚到魏晋南北朝时期才有。所以，"弯腰行礼"说恐难成立。不过，又有人说"折枝"是"跪拜"。人有四肢，什么样的弯曲肢体的动作既符合屈己尊人这一要求而又随时随地可以轻而易举完成呢？那只能是跪拜。跪须屈曲下肢，拜须屈曲上肢，"折枝"其实就是古人所行的跪拜之礼。此聊备一说，缺乏更多例证。

以上三说，我更倾向于"按摩"说，其次是"折取草木之枝"说，"弯腰行礼"说最不可信。

顺便说一下，看到你的统编本教材页下注截图，发现教材注释有不规范处，"为长者折枝"之"枝"若看作通假字的话，不宜写作：枝，同"肢"；而应写作：枝，通"肢"。因为加注释时，通假关系一般用"通"表示，而异体字一般才用"同"表示。

39. 作者所在位置为什么写的是《荀子》？

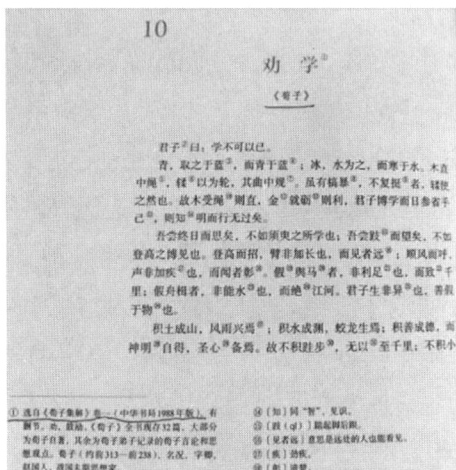

辽宁省实验中学北校区语文组卜雪丽问：

孙老师，请教个问题。统编版教材《劝学》一课作者所在位置写的不是荀子，而是带有书名号的《荀子》，是不是因为荀子作为作者存疑？如果不是，那为什么不去掉书名号呢？

孙立权答：

倒不是说作者存疑，我认为是因为《荀子》一书不是荀子一个人写的，而是荀子及其弟子合写的。作者不宜写"荀子等"，故如此。类似的还有《论语》（孔子弟子及再传弟子所写）《庄子》（庄子及其后学所写）等书。

卜雪丽又问：

是不是为了严谨才这样写的？统编版教材把注解①的出处改为《荀子集解》，也是为了严谨吧？

孙立权又答：

是的。《荀子》一书好多出版社都出过，版本有别，《劝学》这篇课文是从中华书局 1988 年出版的《荀子集解》中选的。

40."放号"的读音

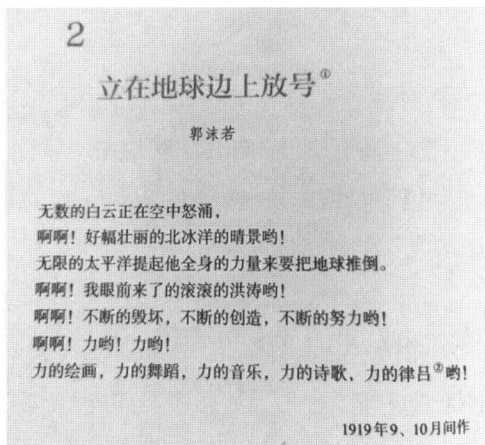

2

立在地球边上放号①

郭沫若

无数的白云正在空中怒涌，
啊啊！好幅壮丽的北冰洋的晴景哟！
无限的太平洋提起他全身的力量来要把地球推倒。
啊啊！我眼前来了的滚滚的洪涛哟！
啊啊！不断的毁坏，不断的创造，不断的努力哟！
啊啊！力哟！力哟！
力的绘画，力的舞蹈，力的音乐，力的诗歌，力的律吕②哟！

1919年9、10月间作

东北师大实习生问：

统编版语文教材必修上册第 2 课是郭沫若的诗《立在地球边上放号》。教材配套光盘里的课文朗读将"放号"读为"放 háo"，而网上的名家朗诵，有的又读为"放 hào"。请问孙老师，应该怎么读?

孙立权答:

今天的语言里有"放号（hào）"这个词语，比如移动公司放号、商品房销售时放号、医院挂号放号，但都不是郭沫若这首诗中的意思。我觉得这可能是郭沫若自造的一个词语，这里的"号"读二声和四声都能讲通。《立在地球边上放号》曾被译为英文，从英译标题看，也存在两种情况:

Shouting on the Rim of the World

My Cry from the Edge of the Earth

I Sound the Bugle on the Edge of the Earth

Blow the Trumpet by Standing in the Horizon of the Earth

前两种翻译，译者显然认为"号"读二声，是喊叫、呼喊的意思（注意:这里不取哭号、寒风怒号、鬼哭狼号之意）。"放号"就是放声呼喊。而后两种翻译，译者显然认为这里的"号"应该读四声，"放号"是吹响号角的意思。我认为把"放号"无论是译为 shouting、cry，还是 sound the bugle、blow the trumpet，都不甚理想；仔细揣摩全诗，还是译为 singing heartily（纵情歌唱）更好。诗人在纵情歌唱、尽情赞颂什么呢? 是力，是"不断的毁坏，不断的创造"的青春伟力，这伟力正代表着"五四"时期破坏旧世界、创造新世界的狂飙突进的时代精神。

"放号"的意思搞清楚了，回头再看读音。如果"号"读二声，由放声呼喊引申为纵情歌唱，能讲通；如果读四声，就应把"号"理解为号子（注意:不是军号、喇叭，而是集体劳动时为协调发力、步调一致、减轻疲劳所唱的歌），"放号"就是放歌，此种理解当然也通。

41 "鸡、豚、狗、彘之畜"中的"畜"

东北师大听课的研究生问:

统编版高中语文教参将《齐桓晋文之事》"鸡、豚、狗、彘之畜"一句译为"鸡、小猪、狗、大猪这些家畜"，原文的"畜"，译为名词"家畜"，而您讲课时说这里的"畜"读 xù，是动词"饲养"的意思。您为什么认为是动词? 看作名词不可以吗?

孙立权答:

首先,我的看法是,"鸡、豚、狗、彘之畜"一句里的"畜"看作名词或动词都能讲通。像教参那样看作名词,读 chù,译为"家畜""牲畜",是可以的。而且,从前后分句的开头看,前句是"五亩之宅",后句是"百亩之田",本句是"鸡、豚、狗、彘之畜",都是定中结构,前后连贯,句意通畅。教参的看法也不是空穴来风。中华书局出版的《四书解读辞典》就将这里的"畜"视为名词[①]。

但是,此语境中的"畜",《孟子》一书应该是当动词看待的。《孟子·尽心上》有一段与课文《齐桓晋文之事》内容相关的话:

孟子曰:"……太公辟纣,居东海之滨,闻文王作,兴曰:'盍归乎来,吾闻西伯善养老者。'天下有善养老,则仁人以为己归矣。五亩之宅,树墙下以桑,匹妇蚕之,则老者足以衣帛矣。五母鸡,二母彘,无失其时,老者足以无失肉矣。百亩之田,匹夫耕之,八口之家足以无饥矣。所谓西伯善养老者,制其田里,教之树畜,导其妻子使养其老。五十非帛不暖,七十非肉不饱。不暖不饱,谓之冻馁。文王之民无冻馁之老者,此之谓也。"

这段话里的"教之树畜","树"显然是动词,指"树之以桑","畜"与"树"并列,显然也是动词,饲养家禽、家畜的意思。课文《齐桓晋文之事》的书下注释还部分地引用了《孟子·尽心上》的上述相关语句。可见,如果将"鸡、豚、狗、彘之畜"一句里的"畜"看作名词,就与"教之树畜"不合。

另外,许多比较权威的书,都将此句中的"畜"视为动词。比如,朱熹的《四书章句集注》在解释《寡人之于国也》一节中的"鸡、豚、狗、彘之畜,无失其时"时说:"畜,养也。时,谓孕子之时,如孟春牺牲毋用牝之类也。"[②]王力主编的《古代汉语》[③],郭锡良、李玲璞主编的《古代汉语》[④]也都认为是动词。

综上所述,我认为"鸡、豚、狗、彘之畜"中的"畜"解释为动词"饲养"为好,"鸡、豚、狗、彘之畜"可看作用"之"为标志的宾语前置句。

【注释】

①蔡希勤《四书解读辞典》,中华书局 2005 年 7 月第 1 版 54 页

②朱熹《四书章句集注》，中华书局 2011 年 1 月第 1 版 190 页

③王力《古代汉语》，中华书局 1981 年 3 月第 2 版 285 页

④郭锡良、李玲璞《古代汉语》，语文出版社 1992 年 9 月第 1 版 677 页

42. 说"仲尼之徒"

东北师大听课的研究生问：

统编版高中语文教参将《齐桓晋文之事》"仲尼之徒无道桓文之事者"译为"孔子这些人中没有讲述齐桓公、晋文公的事的人"，而旧版（2001 年 12 月第 2 版）的教参则译为"孔子的门徒中没有讲述齐桓公晋文公霸业的"。您认为哪种翻译更好？

孙立权答：

"之徒"确实可以译为"这些人""这类人"，类似的还有"之属""之伦""之流"等。在当时，"之徒""之流"等并无褒贬色彩，不像现在含有贬义。但在《齐桓晋文之事》中，我认为"徒"解为"门徒"更好。首先，孔子本人是谈论过桓文之事的，《论语·宪问》就载有孔子的话："管仲相桓公，

霸诸侯，一匡天下，民到于今受其赐。微管仲，吾其被发左衽矣。"又说："桓公九合诸侯，不以兵车，管仲之力也。如其仁，如其仁。"其次，孔门弟子世代传的是尧舜禹汤文武等先王之道，耻谈霸道，尤其是孟子。一般认为孟子是孔子的第四代弟子。曾子是孔子的弟子，子思是曾子的弟子，而孟子是子思的再传弟子。到了孟子的时代，诸侯纷纷称王，为一己私利争霸扩张，致使战乱连绵，民不聊生，孟子对此深恶痛绝，所以当齐宣王问起时，孟子推脱说："仲尼之徒无道桓文之事者，是以后世无传焉。臣未之闻也。"朱熹的《四书章句集注》在此句下引用了汉代董仲舒的话来解释："仲尼之门，五尺童子羞称五霸，为其先诈力而后仁义也。"以此看来，"仲尼之徒"当解为"孔子的门徒"。

43. 为什么教材里有的地方使用繁体字、异体字？

东师附中 2020 级学生问：

孙老师，统编版高中语文教材《短歌行》一课"契阔谈䜩"一句中的"䜩"为什么写作繁体字而不简化为"讌"呢？另外，我查字典，发现"䜩"是"宴"的一个异体字，教材为什么不使用正体字"宴"而使用不规范的异体字"䜩"呢？

孙立权答：

你学习很认真，所以发现了问题。我主张教材应使用规范的简化字，"契阔谈䜩"改为"契阔谈宴"为好。首先，汉语词汇中有大量的异形词。所谓异形词，就是音义皆同而写法有异的词语。在古代汉语里，"谈宴""谈䜩""谈燕"就是一组异形词，都是聚谈宴饮的意思。发展到现代汉语，从便于理解和使用的角度，我觉得应以"谈宴"为推荐使用的词形。其次，汉字里有大量的异体字。所谓异体字，就是音义皆同而写法有异的字。表示"用酒饭招待宾客""酒席"等意思时，"䜩"是"宴"的一个异体字，曹操这句诗里的"䜩"可看作异体字，以改为正体字"宴"为好。教材页下注释说"䜩"同"宴"，说明教材编者也认为这里的"䜩"是异体字。

你还问"䜩"为什么不简化为"讌"，这个问题也很好。其实，"䜩"曾经简化为"讌"，《简化字总表》里收录了，但现在的《通用规范汉字表》未收录，估计是把它看作"宴"的异体字"䜩"的简化字，是不规范的，所以未收，所以教材里也不能写作"讌"。教材中还有一些字，如"謋然已解"的

"謅"（《庖丁解牛》）、"薄言襭之"的"襭"（《芣苢》）等，这些字都是《简化字总表》《通用规范汉字表》里未收的字，都是还未简化的字，按理应该类推简化。而且，我建议将这些字简化后收入《通用规范汉字表》。中小学语文教材是供所有的中小学生使用的，而且代代相沿，受众甚多，从国家语言文字规范的角度看，语文教材中出现的汉字，不论生僻与否，最好应该规范，最好能收入《通用规范汉字表》。

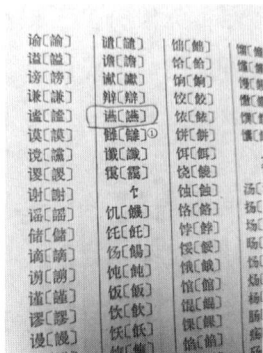

（《简化字总表》收入了"谦"）

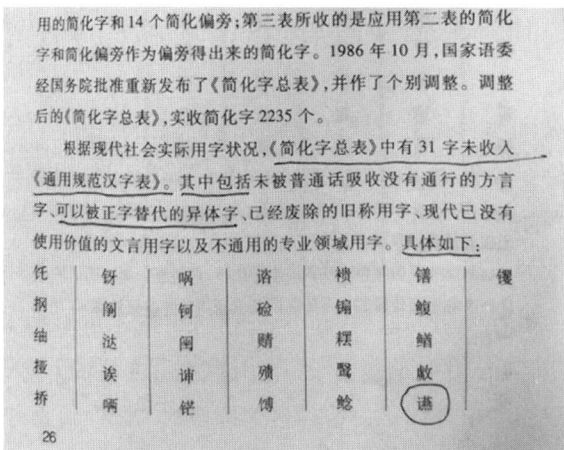

（《通用规范汉字表》未收录"谦"）

44. 说"谢"

海南省乐东中学语文老师刘婷问：

"谢"的常用意思是感谢，还有道歉、谢罪的意思。请问感谢的"谢"如何能与道歉扯上关系呢？

孙立权答：

"谢"是形声字。左边的"言"是形旁，表示跟言语有关。右边的"射"是声旁，兼表义，射是使箭离开了弓弦，所以可表示离去之意。左右合起来，本义大概是辞官、告退。《说文解字》说："谢，辞去也。"清·段玉裁注："辞，不受也。"由此引申出许多和"离去"有关的意思，如告辞、辞别、推辞、拒绝、衰退、凋谢、谢世等。辞官不受，本就抱有歉意，所以自然引申出道歉、谢罪之意。至于感谢之意如何引申而来，倒是颇费斟酌。我想，可能是辞官、告退时得向上级、君王表示一番感谢，感谢对自己的任用，故而引申出感谢的意思。另外，词义引申有时会有相对或反义引申，道歉和感谢正好意义相对。当然，这完全是我的推测，不能当作结论。你应向研究汉语词汇学、语义学的专家请教。

补：昨天看到一篇文章，谈到"致谢"时说，"致谢"最初的意思是"表达歉意"，后来出现了"表示感谢"的意思。前者的例子是："后惭恚不食，将自杀，诸子亦不食。帝惊而致谢，后乃止。"（《晋书》卷三一）后者的例子是："我本此庙灶神，久受业报。今日蒙师说无生法，得脱此处，生在天中，特来致谢。"（《五灯会元》卷二）同一个词语，先表达歉意，后表达谢意，似乎正说明了词义的相对引申现象。

45. 关于"何不改此度"

长春市希望高中范蓓蓓问：

旧教材《离骚》："不抚壮而弃秽兮，何不改乎此度也？"统编版教材《离骚》："不抚壮而弃秽兮，何不改此度？"后者比前者少了"乎""也"，哪个正确？

孙立权答：

不好说哪个正不正确，因为两版教材选《离骚》时所据版本不同，旧教材选自王泗原《楚辞校释》（人民文学出版社 1990 年版），统编版教材选自洪兴祖《楚辞补注》（中华书局 1983 年版）。据我所知，此句共有这样几个版本：1. 何不改乎此度也；2. 何不改乎此度；3. 何不改此度也；4. 何不改此度；5. 何不改其此度；6. 何不改其此度也。《离骚》是每四句一换韵，也就是每四句为一个单位。"不抚壮而弃秽兮，何不改此度？乘骐骥以驰骋兮，来吾道夫先路！"这四句是一个单位，从"来吾道夫先路"可推"何不改此度"一句中应当有"乎"为好。如果前边是"何不改乎此度也"，带"也"字，则后边的当是"来吾道夫先路也"为好。

46. 关于"然后可以会"

长春市希望高中范蓓蓓问：

统编版教材选择性必修中册语文读本收有杨时的《蔺相如论》一文，其中有一句："智者虑，义者行，仁者守，然后可以会。"请问，这里的"会"是什么意思？

孙立权答：

应该是会见、会盟的意思，我是采用观照上文的方法推定的。观上文"方赵王之西也，廉颇约以一月不返则立太子，以绝秦望"，写赵王赴渑池会见秦王之事，而杨时认为外出与别国国君会盟，需要具备"智者虑，义者行，仁者守"（聪明的人深谋远虑，正义的人行事果断，仁德的人守住国家）这三点才可以，所以我推断这里的"会"是会见、会盟的意思。

47. 关于"戒奢以俭"

长春市希望高中范蓓蓓问：

孙老师，问一下，《谏太宗十思疏》中"戒奢以俭"的"以"如何解释？1.用，行；2.连词，相当于"而"；3.用（介词）。以上三种解释选哪一个？

孙立权答：

首先，可以排除2，若是连词，须像"戒奢以求俭"的方式来表达。其他两种解释都通。"以"原本是动词，这里意译为"采用、施行"是可以的。"以"后来表意虚化，转为介词或连词。我倾向于3，介词结构后置，"戒奢以俭"的意思是用俭止奢。

48. 山行乘�？

长春市南关区教师进修学校张静秋问：

《辉煌科技》一书里说："陆行乘车，水行乘船，泥行乘橇，山行乘𨏌。""𨏌"字字典里查不到。请问：这个字读什么音？是什么意思？

孙立权答：

这几句话出自《史记·夏本纪》。"𨏌"字应该是印错了，正确的写法是"梮"，读jú。关于它的意思有两种说法。一说是登山用的一种特制的鞋，底下钉有锥形器物，以防滑倒，相当于后世的钉鞋。另一说是一种简易的轿，类似于现在的滑竿。从"山行乘梮"的上文看，说的都是车、船、橇等交通工具，所以我认为取另一说为好。这几句话中的"梮"在《史记·河渠书》里作"桥"，即今之"轿"，也可以作为一证。

49. "丁阳九兮逢百六"为何意？

一微信朋友问：

《东周列国志》第十六回写管仲在由鲁国被押回齐国的囚车里做了一首歌："黄鹄黄鹄，戢其翼，絷其足，不飞不鸣兮笼中伏。高天何跼兮，厚地何蹐！丁阳九兮逢百六。引颈长呼兮，继之以哭！黄鹄黄鹄，天生汝翼兮能飞，天生汝足兮能逐。遭此罗网兮谁与赎？一朝破樊而出兮，吾不知其升衢而渐陆。嗟彼弋人兮，徒旁观而踯躅！"其中"丁阳九兮逢百六"一句为何意？

孙立权答：

"丁阳九兮逢百六"是遭遇灾难、厄运的意思。"丁"与"逢"是一个意思，都是遭遇的意思。古代术数家认为，四千六百七十一年为一元，初入元一百零六年，内有旱灾九年；阳为旱灾，阴为水灾，故曰"阳九百六"。

50. 一个多重复句的层次

东北师大附中语文教师杨威问：

下面是香港中文大学的一道考试题：

请分析下面多重复句的层次关系和复句类型。

①为了您和他人的健康，②若您感到身体不适，③如鼻塞、咳嗽、发烧等，

④或是身边家人出现类似症状，⑤建议您在家进行快速测试，⑥并减少外出。

请问师父，如何划分为好？

孙立权答：

我认为，"为了"后边接的是名词性短语"您和他人的健康"，所以"为了"在这里宜看成介词，而非连词，介词短语"为了您和他人的健康"充当全句的句首目的状语，所以把①当成一个分句是不妥的。（除非将这里的"为了"视为动词，但目前绝大多数人不认同）②③④和⑤⑥构成假设复句，是第一层；⑤和⑥构成并列复句，是第二层；②③和④构成选择复句，也是第二层；②和③构成解说复句（也有人认为③不构成分句，是表示举例的插入语），是第三层。具体如下：

[①为了您和他人的健康，]②若您感到身体不适，|||③如鼻塞、咳嗽、发烧等，||④

解说　　　　　　　　　　　　　　　　　　　选择

或是身边家人出现类似症状，|⑤建议您在家进行快速测试，||⑥并减少外出。

假设　　　　　　　　　　　　　　　　并列

51. 这不是主语残缺

东北师大附中语文教师周芳芳问：

请问孙老师，下面的句子"从……到……再到……"是介词短语，那么整个句子就是主语残缺的病句，是不是？

从苏州非遗剪纸中由真丝制成的"冰墩墩"作品，到北京绢人技艺里惟妙惟肖的运动员形象，再到融雕版、泥塑等数十项非遗文化于一体的定格动画大片《一切只为热爱》，都充分体现了传统文化与浪漫冰雪的激情碰撞。

孙立权答：

我认为不是病句。这是一个空主语句。空主语句有两种，一种是省略主语的省略句，一种是无主句。我认为你上边说的句子属于省略主语的省略句，因为主语潜藏在前边的介词短语中，所以"都充分体现了传统文化与浪漫冰雪的激情碰撞"一句就可以承前省略主语，你可以用代词"这些"补出。类似的句子，比如：从小孩到大人，都参加了植树活动。（可以用"他们"或"人们"补出主语）这种句子跟主语被介词掩盖而导致主语残缺的病句是不一样的。

附录·立权师趣话

（记录整理：同事、徒弟、学生）

1. 喝了会讲得更好

立权师出语惊人地给学生讲《孔雀东南飞》："一个老女人抛弃了一个小女人，因为她们两个争同一个男人。"看着立权师动情的样子，前排一个男生问："孙老师，您喝酒了？"立权师正色道："我如果喝了，会讲得更好！"

2.《氓》和女同性恋

立权师讲《诗经·卫风·氓》，给全班男生出一问题："氓这小子逍遥法外两千多年，今天我们把这厮送上道德法庭，公诉一下他的罪名和罪行。"接着开始带领全体男生审判氓。

审完氓，立权师又要求男生闭口，给全班女生提一问题："一个两千多年前的女人的故事给今天的 90 后女性以什么启示？"几个女生依次作答，有谈看人应该看准的，有谈不要被爱情冲昏头脑、应让感情的潮水沿着理性的河谷奔流的，有谈婚前要慎重的，有谈女性要有独立的经济地位的。中间有男生跃跃欲试，立权师曰："不许男生回答，只能由女生谈。"

一女生最后发言："读完《氓》后，我有如下的思考：如果男人靠不住，可以适当发展一下女同性恋。"语未毕，全班哗然。立权师也完全没有料到，停顿片刻，对该女生说："虽然我不同意你的看法，但我尊重你的选择。"

3. "六神不安"

某日，立权师在高二 28 班讲《装在套子里的人》一课时，为学生解释"六神不安"一词，说所谓"六神"乃是——心、肝、肺、脾、肾、胃，还告诉学生按前三后三记，押韵：心肝肺，脾肾胃。课后，学生蓝禹题手持词典向立权师求教——词典上说"六神"是指心、肝、肺、脾、肾、胆。那不同的一"神"到底是"胃"还是"胆"呢？立权师没有将这个问题轻易放过，回去又查阅了《辞海》《汉语大词典》等辞书，确认是"胆"不是"胃"。在后来的课上，他公开纠正了这个错误，并感慨道："十多年来，我印象中，自己一直是这样理解这个词，如今蓝禹题提醒我，帮我纠正了这个错误，蓝禹题就是我的一字之师啊。"随即赠给蓝禹题一本立权师自己主编的书，作为鼓励。

犹记一位先生说过，"有多大的胸怀，做多大的学问。"作为弟子和听课教师的我，在这节课上，于此感触颇深。

4. 爷·妈·爸

立权师讲《祭十二郎文》"少而强者不可保，如此孩提者，又可冀其成立邪"时告诉学生："这句中的语气词'邪'，读音为'爷'，意思是'吗'（妈），读音和意思不是一辈儿。"生笑。立权师接着在屏幕上出示《史记·滑稽列传》中一段话："谚曰：'相马失之瘦，相土失之贫。'其此之谓邪？"然后问学生："此'邪'何意？"生答："也是'吗'。"立权师曰："差矣。不是'吗'，是'吧'（爸）。辈儿没差，性别变了。生又笑。

附译文：

少而强者不可保，如此孩提者，又可冀其成立邪？——年轻强壮的尚不能保全，像这么大的孩子，又能希望他们成人立业吗？

谚曰："相马失之瘦，相土失之贫。"其此之谓邪？——有民谚说："挑选马时有错过瘦马的过失，挑选土地时有错过贫瘠之地的过失。"大概说的是这个吧！

5. 多么轻盈的迷惑

一女生一脸迷惑地问了一个非常天真的问题，别的学生表示不以为然，立权师则评价道："多么轻盈的迷惑啊！"

6.《湘夫人》教中之趣

　　《湘夫人》写湘君久等湘夫人不至时有两句诗："捐余袂兮江中，遗余褋兮澧浦。"湘君把衣服脱了扔在水中。怎样理解这一动作？李跃庭在办公室里说："我有个学生认为是在无聊的等待中要抽空下河洗个澡。"众人一笑。立权师打趣道："那为什么把衣服扔在水里？看来是勤劳的湘君要在河边洗衣服或者是想晒日光浴。"众人又一笑。立权师上课时也拿这个问题问学生，一学生说："湘君脱下衣服是要表现他的赤子之心。"众生皆笑。立权师言道："表现赤子之心非得脱衣服吗？我以过来人的身份谈谈我的看法。这里的'袂'和'褋'理解成湘夫人送给湘君的定情信物为好。湘君等湘夫人来约会，左等也不来，右等也不来，干等不来他就生气了，就把湘夫人送的信物撇了。这是恋爱中人习见之动作。""啊，是这样！"众生点头称是。

7. 不要自我毁容

　　讲《种树郭橐驼传》中"字而幼孩"时，立权师将"字"的古文字字形写在黑板上，然后说："宝字盖儿是房子，'子'是孩子，'字'就是养育孩子。我们的祖先为什么把记录汉语的方块字叫'字'呢？过去的家庭，孩子是由少到多不断繁衍出来的，而汉字也是由少到多不断滋生出来的，所以称之为'字'。"立权师接着抬高声音说："同学们，你们一定要对汉字充满温情和敬意。你们就是'字'里的'子'，你们要是写不好汉字，就是把自己弄砢碜了；要是写错汉字，就是把自己毁容了。"

8. 他怎么做到了？

　　学生李思莹："庄子做到'乘天地之正而御六气之辩'了吗？"

　　权儿爷（立权师）："我认为他做到了。"

　　李思莹："他怎么做到了？"

　　权儿爷："他在精神上做到了。"（思莹无语）

9. 猜标题

杨明被狗咬后的那个晚课，权儿爷出了一节诗让学生猜标题。诗如下："你又向我亲近，温柔地将我引诱，面对着极乐的你，我不由得浑身发抖。"部分学生答案如下：

庞博：请远离。

沐沐（高沐阳）：杨明与狗。

刘东：夜。

杨明：接客。

小群（周泽群）：春天。

权儿爷评价道："周泽群心地纯洁，而且很有文学感悟力，答案和原诗一样。"

10. 孩子老婆一大堆

权儿爷介绍朱自清时："当时他很清贫，物价又飞涨，他又有病，老婆孩子一大堆……"（孩子可以一大堆，老婆也一大堆？）

11. 换钱

立权师要将一百元钱换成俩五十的，问谁能。

王玉杰："我能换！"遂换之。

不一会儿，立权师又问："我还想换开一张一百的，谁能？"

王玉杰说："我还能。"

立权师纳闷："你咋那么多五十的？"

王玉杰感慨："没办法啊，这就是咱俩的差距，挣钱你都挣大票儿，你挣一个一百的，我挣俩五十的。"

立权师笑得很开心。（立权师数学是真不好啊！）

12. 贴身女司机

立权师很自豪地跟大家炫耀："我有贴身女司机，李桢（校长）虽说有男司机，但是不贴身啊。"

刘勇："但是你和校长还是有差距，你那是司机停哪你就得在哪下，校长是想在哪下，司机就得停哪。"

立权师神情变得驯服了且带着深沉的憧憬："你说得对啊，刘哲（立权师夫人）要是到自由校区，对我说'你下去！'我就得下去，自己走到青华校区；而她若心情好呢，说'我给你送到青华'，唉~~我就能少走两步，哈哈哈哈！"

13. 凤姐点评"凤姐"

张林建讲《林黛玉进贾府》之"王熙凤的性格形象"，评课时，立权师介绍说："下面由凤姐（语文组的孙凤珍）评凤姐。这是十分难得的巧合，空前大概也绝后。"

14. 没穿衣服就出来了

大家在电梯里等庄树乾（数学老师）上来。庄树乾拎着衣服就从办公室里跑出来，说："我没穿衣服就出来了。"立权师笑语道："我禁不住想，庄树乾在办公室里干什么了呢？"

15. 师徒问答

李跃庭发短信问立权师：

师傅，蔡元培《就任北京大学校长之演说》中提到严复的字"几道"，不知"几"字是否读一声，"几道"二字有何含义，与晏几道的名字含义是否相同，思考未果，劳您便中指点二三。

立权师回复：

读一声，意思是接近，"几道"是接近圣人之道的意思。怎样接近呢？需要克己复礼，故名"复"。晏几道的"几"也读一声，他的字是"叔原"，原者，求也，欲近圣人之道需要孜孜以求也。（以上为我一家之见，但应该问题不大）

李跃庭回复：

吾师所言极是，释名之理与其人生活之时代、内心之追求若合符节，考订字词鞭辟入里，引经据典，信手拈来，弟子钦佩万分，顿首拜谢！

16. 遂为母子如初

潘晓娟老师回想当年感慨万千："当年我才来的时候和张继辉一个年级，这么多年就再没一个年级过，这回又在一个年级了，真是缘分啊……"

张继辉深情长叹："咱这也叫破镜重圆了。"

潘老师愤愤："小小年纪，用词不当啊，谁跟你破镜重圆？！"

立权师镇定自若："应当是'遂为母子如初'。"（此语出自《郑伯克段于鄢》）

17. 办公室对话

吉大附中挖师大附中老师，在办公室引起不小的波澜。

王玉杰："孙立权，你啥时候走啊？你走了，我们就会显得很优秀了。"

立权师颇喜欢此类奉承言辞，但还觉得不太浓烈，就补充说道："王玉杰很伟大，但很不幸一直生活在孙立权的阴影里！"

王玉杰嗤之："这就非得自己吹，才觉得忽悠到位呗？！"

立权师沉思片刻："我也许会走，但绝不是现在。我不能在学校艰难的时候走，我要在李桢（校长）春风得意的时候走。"

众人唏嘘感叹立权师的江湖道义。

王玉杰："就是等李桢用不着你了的时候呗。"

18. 扯淡的境界

某日下午，没课的几位语文老师在办公室内聊天。

老唐（唐志强）说道："跃庭，你说有些古诗的名句连起来说还真有滋味，比如——劝君更尽一杯酒，与尔同销万古愁。"

众人微笑。

立权师说："跃庭，你还记不记得当年赵卿说的那两句挺有意思的诗来着？"

跃庭随口说道："一去紫台连朔漠，去留肝胆两昆仑。"

"不对，不对，当年说的好像不是这句。"

"那就是——我自横刀向天笑，独留青冢向黄昏。"跃庭连忙纠正道。

"对了，就是这句，呵呵。"有人凑趣道。

"孙老师，还有有意思的呢。"李沙菲笑眯眯地说，"一骑红尘妃子笑，前度刘郎今又来。"

立权师笑道："你还别说，这个还真有点意思。"

这时，一直沉默的王宏伟插话道："我献上一句——少小离家老大回，安能辨我是雄雌。"

所有人都 hold 不住了，语文组顿时笑声一片。

终了，立权师结语道："这就是本质——性——的变化啦！"

哈哈哈哈——

19. 鱼刺卡喉

组里去聚餐，立权师叫鱼刺卡着了，于是又要了一碗饭，吃完，刺没下去，又要了一碗，似乎还没下去；于是要了两瓶花生露，喝至一瓶将尽，刺犹在，立权师仰脖凝神，将火力集中于一点，把剩下的花生露灌入口中，一个大喷嚏，……（此处省略 50 字）。何晓怀目瞪口呆之下，立权师重又谈笑风生，鱼刺杳不知其所之矣。

20. 吊炉烤猪心

立权师与人通电话，商量一会儿去吃饭，说去吃"吊炉烤猪心"，正说话间，只见朱欣（语文组同事）从隔板的尽头做惊恐状，夺门而出。

21. 找周幽王还是找唐明皇？

讲白居易《长恨歌》时，权儿爷向女同学提了一个问题："你喜欢唐明皇还是喜欢周幽王？"女生多数倾向于唐明皇。权儿爷道："我要是女的，宁可找周幽王——当然，前提是他智商正常，也不找唐明皇。唐明皇为了保全自己，在马嵬坡舍弃了爱妃杨玉环的命，而周幽王为博美人褒姒一笑，烽火戏诸侯，不惜江山社稷。"

22. 该讲《草船借箭》

某日，长春雾霾严重，立权师对学生笑语："今天语文课咱们应该讲《草船借箭》。"

23. 你当是回娘家呢！

余光中奇怪朱自清晚上散步为什么不带夫人，权儿爷说："人家朱自清要的就是独处。你当是回娘家呢！两边是孩子，后边是老婆，左手一只鸡，右手一只鸭，身后还背着一个胖娃娃？"

24. 嫉妒我的美眉

权儿爷讲"众女嫉余之蛾眉兮"："以男女比君臣，君为男，臣为女。屈原的同事们就是'众女'，屈原说那些女的都嫉妒我的美眉。"

25. 木兰屁股咋那么大呢？

啥叫"开我东阁门，坐我西阁床"？是说打开东屋门，坐到西屋床上吗？木兰屁股咋那么大呢？看来这里有说道。（接着讲"互文"的修辞手法）

26. 荆轲的历史回头率咋那么高呢？

权儿爷讲《荆轲刺秦王》："同是刺客，为什么那些人，聂政啊，要离啊，早就风流云散了，唯有荆轲最有名，不断被后人提起？荆轲的历史回头率咋那么高呢？"（接着讲荆轲的美学价值）

27. 这是去散步吗？

学生读《荷塘月色》中"我悄悄地披了大衫，带上门出去"一段，语速太快，权儿爷道："这是去散步吗？这是去跑步！"

28. 非法同居，这不好使！

权儿爷讲"匪我愆期，子无良媒"："我是想被明媒正娶的，你想和我非法同居，这不好使！"

29. 第一桶金

权儿爷讲"以尔车来，以我贿迁"："我估计这一车陪嫁就是这小子的第一桶金！"

30. 爱情的水泡子

权儿爷谈到女生择偶问题："在爱情的水泡子里，一定要清醒。"

31. 取名儿巧合

历史组宋大千老师来请立权师为刚生的儿子起名，要求随母姓张。立权师绞尽脑汁，费了一节课时间，拟出"张行远"，并跟大千详说其意："行远"含义有三：1."行"有品行、操行、德行之意；"远"者，从空间讲，远播也，从时间看，影响深远也。"行远"，德行远播，影响广远也。2.含"读万卷书，行万里路"的意思。父名"大千"，子当青出于蓝而胜于蓝。行远者，一方面指在万卷书的"大千世界"里徜徉，一方面指在万里路的社会人生的"大千世界"里远行。3.《左传》里引孔子的话说：言之无文，行而不远。"行远"者，反其意而用之，预示此子一生，无论在学术行为还是生活行为上都将文采斐然，斐然成章，声名远播。大千甚喜，归家语妻。第二天早上在食堂，大千对立权师说："你起的这个名儿真好，但不能用，我媳妇说和她爷一个名儿。"立权师喷饭满案。

32. 技术问题变成作风问题

净月山庄"打红十"，凤姐（孙凤珍老师）和唐老师（唐志强）一伙儿，亮着"红十"打，不幸被立权师"有争议"地"撅（东北话读 juě）头"。时隔多日，凤姐尚耿耿于怀，在办公室里对立权师强调：我和老唐对撅头不太懂，要不然老唐能那么轻浮地亮红十吗？立权师说：老唐，你已经由技术问题变成作风问题了。

33. 绿岛小夜曲

某次饭局，刘勇拍着肚子说："我现在喝了十碗清汤，只吃了几块儿西兰花。"立权师说："刘勇的肚子里现在藏着一首歌，你们知道歌名吗？"何晓怀说："落花流水——这也不是歌名啊？是——泉水叮咚。"王玉杰说："一江春水向东流，哎呀，这是电影名。"立权师最后揭出谜底："绿岛小夜曲——西兰花是绿的，飘在刘勇装着十碗清汤的黑暗的肚子里，还不是'绿岛小夜曲'吗？"

34. 引用古诗评课

杨利华执教《项羽之死》，课堂节奏属前松后紧型。立权师在评课时谈自己的感受：刚听课时感到"泥上偶然留指爪，鸿飞那复计东西"，老师一上来讲了两个零碎的问题，我不知道将怎么发展，听到后来感到"长恨春归无觅处，不知转入此中来"，才知道要讲项羽的形象，但已有些晚，让人有"人间四月芳菲尽，山寺桃花始盛开"之感。

35. 桃花运

立权师的生日会。

一好友祝福道："祝孙老师龙年大吉，全年交好运。"

刘哲师母赶紧补充："别交桃花运就行！"

立权师沉思片刻曰："桃花运也是需要的。"

王玉杰揭穿他："他就想待在那桃花盛开的地方。"

36. 尚飨斋

立权师成了省语文名师工作室主持人。

语文人小聚庆祝。立权师兴奋地跟大家讲啊讲的，突然提到了讲《祭十二郎文》，愤愤道："一个学生给我写了封信，最后结束的时候写了个'尚飨'，你们说，你们说，他是不是没听课？"

大家没有愤愤，倒是都来了灵感："那你的工作室就叫尚飨斋吧！"

37. 水蛇腰是啥样的

立权师论人时说："麻面无须不可交，矬子杀人不用刀，人奸不过一只眼，一只眼奸不过水蛇腰。"王玉杰问："水蛇腰是啥样的？"立权师以手自指，曰："就是我这样的！"

38. 那得看托生成什么

高三语文备课组散伙儿前小聚，王玉杰邀请立权师和年级主任李志强参加。席上敬酒时，夏维波对志强主任和王玉杰说："这一轮我太忙，事儿太多，等下一轮回我一定多干。"立权师插言道："那得看托生成什么。"

39. 一点就通

某日清晨，王迎新带着儿子王帝来到教研室。立权师笑着对他说："我告诉你啊，刚才跟你开玩笑的那个老师，她姓潘，她的丈夫姓支，你能不能给她起个外号呢？"王帝不假思索地回答说："潘支花（攀枝花）！"立权师大惊有喜色："这孩子，太聪明了，一点就通。"而后又自言自语地慨叹："这就是启发式教学啊。"

40. 数学老师的语文水平

数学组杨志勇问邢昌振："你能看出我比我媳妇大9岁吗？"邢昌振回说："看不出来，但我能看出你媳妇比你小9岁。"立权师评价邢昌振这句话："表现出一个数学老师难得的语文水平。"

41. 把小鱼呛着了

立权师说师徒同台授课是"从游式教研"的重要形式。教研组是水，语文教师是鱼。鱼有大小，大鱼前导，小鱼尾随，是谓"从游"。于是高一语文组的黄丽娟和周芳芳师徒同上了一节课。师父黄丽娟先上，徒弟周芳芳后接，二人风格不太一样。评课时张继辉说："黄老师这条大鱼在前边扑腾得浪太大。"立权师接道："把周芳芳这条小鱼给呛着了。"

42. 体育贱人

中午，一群人在电梯旁，洪伟背着运动装备，孙凤珍打趣说："这是体育健儿啊！"话音未落，赵艳梅拿着羽毛球拍过来了，立权师对凤珍说："男女有别。"凤珍对赵艳梅改口说："这是体育健婆。"立权师说："男女是下位概念，应该用上位概念统一起来，都是'体育健人'。"（健人——贱人）

43. 改对联

2013年元旦，宋大千（在邵志豪、宋绪光参与下）创作并书写了一副对联，张贴在高三28班门前，其文曰：霞光化志立千载，豪情属文诠大义。横批：六师同堂。对联巧妙地嵌进任教于28班的六位老师的名字——杨云霞、宋绪光、李文化、邵志豪、孙立权、宋大千。当然，白璧有微瑕，此联尾字不合平仄（联中平仄不作要求），于是立权师将其改为：霞光化志立云义，豪情属文诠大千。

44. 点菜方针

立权师生日，大家聚餐。立权师给徒弟艾群一个指示："艾群啊，你点菜，要把握八字方针——荤素搭配，不要太贵。"

45. "翻蹄亮掌"

立权师眉飞色舞地跟组内同事讲："我在南湖公园看见张海波跳广场舞，跳得太嗨了，'翻蹄亮掌'，美艳绝伦，周围好几个老爷们儿都看傻了，领舞的那个老娘儿们都嫉妒了。"

（此相片为立权师于南湖偷拍）

46. 淑女骚人

张海波的广场舞俨然已成南湖一道亮丽的风景。但很多同事亲睹海波"翻蹄亮掌"后，却感觉"广场舞"与海波那唯美古典气质甚是不符。对此海波既觉尴尬，却也率性不以为然。于是立权师试着将众人的感受总结为："一看是淑女，原来是骚人！"

47. 就你长得像狐狸

立权师和夫人刘哲又包葫芦馅儿的饺子了。

找了一帮人同品美味。

大家纷纷赞美说："这葫芦馅儿饺子真好吃啊。"

立权师严肃纠正："什么葫芦馅儿？这叫福禄馅儿！多吉利啊！福禄！！"

大家赶紧一起福禄福禄了几遍以示激赏。

几杯酒下肚，立权师再次赞美起了葫芦馅儿饺子，然而他的舌头不是很听使唤了。他微微歪着头，指着饺子，眼神扫向大家："吃啊！这太香了！这胡利馅儿饺子！"

王玉杰听出来错误了，嘲笑他："这么一会儿就从福禄变成狐狸了，你这心思歪了啊。"

立权师一下子哽住了，脸也有些微微涨红，半羞半怒，他挥手扫了一下饭桌的上空，恨恨地说："啥狐狸啊？就你听成狐狸了！还狐狸？你看看这满桌子人，就你长得像狐狸！"

48. 本来没你的

过小年打扑克，王玉杰手气好，连赢了好几把。

立权师却一直在输。他狠狠地捻了捻自己的零钱，终于忍不住嫌弃之心，翻了王玉杰一眼，小声嘟囔："本来今晚打扑克没有你的。"

49. 缺女的

晚饭后，立权师、刘哲夫妇与华树海、王玉杰夫妇去南湖公园散步，返回途中风云乍起，华树海怕下雨，独自一人蹽前边去了，剩下立权师、刘哲、王玉杰并肩而行，至九曲回廊，恰逢张林建、冯伟、张振兴小酌后出来逛。立权师看着仨小伙儿，意味深长地对张林建说："缺女的啊，仨老爷们儿出来逛个啥劲？"接着左右一指，不无得意地说："你看我，带俩女的出来玩。"

50. 酱香与浓香

众人聚会饮酒，有人朗诵诗歌以助兴。

立权师边喝着酱香型的茅台边说："我还是喜欢食指那一代人的诗，我的审美习惯就定位到这里了。"

王春说："这都是酱香型。"

立权师接着说："你们说有一句诗叫'我站在阳台上响亮地撒尿'，这有什么审美感受？"

王春："这是浓香型。"

51. 有没有前生的？

立权师在朋友圈里发了两张学生为其制作的头像，配文曰："前者传达了我一生的主调，后者可视为我离世后的遗容。"刘玉坤（音乐老师）回复："你今天是感慨今生和后世啊，有没有前生的，拿出来瞧瞧！"立权师回复："怕吓着你！"

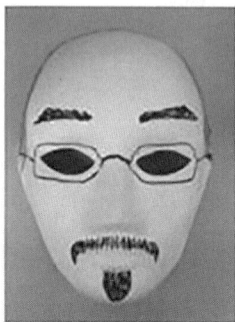

52. 二十一？

李跃庭和刘丹是同一年到东师附中工作的，跃庭问刘丹："孩子多大了？"刘丹说："21——。"立权师甚为疑惑："刘丹的孩子怎能和我孩子一边大？"正欲发问，刘丹："——个月。"

53. 别把肚子照里

全校大会上，校办主任刘勇挎着一个专业相机在照相，立权师在后边提醒："注意，别把自己肚子照里。"（刘勇肚子比较大）

54. 随时揣着

立权师的女儿去多伦多上大学了，他更加热爱"打红十"了，走到哪里都揣一副扑克。

他向众人郑重解释："我兜里随时揣着扑克，就像有些人随时揣着速效救心丸。"

55. 不是东西

权儿爷评价"氓"这个负心男子时："这小子是什么东西？"然后自问自答："他不是东西！"

56. 没见过

权儿爷讲"罍"："看来这个'罍'比鬼更恶更恐怖，因为他是'死鬼'。人死变成鬼，鬼死变成罍。"生问："那罍死后呢？"权儿爷答："没见过。"

57. 鸟·象限

黑板一侧还有数学老师留下的坐标系，权儿爷讲到《离骚》"鸷鸟之不群兮"指着黑板说："屈原的意思是，我不能和这些鸟在一个象限。"

58. 三个脚丫子

权儿爷讲"奔"的古文字字形："上边是一个人甩开膀子跑，下边有三个脚丫子，'仨丫子'那还不'撒丫子'？"

59. 不是像哪吒一样

权儿爷讲《离骚》"制芰荷以为衣兮，集芙蓉以为裳"："这是象征！不是说屈原真穿了这些东西，像哪吒一样出门了。"

60. 千里扛猪槽子

权儿爷讲屈原的忠心："我屈原对待你楚王，那可是千里扛猪槽子——都是为（喂）你！"

61. 脑袋进水了

权儿爷讲"怨灵修之浩荡兮"中的"浩荡"："你看楚王脑袋是不是进水了？

浩荡，两个字里六点水！"

62. 再贬就贬到国外了

权儿爷讲苏轼："他的人生极不顺，一辈子被贬来贬去……最远被贬到海南岛了，再贬就贬到国外去了！"

63. 不是"爽歪歪"

权儿爷讲成语"屡试不爽"："这里的'爽'，绝不是'爽歪歪'的意思。"

64. 就是肘子

权儿爷讲《鸿门宴》之"彘肩"："'彘'是猪，'肩'是什么？肩者，四足动物前肢根部也，是啥呀？——肘子！前肘子！"

65. "开始辩论"

权儿爷说："'开始辩论'是动宾短语，这个短语用英文表达就是begin+'辩论'的动名词或 begin+'辩论'的不定式，懂了没？"

66. 书法鉴赏

美术老师卢建波最近在尝试把褚遂良的楷书和魏碑相融合，时有得意之作。一天卢建波把自己的书法作品拿给大家看。立权师说："这字写得很浪。"卢建波说："是媚吗？"立权师平静地说："浪是能拿得出手的媚。"田宇说："在先秦可以叫你浪子。"王春说："在日本可以叫你浪人。"

67. 口吃

众人同过 520，立权师非常开心，但是不忘记提醒工作，说："教师网上互评你们得抓紧啊。你看这次评优秀教师，我选赵枫了！我也……也选王玉杰了。"

王玉杰盯着他闪烁的眼神，质问："你说选我的时候你口吃啥啊？"

立权师的女儿孙英宸说："爸你好像没选。"

68. 虎父无犬子之网络词汇

旅馆里，孙英宸一大早起来就坐床边看手机，拇指不停地翻动。

立权师瞄着女儿看了一会儿忍不住规劝女儿："孙英宸，你不要总看手机，你都快成歪脖控了！"

孙英宸略微抬起头，半抿嘴角一笑："爸，你是想用'低头族'这个词儿吧？"

立权师一时语塞。

69. 各论各的

立权师的学生张辰考上了高长山老师的研究生，高老师在聚餐的时候说："张辰哪，孙立权、王玉杰也是我学生，你这一考上，辈分长了啊。"

立权师非常紧张地强调："咱们各论各的啊！"

王玉杰满不在乎地说："我倒是愿意认个小师妹。"

立权师无比厌恶地朝王玉杰一挥手，嫌弃地说："你就图个年轻！"

70. 我是好人

在一次喝酒的时候，酒桌上有一位派出所所长。

立权师提酒，认真谨慎地说："我，是一个好人。"

王玉杰打断他："你强调你是好人干啥啊，你是看到今天桌上有警察，你害怕了吧？"

71. 打油诗

立权师的同学任百辉安排一众语文老师赴农安龙王乡一聚，立权师即席赋打油诗一首：

长春语文人，小聚翁克村。

酒乃本地产，肉是铁锅焖。

百辉重情义，吾辈不斯文。

此中有真乐，乐在相知心。

72. 按摩

年级大会要结束时，主管校长刘玉新（女）说："大家别忘了我的专业，我是学心理的，可以来找我做心理疏导，心理按摩。"立权师小声说："我想做身体按摩。"

73. 潘晓娟的外号

立权师尝笑言："潘氏晓娟，人称徐老师，何故？徐娘半老之意也。"晓娟笑而不答。立权师复笑言曰："人亦呼之潘小花，盖因其悭吝于前，而稍有放达于后，大花不敢，唯敢小花也。"余每闻之，叹潘老师之名多，而愧识见之寡也。

74. "刘哲挠"

某日，诸君谈及古汉语字音破读问题，争执不休，余不明就里，晓娟训曰："汝仅为二道贩子也，何必拘之。"余甚愧之。晓娟又曰："已高抬汝矣，复有六七道贩子也。"立权师曰："若吾乃六道贩子，汝即为七道贩子也。"晓娟愤然驳之："你怎么是六？你就不是个六！"众人皆笑。立权师笑曰："我若不是你的六，那你也不是我的七（妻）。"众人大笑。晓娟又戏曰："子不畏刘哲挠乎？"晓怀忙问："什么挠？"艳华亦问曰："刘哲挠为何物啊？"

众人爆笑，皆因其不明刘哲乃立权师之夫人也。

75. 晓娟好辩

立权师有感于晓娟之好辩，乐而曰："晓娟虽无理，亦多言强辞，此乃其可爱之处也。"晓娟笑答："汝言岂非诬我哉？"立权师笑曰："此可爱，恰为我所好也。"

76. 晓娟之舞

立权师问于众人曰："尔等尝见晓娟起舞否？"众人皆摇头，甚奇之。曰："晓娟之舞者，时而如嫠妇泣孤舟，时而似潜蛟舞幽壑。余尝与之共舞，虽十有余年而未敢忘也。"众人浮想联翩，唏嘘不已。

77. 二更

某日，立权师与音乐组刘喜彦老师共进早餐。刘老师言及自身苦恼，困惑不已。立权师安慰道："不要紧，你这可能是更年期反应啊。"刘老师无奈地说："我这更年期都过了，咋还更呢？"立权师忙道："那很可能是二更啊！"众人闻之，无不绝倒。

78. 撩扯

某日，鲍英姿罹患感冒，颜色憔悴，形容枯槁，怯弱不胜，气若游丝。明日，立权师闻之，恍然大悟道："我说这几天小鲍怎么没撩扯我呢！"众人闻之爆笑，鲍英姿仰天太息流涕（注：此处取"涕"之今义）曰："你等我好了的，啊。"

79. 反差萌

权儿爷："'臣之壮也，犹不如人'中的'之'当作何解释？""应该是——的吧？"关同学踟蹰答道，却遭到权儿爷友善而又无情之嘲笑："我的壮，尚且不如别人，这是中国话吗？幼儿园小孩可能会这么说，比如我吃饭饭，我要抱抱……"经典语录一出，灵魂拷问一起，最关键的是权儿爷须髯如戟，又一本正经地说着小叠词，凭空生出一股"反差萌"，可谓亦庄亦谐，妙趣横生。

80. 两败俱伤

某日，立权师与晓娟（备课组长）曾就每周大练习出题人如何为试题错误负责一事争执不休，吵嚷之声传至走廊，学生无不色变震恐，校长闻讯亦亲临调解。事后，备课组决定实行命题（组题）负责制，即大练习试题及答案出现错误，命题人应请全组老师吃水果，以示致歉与自勉之意。

其后，自予（李跃庭）与赵卿命题被立权师质疑始，每次命题皆有错，故油桃、柿子、香瓜、绿舌头等为我辈遍食，岂不快哉！治宇命题时，试卷尚未印制，已然提前购置上好西瓜请全组同仁解暑，诸君既享美味，故无意挑错，延及晓娟等人命题，皆如法炮制，先发制人，防民之口，故组内无事。

及至立权师与苏悦命题，奋半学期之余烈，宣言曰有错必究，以命制一套无错之大练习为己任。其二人宵衣旰食，斟酌损益，思及试卷出炉之日，大功告成之时，怎一个爽字了得！此次大练习完成一周后，无人质疑，立权师朗声问道："何人讲完此卷？试题有错否？"众人无言以对。当日晚，予备此卷时，细致认真之非比寻常，查阅资料，比照原文，发掘含争议及题干设计有误之处两则。次日，与立权师商榷，至少一处被认同，后鲍老师亦有质疑。立权师慨然叹曰："防不胜防啊！"其身正为范，遂与苏悦兑现承诺，诸人皆大喜，故有山竹、西瓜入腹。凤珍与晓娟感此事，共赋一对联：上联——师傅挑徒弟，虎毒食子；下联——徒弟挑师傅，大义灭亲；横批——两败俱伤。众人无不绝倒。

81. 星期四的美人鳄

北京奥运会期间，某日，备课组同仁有几人在备课，跃庭平静地说道："已经第29块金牌了，女子200米蝶泳。"众人点头会意，晓怀也在场。过了半小时左右，晓怀面对电脑，突然惊呼："29块金牌了！"众人无不侧目而视，晓怀愕然："怎么你们都知道了吗？"众人唏嘘。立权师笑着说："你就是星期四的鱼。"晓怀问何出此言，立权师解释道："有一条鳄鱼，星期一被扎了一下，没有反应，到星期四了，突然感觉好像被扎了，有点疼。借此讽刺那些反应迟钝的人。"晓怀冤枉地说："鳄鱼多不好啊，美人鱼行不行？"跃庭说："那就叫美人鳄吧。"此后，晓怀被称为"星期四的美人鳄"。后来，大家越来越体会到这个称呼她的确是当之无愧。

82. 论宠物

在安图县支教吃晚饭的时候，大家拿着手机互相介绍自己养的宠物猫狗：徐微家一只三花猫叫大妞，王玉杰家一只美短叫飘儿，金书辉家一只金色机灵的小狗，展鑫磊家一只黑白相间的长胡子小狗。大家谈笑甚欢，不养宠物的立权师有些无聊，大家遂纷纷把手机也传给他看一眼，他看完了严肃地感叹："是谁家的宠物，长得就像谁！"

83. 胡子

语文组刘勇老师曾私下里仔细观察过立权师的胡子，不慎细密，略微上翘，不知道长的速度如何，如果按照这个小弧度恣意生长，不需几年，头上盘个浴巾，座下骑个毛驴，便是"阿凡权"了。

84. "真的"茅台

某日傍晚，语文组同事刘勇和华树海去立权师家蹭饭，赶上立权师在大学给研究生讲课。男主人不在，饭还是要蹭的，华树海在房间某个秘密处淘得茅台一瓶，盒子上还清晰地写着两个字："真的。"俩人窃喜，欣然开瓶，小口劲啜，不知不觉间大半瓶下肚。第二天赶上全校大会，立权师悄然走到刘勇身边，说话间胡须一上一下地翘着："昨晚上你俩喝的可是真的茅台啊！"面容间倒是丝毫不见怒意，只有些遗憾在。

85. 王八犊子

老戴（数学教研室主任戴有刚）每逢酒局常常激励大家喝酒，最有名的激励语是——谁不喝谁是王八犊子。（曾有女校长在场，听老戴说完此语一声儿没吱，举杯就干了。）此话尽人皆知。新教师张林建来了，立权师将老戴介绍给张林建："小建啊，这个老师就是王八犊子那句话的作者。"

86. 被欺负与欺负

语文组开组会，立权师讲自己小学时候的事儿说："我爷爷不想让我太早上学，说孩子太小到学校挨人家欺负，所以我九岁才上学。"大家在下面纷纷嘀咕："他净欺负别人了。"

87. 嫁女

立权师对未来有无限遐想："我不能把孩子送太远，让她就住我家后院，我有好酒，就招呼我姑爷儿来陪我喝！"他女儿孙英宸纳闷问道："我怎么能就找个住你后院的男人呢？"

88. 都有贡献

语文组老师赴南京考察，立权师组织老师们聚餐，大家各尽所能，感动了他，席间立权师总结："刘勇这些天给大家准备了不少榨菜和'老干妈'，张继辉今晚给大家准备了好酒，王荣国呢，贡献了一路的屁嗑——啊，都有贡献！"

89. 权儿爷之"皮"

权儿爷问学生："邱林黑不黑～？"邱林的亲学生异口同声："黑！！！"
权儿爷复问："权儿爷白不白～？"权儿爷的亲学生异口同声："白！！！"
（邱林是班主任，权儿爷是语文老师）

90. 貌似很有道理的样子

权儿爷正讲成语"椿萱并茂"，突然发现一个学生溜号了，于是——
权儿爷突击提问："×××，椿树是指什么人？"
×××："老人。"

权儿爷："什么样的老人？"

×××："年纪大的老人。"

权儿爷（exm）："貌似很有道理的样子。"（椿指父亲，萱指母亲）

91. "废帝"

权儿爷讲文言文阅读题时问："废帝是什么意思？"

一生答："是庙号。"

权儿爷："废帝是庙号？你能在祭拜你祖先时看他牌位上写着'废帝'？"（生笑）

92. 食物链

今天观看了一场没有画面感的抢课大戏：权儿爷想上第三节课（原本是生物），但可能没有事先告知，不知道生物和英语已经串课，只好忍痛（？）上了第二节课。根据同学们三年观察经验，总结了如下食物链：

万老师	<	QL	<	QB	<	老戴	<	川川	<	权儿爷
↓		↓		↓		↓		↓		↓
化学万利丰，无数次被赶下讲台，黯然离场		生物邱林，抽空占课小能手		物理彭清波，尴尬而不失礼貌地微笑		数学戴有刚，用小棍拍邱林屁股		英语张川川，LADY FIRST		食物链顶端，从来不担心自己会要不到课

93. 语文是玄学

语文课上，还是那没意思的散文阅读训练，我悄咪咪地补起《数学200练》。忘我中，权儿爷也悄咪咪地一掌向我天灵盖击来。在那一瞬间，我想起了李白道家意味十足的"仙人抚我顶，结发受长生"的句子，这也充分说明了语文是玄学。

94. 中下层同学都会有的问题

权儿爷："杨博淋这个问题提得非常好，这是所有中下层同学都会有的问题。"

众生："哈哈哈……"

权儿爷："笑什么笑，我也没贬低杨博淋。"

众生："哈哈哈哈哈哈……"

95. 配对儿的 QQ 签名

高一语文组建了一个 QQ 群，多数老师都是实名登录，而洪伟使用的名字是"洪飘飘"。孙凤珍看后说："看来我也得起个艺名。"立权师道："你可以叫'凤飞飞'，正好与'洪飘飘'配对儿。"

96. 大千长辈儿了

高三 28 班毕业谢师宴（当年，老师可以参加谢师宴）上，立权师致词说："今天你们的权儿爷（然后转向旁边的宋大千、宋绪光）还有你们的千哥、光哥，特别高兴……"绪光对大千说："这家伙占咱俩儿便宜。"后来高一年级大会上，李桢校长说："咱们年级有的老师在学校很有影响力，你像权儿爷、千儿爷……"大千由校长拍板长辈儿了，和权儿爷一辈儿了。

97. 如此暧昧

某日，立权师和青年教师谈到语文组的"语林趣话"。高二组"史官"张林建和李林在座，林建踌躇满志地说："开学没多久，我已经记了好几则了。"立权师总结道："去年尹大力记的那些，总是和颜色有点关系。"林建纠正道："是暧昧。"立权师说："他也到了爱妹妹的岁数啦！"笑声中，林建顽皮地说："李林哥，你得记点儿了，你可得好好记，你得正经记。"李林说："我没法正经，我也正奔向爱妹的岁数呢。"

98. 细无声型爸爸

语文组的郑璐很好奇立权师在家里的表现，不知道是否依然儒雅岸然为人师表，就扒着他女儿孙英宸的胳膊问："你爸爸在家是不是也特别有范儿，总和你说话吧，总很有方法地教育你吧？"孙英宸抿嘴一笑："不，他在家很沉默，不和我说话。"郑璐像得了重大启示般兴奋起来："啊——我知道了，他是润物细无声型的爸爸！"孙英宸又抿一下嘴："他也不润物，就细无声了。"

99. 随机抽样

高三语文课上，权儿爷点起一人发言，其周围便呈辐射状"睡狮猛醒"或"如鸟惊弓"。不过权儿爷最近心意难测，开始随机抽样，经常声东击西。（噫！）

100. 神奇的头发

权儿爷拥有着本该最精神的课节，却面对着昏昏不醒的我们，然而他慈祥地呼唤："×××，睡醒了吗？"并用手捶了捶他自己的千年老腰。权儿爷看起来不大舒服……绝大多数时刻，他都是神采奕奕＋诡异微笑。权儿爷有一掠神奇的头发，偶然一天，就会销魂地垂下来（旋转，180°地下垂）。

101. 方向有点儿不对

权儿爷讲究地提问着每个人（三年来都是如此），只不过今天方向有点儿不对，我竟然被略过了！（真颜欢笑）

102. "月子弯弯照九州"

三省三校考试后的第一天，权儿爷说："考完试，大家都唱'月子弯弯照九州'了吧？"这可难倒了一众语文神人大佬，没人懂啥意思。权儿爷开始"自圆其说"，说下句是"几家欢乐几家愁"。

103. 对联

在28班听课，课堂上学生们展示写给立权师的对联，其中一联给人留下了深刻印象：

上联：国学实验，必背古诗三百首；

下联：校本课程，批注阅读五十篇。

横批：长春好市民。

上下联概括了立权师的两个教改实验：两年教背古诗词三百篇、批注式阅读，横批是立权师获得的长春市委授予的荣誉称号。

104. 如此狡辩

刘哲（立权师夫人）满怀遗憾地回忆："当年啊，孙立权跟我说他要领我去密西西比河旅游，还要给我写本小说。就是这两个说法打动我了才答应他的。现在呢，小说也没写，密西西比河也不知道在哪！！"立权师眼镜里闪出了大勇的光芒，几乎是吼叫了："啥密西西比河啊？南湖不挺好嘛？南湖还能看张海波跳舞。密西西比河有吗？没有！！"

105. 樊哙肩膀上扛头猪

学生读《鸿门宴》"樊哙闯帐"一段，将"（樊哙覆其盾于地，）加彘肩上"读成"加彘\肩上"（"彘"就是猪，"彘肩"就是猪肘子；这句应读成"加彘肩\上"，意思是把肘子放在盾上），立权师戏语道："樊哙肩膀子扛头猪，干吗？要改行？"（注：樊哙原来是狗屠）

106. 奶·娘·爷们儿

立权师讲《苏武传》时说："苏武的特点是，有奶时是娘，没奶时还是娘；娘爱我时我爱娘，娘不爱我时我仍然爱娘。总之，娘（汉朝）是不能变的，这就是'纯爷们儿'，孟子称之为'大丈夫'。李陵的特点是，娘爱我时我爱娘，娘不爱我时我也不爱娘。这就是'准爷们儿'。卫律的特点是有奶便是娘，奶是不变的，娘是可以随时换的。这就是'不爷们儿'。"

107. "宋大干"

历史组宋大千老师"老年"得子，喜而请"满月客（qiě）"。酒桌上，立权师即席发言："某年某月的某一天，我在办公室接到北京某编辑部一个电话，说要找历史组的'宋大干（gàn）'老师。大千从此得一诨名'大干'。今天，我们的'宋大干'老师干得不错，得了贵子，可喜可贺！"

108. 他姓吴

立权师让吴刚毅同学在黑板上划分句子成分，过了一会，吴刚毅说："老

师，我放弃。"立权师曰："你叫'刚毅'，怎么轻言放弃？"下边一学生说："老师，他姓吴。"（吴与无谐音）

109. "yuè jīng" 后来没有了

立权师给学生讲《诗经》，问学生"六经"为何。学生只答出"易、书、诗、礼、春秋"五经。立权师补充道："还有《乐经》。"因为谐音为"月经"，几个男生笑了。立权师浑然不觉，他想让学生写到黑板上，就把粉笔递给就近的女生："你能来写吗？"因为谐音为"来血"，学生又笑。女生摇头曰不，生又笑。立权师曰："我来写。"边说边把"乐经"两字写在黑板上。生又笑。立权师正色道："《乐经》后来没有了。"生大笑。

110. "淋浴" 清化

一学生在黑板上默写时将《陈情表》中的"逮奉圣朝，沐浴清化"的"沐浴"写成"淋浴"，立权师说："你把作者李密沐浴的方式都确定了，必须是淋浴。"众生大笑。

111. 王安石都得点头

立权师讲王安石的《游褒禅山记》时说："一会儿我就说我喜不喜欢这篇文章，一二三四，我能列出一堆理由，王安石都得点头：'啊，你说得对。'"

112. 考啥糟蹋啥

立权师带队赴清华附中参加第二届全国中学生校园诗会。论坛上，某代表发言说："因为新诗没能入选中、高考，所以新诗不受重视。"立权师激昂发言："不入选中、高考是新诗之幸。因为中、高考考什么就糟蹋什么，考谁就糟蹋谁！大家看看，古典诗歌都被糟蹋成什么样！"听者欢然，掌声雷动。

113. 鼓励发言

刚开学时，许是由陌生产生的羞涩吧，许是在初中时便已久闻的孙老师的远名吧，许是一时还不能适应他新奇的讲课方式吧，语文课常常面临着无人回答提问、缺少互动的窘况。而孙老师偏不要干巴巴地灌输，非要让我们自己说、自己提出问题。于是，唉，可就苦了他了，为了鼓励我们提问和发言简直是绞尽脑汁。一条条极具权爷特色的经典语录也由此诞生：

"同学们，不要怕说错，不要有顾忌，随便说。孙老师的语文课堂是'解放区的天，明朗的天，解放区的学生好喜欢'。"

"在这个时代，张不开嘴你就迈不开腿。"

"你们提问是从群众中来到群众中去。我一个人讲是从领导中来到群众中去，这样不好。"

……

一节课、两节课，一星期、两星期，一个月、两个月，我们的拘谨和胆怯终于被这位执着的斗士打碎，语文课堂日渐活泼起来。与孙老师日渐熟悉的过程中，语文课，更成为一种享受和期待。

114. 这可不是指我啊

权儿爷极喜爱酒的，一日讲到"胜"字含义，以"不胜酒力"举例后，不忘加一句"这可不是指我啊"，言毕，欣然笑，众亦乐。由是足见权爷之真性情也。

115. 我们信

一日忽而谈及"范跑跑"之话题，权爷慨然而曰，若即刻地震来袭，定将立于门口而令学生先逃之。

全班即以掌声应之，我们信。

他说："教师不是天然地高尚，是这个职业使他不得不高尚。履行责任可能是不令人愉快的事情，却是不得不做的事情。"

116. 父亲的赫赫战功

我的父亲以其赫赫战功数次在食用动物方面拔得头筹。

首先是有人送了我家两只大山鸡，活的。本来两只山鸡安稳地蹲在纸箱里用意念说着我不想死我不想死啊，而我的父亲却想要窥一窥它们的生活状态。于是随着他呀哈（二声）一声，一只大山鸡在我家客厅里扑扑棱棱地飞呀，散落一地鸡毛，踩得到处鸡屎。三口人夜里十点多集体满客厅捉鸡。

其次是吃泥鳅。妈妈说泥鳅怕盐，撒上盐一会儿就死了，我爸便轻捻一撮盐粒，仔细而均匀地撒起来。没想到泥鳅碰到盐便大肆翻滚无法自拔，转眼就纷纷扭动出来，惊得我爸只剩下落荒而逃，再一次将烂摊子留给我妈。

再次是另一天，煮完了螃蟹之后草草将剩余活着的螃蟹安置在一个箱盖松动的泡沫箱内，便出门赶赴饭局。三小时后我和妈妈听到一些响动，果然厨房内有两只螃蟹随意走动。

声明，以上是家父的劣迹集锦，仅供娱乐，与东北师大附中语文教师孙立权无关。

117. 致权儿爷

如果有一天教室里下起纷纷的雪
那一定是您遒劲的手指点下的文化
它落在我们身上，成了灵魂
也落在您头上，浸成了白发

胡子里藏着的沧桑的岁月
成了你满腹的经纶
口吐的珠玑
老成是一种气魄　渊博是一种人生
您二者兼得　却二者兼不得
因为您还有我们

您以齐家治国叮嘱我们
您将玄玄之道传授于我们

您将一生的悲悯熔成一节课

然后大声地布道，我们聆听

这是一生之福

三十年教师节

二十年教书

不能师从您那么长时间

只能用三年来祝福您

教师节快乐

（2013级学生胡方麒）

118. 别闲扯淡

附中换校长了。食堂给每个老师发了两盒咸菜。有的老师说："领导这是要把咱们 hou（餱）住。"立权师郑重指出："这是告诉我们好好干，别闲（咸）扯淡。"

119. 你小子也太狂了

权儿爷讲"子不我思，岂无他人？狂童之狂也且！"："你不想我，就没有别人想我吗？你小子也太狂了。不来拉倒，去你的！"

120. 现在就来消你

权儿爷讲《烛之武退秦师》的背景时说："晋文公就想，当年你不待见我，还帮助楚国，现在我就来消你。"

121. 最先发生关系

权儿爷讲用"框式图解法"划分短语的层次结构："先划最先发生关系的。"

（什么关系呢？）

122. 夏无且

权儿爷讲《荆轲刺秦王》："据我研究，这个'夏无且'可能是个宦官，'无且'可能是他的外号。这个'且'，在甲骨文里就有，有人认为是男性生殖器的意思。"

123. 祖宗的祖

权儿爷讲《荆轲刺秦王》："你看，祖宗的祖，为啥字里边有'且'？因为啥……因为祖宗能生，祖宗很强。"

124. 怎么选择呢？

权儿爷发表见解后，一学生又谈了不同的看法，权儿爷问全班同学："你们觉得是他的看法有点偏还是我的正好？"（让学生怎么选择呢？）

125. 母语盖过外语

某日古文晨读，走廊传来邻班的外语声。于是，立权师煽动道："从经典发出的声音是最有力量的。来来来，让经典的声音响彻附中的课堂，让我们母语的声音盖过外语的声音。"

126. 何为意象？

讲诗歌的意象时，权儿爷举起粉笔："现在我手中的这根粉笔只是一个物象，还不是意象，因为它还没有负载情思意趣，而如果我说'粉笔的飞沫染白了我满头青丝'，它就成为意象。"

127. 搞对象来了

权儿爷讲《诗经·氓》"匪来贸丝，来即我谋"时说："事实上哪是和我贸丝来了？是和我搞对象来了~~……"

128. 查不到来问我

有一次权儿爷告诉大家不要懒惰："你们要是有什么不认识的字，就去查《现代汉语词典》，查不到就查《辞海》，再查不到就来问我！"

129. 疙瘩白一样的姑娘

权儿爷讲《雨巷》中"丁香一样的结着愁怨的姑娘"时："你说为什么人家戴望舒要把姑娘比成丁香呢？为什么不比成牡丹呢？那卷心菜跟丁香结一样不都是卷心的吗？那为什么人家不说卷心菜一样的姑娘呢？卷心菜在东北又叫疙瘩白，为什么不说疙瘩白一样的姑娘呢？"（接下去权儿爷讲诗歌意象的选择）

130. "二月春风似菜刀"

（依然是讲《雨巷》的时候……）权儿爷："为什么人家诗人说'二月春风似剪刀'？人家咋不说'二月春风似菜刀呢'？"（接下去权儿爷讲诗歌语言的前后关照，上句"不知细叶谁裁出"用"裁"，所以下句用"剪刀"）

131. 这老弼马温有怨气

权儿爷讲《烛之武退秦师》："烛之武说完'臣之壮也，犹不如人；今老矣，无能为也已'，郑文公何其聪明，一听这老弼马温有怨气，赶紧降低姿态，承认错误。"刚刚还是高端大气的"圉正"（烛之武的官职，负责养马的官），转眼便成了老弼马温，打得同学们一个猝不及防，令人绝倒。

132. 噎得同学们怀疑人生

权儿爷讲《烛之武退秦师》，讲到"秦晋之好"，谈及秦穆公把女儿怀嬴先嫁给外甥晋国太子姬圉，后又嫁给舅哥晋文公重耳，重耳等于是娶了自己的侄媳妇。秦晋时代那些所谓"懂自懂"的伦理观念与关系，巨大的信息量更是噎得同学们怀疑人生，想到权儿爷说的"我女儿嫁你儿子，你孙子娶我女儿，我女儿嫁你爹……"，愈发离谱的家族关系引得众人哄堂大笑。历史嘛，瞬间也鲜活几分，耳语几句它的岁月峥嵘。

133. 学杂了

没想到的是，在识字写字上"遵纪守法"的权儿爷，又新增一枚错别字。本欲写"臣"，却写作 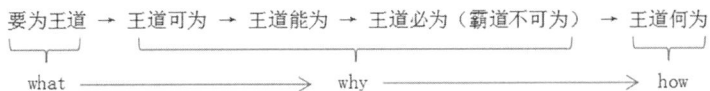，像"昌"又像"吕"，还与"曰""卤"有几分神似，或许真如权儿爷所言："唉——认识的字太多，知识都学杂了……"

134. 由"觳觫"说开去

权儿爷讲《齐桓晋文之事》："觳觫，本来指牛被宰杀时恐惧发抖的样子。我小时候在农村生活，见过杀牛。"他把两手扶在讲桌的两侧，看起来很高大，"杀牛的时候，牛会流眼泪，我见过。"他又闭上眼缓缓点头，像是在默哀一般；而听课的我也严肃起来。"还有一次，牛已经绑上了，但没绑紧，杀到一半牛跑了，"教室里空气突然很压抑，"——还差点把我撞着呢。"大家都会心一笑，紧攥的手松开了，仿佛一场暴雨刚刚挣脱了乌云。我脑海中浮现出这样的画面：村子里有一个小孩子，——不管年龄如何，总之已经长胡子了——看见一头大黄牛挣扎着奔来，就吓得哇哇大叫，跑向远处的田野。——也跑进了我们的人生。我们用稚嫩的笔体撷取文化的点滴，在欢笑中望见悲悯的心灵。

135. 多么好的一篇文章

权儿爷讲《齐桓晋文之事》："我们学一篇文章先要分析它的局部细节，再掌握整篇文章的结构。"权儿爷边说边在黑板上画起了思维导图，顺便抽取了幸运观众上台完善，甚至用了英文梳理脉络，可谓是中西文化一次小小的碰撞交流。写罢，权儿爷对着黑板感叹道："多好的一篇文章！"实际此刻我在感叹："多好的一幅思维导图！"下附权儿爷和学生共同完成的文章结构图：

要为王道 → 王道可为 → 王道能为 → 王道必为（霸道不可为）→ 王道何为

what ————————————→ why ————————————→ how

136. 孙氏理论

学习《庖丁解牛》时，一学生问："'而况大軱乎'中的'軱'，教材上说是大骨头的意思，那为什么这个字是车字旁呢？"这个问题估计得把所有的语文老师问住，但权儿爷是例外。只见他略一迟疑（显然这个问题备课时没想到），随即诡异地一笑，道："大家去肉铺见过大骨头吧？吃过酱骨头吧？大骨头棒子什么形状？中间像车轴，两端像车轮。""啊，原来如此！"大家恍然大悟。权儿爷接着说："这是孙氏理论，还有待进一步研究。"

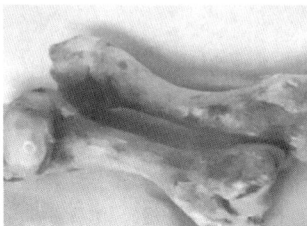

137. 循循善诱

今天沙尘暴天气，使班级的氛围较压抑。还好，我们盼着的语文课开始了。权儿爷先是补充了一个上周同学私下问的问题，并说道："有问题尽管问，不要怕难住我，我也会有些知识盲点，不会再学呗。"名扬天下的老师竟有如此的胸怀和学习态度，令人叹服。

接着是《庖丁解牛》一课的答疑，魏东绪同学成功地把课引到了文章的主旨分析上。权儿爷很高兴地问："庖丁的刀为什么用了十九年还那么新呢？"

魏同学略加思索，答道："以无厚入有间，恢恢乎其于游刃必有余地矣。"

权儿爷点了点头，但又循循善诱："这是技，不是道。你说得很对，但道是什么呢？"魏同学又答道："依乎天理，因其固然。"

权儿爷喟然，仿佛又要说出"孺子可教也"的口头禅。

"那么，文惠君得到的养生之道是什么呢？"停顿片刻，"是什么呢？——哎，对，就是依乎天理，因其固然，也就是不逆天。"说着，又念了几遍，颇有三味书屋寿镜吾老先生将头拗过去，拗过去的样子。

138. 养生主

权儿爷无意中又秀了一下画画的功底。

讲到《庖丁解牛》的出处《庄子·养生主》时，有学生问"主"是何意，权儿爷照例先让学生回答，有说是方法，也有说是规律。权儿爷听后在黑板上画了一个"主"字的小篆形体，只见外形似灯，笔画少而意赅，栩栩如生。接着权儿爷开始讲词义引申："主，原本是灯芯的意思。灯芯是油灯最重要的部分，另外，上古时火种非常宝贵，往往由部族首领保管，所以引申出主人、君主、主席等义，又引申指重要的东西，如要领、规律、道理等。养生主，就是养生之道。"

139. 传也都成经了

讲到"名不见经传"，权儿爷问我"经"原本是什么意思。我见偏旁是"纟"，猜它本义是丝织品，结果权儿爷说它原本没有这个偏旁。后见我不知道，便说："是织布机上纵向的经线。横向的叫纬线。织布机上先有经线，后有纬线，经线比纬线重要，所以经后来引申为重要的书。"接着权儿爷放了一段老式织布机织布的视频，视频中梭子牵引着纬线飞快地运动，权儿爷说："现在大家明白了'时光如梭''日月穿梭'的含义了吧？"

讲完"经"讲"传"，权儿爷说传是解释经的文字，比如《春秋公羊传》就是解释《春秋》这部经的。这时一学生提问："既然传是解释经的文字，那'十三经'里为什么包括'春秋三传'？"权儿爷答道："传后来人们也读不懂了，传也都成经了。"教室里充满了笑声。

140. 如此，"狡辩"

权儿爷讲蒲松龄的《促织》时独家自创了"世界四大短篇小说之王"。我以前只听说过"三大短篇小说之王"，是莫泊桑、契诃夫、欧·亨利，怎么冒出个"四大短篇小说之王"呢？只听权儿爷愤愤地说："短篇小说之王怎么能不包括蒲松龄呢？必须有蒲松龄。蒲松龄写了将近500个短篇，汇成《聊斋志异》，那是当之无愧的短篇之王啊！而且蒲松龄比莫泊桑他们还要早。所以，以后要说'世界四大短篇小说之王'，排名顺序是：中国的蒲松龄，法国的莫泊桑，俄国的契诃夫，美国的欧·亨利。"教室里先是笑声，继之以掌声。权儿爷显然也受到感染，又道："西方中心主义的傲慢与偏见必须摒弃。他们说'世界传记之王'是希腊的普鲁塔克，'传记之王'怎么能是普鲁塔克呢？他写的《希腊罗马名人传》只有50篇，而司马迁的《史记》里有一百多篇人物传记，而且司马迁生活在公元前，普鲁塔克生活在公元后，司马迁比普鲁塔克早了近200年。司马迁才是当之无愧的'世界传记之王'。"

141. 是我不识数吗？

按理讲，分析句式、翻译词句是枯燥乏味的，但有一例外：你有一个权儿爷这样优秀的语文老师。"张岱旭，这段有一个经典的省略介词宾语的句子，发现了吗？"……岱旭沉默。"在第三行。""哦！"张岱旭恍然大悟，在第四行找出了一句话："沛公兵十万，在霸上。"这一下给权儿爷整蒙了："难道是我不识数吗？"班内笑声四起，再看张岱旭，他也在狂笑！

142. 猜字

运用文字学知识深入认识汉字是权儿爷讲文言文的必备节目。讲《鸿门宴》第一段时，权儿爷在黑板上写了一个甲骨文 ，然后问："有人知道这个甲骨文是今天的哪个字吗？就在第一段里。"大家猜了几个，没猜对，权儿爷又写了一个金文 ："金文这样写，看出来是哪个字？"有人猜是"王"。权儿爷很高兴："就是王，字形是一把斧子（zhe），大斧子（zhi）。"一不留神，平卷舌未分，权儿自我解嘲："东北就这样说。上面是斧柄，下面是宽刃。王拿着斧子（zhi）指挥别人，就像西方的权杖一样。"大家笑了，不知是笑权儿爷的读音还是字形的妙。权儿爷又道："这就是实力和权威的象征，所以把统帅、统治者成为'王'。变成动词就是称王、统治的意思。"

143. 鲰生

枯燥的字词理解经权儿爷之口，顿时变得妙趣横生。讲《鸿门宴》第二段时，权儿爷问："大家看书下注释，'鲰生'是浅陋无知的小人的意思，但这和'鱼'有什么关系？"估计这个问题问谁都无法回答，见大家思索而迷茫的眼神，权儿爷便自答道："鲰，是小鱼的意思，鲰生是小鱼所生，不是大鱼生的，所以不就目光短浅了吗？"笑声四起，大家对"鲰生"的理解更进一步。

144. 同性恋吗？

讲到"项伯即入见沛公。沛公奉卮酒为寿，约为婚姻"，权儿爷问道："约为婚姻，俩男的结婚，同性恋吗？"笑声四起，一学生按书下注释回答了，权儿爷点头："不错，'婚姻'一词古今异义，这里是指儿女亲家。"又评价道："这是古代的恶习，把子女婚姻当作政治筹码。"大家的笑声遂转为沉思。

145. 去你的吧！

权儿爷讲"涸辙之鲋"，正讲着一条小鲫鱼被困在干了的车道沟里，它向路人乞求能有一升半斗的水救活它，而路人却许诺它引来西江的汪洋大流，而此刻小鱼已奄奄一息，只听权儿爷说道："这小鱼听完说：'去你的吧！等西江的水来了，我早已到了干鱼市场了。'"全班爆笑，随后便陷入思考。我认为，成功的教育总能在嬉笑之余显露出沉甸甸的深刻。

146. 用数学知识讲语文

讲到考场作文怎样分层次论述时，权儿爷开始晒他的数学知识，他用两个圆表示两个层次，边画图边说："不能让它们有包含关系，更不能相等，也不能相交，也不能相离，最好是相切。"

147. 宾白

讲《窦娥冤》时讲到元杂剧剧本的构成，权儿爷提问："除了唱词以外，毕漪涵，你说像'下官监斩官是也'这样的文字叫什么？"

"旁白吧？"毕漪涵怯怯地答。

"去掉'旁'，换个字，想一想是什么白。"

毕漪涵不能答，权儿爷提示道："主的反义词。"

"哦，次白。"大家一起回答。

"次白？你们听说过次白？"

"哦，副白。"

"你们听说过副白？"权儿爷无奈，再给提示："在一个大桌子上吃饭，有主人，还有……"

"客白！"众生又答。

权儿爷彻底放弃，大笔一挥，在黑板上写下："宾白"。大家哄堂大笑。

148. 旦

权儿爷讲元杂剧的角色，讲到旦角时说："有正旦，副旦，小旦，大旦……"因为"大旦"与麻将术语谐音，有的学生笑了。权儿爷又道："扮演坏女人的角色叫搽旦。"因为与"茶蛋"谐音，学生更笑了。权儿爷又道："扮演村姑的叫禾旦。"因为与"核弹"谐音，全班都笑了。权儿爷一看火候到了，又道："扮演女鬼的叫魂旦。"因为与"混蛋"谐音，全班爆笑。

149. 两个光棍，两个寡妇

权儿爷讲《窦娥冤》的剧情，讲到张驴儿父子赖在蔡婆婆家时："父子两个光棍（伸出两个手指），要娶婆媳两个寡妇（又伸出两个手指），你们看。"权儿爷把两只手往中间一对，效果绝佳。

150. 窦娥心理变态了？

窦娥死前发下三桩誓愿：血溅白练、六月飞雪、亢旱三年。权儿爷带我们分析窦娥发这三桩誓愿的目的，前两个都被同学们轻松化解，唯有最后的"亢旱三年"令人不解，大家皆低头沉思。权儿爷道："让楚州大旱三年，遭罪的是老百姓啊。窦娥的心这么狠吗？难道是冤情让她心理变态了？这个问题大家可得好好思考啊，不然窦娥不高兴，她要咒我，让我出门摔跟头啊！"班级沉闷的气氛一扫而空，为了权儿爷的健康安全，同学们皆更加认真思考……（不过还请唯物主义一些）

151. 如此凡尔赛

今天课前演讲的内容是谈谈对"金钱是忠实的男仆，也是刻薄的女主人"这句话的理解，学生讲完后，权儿爷向我们分享了他年轻时的事迹："我年轻的时候穷得很，没有什么钱，但从来没把钱当回事儿，总下馆子喝酒，没钱就向学校附近的饭馆赊账，等发了奖学金再还上。"大家都禁不住笑了，同时心里也发出了感慨：于此等平凡话语中蕴藏着如此之凡尔赛，不愧是权儿爷，轻而易举便做到了我们做不到的事！

152. 拿校长"开涮"

今天的语文课始于窦娥的身份。权儿爷抛出一个问题："为什么如此一个小人物的死会被人记住？她的悲剧为什么能感天动地？一般来说，大人物的悲剧容易震撼心灵，你像麦克白、哈姆莱特、李尔王、奥瑟罗，这都是王侯将相，而小人物容易被忽略。如果咱校门口卖肉串的被车剐了，一般不会上新闻，但如果校长被车撞了就容易上新闻。"我在思考的同时也不禁在想：这咱校老师咋都这么喜欢拿校长开涮呢？正想着，几名同学已被叫起回答，有的说因为窦娥太冤了，故事太奇了，还有的说关汉卿写得太好了……最后权儿爷用半个黑板画了这样一个图解：

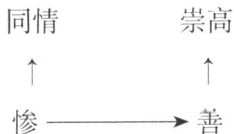

同情　　　崇高

↑　　　　↑

惨 ——————→ 善

然后总结道："小人物的悲剧要想感天动地，首先她必须足够惨，因为惨能引起同情；但只有惨是不够的，她还必须足够善，因为善能引起崇高，崇高才能成为悲剧。"

153. 得把张孝祥气活

上课伊始，权儿爷检查诗文背诵，某同学被叫起来背诵南宋词人张孝祥的《念奴娇·过洞庭》，这位同学背得磕磕巴巴，同桌小声提醒，权儿爷听到后厉声说："不要打电话，电话占线！"这位同学费了九牛二虎之力总算背下来了。权儿爷揶揄道："这么好一首词，你背成这样，张孝祥听见还不得气死！不，是气活！"

154. 关汉卿得说"知我者，孙老师也"

讲《窦娥冤》时谈到一个问题：关汉卿为什么一再强调窦娥的贞节？权儿爷解释道："这得联系当时的社会现实来看。蒙元统治者没有贞节观念，公然抢劫妇女占为己有。收继婚盛行，也就是兄弟、父子谁死了，可以弟娶嫂，兄娶弟媳，子娶庶母，各种乱伦。关汉卿作为汉族知识分子，在当时属于'臭老九'，元代人分十等，一官，二吏，三僧，四道，五医，六工，七匠，八娼，九儒，十丐，知识分子排在第九等。关汉卿写窦娥如此重视贞节，是带着强烈的民族情绪的。"讲到这儿，权儿爷不忘来一句："关汉卿地下有知的话，得说'知我者，孙老师也'。"众生皆笑。这么说来，怕不是临毕业时所有的古今中外作家诗人都得齐声高呼"孙老师所言极是"了！（注：本则本着记事"不隐恶，不虚美"的秉笔直书的原则来写，因而如果存在可能涉嫌民族歧视的话，在此特引权儿爷"我绝对不是歧视蒙古族"一句来表我与权儿爷之清白）

155. 照顾一下老年人

既然是戏剧单元，那必然少不了讲故事。权儿爷从《西厢记》里崔莺莺与张君瑞有情人终成眷属的故事讲到《赵氏孤儿》里大报仇的故事，从《倩女离魂》的不可思议讲到《桃花扇》的秦淮八艳，从元杂剧、南戏讲到明清传奇，讲着讲着，权儿爷突然想起我们也曾背过一段传奇，便叫起程征同学背诵《牡丹亭》里"原来姹紫嫣红开遍，似这般都付与断壁残垣"一段。程征声音小，背得很腼腆，权儿爷鼓励道："你大点儿声，我耳朵背，你照顾一下老年人！"

众生皆笑。程征反复几次，权儿爷终于满意，还不忘鼓励："发言一定要声音大一些，男子汉要有点儿阳刚之气。"说完，权儿爷把这一段最后三个字"韶光贱"大声说出，震耳欲聋，把个别困倦的同学吓了一跳，效果甚好。（权儿爷这是一箭双雕，既鼓励了程征，又驱走了睡魔）

156. 这个问题小学生都会

经过一个月文言文的"痛苦折磨"后，我们的进度终于到了戏剧单元。

要说起今日语文课的快乐嘛，那定然要数"同学们知道古希腊三大悲剧作家吗？"这个问题。"王鑫，你说一下。""不，不知道。"弱弱的试探的语气，已令全班大笑，而接连的谷东昊、王弈文、李轩竹同学也纷纷败下阵来，此刻陡增的只有忐忑："权儿爷下一个会叫谁？不会是我吧？但我也不会啊！"窃窃私语声不断传来。终于，余泊廷同学作为最有希望的种子选手颤巍巍地说了句："我蒙一个吧，普罗米修斯……？"于惶恐中带了那么一丝试探。终于，权儿爷无奈地摇了摇头："普罗米修斯是剧中人物。可怕的理科生，都去学三角函数了吧？这是一个小学生都会的问题，不就是埃斯库罗斯、索福克勒斯、欧里庇得斯吗？"只听得周围接连传来"什么斯？什么斯？"的灵魂拷问。权儿爷大笔一挥，在黑板上写下了三位剧作家的名字，如释重负。唉，作为一名理科生，也要上知天文下晓地理啊，不然怎么能答得上权儿爷的"魔鬼连环问"呢？孙睿瑶、马子皓两位"幸运儿"因风水原因，接连被提问问题，也实在是难为他们了……

157. 一雪前耻

权儿爷问："王实甫有什么代表作啊，李妍欣？"

"《西厢记》。"

"西厢是什么意思啊，李妍欣？"

"西边的房屋，西厢房。"

"《西厢记》里有大家都知道的经典名句，你知道不，李妍欣？"

面对权儿爷的三连问，李妍欣同学只能苦笑着说："我忘了……"

权儿爷提示道："'碧云天……'，往下接啊。"

同学们弱弱地说："……黄叶地，秋色连波，波上寒烟翠……"

权儿爷道："不对，这是范仲淹的。'碧云天，黄花地，西风紧……'你们接啊！"

紧接着，宋欣桐、栾程旭都被叫起，但接不上。就在大家都在想权儿爷会不会又说出"这个问题小学生都知道"时，种子选手余泊廷答道："……北雁南飞。晓来谁染霜林醉？总是离人泪。"余泊廷终于一雪前耻，挽回了昨天"普罗米修斯"的形象。

权儿爷点头，又说出了"孺子可教也"的口头禅。

158. 今天是愚人节吗？

今天的语文晚课，本来微姐（班主任徐微）说作为自习课，但晚课铃响起，权儿爷依旧出现在班级门口。（不愧是权儿爷，如此特立独行）同学们都愣在原地，随后，全班掌声如雷，倒让权儿爷丈二和尚摸不着头脑，询问："今天是愚人节吗？这里有故事？"令人哑然失笑。晚课是讲卷子，一个个问题提出，一位位同学被叫起，或有趣，或辩难，或令人惊愕，或发人深省，讲卷子也让我们受益匪浅。

159. 有情人终成兄妹

权儿爷讲《雷雨》："常言道'有情人终成眷属'，但《雷雨》是'有情人终成兄妹'。"

160. 把批卷的唬住了

今天进行作文拟题训练，权儿爷一上来就挥笔写下年级一位不知名同学考场作文所拟之标题：给灵魂一方迦南地。孤陋寡闻的我们虽不解其中含义（甚至忍不住低声问一句"这啥意思"），但也可略略参悟到：这绝对是一种高端的表达（看起来就很高级的样子）。权儿爷解释道："题目陌生化了，这就把批卷的唬住了。当然，陌生化要把握好度，要做到：

批卷人一看，想：这什么意思？看完：懂了。这就恰到好处。如果是：

批卷人一看，想：这什么意思？看完：这什么意思？这就陌生化过头了。"

161. 你太嫩了

今天的语文课是分角色朗读课文《雷雨》。最初几段都是周朴园（魏东绪）与鲁侍萍（徐菁泽）的对白，二人时张时弛，声音波澜起伏。而后周萍（马子皓）、鲁大海（侯彦屹）、周冲（宋卓航）声音的加入使得场景更加生动多彩。侯彦屹颇具鲁大海勇猛刚直之气，而宋卓航也表现出了周冲天真善良的性格。读完之后，权儿爷的点评也算中肯，亮点在最后一句："'周朴园'还欠功夫，魏东绪，你太嫩了。"全班一阵笑声。（包袱会迟到但永远不会缺席）

162. 最喜欢她的可怕

课上讨论你最喜欢《雷雨》中哪个人物。学生谈完，权儿爷说："我最喜欢繁漪，她既可爱又不可爱，但我最喜欢她的可怕。她是性格多元组合的圆形人物，她是美丑并举、善恶俱存的'花斑马'。"接着，权儿爷引用了法国启蒙思想家狄德罗的话："说人是一种力量与软弱、光明与盲目、渺小与伟大的复合物，这不是责难人，而是为人下定义。"

163. 西方的汤显祖

权儿爷讲戏剧单元时："汤显祖是东方的莎士比亚，莎士比亚是西方的汤显祖。当然，后半句是我加的。"

164. 旋踵

讲课外文言文时，权儿爷提问："梁竣博，'旋踵'是什么意思？"

梁竣博答曰："踵是脚后跟，旋踵就是旋转脚后跟。"

权儿爷："要跳舞啊？还是骨折错位了？"（注：旋踵是转身的意思，比喻时间短暂）

165. 善恶有报

权儿爷谈周朴园："善有善报，恶有恶报，不是不报，时候未到，时候一到，一切全报。周朴园必须受到惩罚，最严厉的惩罚不是让他死，而是让他目睹子女的死。曹禺把周朴园放了生，这不是曹禺心太软，而是心够狠。"

166. 破折号

"全浩轩，你来说说'我看你的性情好像没有大改，——鲁贵像是个很不老实的人'这句话里破折号的作用。"

又到了语文课上"喜闻乐见"的提问环节，这次轮到了全同学这个小幸运儿。

浩轩振振有词道："我觉得是解释说明。"

权儿爷："解释说明？因为鲁贵不老实，所以你的性情没改？这没有逻辑啊？"

浩轩沉默了，沉默是今日的康桥。

"那……那应该是声音延长。"

"咋的，性情好像没有大改→→→（超大声）"

权儿爷雷霆乍惊的话语不禁令人浑身虎躯一震，从头到脚传来一种清醒感，驱散着同学们午后的倦意。

167. 日本人

今天课前演讲的内容是"为什么德国人跪着都比日本人高"。擦黑板之神王羿文同学从二战讲起，讲日德两国对历史的不同态度，甚是精彩。权儿爷总结时更是妙语连篇，开口就是一句硬气话："日本人站着也不高啊！"同学直呼妙哉。讲着讲着，权儿爷又来一句："中国人讲退一步海阔天空，日本人就不行，日本人退一步就掉海里了。"全班哄堂大笑。

168. 灰纸黑字

讲题时，某同学回答不上来，权儿爷："卷子上白纸黑字，不，灰纸黑字写着×××，你却没看到。怪哉！怪哉！"（卷子是灰白色的）

169. 很"前卫"

当同学翻译文言语句不通顺时，权儿爷歪着头："你翻译的这句话像诗一样，很'前卫'啊！"

170. 我说的是对的

作文讲评课上，权儿爷印发了一篇名为《速度，更需温度》的范文，文章的霸道性结尾非常之有气势。

"考场议论文的语言务必让人觉得：我说的是对的，你就听我的吧。"权儿爷一语点出了这个结尾的精髓。

171. 幼儿园时代背的

权儿爷"忘性大"（不知是真忘还是假忘）的毛病又犯了："这首诗怎么背，我忘了，这是我幼儿园时代背的。××同学，你帮帮我。"当学生顺利帮助"忘性大"的权儿爷"回忆"起来时，权儿爷诡异地一笑："你背得很好。"

172. 3：0 获胜

权儿爷："《临江王节士歌》，这个标题怎么断句，啊（二声）？"

学生："临江——王节士歌。"

权儿爷："还王节士，你咋不李节士、姜节士呢？"

权儿爷 1：0 获胜。

（应该这样断句：临江王 / 节士歌）

权儿爷："《喜外弟卢纶见宿》，标题什么意思，啊（二声）？"

学生："司空曙的一个远房亲戚来了，他很高兴。"

权儿爷："远房亲戚？七舅妈八大姑吗？"

权儿爷 2：0 获胜。

学生："那就，司空曙的表弟卢纶上外边住酒店了。"

权儿爷："没住家里，司空曙高兴了？"

权儿爷 3：0 获胜。

（标题意思是：我很高兴表弟卢纶来访住在我这里）

173. 犯了典型错误，很好

下午是家长会，或许是应景，天也阴沉也微凉。——但语文课依旧"热"得很。

刚上课权儿爷就抛出了"公开课将有五六百人现场观摩"的大阵仗，点燃了同学们的热情。随即正课开始，又是一个文言文单元。大单元开始时关于"共性""异同"之类的提问一问稍难。魏雨奇同学首当其冲，"你的回答犯了一个非常典型的错误，啊（四声，咏叹调），答非所问，啊（同上），很好。"其后权儿爷又说出惊倒一片的"正中我圈套"。

第一个问题讲完，第二个问题开始。正当魏雨奇自以为事不关己，正悠然看好戏之际，他，再次，被点名提问了。"杀个回马枪"，权儿爷笑了。

174. 不能太东北

今天权儿爷爆金句的频率格外高，下课前对将"阻塞"读错音置评："读成阻 sāi，有点儿一，读成阻 sái，就太二了，读音不能太东北。"

175. 挤满了黑板的"死"

上课伊始，权儿爷在黑板上写了一个大大的"死"字，而后道："了解死才能更好地活。有人说英语里死有一百多种说法，我们汉语里就更多了，据说有三百多种。"然后便点了四名同学到黑板前写。十几分钟过去了，权儿爷又鼓动一些人上去补充，结果，黑板上挤满各种各样的"死"：

亡、亡化、亡故、死亡、逝世、早逝、去世、离世、过世、弃世、辞世、违世、下世、谢世、谢尘缘、长逝、溘然、呜呼、物故、作古、就木、没、殁、泯没、崩、崩殂、驾崩、宾天、山陵崩、晏驾、薨、不禄、玉碎、兰摧玉折、香消玉殒、珠沉玉碎、仙逝、升天、捐躯、捐身、捐生、捐馆舍、殒谢、殒逝、殒没、星陨、星落、殒命、涅槃、圆寂、灭度、坐化、归真、尸解、羽化、登仙、夭、夭折、夭亡、殇、牺牲、取义成仁、就义、阵亡、殉国、殉情、上西天、上天堂、下地狱、寿终正寝、无疾而终、撒手人寰、归西、归道山、驾鹤西游、无常、撒席、见背、长眠、长终、与世长辞、永绝、百年、千古、千秋万岁、丧、丧亡、凋丧、槁、奄忽、瞑目、大去、安息、不幸、填沟壑、卒、绝命、绝气、绝世、魂断、魂销、大限、大数、殍、翘辫子、毙、毙命、倒毙、瘐毙、丁忧、丁艰、丁父忧、丁母忧、丁外艰、丁内艰、罹难、咽气、见马克思、见上帝、见阎王爷、蹬腿儿、走了、老了、去了、过去了、不在了、撂了、翻白眼儿了、吹灯拔蜡了、听蛐蛐叫了、喂野狗了……

最后，权儿爷补充道："×× 死后，有个美国记者在北京街头问一个小孩儿：×× 到哪去了？

小孩儿说：嗝了。

记者不懂，问：什么？

小孩儿又说：嗝屁了。

记者还是不懂，又问：什么？

小孩儿又说：嗝屁着凉了。

记者更不懂了，只好再问：你说这个人到底哪儿去了？

小孩儿也只好更详细地说：嗝屁着凉一个大海棠！（北京话指"死"的意思）

美国记者彻底蒙圈了。"

一堂谈"死"的语文课在哄堂大笑中落下帷幕。下午放学后，只见各处都在传袁隆平、吴孟超两位院士辞世，不禁让我回想起上午的语文课。我想，伟大人物虽逝，但其功业与精神却泽被后世。

176. 那些永远绕不出的"文字圈"

权儿爷：《答司马谏议书》这个题目，要是不想用"答"，可以换成哪个字，李璐涵？

李璐涵：我觉得可以用"回"。

权儿爷：用"回"也不是不行，就是太白话了。胡宇昕，你的想法是什么？

胡宇昕：我也只想到了"回"，没有想到更好的。

权儿爷：王淇呢？

王淇：我也只想到了"回"。

权儿爷：三回了噢。（众人一笑）武昱达，你觉得可以用哪个字？

武昱达：（嘿嘿一笑）四回了。

权儿爷：（一脸无奈）这个问题有这么难吗？

最后提问了大半列同学后，在权儿爷的提示下（"司马迁曾经写过一篇……"），全班同学都恍然大悟：啊！《报任安书》啊！可以用"报"啊！

权儿爷：还可以用"复"。报就是答，答就是报，所以有一个词叫报答；答就是回，回就是答，所以有回答；回就是报，报就是回，所以有回报；答就是复，复就是答，所以有答复。

估计权儿爷心想：是不是同学们听蒙了，画张图理解一下吧。

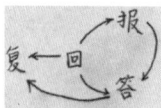

177. 毕竟是改革派

权儿爷讲王安石《答司马谏议书》："王安石他就喜欢用不规范词语，毕竟是个改革派嘛！"

178. 作业风波

某位实习老师"亲切""美丽"地称呼孙老师为"护盾"。对此称呼，孙老师付之一神秘微笑。因为"护盾"的存在，实习老师的语文课秩序井然，却依然欢乐的笑声此起彼伏。"孙老师"牌儿的护盾护住了我们的语文之路，为我们扫开荆棘。

不知不觉，下课了，实习老师："这份作业，感兴趣的写一写。"

众生：咦……谁写？

孙老师："这份作业，好！真好！都写，都写！"

众生：

179. 幸吾未忘

权儿爷："王荆公有言，'天变不足畏，祖宗不足法，……'第三句为何，予弗能忆也，有知之者乎？"

权儿爷面不改色，问于王茜文诸人，茜文等人坐而如木，垂首冥思，中弹仆地，言曰不知。

权儿爷无奈一笑，曰："好的课堂者，宜师不知时生知之。幸吾未忘！"

全班爆笑，碎窗裂棂。

权儿爷笑书曰："人言不足恤。"

180. 一码是一码

权儿爷讲《答司马谏议书》："王安石觉得，政见归政见，情谊归情谊，政见不同，并不妨碍你司马光和我的情谊。让恺撒的归恺撒，上帝的归上帝，一码是一码，这是政治家应有的胸怀。"

181. 不学习有了理由

今天开始学习《六国论》。权儿爷讲苏洵身世时说："《三字经》里说'苏老泉，二十七，始发愤，读书籍'，苏洵二十七岁才努力学习，也就是说他像你们这么大时还不知道学习呢！所以……"权儿爷本来要说"只要学，什么时候都不晚"之类的，但下边已有同学小声嘀咕："不学习有了理由。"

182. 看把同桌急的

权儿爷："李冠禹，你背一下《六国论》！"只见那李冠禹战战兢兢站起，课文背得一停一顿，其实是有同桌王茜文在暗处提醒，才得以勉强支撑。只可惜那权儿爷久经沙场，更是眼观六路耳听八方，早已洞察这一切，嘲讽地说道："看把王茜文急的。"诸位看官有所不知，那李冠禹和张赫宸同学今天语文早读时写别的科练习册，让权儿爷发现，现在权儿爷是以此提醒。

183. 不是 city，是 town

只见权儿爷哗啦啦粉笔一挥，写下一个"邑"字，然后让徐恺邑同学猜是

何字，恺邑不知，权儿爷诡异一笑："就在你名字里。"这下恺邑及全班同学都猜到了，是"邑"。不料权儿爷又问徐恺邑："这个字是什么意思？"恺邑说是城市，权儿爷道："不对，不是 city，是 town。"权儿爷又秀了一下他发音不准的英文。

184. 他俩是断臂吗?

晚课讲《贾谊传》，有这样一段文字："吴廷尉为河南守，闻其秀才，召置门下，甚幸爱。"权儿爷正讲及"幸爱"两字如何理解，有生答曰："宠爱。"又赶紧改为："宠幸。"台下哄然一片，权儿爷吐槽道："难道吴承蔚（班里一个男生的名字），啊不，吴廷尉和贾谊是断臂吗？"一时人声鼎沸，我笑得是前仰后合。

185. 点名方式

惊心动魄的点名背诵开始了。权儿爷创新了点名流程，采用了由四角向中心压缩的方式，这突然的改变让我们十分意外，我们这些"角落里的人"见此不免觳觫。还好，几轮之后，权儿爷发现此种点名方式过于复杂，可操作性欠佳，无奈地放弃了他的发明。

186. 弄不好得噎死

权儿爷讲《六国论》"秦人食之不得下咽也"："倘若六国心齐，并力西向，秦吞六国弄不好得噎死。"

187. 自我表扬

"权儿爷卖瓜，自卖自夸。"今番把瓜换成"表"，难免要自我"表扬"一下："这'表'，好不好？太好了！"我等大呼妙极。复观权儿爷自我陶醉、嘴角上扬之笑容，实为吾平声所未见，不愧是我权儿爷。

188. 与六国有亲戚

权儿爷讲《六国论》："这苏洵视秦如仇敌，对六国却哀其不幸，怒气不争，好像他与六国有亲戚，六国中有他三舅五叔？"接着权儿爷把话题引到北宋与辽、西夏的关系。

189. "权梗"离不开"好"学生

王鑫读《林教头风雪山神庙》。

权儿爷本无意整活，奈何王鑫同学"人猛活好"，上来一句"差拨"（应是"差拨"）引爆全场。权儿爷道："少了一笔，但差之毫厘，谬以千里。"接下来便是王鑫的个人秀场，show time！

王鑫："……原来也……恁的歹……"一句三顿，磕磕巴巴。

权儿爷："你读的也……恁的慢了！"好！好一个偷袭，王鑫猝不及防，险些背过气去。此时下课铃已响，但王鑫还在整活，只听他念道："将三人头/发结作一处……"神级断句大师非王鑫莫属，将语文课结束的气氛带上了高潮。

权儿爷："好家伙，林冲真厉害，头也能结作一处。"

王鑫真是权儿爷的"好"学生，帮着权儿爷制造"权梗"。权儿爷的课总是亮点、笑点、槽点并存，而且往往是每节课都大露其"三点"，让我们期待新"权梗"诞生！

190. 不崇尚暴力

权儿爷讲《林教头风雪山神庙》："我们不崇尚暴力，但林冲杀人这段写得太好了，这是暴力美学，我们还得赏析一下……"（还是崇尚暴力）

191. 讨论林冲杀人

权儿爷："我们看看，林冲杀人有什么特点？"

赵彦丞："我认为林冲杀得有手法。"

权儿爷："很好啊，一会儿讨论。还有什么特点？"

武昱达："我认为林冲杀得有理有据。"

权儿爷："很好。你看那李逵杀人，需要理由吗？还有没有？"

梁峻博："我认为林冲杀得有气势。"

权儿爷："李逵就没有气势吗？你看李逵劫法场时抡起板斧排头砍去。"边说边做了一个危险手势。

梁峻博："我的意思是，那三个人被吓得走不动……"

权儿爷："这么看也对。李逵杀人，人还没来得及害怕脑袋就掉了。"

192. 陆谦会"乾坤大挪移"

权儿爷给我们放了一段电视剧，是新版《水浒》中"林教头风雪山神庙"的片段，我们在一片吐槽声中看完了"热血沸腾"的镜头。权儿爷给的欢乐，必然是有目的的，我们紧接着开始"赏析"这段"现代人的智慧"。

"这一段导演可能觉得林冲只杀三个人，大家看着不过瘾，就多加了和官兵打斗的场面。"李禹宸回答道。

"啊？这是优点啊？李禹宸认为这是优点！"权儿爷惊讶的眼神，大大的疑惑，引得大家一阵发笑。李禹宸连忙改口，最后与权儿爷达成一致。权儿爷斩钉截铁地说："这恰恰是最大的败笔。这些埋伏的高手是哪儿冒出来的？天上掉下来的？导演带来的亲戚？想多赚点跑龙套的钱？这导演脑袋肯定进水了。要不然就是陆谦有超自然力，会'乾坤大挪移'，把人从远处搬来的。"

权儿爷一阵"阴阳怪气"的心理分析，精辟，没毛病。果真如权儿爷所说，现在的人怎么就那么自信，认为之前的人拍得不好，非要重拍，结果差得不是一星半点。

193. 开始发挥想象了

权儿爷让概述林冲在《水浒》中的故事，于是发问："孙睿瑶，咱班谁讲故事讲得好啊？"孙睿瑶在万众瞩目下说出了同桌谷东昊的名字。权儿爷："好，下面请欣赏谷东昊讲林冲的故事。"谷东昊絮絮叨叨地讲着，讲到林冲的结局："他好像是战死的吧。"权儿爷："开始发挥想象了。"——林冲是得了风瘫病，类似半身不遂而死的。

194. 一波三折的结构图

权儿爷领着我们分析《林教头风雪山神庙》的情节，贡献了类似《鸿门宴》的一波三折结构图，只不过这次是多"事"之秋：

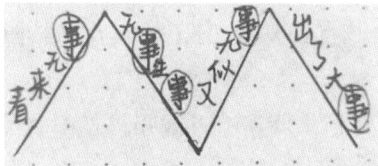

396

195. 石头的作用

分析《林教头风雪山神庙》中抵住庙门的石头的作用时，权儿爷在几名同学回答后总结道："这块石头，你可不要小看它，它起到推动情节发展的作用。你看，如果没有这块石头，陆谦他们推庙门就进来了，林冲也就听不到他们害他的密谋，也就没有后面手刃三仇家的情节了。这块大石头很可爱，把陆谦等人的密谋现场直播了。"一番生动形象的分析将全班同学逗得大笑。

196. 林冲的转折点

权儿爷："风雪山神庙，雪夜上梁山，这是林冲的性格，也是林冲人生的重要转折点，他由之前的忍变为狠，林冲多能忍啊，老婆被欺负都能忍住，简直是无敌忍者，但现在变成了怒目金刚；他从技术干部——八十万禁军枪棒教头，不正是技术干部吗？林冲是像我一样的技术干部——即将变成土匪骨干；他本来是和我一样的体制中人，现在雪夜上梁上，变成了体制外人。"

197. "田麦克风"

下课前的最后一个问题，权儿爷让小组讨论，但讨论过后没有人举手，除了田珺午。权儿爷发出灵魂拷问："怎么总是田珺午在举手发言呢？难道田珺午是大家的麦克风吗？好，请田麦克风发言。"语文课总是在欢声笑语中度过的，总是在权儿爷的谈笑风生中度过的。

198. 最后发言也总有话说

今天的语文课权儿爷不在，由于立杰老师代课。按照惯例进行课前讲话，程征讲完，于老师让四名语文课代表点评。前三名同学都说出了自己的看法，可到了李禹宸那里，可能由于想到的已被同学说完，便像挤牙膏般，每说几个字都要想半天，好不容易才评完。随后，于老师讲了如何进行点评，并讲了权儿爷每次都是最后一个评课的"名场面"——总是有话说，总是能说出与众不同而又有启发性的东西而获得掌声。顺便于老师又说到在办公室里，当女老师叽叽喳喳地争辩不休时，权儿爷总能一针见血，终止话题。

199. 你也会有这一天

权儿爷回！来！啦！没有权儿爷的语文课是没有灵魂的。

伴着同学们热烈的掌声，权儿爷走上讲台："人老了，身体就容易出些问题，去检查检查，身上的零件该换得换换。"

"哈哈哈！"一 Q 姓同学大概想到了什么开心的事儿，笑得好大声。

全班注视。

"你笑什么？"权儿爷又诡异一笑，"你也会有这一天的。"

嘿嘿，确实。

"检查完了，没啥大病。"权儿爷道。

我们的心也放了下来。这个"大病"肆虐的时代，"没啥大病"的确算得上是一个好消息。

200. 灶王爷太寂寞了

权儿爷讲《祝福》中的传统文化"送灶"："原来只有灶王爷，估计是看灶王爷太寂寞了，就安排了个灶王奶奶。"接着权儿爷在黑板上出了一个上联"上天言好事"，求下联。还是谷东昊见多识广，大笔挥就"回宫降吉祥"，妙哉妙哉，只不过我不禁想到"灶王爷 completed the first manned orbit around the Earth"更妙更妙。还有同学对"下界保平安"。"为了不让灶王爷上天时打小报告，说这家人的坏话，人们发明了'灶糖'，供灶王爷享用，试图黏住他的嘴。但后来又觉得供神不划算，所以就自己吃了。"权儿爷笑着说，我们也笑了。

201. 阴间文字

课上讲到了"阴文""阳文"，恰巧轮到孙铭睿同学发言。对话如下：

权儿爷：这"阴文"是什么意思啊？

孙铭睿：（轻描淡写地）阴间文字。

众哗然。

权儿爷：（手舞足蹈地）那我敢用吗？

后权儿爷又多次重复该知识点并点孙铭睿的名字，估计是心有余悸。

202. 铜也不臭啊

权儿爷讲"钱"的称呼和计量："铜也不臭啊，为啥叫'铜臭'呢？掉厕所里了吗？"强调完"臭"（xiù）的读音，权儿爷又问："除了一串一贯一吊，还可以怎么称呼呢，刘硕琛？"（可怜的刘同学，可怎么答啊！）权儿爷微笑地看着痛苦的刘同学："还可以称'一缗'。"

203. 他不配

大师讲《祝福》果然与众不同，大概文人间总是心有灵犀，跨越近百年的时光，权儿爷仍能替鲁迅发声："鲁四老爷书房的对联为什么只有下联的内容？鲁迅为什么让上联付之阙如？那是鲁迅认为鲁四老爷他不配拥有上联。"（上联：品节详明德性坚定；下联：事理通达心气和平。）

204. 半站半坐

权儿爷检查诗词背诵，一同学背得很流利，权儿爷高兴地让其坐下；一同学不会背，权儿爷严肃地让其站着；一同学只背了一半儿，权儿爷遂道："你可以采取半站半坐式。"

205. 我不敢讲

开始学林觉民的《与妻书》。权儿爷严肃地说："《与妻书》我不敢讲，讲就是对烈士的亵渎。大家读吧，读到能背为止。"

206. 仍然赐坐

孙大师："下面检查一下《促织》的背诵，李冠禹，你来背。"我仿佛已经看到了李同学震惊的表情与孙大师"狡黠"的笑。

Y1S1，今天孙大师的"回马枪"实在是搞了手偷袭，不仅是李冠禹，连魏东绪在大 E 之下也不能 narrowly escape，但孙大师秉持着中华武林以和为贵、中国功夫点到为止的浩然正气，仍给李、魏二人赐坐。

207. 姓名颠倒

作文讲评，忽然电光石火之间，权儿爷以迅雷不及掩耳之势抛出第一次灵魂拷问："考场作文为何有人不写标题？啊？宋⌒欣⌒桐⌣？"不待其开口，权儿爷又如连珠炮般连发四问，打得同学们是丢盔弃甲，风声鹤唳，唯恐自己是下一个目标。

正惴惴之时，权儿爷又发一问："作文里为什么平白无故出了个'李华'呢，鑫⌒王⌣？"刹那间四周俱寂，此后又欢声雷动——原来权儿爷在"忙乱"中误将王鑫读作鑫王，姓名颠倒，无怪诸生尽皆发笑。但细细想来，"李华"本无此人，有学生作文捏造，则权儿爷故意以假作之名呼捏造之人，这正是以其人之道，还治其人之身。

208. "眼神杀人"事件

终于讲到了卡夫卡的《变形记》。权儿爷发问："卡夫卡说过，'巴尔扎克的手杖上刻着一句话：我能摧毁一切，而我的手杖上也刻着一句话'，同学们，是什么呢（非错别字，按音来的）？"众人疑惑，不知为何，忽然，一向荒诞的杨宸同学可能正好对了现代派的路子，竟脱口答出"一切都能摧毁我"，大得权儿爷赞誉。接着，权儿爷从卡夫卡"弱的天才"讲到了现代主义文学主要写非理性的、无序的心灵世界。

今日份最精彩的莫过于权儿爷的"眼神杀人"事件。

事情是这样的。一学生说："卡夫卡的作品让安静中透着一种恐惧。"权儿爷高兴了，几句话就讲到了死亡、杀人："从前的小说，杀人前都要大喊大叫，燕人张翼德在此，拿命来！而现代派小说写杀人可能很安静，但透着恐惧。"说着，权儿爷下了讲台向我走来，我与生俱来的感知力使我的后背一阵恶寒。只见权儿爷径直走将过来，不带一点烟火，不染一丝云彩，划过一阵青色的风与透明的日光交相辉映，窗外灰白的鸟也没再鸣叫一声。只见一只略带昏黄的眸伴着权儿爷的侧颜撕开我的视野，那眼神，厚重如烟火后的尘埃，沧桑如始祖鸟化石，锐利如正八面体的碳，是佐助也不可及的痛苦的沉淀，是金木研也比不了的虚无与希望，只一抹，沉重的声音在我耳旁响起："我整死你。"

209. 今天的你，异化了吗

今天的语文课，我们继续在现代主义文学的世界中畅游。

权儿爷侃侃而谈："在生活上最没有成就，而在艺术上最有成就的卡夫卡，最早用文学的语言揭示了人的异化现象。"

提及《变形记》里的格里高尔因担任推销员的工作而没有友情时，权儿爷说："这个工作很不容易。有时我在街上看到推销的人，即使我并不需要他的那个产品，我也会买一个。"说完，满足地一笑。权儿爷是在告诉我们对他人的理解、体谅吧。

当讲到格里高尔兼具人虫两性的异化现象时，权儿爷突然警醒一问："我看咱班有几个同学心理压力挺大啊，已经有点异化趋势了。今天的你，异化了吗？"

权儿爷的语文课，妙就妙在，他总是能把看似与现在的生活毫不相干的内容与我们眼下的学习、生活联系起来，以引发我们的思考。

210. 权儿爷的记性

权儿爷老了，记性不太好了。昨天刚刚提问完徐菁泽这一排，今日又从徐菁泽叫起，弄得后边的魏雨奇大惊失色，十分紧张。后来啊，善于察言观色的权儿爷意识到了这个"严峻问题"，马上又冷不丁从姜继贤这排叫起。

权儿爷提问完我后，跳过王淇问了杨茗淞。王淇昨天身体不舒服，权儿爷还记得。权儿爷的记性是好还是不好呢？还是选择性遗忘？

211. 何谓"跨"

讲到《谏逐客书》"此非所以跨海内、制诸侯之术也"时，一生问"跨"是什么意思。权儿爷想了一下，先在黑板上画了⑱⑲⑳，说："这是我的地盘，那是你的地盘，那是他的地盘。"然后又在外边画了一个大圈

，说："把你的、他的地盘都变成我的，这就叫'跨'。"

212. 裹脚

讲到李斯《谏逐客书》"裹足不入秦"，权儿爷提问"裹足"的意思，某同学答"裹脚"，权儿爷问："裹脚？是脚臭有味儿，怕入秦后熏人吗？还是秦国不喜欢大脚，因而裹成小脚？"（注："裹足"是形容有所顾虑而止步的意思）

213. "黑人"

讲到李斯《谏逐客书》"今乃弃黔首以资敌国",权儿爷说:"黔首就是黎民;黔是黑的意思,黎也是黑的意思;黔首就是黑头,黎民就是黑人,可能是那时平民百姓以黑巾裹头,也可能是老百姓总在外边劳动,晒黑了,故有此称。"(说明:本则没有种族歧视的意思)

214. 置车骑

某同学将《鸿门宴》中"沛公则置车骑"翻译成"沛公就置办了车马",权儿爷打趣道:"买了奔驰啊还是宝马?"(注:这里的"置"是放弃、丢下的意思)

215. 爷爷、奶奶分不清

权儿爷在讲完《谏逐客书》后说:"昨天有人问我,课文中的秦国四位国君与秦王嬴政是什么关系,现在我讲一下。"接着权儿爷就一点一点延伸,把秦王的爷爷、太爷爷、爷爷的爷爷都讲了出来:秦穆公(任好)→……秦孝公(渠梁)→秦惠王(驷)→秦武王(荡)→秦昭王(稷)→秦孝文王(柱)→秦庄襄王(子楚)→秦王(政)。讲完后权儿爷又补充道:"电视剧《芈月传》中的芈月是秦惠王的夫人,那她就是秦始皇的奶奶(口误)的奶奶。"权儿爷是爷爷、奶奶分不清。

216. 知识学杂了的苦恼

遥想几天前,权儿爷曾经感慨黄花岗七十二烈士之一——林觉民的光辉事迹时,曾讲道:"他用独臂闯荡沙场。"今天出来辟谣啦!

"同学们,我先说个事。我是不是说过林觉民是独臂,说过没有?"

"嗯嗯。"

"我说得不对啊,知识太多,学杂了,独臂的是另一位烈士喻培伦,他在研制炸药时被炸断一只手臂,在战场上挎个筐,投掷手榴弹……"

权儿爷从来是知错就改,非常坦荡。

217. 老党员爱党情深

今天的语文课在上午最后一节，在吴承蔚同学上黑板填写完权儿爷认认真真绘制的表格后，权儿爷仅做了些许评论，就说："今天是上午最后一节课，不压堂了。"便匆匆离去了。大家感到诧异："权儿爷什么时候不压堂了？！"直到午休时看到权儿爷穿着红衣服，拿着党旗参与拍摄快闪视频，大家才明白。（忠心耿耿的老党员实锤）

218. 酒令

《红楼梦》专题分享课，魏东绪同学分享的是酒令文化，权儿爷在点评时讲了他自己编的酒令："四面不透风，木字在当中，木字落下去，呆子喝一盅。"引得同学大笑。（注："四面不透风"是"口"，"木字在当中"是"困"，"木字落下去"是"呆"）

219. 被自愿

今天的语文课只有一项任务，就是四篇默写课文易错字听写。权儿爷问："谁愿意到黑板上写？"话音刚落，同学们异口同声地喊出那个男人的名字："王鑫！"从来都尊重民意的权儿爷一笑："王鑫自愿啊，行，来吧。"就这样，王鑫就"被自愿"到黑板上听写。

220. 是黛玉认为我讲得好而流泪了吗？

权儿爷对课文《林黛玉进贾府》中黛玉的外貌描写"一双似喜非喜含情目"很不满意："这古代写美人不都写含情目吗？俗啊，太俗了，那就不是林黛玉了，那就是王黛玉、李黛玉了。"然后权儿爷把《红楼梦》列藏本里的这句展示给我们："一双似泣非泣含露目。"待学生比较谈之后，权儿爷激动地说："这写得太好了！（说着张开了充满智慧的双臂）太好了！（二连感叹）"随后权儿爷联系木石前盟的情节讲道："前世的神瑛侍者日以甘露浇灌绛珠仙草，那么，转世而来的林黛玉，她的眼睛定然像晶莹剔透的露珠啊！"这时，教室窗外下起了雨，权儿爷问："难道是黛玉认为我讲得好而流泪了吗？若如此，便是最好了。"

跋

讲学论道廿一载，不觅封侯益见才。语重心长随缘处，言和意顺自在来。

文章星斗桢干立，诗酒风流桃李栽。成人之美真名士，守经达权亦开怀。

——《丙申庆生题赠立权师》

之所以思及自己在六年前创作的这首小诗，正是因为时至今日，那份美好的夙愿——全诗四联首字连缀成句"讲语文成"，即寄望《孙立权语文教学实录》能够"不日成之"——终于指日可待，不亦快哉！

犹记在创作这首小诗的同时，我也曾拟写一副对联表达内心对恩师的感念与祝福，其下联曰：立权生新民，垂范东北，有《札记》立言。

正是在两年后的春日里，我在参加东师附中第四届语文学术节教研活动时，有幸将恰逢其时出版的《孙立权语文教育札记》一书推荐给荟萃一堂的诸多师友。

也正是这一诗一联，让时至今日已然从教十五载的我的思绪，不禁在此时此刻重返当年。

令我始终念兹在兹的，是当年意气风发的自己，在初涉教坛的拜师仪式上与立权师互赠一句话的难忘瞬间。立权师化用叶圣陶先生的名言写出的那句话——教，是为了不需要教；学，是为了更好地教——也成为多年来作为语文人的我在自省中成长、于砥砺中蜕变的人生箴言。这份珍贵的师徒之谊，恰如苏子笔下的"江上之清风与山间之明月"，无远弗届，生生不息。

回首自身在多年来因受教于立权师而有幸获取的种种智慧，我首先联想到《所论多平允，述考俱谨严——评＜孙立权语文教育札记＞》那篇文章。事实上，无论是"非教学性备课""参较式阅读"还是"文献意识"，都是我在那篇文章中着力钻研和推介的所在。也许当我尝试把上述观念、方法运用到对于师徒之谊的回首与珍视，更能见出那份历久弥深的价值和意义。

在十年前到附中执教的第一个学期，我选择了梁实秋先生的《记梁任公先生的一次讲演》作为自己的新教师研究课选篇。在这次研究课试讲时，立权师前往听评课。令我感念至今的，不仅是他在我试讲前就针对教学设计中存在的问题提出宝贵的修改意见，也不仅是他在转瞬之间流鼻血的情形下，依然坚持全程听课，更是他在听课后细大不捐地为我提出了11条非常具体的改进建议。例如怎样删减导语中矫揉造作的文字和作者介绍中繁冗驳杂的表述，对于人物的逸闻趣事如何灵活处理、穿插运用，如何调整课件中图片和文本的呈现顺序，如何设计板书，甚至对课件上的字体和标点使用的不规范现象，也全数指出。在后来这堂研究课完成后，立权师同样及时为我指出了教学中出现的新问题，例如我把课文题目中的"讲演"误读成"演讲"，在引用文献时标注出处存在讹误——"在心为志，发言为诗"一句出自《毛诗序》而非《诗经》，包括自己留给学生默读的时间较短，等等。

——《萧公权〈问学谏往录〉阅读札记九则》

至于令季老一生难忘、始终追怀的异域恩师们，当下中国，尚有几多？

我常常会想起：立权师在为学生讲解《荆轲刺秦王》一课中"廷刺秦王"的文段时，特意身着唐装，手持青剑，意欲启发学生思考和探讨为何秦王之剑"不可立拔"，这无疑令在场的学生和听课教师兴奋异常。

我常常会想起：立权师为了使那午后昏昏欲睡的学生们精神焕发，亲自深情地朗诵毛泽东的《沁园春·长沙》一词。那抑扬顿挫、洪亮高亢的声音，那激情满怀、吞吐日月的气势，至今余音绕梁，记忆犹新。

我常常会想起：立权师看到我桌上闲置的那本历史学家陈垣所著《史讳举例》的薄册，顺手抄起，仰头靠坐在椅中，捧书聚精会神地翻看。在整个上午，阳光煦暖的窗前，他的专注与沉静，令我印象深刻，感念不已。

——《心声尽吐，一念如初——季羡林〈留德十年〉断章批注》

读至此处，又想起当年旁听立权师讲解韩愈《师说》一文时，曾与诸生探讨"夫庸知其年之先后生于吾乎"一句的语病。也即"年"应该论"大小"或"长幼"于"吾"，若论"先后生于吾"则应去"年"，否则即为搭配不当的病句。初闻此论，即感醍醐灌顶；又见胡适言韩文多语病，益觉诚哉斯言。王荆公所谓"学者不可以不深思而慎取"之言，实乃至论。

——《"述学"与"论政"的二重变奏——读〈胡适之先生晚年谈话录〉》

以上的三段文字，正是我结合自己的阅读心得和思考撰写书评时有感而发的内容。用见微知著形容，可能所言不虚；但寥寥数语，点到为止，难免挂一漏万。

历数多年来立权师给予我的教诲、引导、提携、关照，可谓恒河沙数，不胜枚举：

也许，那份情谊存在于《语文读本：批注式阅读教程》和《孙立权语文教育札记》以及《中外名诗选读》等多部由我参与编订的著述。

也许，那份情谊存在于《作文通讯》多年来刊发的由我撰写的 10 篇论文、我的学生完成的 47 篇佳作。

也许，那份情谊存在于先后发表于《语文教学通讯》《长春教育学院学报》《吉林教育》等期刊的关于立权师教学方法论研究的 10 篇论文。

也许，那份情谊存在于接手"时文快递""名作欣赏"这项编辑任务多年来，我从为学校、年级到为班级、自己先后编发却从未更换题头的几百份材料上……

诚如诗人穆旦在《赞美》一诗中所说，"我有太多的话语，太悠久的感情"，多年来师徒之间的"同声相应"绝不仅限于上述种种——

在 2008 年，我有幸和立权师共同参加东师附中第 26 届教学百花奖课堂观察研究课活动。立权师的《重读"易水诀别"》和我的《长恨歌》分别演绎了"短文长教"和"长文短讲"的不同尝试。

在 2011 年，我有幸和立权师共赴福州参加《作文通讯》杂志年会，与诸多闽派语文人切磋交流，其时在酷暑烈日的考验下同游鼓浪屿的场景历历在目。

在 2019 年，我有幸和立权师作为分获"陶然人师"和"万人名师"称号的附中语文人同时受邀为学校的"读书节"活动完成专题报告。

在 2021 年，我有幸和立权师共同参加东北师范大学"前沿课堂"（2021 秋）全国初中语文国家级教学成果在线观摩研讨会（线上），完成彼此的微报告……

"在大路上多少次愉快的歌声流过去了，多少次跟来的是临到他的忧患。"

从 2019 年秋季开始，立权师与我不在同一个年级共事，作为"同行十二年"的弟子，我逐渐感受到一种难以名状的寂寞。无论是办公室窗前的欢声笑语，还是办公桌上的笔痕墨迹，似乎不约而同追随他的身影，渐行渐远，若即若离……

当时间定格在2021年的夏天，几个忙碌的身影，将一摞摞厚重的书籍搬起，将一段段陈旧的记忆抛离。"传承民族文化，守望中国灵魂"，也许彼此心中念念不忘的，始终还是这一句。

的确是恍若隔世，当我终于从记忆的河流中上岸，才发觉立权师的嘱托——作跋——尚未落笔。用BEYOND的歌词中最令人难忘的词语来描述，不胜"唏嘘"。

事实上，正如《现代汉语词典》所示："跋"是一般写在书籍、文章、金石拓片等后面的短文，内容大多属于评介、鉴定、考释之类。也许，于我而言，以"卒章显志"的形式印证本文作为"跋"的价值，依然不失意趣。

时至今日，重返母校东北师大并拥有大学教席的立权师，依然未曾忘情自己苦心孤诣、披肝沥胆近三十年的中学语文教育。正如余华先生坦言自己正是在面对疫情考验的隔离境遇中完成了小说《文城》的创作，立权师能够在《孙立权语文教育札记》问世4年后，从心所欲将《孙立权语文教学实录》的第一辑"公开课实录"整理出版，的确堪称我辈语文人乃至不同代际的莘莘学子的一大幸事。

据立权师讲，他执教的大型公开课有200多次，不重复的公开课题目约40个。本书精选了20节公开课实录。这20节公开课，作为弟子兼同事的我，也有幸在现场聆听多节。场面之壮观、氛围之热烈、收获之巨大、影响之深远，绝非三言两语可以尽述。

无论是《愚溪诗序》（其时作为东北师大文学院硕士生的我到场聆听），还是《重读"易水诀别"》（我正是在这节课之前于同一场地完成了自己的公开课《长恨歌》）；无论是《青春作伴好读诗》（我在首轮常规教学中坚持每日到立权师执教的文科实验班听课，对于新诗的钟情就此生发），还是《离骚》（犹记立权师在评聘特级教师述职时曾播放本课的精彩片段，当年杨威的听课记同样异彩纷呈）；无论是《鸿门宴》（当时负责撰写教研室例会总结的我，也将这节课的听课笔记融入了后来关于"非教学性备课"的论文写作），还是《〈人间词话〉十则》（正是立权师引介的那首《江城子·废墟下的自述》始终提示作为教书匠的我努力成为一个"真人"）；无论是《中国文化中的梅花》（四位不同学科的教师轮番登台献艺，令所有观者大饱眼福；王春点评的"跨界""混搭"也令本课在人大报刊复印资料的转载中别开生面），还是《江雪》（这节课的千人爆棚的盛况空前似乎无须多言，不同听课者的感受同样载入史册，留驻心间）……

相信立权师能够体谅我至此始终难以收放自如的笔触，诚如庄子所言：依乎天理，因其固然。弟子兴之所至，率性而为；无可奈何，不亦快哉！

众所周知，立权师早年在东师附中明珠校区执教的其他经典课例《汉字造字法》以及《孩童之道》《〈论语〉十则》等，也曾经先后以片段的形式在其专题讲座中适时闪现，意义不同凡响，价值毋庸置疑。至于多年来始终备受欢迎的校本选修课《前卫艺术》，和那同样拥趸无数的作文指导课《视角改变与语言陌生化》，也能让观者在堪称视听盛宴的文字之旅中尽享一份获益匪浅的快乐。

至于"立权师趣话"和"孙立权语文教学答问"，对于钟情"孙立权语文名师工作室"公众号的同仁、学子、家长等诸多朋友而言，那些短小精悍亦可谓妙笔生花的文字，想必也会唤醒彼此对于抖音账号"孙立权教语文"的向往，从而真正走近和结识这位"有趣的语文老师"。

我可以想见，在不久的将来，于学思路上，在静湖水边，立权师挺拔中正的身姿，一定值得无数以"勤奋创新，为人师表"为信念的东师学子仰望、追寻。

无法在东师校园中享受这番春风化雨的朋友们，同样可以通过这一本关于"语文教学"的大书，理解更多的知识，掌握更好的方法，拥有更强的能力……

"十载教书匠，半生语文人"，这是我在五年前参加东师附中第三届语文学术节时所拟的报告题目。这两重身份，也许会在我的生命之河里始终熠熠生辉。

犹记立权师年届不惑时在庆生席间吟出的那首七言自寿诗，以此收篇、自勉：

四十春秋去似烟，青丝飞白立人前。余心唯愿常如水，静躁浮沉一任天。

弟子李跃庭记于 2022 年 4 月 25 日